"Hiçbir şey
göründüğü gibi değildir."

Truva Yayınları®

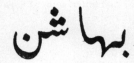

Truva Yayınları: 549
Tarih: 103
Yayıncı Sertifika No: 12373

Genel Yayın Yönetmeni: Sami Çelik
Editör: Hüseyin Öz
Sayfa Düzeni: Truva Ajans
Kapak Tasarımı: Mehmet Emre Çelik

Baskı - Cilt: Step Ajans Reklamcılık Matbaacılık Tan. ve Org. Ltd. Şti.
Göztepe Mah. Bosna Cad. No: 11
Mahmutbey - Bağcılar / İSTANBUL
Tel. : 0212 446 88 46
Matbaa Sertifika No.: 12266

1. Baskı Ekim 2019

ISBN: 978-605-9850-92-6

© Kitabın yayına hazırlanan bu metninin telif hakları, Truva Yayınları'na aittir. Yayınevinden yazılı izin alınmadan kısmen veya tamamen alıntı yapılamaz, hiçbir şekilde kopya edilemez, çoğaltılamaz ve yayımlanamaz.

Truva Yayınları® 2019
Kavacık Mahallesi Övünç Sokak Kıbrıs Apartmanı No: 19/2
Beykoz / İstanbul
Tel: 0216 537 70 20
www. truvayayinlari. com
info@truvayayinlari. com
facebook. com/truvayayinlari
instagram. com/truvayayinlari
twitter. com/truvayayinevi

Kazım Karabekir
Hayatım

Yayına Hazırlayan
Prof. Faruk Özerengin

KAZIM KARABEKİR

1882'de İstanbul'da doğdu. Babası Mehmed Emin Paşa'dır. Fatih Askerî Rüştiyesi'ni, Kuleli Askerî İdadisi'ni ve Erkan-ı Harbiye Mektebi'ni bitirerek yüzbaşı rütbesi ile orduda göreve başladı. İttihat ve Terakki Cemiyetinin Manastır Örgütünde görev aldı. Harekât Ordusu'nda bulundu. 1910'daki Arnavutluk Ayaklanmasının bastırılmasında etkili oldu. 1911'de Erzincan ve Erzurum'un, Ermeni ve Ruslardan geri alınmasını sağladı. Sarıkamış ve Gümrü kalelerini kurtardı.

Kurtuluş Savaşı'nda Doğu Cephesi Komutanlığı yaptı. Milli Mücadele'nin başlamasında ve kazanılmasında büyük katkısı oldu. Terakkiperver Cumhuriyet Fırkası'nı kurdu. Bir yıl aradan sonra da Şeyh Said İsyanı bahane edilerek Terakkiperver Cumhuriyet Fırkası kapatıldı.

Uzun yıllar yalnızlığa bırakıldı ve ömrünün son günlerinde İstanbul Milletvekili olarak Meclis'e alındı. 1946 yılında Meclis Başkanı oldu. 1948'de vefat etti.

İçindekiler

Önsöz 15
Ne Zaman Yazmaya Başladım! 17
Ceddim Karabekir 17
Babamın Yakınları 25
Dayım ve Teyzelerim 28
Ben 28
Van'a Gidiyoruz 31
Erzurum'da... 32
Van'da... 35
Mektepten Firar 36
Gülünç Bir Hatıra 39
Mühîm Bir Hatıra 40
Harput'a Gidiyoruz 43
Harput'da... 44
Dibine Darı Ekmek 46
Arılarla Mücadele 47
Bir Marifet Yaptım 48
Mekke'ye Gidiyoruz 50
Türkülerde... 51
Mekke Yolunda 57
İngiliz Çocuklarıyla Kavga 58
Mekke'de 61
Mektepten Kaçma 70
Mekke'de Geçen Üç Senelik Hatıralarda... 71

Türbeleri Ziyaret 74
Güzel Bir Adet 75
Kâbe'nin İçi 77
Arafat..80
Mekke'de Posta 81
Osman Paşa'nın Valiliği 82
Hacca Çıkış 82
Cennet-i Mualla 84
İstanbul Yolunda... 86
Arabistan'da Kalan En Canlı Hatıralar... 88
Selanik Vapurunda...90
Turusina'da... 91
Kanaldan Geçiyoruz 93
Akdeniz'de... 94
Annemin Kahramanlığı 97
İstanbul'da..99
Mektebe Gideceğiz 100
Rüşdiye Hayatım 105
Büyük Zelzele 105
Bir Gülünç Hatıra 112
Bir Buluş 112
Bir Cesaretim..113
Rüşdiye Hayatım 118
İttihat Ve Terakki Cemiyetinden Nasıl 119
Haberim Oldu! 119
Evin Vekilharcıyım...120
Musiki ve Elişlerine Merakım...123
Ermeni Hadiseleri..123
Sıhhatim Ve Selabetim 124
Kuleli Askeri İdadisi'ndeki 125
Hayatım 125

Büyük Mahkemeye 129
İzmit'e Seyahat 133
Külhanbeylerle Mücadele 134
Evimiz Yandı 138
Başçavuş Nişanı 140
Kuleli Hayatında Sıhhatim ve Selabetim 144
Garip Bir Duygu 145
İlk Kılınç Takmak Zevki 146
Harbiye Hayatım 147
Noktasız Not 148
Erzurumlularla Bağdatlıların Kavgası 149
Külhanbeylerle Benim Mücadelem 150
Haksızlıkla Mücadelem 153
Talim Muallimi ile Münakaşam 154
Hikmet Hocamız Az Kaldı Yanıyordu 155
İlk Tüfek Taşımak 156
Geç Kılınç Oyunu Merakı 157
Müthiş Hastalığım 159
Yıldız'a İftara 163
Bayram Ertesi İmtihanım 164
Arazide Şöhret Kazandım 165
Bir Şarapnel Kovanı 167
Yeni Mikyasların Tatbiki Lazım 168
Münasebetsiz Bir Gülme 169
Tasarrufumuz ve Talihim 171
Ordulara Kura Çekiyoruz 171
Sıhhatim ve Selabetim 172
Kardeşim Orduya Gidiyor 172
İzmit'e İkinci Seyahat 174
Erkân-ı Harp Mektebinde Üç Sene 175
Bir Grev 176

Keman Çalmaya Başladım 178
Müthiş Bir Kaza Geçirdim 180
Derslerimiz… 181
Sılaya... 182
Bulgar İhtilali 184
Bulgar İhtilali Nasıl Olmuş? 186
Selanik Hadisesi 188
İsyan Başka Yerlerde Baş Gösteriyor 191
Rus Konsolosunun Katli 193
Mürzsteg Programı 197
Ordumuzun Halini Nasıl Gördüm 201
İstanbul'a Avdet 202
Erkânı Harbiye İkinci Sınıf 203
Sevinçli Haberler 203
Rus-Japon Harbi 204
Derslerimiz 205
Tophane'yi Ziyaret 207
İmtihanlar 208
Sıhhatim 208
Yine Selanik'e 209
Cemal Bey İle Mülakat 210
İstanbul'a Dönüş 213
Dörder Hafta İzinsiz 215
Bir Felaket Daha: 216
Dersanedeki Gözlerimizi Aramışlar 216
Felaketi Nasıl Önledim? 217
Fakat Akıllandık Mı? 219
Japon ve Rus Seferi 220
Yıldız'da Bomba Patladı 221
Bomba Nasıl Atılmış? 222
Fransızca Hocamızın Hakaretini İade 224

Askeri Müellifat Dersi Hakkında 225
Telefon, Otomobil Elektrik Neymiş 226
Musikiye Merakım 227
İmtihanlarımız 228
Satranç Merakım 229
Sıhhatim Ve Salabetim 229
Salabetim… 230
Sınıf Arkadaşlarımızla
Farkım Hakkındaki Bazı Notlar 232
İstanbul'a Bir Bakış 236
Kütüphanelerimiz, Kıraathanelerimiz… 237
Meddahlar 238
Kitapçılar ve Sahafların Hali 238
Postahanelerin Hali 239
Eyüp Sultan Ve Hutbe 240
Haliç'in İki Yakası 241
Taksim Bahçesi ve Beyoğlu 242
Hakaretler ve Abdesthaneler 243
Yetimler, Dullar Maaşlarını Alamıyor 245
Tavsiye 245
Ayastefanos'taki Rus Kilise ve
Abidesine Hakaret Ziyareti 246
Hareketim Neden Uzuyor? 247
Ordu İçin Program 248
Ordu'ya Hareket, Sirkeci'de Bir Tehlike 249
Selanik'te Üç Gün 252
Manastır'a Hareket 253
Manastır'da İki Yıl 254
İlk Günlerdeki Tarz-ı Hayatım 258
İtalyan Zabitleri 261
Müfettişi Umumi Nasıl Geldi? 262

Amerika'ya İşe Gidenler ve Komitacılar
Karşısında Ordu 263
Manastır'da İlk Günlerim ve İlk Çocuk Kıtası 264
Manastırda İlk Aylarım 265
Ahval Hakkında İşittiklerim,
Gördüklerim, Düşündüklerim 271
İlk Çete Takibine Çıkışım 275
Endaht Talimleri ve İlk Atışım 276
Acıklı Vaziyet 278
31 Mart Günü Şehide Hilmi'nin Gününde Suallerim 279
Eğlence Tertiplerim 280
Bulgar ve Rum Vakalarının Temadisi 280
Güftesi 284
İlk Müsademede Bulunuşum 287
Enver Bey ile Hasbihal..289
Hem Talim ve Terbiye Hem Takip.....................................290
Baskına..291
İkinci Müsademem Kalepaç'da 292
Yine Bokova'ya Baskına 294
Simelova'ya Gezmeye 294
Asayiş Mükemmel 294
Baskına... Üçüncü Defa Çeteyle Karşılaşmam 295
Hapishanede Turk-Rum Kavgası 296
Ben Bokova'yı Baskındayım 296
Japyan Baskınına Artık Çok Oldu 296
Binbaşıyla Kavgamız 297
Okuma-Yazma ve Kroki Yapmayı Nasıl
Öğrettim? 298
İstibdal Efradının Terhisi Nasıl Oldu? 300
Mühim Bir Kaza Geçirdim 301
Manastır'da Hıristiyan Mahallesinde Yangın 304

Mıntıka Erkanı Harbiyesi'ne Tayinim 304
İlk Tahkikata Gidiyorum 304
Rum-Bulgar Kavgası 305
Angaryadan Kaçıyorlar 306
Divanı Harp'te Adaletle İş Nasıl Görülebilirmiş 306
Tırnova'ya Baskına 310
Yakova'da Mehmet Alı Paşa'nın Şehid Edilmesi 311
Bulgaristan'da Rum Katliamı 312
Sultan Hamid'in Hastalığı 313
Halimizden Bir Örnek 313
Kevkili'ye Gidip Gelme 313
Deniz Eğlencesi 314
Kevkili'ye Hareket 315
Köyde Mükemmel Bir Kütüphane 317
Bayram Merasimi 325
Topçu 13. Alaya Staja 325
Takibe Çıkıyorum 326
Göl Kenarında Bir Günlük Mola 328
Kara Saplandım 329
Hükümet Dediğin Böyle Olur 330
Selanik'e İzin Aldım 330
İlk Defa Bataryaya Kumandan 330
Çayırlar Müsademesi 331
Yine Takibe 335
Manastır'da Muhtelif Unsurların 337
Maarif Hayatı 337
Takibe Çıkıyorum 338
Hâdi Paşa Gidiyor 339
Rum Eşkıyasının Takibine 339
Umumi Müfettiş, Hüseyin Hilmi Paşa Geliyor? 345
Umumi Müfettiş Hüseyin Hilmi Paşa Neler Yaptı? 346

Tahkikata 347
Topçu'daki Stajım Bitti 349
Bu Sefer de Bulgar Zulmü..350
Şemsi Paşa Geliyor, Ben Florina'ya... 351
Yine Bulgar Zulmü..352
Rumlarla Müsademe...352
Takibe..352
Topçu ve Piyade Birarada Tatbikat 353
Yine Takibe: Bu Sefer Uzun ve Çetin Bir İş 353
Bulgarlarla Mühim Bir Müsademe Yaptık... 354
Kaçan Çeteye Karşı Hareket 361
Kaçan Çeteyi de Yakaladık 364
Sıra Sırp Çetelerine Gelmişti 365
Velika Suyu Pek Berrak,
Burada Yıkandım... 367
Hadi Paşa Vazifesine Geri Geldi 367
Persiye Gölü Civarındaki Köylere Baskın 368
Pirsepe Golü Etrafında Cevalan..369
Perister Dağını Tarama...370
Temmuz Bana Pek Hareketli Bir Ay Geldi..............................370
Bir İtalyan Zabitinin Mağlup Olması... 374

ÖNSÖZ

Herkesin hayatı, mükemmel bir tarih parçasıdır. Hele çocukların ibret alacağı güzel bir kitaptır. Şahsının ehemmiyetine göre böyle bir kitap bütün vatan evlatlarının da istifade edebileceği hakiki bir rehber olabilir. Ne idik, ne olduk? Mutlak bilinmelidir.

Bu dünya'da herkesin hayatı, kendi hatırasında birer resimli kitaptır. Eğer bunu yazmazsa, kendisiyle beraber silinip gidecektir. Kalacak üç-beş mühim hatıra da, yakınları tarafından mahiyeti değiştirilmiş, birer masal olacak, kimseye faydası değil, belki de zararı olacaktır.

Herkes kendi kitabını yazmalı, okunması herkes için faydalı görülenler ise mutlaka tab ve neşr olunmalıdır.

Medeni alemde bu yapılıyor. Bu aleme girdiğini iddia edenler de bunu yapmalıdırlar.

Kâzım Karabekir

NE ZAMAN YAZMAYA BAŞLADIM!

Daha Rüşdiye (Ortaokul) sıralarında iken hayatımı yazmaya başladım. Başıma gelenleri muntazaman kaydetmekle lezzet duyuyordum. Sonraları günü gününe hayatımı not etmeye başladım.

Mektepten hayata atıldıktan sonra hadiseler büyüdü. Bunları ayrıca birer eser halinde ayırmayı muvafık buldum.

Mesela, İttihat ve Terakki Cemiyeti Teşkili, Arnavutluk, Balkan Harbi, Harb-i Umumi, İstiklal Harbi gibi hadiseler başlı başına bir eser teşkil edecek bir büyüklüktedir.

Bunlara ait bahisleri hayatımda pek muhtasar geçiyorum.

CEDDİM KARABEKİR

Selçuk Türklerinden olan ceddim Karabekir, Karaman Havalisi derebeylerindendir. Karaman'ın 20 kilometre kuzey doğusundaki kasaba, diğer ismi Gafariyat'da otururmuş. Burası etrafı surla çevrili, şirin bir köydür. Karaman beylerinin mütamadi zulmünden bizar olmakta iken Sultan Fatih'in pek adil bir hükümdar olduğunu işiterek, Karamanoğulları'nın tenkiline gelen orduya iltihakını Padişahtan rical etmiş ve kabul olunarak yüzlerce atlı maiyetiyle tenkir hareketine iştirak etmiş.

Büyük yararlılığı görüldüğünden kendisine ferman verilerek, Paşalık ile o havalinin tımarı([1]) ihsan olunmuş.

Bu tarihten itibaren, sipahi teşkilatı daha ziyade tekemmül ettirilerek muharebelere iştirak etmişler. Esasen pek müsait

---
1 Tımar: Sipahi sınıfına verilen miri arazi hissesi

olan arazi ve Türklüğün kanı öteden beri kasaba halkını Süvariliğe iltifat ettirmiş; cirit oyunları, yarışlar, öteden beri bura halkının en sevdikleri oyunlar; atlı avcılık da daimi işleri olduğundan Sipahi Teşkilatı bu havaliye daha büyük bir varlık vermiş.

Kırmızı şalvar, cepken, kazak, özengi ve dalkılıç artık köy halkının daimi kisvesi olmuş. Karabekir namı da Karamanoğulları'nın inkirazından sonra o havalide şöhret almış ve devam etmiştir.

Yavuz Sultan Selim'in Mısır ve İran seferine yüzlerce Sipahilerle Karabekiroğulları da iltihak ediyor. Mısır ve Çaldıran'da büyük yararlılıklar gösteriyorlar. Şah İsmail'in hazinesini ve bir kızını da kaçırarak Yavuz Sultan Selim'e getirmişler. Buna mükâfaten, bir hayli esir ve ganimet mükâfat olarak Karabekiroğulları'na ihsan olunmuş.

Kasabaya bunlar getirilmiş. Kasabaya güzel bir cami, bir kapalı çarşı, çeşmeler, yollar yapılmış. Ve surları tamir, kapıları mükemmel bir hale konmuş. Fakat bir müddet sonra, surların bu halinden İstanbul kuşkulanmış. Tahribi için Padişah -hangisi olduğu bilinmiyor- bir heyet göndermiş. Halk, razı olmamış. Nihayet, mevcut iki kapı altıya iblâğ olunması suretiyle uyuşmuşlar.

Ailece malum olan bu geçmişi yerinden de kendim tahkik ettim. İstiklal harbini müteakip ceddimin bu güzel yurdunu ziyaret ettim. 1339 Eylül 10. (1923)

Köy kamilen taş binaları ve harap kalesiyle tarihi bir heybet veriyor. Ancak emsaline kasabalarda tesadüf olunan camii, çarşısı ve camideki tarihi iki şamdan ve halı parçaları ve kandiller arasındaki ziynetler, Şah İsmail Seferi'nin güzel hatıralarıdır.

Birçok antika ve eski eserlerin çalındığını halk söylüyor. Kırmızı şalvarlar, cepkenler dilden dile hikayeler halinde hâlâ yaşıyor.

Karabekir ismi hürmetle anılıyor. Köyün esas ismi kasaba

olduğu halde, niçin ve ne zaman Gafariyad dendiğini bilmiyorlar.

Acaba İran esirleri ve ganimeti gelince Zaferiyad dediler de sonraları galat olarak Gafariyad mı denildi... Buna ihtimal verdik.([2])

Köy halkı müteşebbis, zeki, çocuklarının zaviyei vechiyeleri kaimeye yakın, başları ileriye çıkıntılı, halkın ve köyün bugünkü hali bile bir mazi hayatının şahitleridir.

Köyde iki un fabrikası ve birkaç halı tezgahı var. Bana köyde dokunmuş bir halı seccade hediye ettiler. Bir şirket halinde çalışmak üzere teşvik ettim. İlk mektep pek iyi bir halde değildi. Yardım ettim. Sırası gelince tafsil olunacak.

Karabekir isminde bir köy de, tam Anadolu'nun göbeğinde mevcuttur. Kızılırmak'ın 40 kilometre doğusundadır. Kendilerinin Karaman mıntıkasından 300 sene evvel geldiklerini ve benim mensup olduğum Karabekir ailesinin bu köyü tesis ettiklerini, eski Karabekir sülalesinden aile bulunduğunu söylediler. (1338 (1922) Ankara'da.)

Fakat daha esaslı malumat bulamadık. Aileden maruf olan bildiğimiz Topal Musa Paşa.([3])

Aileden maruf Topal Musa Paşa var. Tımar paşalığına, kadar gelmiş. Bu zat babamın dedesi imiş. Ahmet Efendi artık köyün eşrafından olarak kalmış.

Babamın anne cihedi de Kadıoğulları diye maruf imiş. Sülalemizin fermanı atlas üzerine yazılı imiş. En son babamın annesi yanındayken bir yangında yanmış.

Dedem kasabada emlak sahibiymiş. Ziraatle de meşgulmüş. Kırım seferine giderken babam 16 yaşındaymış. Harp için asker yazmak üzere kasabaya memurlar gelmiş. Halk, <u>çocuklarını saklamış</u>. Kimi öldü, kimi hasta diyerek asker

---

2 Şimdi buranın ismi Kâzım Karabekir ilçesidir.
zaviyei vechiye: yüz açıları
kaime: dört köşe, kare (naşir)
3 Benim adım Musa Kâzım. Abdülhamid zamanında eski derebeyleri isminin aile ismi olarak taşınması mümkün olmadığından büyük dedemin namına hürmeten benim göbek adım Musa konmuş.

vermemişler. Dedem, bu halden pek müteessir olmuş, haykırmış: "Bu köyün şerefi var! Eskiden yüzlerce gönüllü sipahi sevine sevine cenge giderken bize ne oldu da şimdi herkes çocuğunu kaçırıyor... Bu devletin namusunu kim kurtaracak? Yazıklar olsun!.."

Sonra da 18 yaşındaki oğlunun kolundan tutarak memurlara "yazın Mehmet'imi defterin başına... Birinci gönüllü" diyerek, halka örnek göstermiş.

Bunu görenler, oğullarını çağırmış ve gençler bir hayli yekûn tutarak muharebeye gitmişler.

Babamın okuyup yazması olduğundan bölük emini yapmışlar. Sonra Silistre'de Serdar Ömer Paşa ordusuna sevk olunmuş. Orada omuzundan yaralanmış.(⁴)

Gümüş Silistre madalyasıyla taltif olunmuş. Sonra ordu ile Kırım'a geçmiş. Gözleve muharebesinde ve Kırım muhasarasında da bulunmuş. Gümüş Kırım madalyası ve yine İngilizlerden de gümüş Kırım muharebesi (madalya) ile taltif olunmuş.

Gözleve'de iken bizden karaya düşen bir harp gemisi mürettebatını kurtardıkları zaman Ahmet Kaptan isminde biriyle pek samimi olmuşlar. İstanbul'da bacanak olmak üzere evlenmeye ahitleşmişler. Vaadlerini de hakikaten yapmışlar. Annemle, Ressam Hüsnü Bey'in annesini bacanak olarak almışlar.

Kırım'da ayağının birkaç parmağı donmuş. Harpten sonra İstanbul'daki kıtaata başçavuş olarak tayin olunmuş. Sultan Mecid'in Mısır seyahatine muhafız olarak iştirak etmiş.

Sultan Aziz zamanında zaptiye teşkilatı yapıldığı zaman askeri başçavuşların değerlileri terfien alınmış. Babam da bu arada mülazımlıkla nizamiyeden zaptiyeye geçmiş ve zaptiye nazırı Mustafa Asım Paşa'ya yaver olmuş.

Annemle, mülazım yaver iken evlenmiş. Yüzbaşılığında, Boğaziçi'nde, Yeniköy'de zaptiye bölük kumandanıymış. Sultan Aziz huzurunda kıtasına yaptırdığı resmi geçit, Padişahın

4 Ara sıra yara yerini bize gösterir, muharebeden vak'alar anlatırdı.

büyük memnuniyetini mucip olarak üç aylık yüzbaşı iken binbaşılığa terfi ve Beyoğlu taburuna verilmiş.

Bir sene sonra o vilayetlerde dahi zaptiye teşkilatı yapıldığından babam Alay beyliği ile terfii edilerek Kastamonu Zaptiye Alay Kumandanlığına tayin olunmuş. 1285'de (1869).

Bir müddet sonra Zaptiye Alayları lağvedildiğinden Mülkiye Kaymakamlığıyla İskilip'e tayin olunmuş. Bu arada Sultan Aziz meşhur pehlivan istediğinden bu havalide şöhret kazanan Mustafa pehlivanı göndermiş.[5]

Dört ay sonra yine Zaptiye Alayları ihya olunduğundan babam da tekrar Kastamonu'ya gelmiş. Annem daima beraber. Biz beş kardeşten en büyüğümüz Ahmet Hamdi Bey, 1283'de (1867) İstanbul'da doğmuş. Diğer Hilmi ve Şevki Beyler de 1289 (1873) ve 1290'da (1874) Kastamonu'da doğmuşlar. Babam ve annem pek dindar, tam bir aile saadetini bilir, kuvvetli seciyeli insanlardı. Babam, Mevlevi tarikatına da mensuptu. Ney ve güzel sese meclup imiş. Kastamonu'da bulundukları 7 sene zarfında (1285-1291) pek mesut yaşamışlar. Üç erkek çocuk her akşam neyzenlerin latif ahenkleriyle hayat geçirirmiş.

Babam, erkek ve kız kardeşlerini de yanına aldırmış. Rüşvet ve irtikâba müthiş düşman olduğundan zamanın ricaliyle çatışmış. Usulen haksız çıkartılarak açığa alınmış.

İki sene İstanbul'da çok sıkıntı çekmişler. Fakirlere yardım, dostlarına ve etrafına da varını yoğunu sarf etmeyi seven babam, iyi günlerinde eline geçeni sarf ettiğinden bu iki sene zarfında pek sıkıntı çekmişler.

Bu zamanı annem bize her zaman anlatır ve tasarruf yapmamızı ehemmiyetle öğretirdi. Ellerindeki bakırlara varıncaya kadar satmışlar. Borçtan pek korktuklarından üç çocukla çektikleri bugünler, pek acı gelmiş.

İki sene sonra Diyarbekir Alay beyliğine tayin olunmuş.

---

5 Sultan Aziz'in katli hadisesinde mahkum edilen bu pehlivanı gönderdi diye babam terfi sırası geldiğinden itibaren 20 sene kadar bu haktan mahrum bırakılmış ve uzak mıntıkalarda bulundurulmuştur.

Bütün aileyle birlikte Samsun-Sivas yoluyla Diyarbekir'e gelmişler. Yolda iken Hekimhan'ı kazasında Sultan Aziz'in halliyle Sultan Murat'ın cülusun haberini almışlar. Diyarbekir'de üç sene kalmışlar. Burada iken Rus seferi açılmış. Burada dördüncü kardeşimiz, Hulusi Bey doğmuş. 1295 (1879).

Seferin nihayetinde Halep-İskenderun yoluyla İstanbul'a gelmişler. Ayastefanos([6]) havalisindeki Rus ordusu çadırlı ordugâhlarını görmüşler. Yedi ay İstanbul'da kaldıktan sonra maaşı 2 binden 3 bin kuruşa artırılarak Manastır Alay beyliğine tayin olunmuş. Selanik-Manastır demiryolu henüz yapılmamış olduğundan Selanik-Kökili- Graçko şimendiferiyle Graçko'ya inmişler. Ve arabalarla Pirlepe üzerinden Manastır'a gitmişler.

Dört çocuklu bir aile ile Manastır'da bir buçuk sene kalmışlar. Bu esnada Teselya'nın Yunanistan'a terki bu havali halkını da korkuya düşürmüş. Babamın doğruluğu ve aynı zamanda da pek de cesurluğu daima valilerle veya vekilleriyle bir çekişmeye müncer oluyormuş.

Manastır'dan ayrılışı da şöyle olmuş:

Bir cinayet işleyen biri defterdarın evine kaçmış ve orada kıyafetini değiştirmiş. Aynı zamanda vali vekili de olan bu zat caniyi himaye ediyormuş. Babam da bu zatın evinden cebren caniyi yakalatıp adliyeye teslim ettirmiş. Vali vekili olan bu zat İstanbul'da gözde olduğundan babamın cüreti fazla görülerek İstanbul'a istenmiş. Ben bu aralık İstanbul'da doğmuşum… (1298 (1882) Ağustos 11).

Babamı daha sonra Hakkari Merkezi Başkale Alay beyliğine tayin etmişler. 1299 Kânuni Sâni 15'de İstanbul'dan hareket etmiş.

Buraya vardığından az sonra burası vilayetlikten lağvolunacak kararı verilmiş, babam Van'a nakil olunmuş. Ben henüz memede olduğumdan babam Doğu'nun bu yolsuz yerlerine ailesini beraber götürmeyerek İstanbul'da bırakmış. Van'a

---

6 Yeşilköy (naşir)

naklettiği zaman ben yürümeye başlamışım. (1302 yılında 1891.)

Bizi de Van'a aldırdı. Üç yıl daha Van'da, bir yıl da Harput'ta Alay beyliği yaptı. 1306'da (1895) Hicaz Alayı Beyliğine naklolundu. Beraber bu seyahatleri yaptık. Üç sene kadar Mekke'de vazife gördü. 1309'da (1898) koleradan vefat etti. Mezarı Mekke'de, Cennet Mualla'dadır.

Babamı hatırlıyorum. Pek kuvvetli bir vücuda ve seciyeye malikti. Güzel ata biner ve kılıç kullanırdı. Fakirlere çok acır, yetim çocukları himaye ederdi. Tasarrufa ehemmiyet vermezdi. "Ben çocukken evimden, köyümden ayrıldım, varlığımı kendi azmimle kazandım. Hazıra konanlardan kuvvetli seciyeli kimse az çıkabiliyor. Çocuklarımın da benim gibi yalnızca kendi varlıklarına güvenebilmeleri için kendilerine bir servet bırakmayı düşünmüyorum. Sağlığımda kimsesizlere, düşkünlere yardımı daha ziyade arzu ediyorum" derdi.

Annem ise bu fikirlerle daima çekişir ve "çoluk çocuk bir şeysiz kalırsak mesuliyeti, günahı senin olur; çocuklar sonra da seni hayırla yad etmez" derdi.

Diyarbekir'den getirdiği iki atın bedeliyle nasılsa Zeyrek'te dört odalı ahşap bir ev almışlar. Babam hediye bile kabul etmezdi. "Vazife başındaki insanlar çöp bile almamalıdır" derdi.

Namazını, orucunu terk etmezdi. Kırım seferinde ve gençliğinde eda edemediği namazlar için de beş vaktine beş katardı. Kaza ve kadere tamamıyla inanırdı. Fakat şahsın irade-i cüziyesi olduğundan azim ve iradesiyle hayatını istediği istikamette yürütebileceğine de kani idi. Babamın ben de bıraktığı intiba tam bir "Türk modeli" olmasıdır.

Sözüne sadık, samimi, vazifesine düşkün, herkesin iyiliğini ister, yalan-dolandan hoşlanmaz, imanı gibi vücudu da selabetliydi. Müthiş ata binerdi. Gençliğinde pek kuvvetli olduğunu anlatır ve zamanın gençlerini cılız bulurdu. Sol elini yumruk yaparak cevizi şehadet parmağına sıkıştırır, sağ eliyle açılı ve ufki olarak vurup ikiye ayırdığını anlatırdı. Van'da iken maiyetindeki bir binbaşı, entrikasına mani görerek İstanbul'a jurnal etmiş. "İhtiyardır, tekaüde sevk olunmalıdır" diye de ilave etmiş.

Bunu zaptiye nezaretindeki arkadaşları bildirmişler. Her gün bağlardan şehre atla gidip gelirdi. Bunu haber alınca bu binbaşının arkasından dört nala koşturmuş ve sağ eliyle binbaşının ense tarafından elbise yakasını yakalayarak atının üstünden kaldırmış. Zavallı binbaşı neye uğradığını şaşırmış ve yalvarmaya başlamış. Babamı görünce sararmış. Babam demiş ki;

"Eğer bileğinden tutsaydım, muhakkak kırılırdı. Ben de jurnalinin yalan olduğunu ispat için yaptım derdim. Fakat çoluk-çocuğuna acıdım..."

Binbaşı ellerine yapışmış, af dilemiş, babam da affetmiş.

Babamla Van'dan Harput'a atlarla, Harput'tan Sivas üzerinden Sinop'a arabalarla, Sinop-İstanbul-Cidde'ye vapurla, sonra da develerle seyahatler yapmıştık.

Kır sakallı, nur yüzlü, yakışıklı bir insandı. Ekseriya yanına beni alır, benimle sohbetten pek zevk duyardı. Silistre ve Kırım muharebelerinden ara sıra aile sohbetlerinde bahisler açar, iyi insan olmamız için daima nasihatler verir, bilhassa kimseye güvenmememizi, anlımızın teriyle çalışıp adam olmamızı tavsiye ederdi.

Ailemizin güzel namını soldurmayın derdi. Karabekir zamanından kalan kıymetli fermanların zayi olduğundan teessürünü anlatırdı. Kendine ait kıymetli hatıralar da Zeyrek yangınında evimizle birlikte yandı. Hatıra olarak elimde nişanları kaldı. Silistre gümüş madalyası, 4. Osmani, 3. Mecide nişanları... Babamın ismi Mehmet Emin Paşa.

BABAMIN YAKINLARI

Amcam Jandarma yüzbaşısı İbrahim Efendi. Biz idadi son sınıfta iken vefat etti. Bir oğlu var: Sivil, baytar Hüsnü Bey. Babamın amcasının oğlu, Hasan Sabri Paşa, Macar Mehmet Ali Paşa ile bacanak imiş.(7)

Rus Harbinden sonra Karadağ Arnavutluk'tan terk olunacak yerlerin verilmesine Arnavutlar razı olmadıklarından Yakova'ya bu işin halli için gönderilmiş. Bu paşa bizi Karadağlılara verecek diye misafir bulunduğu eve hücum etmişler. Ev sahibi muhafaza etmek istemiş, evi yakmışlar, kendini de, mahiyetini de, ev sahibini de şehit etmişler.(8)

Bunun yerine Hasan Basri Paşa gönderilmiş. Onun akrabasıdır. Bizden kanını alacak diye onu da yaralamışlar. Mecruhken kurtulmuş ise de aldığı yaranın tesiriyle bir müddet sonra Edirne'de vefat etmiş.

Bunun bir kızı Behice Hanım, İstanbul Müftüsü Fehmi Efendi'nin ailesidir. Baba cihedi Küçükazade, anne cihedi Kuruoğulları diye marufmuş. Annem 1268'de (1857) İstanbul'da doğmuş. Annesi Ziynete Hanım, İstanbul'da doğmuş. Büyükannesi Hanife Hanım Bartın'dan imiş. Kardeşi, Bedesten de tacir imiş. Arazileri de varmış. Büyükannem küçükken kadın ninem onu da birlikte oraya götürmüş. "İstanbul'dan geldiler, zengindir" diye gece eve hırsız girmiş. Kadın ninemin cesareti maruf olduğundan yattığı odanın kapısını dışarıdan bağlamışlar. Odada balta bulundururmuş, ayak seslerini

---

7 İstiklal harbi ilk zamanları Garp cephesi kumandanı Ali Fuat Paşa'nın büyük amcası.
8 1326 (1915) Arnavutluk harekatında güzel bir kabir yaptırttım.

duymuş, kapının dışarıdan bağlı olduğunu anlayınca baltayla kapıyı kırmış ve hırsızları kovalamış.

Çok cesurdu. Biraz hatırlıyorum, kapı arkasında kalın sopası silah gibi dururdu. Küçükmustafapaşa da bize yakın otururdu. 100 yaşlarında öldü. Ebelik zamanında sanat olmadığından beni o doğurtmuş. Büyükannem de tam bir Türk kızıydı. Küçükmustafapaşa'daki konağının alt katındaki bir odası, kendi iş odasıydı. Mükemmel bez tezgahları, çıktıklarını hatırlarım. Ailenin bütün ihtiyacını temin ederdi. Vakit ve halleri de pek iyiydi. Bu da birçok torunlarını yetiştirdikten sonra vefat etti.

Annemin Babası Hasan Hilmi Bey, Karadeniz Ak şehrinde karantina memuru iken Enderun'a alınmış. Bir müddet sonra 30 kese Akçe (15 bin kuruş) ile çırağ edilmiş. Bedesten'de ticaretle meşgul olmuş, ailesini de refah içinde yaşatmış. Bu zatın ceddi, Boyabat'ta "sarı kadı" diye maruf imiş.

Annem de babam gibi temiz ve tam manasıyla asil bir Türk ailesi idi. Temizlik, çalışkanlık, intizam, tasarruf, sohbet ve aile muhabbeti gibi güzellikler kendisinde toplanmıştı. Babamı küçükken kaybetmiştik. Annemin varlığı bize bu yoksunluğu pek tattırmadı.

Ruhunu bize sindirdi. Bizi terbiye etti, okuttu, adam etti. Cesareti de ziyade idi. Senelerce at üstünde bazı yerlere babamla birlikte seyahatler yapmış. Kastamonu ve havalisi, Diyarbekir, Manastır, Van, Harput, Mekke'de hayli müddet oturmuş. Memleketimizi ve halkımızı yer yer görmüş. Ve her yerde kendini babam gibi muhitine sevdirmiş.

Yalnız tasarruf hususu müstesna olmak üzere, babam ile annem tam bir ahenkteydiler. Pek mes'ud bir yuva kurmuşlardı.

Anne cihetinden gelen cesurluk, babamdan da intikal etmiş olduğundan annemin gözü pek idi.

Bir misalini gözümle gördüm. Diğerini de işittim.

Biri babamın vefatından sonra 1309 (1898) sonbaharında

İstanbul'a gelirken Beyrut'ta karantinada bütün eşyayı etüve sokuyorlardı. Kürkler ve kunduralar tamamıyla kavrularak bir işe yaramaz bir halde çıkıyordu. Bağrışan, ağlaşan, inkisar edenlere kimse aldırmıyordu. Sıra bize gelince annem, yanımızdaki filintayı kapıp memurlara çevirdi. Ve "hele kürklerimizi alın göreyim. Bu kadar insanın feryadından vicdanınız titremiyor mu? Elimizde kalan iki parça eşyayı da siz mi yakacaksınız?.." diye haykırdı. Memurlar şaşkın şaşkın bakıyorlardı. Bir doktor, "hanımefendi bu vazifemizdir. Behamahal yapacağız" dedi.

Annem cevap olarak "vazifenizi insanca yapacak bir şekil bulun. Yoksa bu silahı kafanıza boşaltmak da benim vazifemdir, bu yetimlerin iki parça eşyasını size yaktırmam efendi" dedi.

Adamlar şaşaladılar. Jandarma mülazımı olan bir ağabeyim de yanımızdaydı. O da ses çıkaramıyordu. Nihayet galebe bizde kaldı. Kürkümüzü dezenfekte ile iktifa ettiler. Eşyaları kavrulanlar hala bağırarak inkisar ediyorlardı.

Diğer misal, balkan Harbinde ben Edirne'deydim. Bulgar ordusu Çatalca'ya yürürken, İstanbul'da aileler arasında bozgun yapmış. Bazıları Anadolu'ya kaçmışlar. Birkaç komşu anneme gelmişler "Bulgarlar İstanbul'a gelirse bizleri keserler, haydi Anadolu'ya geçelim" demişler.

Annem de cevap olarak "Oğlum Edirne'de muhasarada, Bulgarlarla muhaberebe ediyor. Mümkün olsa ona yardıma giderdim. Kapımın arkasına ben satırımı hazırladım. Kapımı açacak Bulgarın kafasına yerleştireceğim. Siz de benim gibi yapın..." demiş.

Bu sözü konu-komşu arasında her zaman takdirle söylenir. Annem, harb-i Umumi'de 65 yaşında iken 1333'de (1922) ölmüş. Ben Diyarbekir cephesinde haber aldım. Edirnekapı mezarlığında ağabeyimin kayınpeder cihet ki, Okçubaşı aileleri diye maruftur, aile kabristanında metfundur. Orada kendisinden daha evvel vefat eden Şevki ve daha sonra vefat eden Hulusi Beyler de metfundur. Hilmi Bey, mütarekede

Harput'ta vefat etti. Annemin ismi Havva Hanım. Cenab-ı Hakk'tan cümlesine rahmet dilerim.([9])

DAYIM VE TEYZELERİM

Dayım Şükrü Bey, 1306'da (1895) Japonya'da mahvolan Ertuğrul gemisinde boğuldu, mektepten birkaç sene evvel çıkmış muktedir bir makinistti. Teyze çocuklarından ressam Hüsnü Bey de, Mehmet Kaptan da binbaşı zabiti idiler. Mutakatiptirler. Mehmet Kaptan'ın kız kardeşi Seniye Hanım'ın da kocası bahriyeli idi. Kardeşim merhum Şevki Bey de bahriyeliydi.

Biz Hulusi Bey ile kara zabiti, kardeşimiz Hilmi Bey jandarma idi. En büyüğümüz Hamdi Bey, mülkiyeden mezundur. Teyze ve dayı ciheti bahriyeye intisap etmiş, çoğumuz asker mensubuyuz. Teyzelerimin torunları da epeyce çoğaldı ve iş sahibi oldular.

BEN

Ben, İstanbul'da Küçük Mustafapaşa'da ayakkabı caddesinde kömürcüler sırasında büyük annemin konağında 11 Ağustos 1298 (1882) de doğmuşum.

Evimizin krokisi: (Orijinal metinde bu kroki mevcuttur / Yayıncı) Büyük anneme ait olan bu ev büyük, yarı kargir bir konaktı. Harem, selamlık daireleri, geniş ev altı, iki müstakil bahçesi, geniş muazzam merdiveni, yukarıda büyük bir sofası vardı. Merdivenden çıkınca sağ taraftaki odada doğmuşum, bu konağı ve hususiyle doğduğum odayı çok severim. Yazık ki 1314 (1898) senesinde mahalle yangınında yandı.

Ben doğduktan az sonra annemin zoruyla biriktirebildikleri parayla Zeyrek'te Hacı Kadın caddesinde bir ufak ahşap ev

---

9 İclal Hanım'ın sonradan eklediği nottur. 1947'de ağabeyinin kayınpeder cihetindeki aile kabristanında nakli kubul yaptırılarak şehidliğe kardeşi Hulusi ve Şevki Bey ve annesi için güzel bir kabir yaptırdı. Ve taşın üzerine de "Karabekir Ailesi" diye yazıldı. Şimdi Edirnekapı şehidliğindedirler.

alarak ailece büyük annemin kalabalık olan konağından ayrılmışlar. Bu evimiz de Küçükmustafapaşa'daki konaktan birkaç ay evvel yanmıştır. Ben daha kucakta iken babam yeni teşkil edilen Hakkari vilayetine Alay beyliğine tayin olunur. Vilayet merkezi olan Başkale'ye yalnız gitmiş. Aileyi aldırmayıp, benim birkaç yaşına girmekliğime bırakmış.

Esasen o zaman Başkale'de bir ailenin yaşaması zorluğunu da gördüğünden orada birkaç sene yalnız yaşamış. 1301'de (1885) benden üç yaş büyük olan kardeşim Hulusi Bey'i mektebe başlatırken ilerde benim için de ayrı külfete lüzum kalmasın diye beni de beraber başlatmayı büyükannem teklif etmiş. Zeyrek camiine bitişik kargir büyücek bir salondan ibaret olan ilk mektebe bu suretle ben de başlatılmışım. Kardeşime sırmalı cüz kesesi ve yaldızlı cüz hazırlanmış. Bu cüz kesesi en büyük kardeşimiz Hamdi Bey'e alınmış, bütün kardeşler bununla mektebe başlamış; kıymetli bir hatıra olarak saklıyorum.

Muallim Hafız Şükrü Efendi kardeşimi okutmuş. Sıra bana gelince Besmeleden sonra "rabbiyesir" der demez başımdan fesimi kapınca hocanın suratına atmışım. Büyükannem "neden bunu yaptın" deyince, "bana cüz almadınız, kardeşimin cüzünden okumam" demişim. Hemen cüz keseyi benim boynuma takmışlar, bu cüz senin oldu âmin alayı dışarda seni bekliyor, atlar arabalar neler var, okumazsan yaya kalırsın, hepsi Hulusi'nin olur diye güç hal ile fesimi başıma giydirmişler ve okutmuşlar. Babam uzakta diye işi basit yapmışlarmış... Ne Amin alayı, ne at, ne araba... Bunu görünce inat edip birkaç gün mektebe gitmemişim. Bu hadiseyi sık sık büyükannemden, annemden, kardeşlerimden dinler dururdum. Bunun için hafızamda o kadar yer tuttu ki tamamıyla yaptıklarımı hatırlıyorum gibi geliyor. Yaşım pek küçük mektebin okuma derecesi ise pek ağır olduğundan gelip gelmemekte hoca bizi serbest bırakmış. Ara sıra inadım tuttu mu mektebe gitmezdim. Mektebe haber gönderilirdi, "bugün inadı tuttu gelmeyecek!.."

Bu mektebin hatırası olarak şunları biliyorum: Harfleri öğrenmiştim. Hecelerle uğraşıyordum, sınıf sınıf hocamız bir ağızdan öğretiyordu. Bütün sınıflar bir salonda olduğundan herkesin okuduğunu hepimiz dinlerdik. Her çocuğun minderi vardı ve önümüzde uzun sıralar... Bazı yaramaz çocuklar önüne geriye sallanarak dersini ezberlerken sırayı devirirdi. O zaman Hafız Şükrü Efendi de uzun değneğini kolunu ve vücudunu uzatarak yetişebildiği çocukların sırtına, başına, eline rast geldiği yere vururdu. Bu dayak hadiseleri oldu mu ben birkaç gün inat eder mektebe gitmezdim. Hocamızın bir merakı da öğle namazını mektepte çocuklara cemaatle kıldırmaktı. Çocuklardan birkaçı abdest alırdı, diğerleri abdest almak şöyle dursun namazda abdest bile bozarlardı. Akşamları hep bir ağızdan Amenerresulü okunurdu. Bu arada yaramaz çocuklar vücutlarını kaldırıp birden gürültüyle otururlardı. Bazen içlerinden biri sırayı da itiverir, dayaklar, haykırışmalar, gülüşmeler başlardı. Her gün bir fodlayı[10] iki, bazen dörde ayırarak bütün çocuklara dağıtırlardı. Perşembe günleri de pilav ve zerde verirlerdi. Fakir çocuklar diğer arkadaşlarından da yardım görerek hisselerini alıp ve mükemmelen karınlarını doyururlardı.

    Herkesi güldüren bazı çocuklar da vardı. Sıraya bir parça pestil yapıştırır, ileri geri sallanarak hem dersini ezberler hem de pestili bir kere yalardı. Bir kelime ders ve bir pestil yalaması herkesi güldürürdü. Bir başkası fodlaları içlerinden ayırıp ufak haplar yaparak havaya atar ağzıyla kapardı. Bir diğeri şehadet parmağının yanlarındaki parmaklarını yalayarak parmaklarını sıraya vururken bir defa birini diğer defa da diğerini bükerek hüner gösterirdi. Başkasına küfürler, yemin ediyorum diye ana-babasına fena sözler, antlar her zamanki ahenkti...

    Günde birkaç defa falaka seyrederdik. Falakanın iki ucunu tutmak için büyük çocuklar birbiriyle müsabaka yapardı. Birbirine garezi olanlar falakayı fazla bükerek ıstırap verirler, sonra ilk fırsatta ağız veya el kavgası yaparlardı. Velhasıl bizim mektep her sınıfı bir arada bir salon olduğundan akşama kadar işittiğimiz ve gördüğümüz şeyler öğrendiğimiz birkaç şeyden pek çok ve pek de ağırdı. Terbiyeli ve ağır aile

---

10 Fodla: Bir çeşit ekmek.

çocukları da arsızlara yaklaşıyordu. Hamdolsun babam, Van'a gelmiş de bizi aldırdı. Bu münasebetsiz mektepten kurtulduk. Hocamız sonra deli olmuş tımarhaneye gitmiş, bir müddet sonra iyileşmiş çıkmış. Kim bilir bu kabil mekteplerden kaçının hocası bu felakete düşmemiştir...

VAN'A GİDİYORUZ

Babamın Van jandarma Alay beyliğine tayininin sebebi Rusya'dan Ermeni eşkiyası gelmiş, Van havalisindeki Ermenileri ifsada ve asayişi bozmaya çalışıyorlarmış. Van valiliğine tayin olunan Halil Bey, babamın Hakkari Vilayetinde kürt eşkiyasına karşı bizzat yaptığı tedbirleri bildiğinden Ermeni eşkıyasının tenkili için kendisini muvafık bularak vilayete kabul için babamın da Alay beyliğine tayinini İstanbul'a yazıyor. Bu surette babam Van'a geliyor. Esasen de Hakkari vilayeti bir müddet sonra lağvolunuyor. Terfi sırası çoktan geldiği halde Sultan Aziz'i katlettiği iddia olunan Mustafa pehlivanı gönderdi diye terfi ettirilmiyor.

Bu hadiseden sonra vali de babam da ailelerini Van'a aldırıyorlar. 302 (1891) senesi altı Temmuz'da birlikte vapurla Trabzon'a, buradan da arabalarla Erzurum'a ve buradan da atlarla Karakilis'e (Karaköse) kılınçgediği yoluyla Van'a gittik.([11])

Biz üç kardeş, Hilmi Bey büyüktü, Hulusi Bey ve ben çocuk... Ve Valinin de üç çocuğu, iki kız bir erkek, bir kız bir erkek de Fransızca mürebbiyelerinin çocuğu, epeyce bir yekun çocuktuk. Annem çocuklarla daha çok ahbaplık yaptığından hepimiz onun etrafında toplanırdık. Bir ecnebi vapuruydu, hepimizi kardeş zannederek hayretini mucip olur anneme sorarlardı...

Benim yaver elbisem de vardı. Kordonu sırmalı, apoletleri, kalpağı pek şıktı. Babama yüzbaşı yaver olarak gidiyordum. Bu elbisemi giymiyordum, Van'a girerken giyecektim. Yollarda hatıramda iz bırakan bir-iki hadise oldu. Trabzon'da bir miralayın evinde misafir kaldık. Erzurum yolunda bir handa

---

11 Karaköse ismini İstiklal harbinde ben değiştirttim.

annem pencere açılmasın diye çamaşır bohçasını arkasına koymuş. Geceleyin çalmışlar. Hem de garip bir şekilde... Birer birer pencerenin demir parmaklığı arasından seçip almışlar. Benim yaver elbisemi almamışlar. Sabahleyin annem kızmış buldurmaya çalışıyordu. Ben benim elbisem gitmediğinden bu işe pek kederlenmedim.

Bir yerde de biz çocuklar alayı bir erik ağacının bütün meyvelerini topladık. Ceplerimize doldurduk. Marifet yapmışım gibi en çok ben topladım diye anneme gidip haber verdim. Fena halde kızdı. Bir tane bile yemeden götür at dedi. Buna hayret ettim. Fakat emre de itaat ettim. Çocuklara "erikleri yiyemeyeceğiz gidelim de münasip bir yer bulalım da atalım" dedim. Herkes bir akıl söyledi, en nihayet benim bulduğum yeri hepsi muvafık buldu. Hanın alçacık bir taraftaki damına çıkarak bacadan aşağı atmak... Bunu, avuç avuç atarak gülüşmelerle yaptık. Meğerse burası han sahibinin odasıymış. Herif eriklerinin toplanıp bacasından odasına atılmasına hayret etmiş, korkmuş, dualara başlamış, kimseye söylememiş. Belki hızır attı diye... Ertesi günü biz giderken mesele meydana çıktı. Herkes gülüştü.

ERZURUM'DA...

Rahmi Paşa'nın konağına hep birlikte misafir indik. İhtiyar bir paşa olan bu zat, ufacık bahçesinde çadırda yatıyordu. Erzurum hakkında hatıra olarak mühim bir yaramazlığım var. Eşyalarımız ve kafilenin erkekleri yakınımızdaki bir hana inmişlerdi. Biz birkaç gün Erzurum'da kaldığımızdan çocuklar alayı kabımızdan taşmaya başladık. Sağa-sola göz gezdirmeye ve nihayet bu hana kadar gezmeye başladık.

Yedi çocuklu bir alay. Hanın içinde bir havuz vardı, ortasından su çıkıyordu. Bunu fışkırtmak için bir değnek parçasıyla ameliyat yapmaya lüzumlu gördük. Kimse başaramadı. Çünkü sol el ile fıskiye taşı tutularak adamakıllı eğilmek ve tehlikeli vaziyette sağ el ile fıskiyenin yolunu karıştırmak lazımdı. Teşebbüslerin boşa gittiğini görünce ben işi üzerime aldım. Eğilmekle beraber sol elimi fıskiyeye dayadım. Artık nasıl doğrularak kalkacaktım, hiç düşünemedim. Sağ elimle suyun çıktığı yeri iyice karıştırdım. Sonrasını bilmiyorum... Bir şangırtı, bir haykırışına, sonrasını bilmiyorum. Kendime geldiğim zaman vaziyet sırsıklam sular akıyor, başım yarılmış kanlar akıyor. Etrafımda çocuklardan kimse kalmamış, büyük adamlar ve karşımda kolumdan tutan ağabeyim Hilmi Bey. Ve her kafadan bir ses... Nasıl oldu? Çocukların biri mi itti? Verilmiş sadakası varmış...

Halim pek yamandı. Nasıl oldu da ben kanlar ve sular içinde kaldım. Şimdi anneme ne cevap verecektim... Bu vaziyette nereye gidecektim... Beni şaşkın şaşkın gören ağabeyim, beni çok sever ve çok latife ederdi, dedi ki "hancının üç nargilesini de kırdın, ver bakalım paraları..."

Hakikaten havuzun bir tarafında kırılmış nargileler, devrilmiş bir dolap feci bir vaziyette duruyordu. Bana nasıl düştüğümü soruyorlardı. Ben yaptığım marifeti anlattım. Nasıl düştüğümü bilemiyorum dedim. Hancı da dahil olmak üzere uzaktan vak'ayı görenler veya tahmin edenlerin malumatı toplanarak şu neticeye varıldı. Ben ufka yakın eğri bir vaziyette su yolunu aştıktan sonra kalkamamışım, havuzun hemen yanında bir dolap varmış, bunu sağ elimde tutmak istemişim. Eğreti bir haldeymiş de devrilmiş. Üzerinde üç nargile varmış, bunlar da düşmüş kırılmış. Havuzun ortasında kutri bir demir varmış. Başım çarpmış, sol kaşımın kenarından yarılmış. Dolap da havuzun kenarına düşmüş. Çocuk arkadaşlar haykırarak kaçmışlar. Ağabeyim, hancı, zaptiyeler koşuşmuş, beni kurtarmışlar.

Ben hayretle bunu dinledim. Düştüğüm havuza hayretle baktım.[12]

---

12 Mütarekenin ilk zamanlarında, 1335, (1924) misafir kaldığımız Rahmi Paşa'nın evini ve düştüğüm havuzu aradım buldum, Bir sene evvelki Erzurum harekatında meşgul olamamıştım. Havuz ufacık bir şey. Otuziki sene evvel başıma gelen hadise canlı olarak gözümün önüne geldi.

Ağabeyim imdada yetişti "yaramaz sakın anneme havuza düştüğünü ve başının yarıldığını söyleme, merak eder. Ben şimdi sandıktan çamaşır ve elbise çıkarırım" dedi. Bu işe çok sevindim. Başımı sardılar. Çamaşır ve elbiselerimi değiştirdiler. Handa izzet ve ikram da gördüm. Çay içtim, bir şeyler de verdiler. Bir müddet sonra eve geldik. Korkudan bizim küçüklerin her biri bir tarafa sinmiş, beni görene kadar korka korka her biri bir tarafa vücudunu saklayarak bakıyordu. Nihayet, ev halkı ve annem beni gördü. Başımın sarılışı, başka elbise giyişim meseleyi olduğu gibi söylemekten başka çare bırakmadı. Alnımın yarılması bana şefaat etti. Esasen hiç dayak cezası görmemiştim. Darılma, haşlamaya da yaram mani oldu. Herkes hatırımı sordu, izzet ikramda dahi bulunuldu. Zaten "Y"leri "G" diye konuşur, büyüklerle de konuşurken sıkılmaz, aklımın erdiği gibi cevap verdiğimden ve en küçüklerden de olduğumdan her gün her taraftan iltifat görürdüm. Bu havuza düşmek ve muhakkak bir ölümden kurtulmak, iltifatları daha çoğalttı.

Erzurum'dan sonra atlarla Van'a gittik. Atın iki tarafında yük, üstüne şilte serili, üstünde de yolcular... Hasankale'de kaplıcaya girdiğimizi, Kılıçgediği ve Palandöken isimlerini hatırlıyorum. Bir de buralarda pek inişlerde inerdik, yokuşlarda da hayvanın yelesini tutun diye daha evvel yokuşu çıkanların bağrıştığını hatırlıyorum. Bu gibi yerlerde bizi muhafızların atlarına bindirirlerdi. Çok kere yükler devrilir, üzerindekiler düşerdi. Bu civarda bir kürt aşiret beyinin büyük bir çadırında misafir kaldık. Bey'in karısı ayran yaptı, evvela kendi içti sonra ikram etti. Van'a kadar bir mühim vak'a olarak da bir eşkıya çetesiyle karşılaştığımızı hatırlıyorum. Birden atlar üzerinde koca bıyıklı adamlar önümüze çıktılar. Fakat kafilemiz kalabalık, muhafızlarımız da çoktu. İçlerinden biri bağırarak şöyle bir şeyler söyledi: "Bizler de sizi muhafaza için buralarda dolaşıyoruz. Eşkıya bir fenalık etmesin diye. Bizi de Alaybeyi gönderdi. Uğurlar olsun..."

Sonra da silahları ellerinde hazır bir vaziyette dağ tarafına doğru at koşturdular. Bunlar gözden kayboluncaya kadar kafilemiz durdu, muhafızlarımız da silahlarını hazır tuttular. Bir müddet sonra muhafız müfreze zabiti anlattı... Bu havalinin en azılı eşkiyası imiş. Muhafızları kuvvetli görmeseler muhakkak soyarlarmış. Çoluk-çocuğa fenalık dokunmak korkusuyla muhafızlar da bu haydutlara ses çıkarmamış.

Van'a yakın yine arabalara kavuştuk. Ve Van'a böyle girdik. Son molada herkes bana soruyordu: "Babanı nasıl tanıyacaksın bakalım..."

Ben de şu cevabı veriyordum: "Ağabeyim kime baba derse ben de ona sarılır babam derim..."

Bu cevabım bana takdirler yağdırıyordu. Nihayet Bağlar denilen yerdeki eve geldik. Babam bizi bekliyormuş. Arabadan beni kucağına aldı ve birçok öptü.

Kır sakallı, nur yüzlü, aslan gibi bir vücut. Ben de ona sarıldım ve "babam" diye öptüm, öptüm... Ağabeyimin delaletine lüzum kalmadan babamı öğrenmiştim. Yukarı çıkar çıkmaz bir gümüş tas içinde çil kuruşlar dolu bana hediye verdi. Zaten hediyesiz de babamı çok sevmiştim. Bu hediye de beni pek sevindirdi.([13])

VAN'DA...

Şehir pek sıkıntılı olduğundan memurların ileri gelenleri ve zenginler şehrin üç-dört kilometre doğusundaki bağlarda otururlar. Biz muhtelif iki evde bir sene oturduk. İlk evimiz pek yazlık bir şeydi. Kış, çok kar yağdı rahatsız olduk. Bilhassa abdesthaneler uzakta, kar kıyamette çoluk çocuğa pek güç. Sonradan tuttuğumuz ev caddede, şehre de daha yakın ve güzeldi. Caddenin iki tarafından su akar, suların iki tarafı da kavak ve söğüt ağaçlarıyla pek latifti. Birkaç ay babam bizi evde okuttu. İstanbul'dan gelen gazetelerin başlıklarından işe başlattı. Epeyce ilerledik. Sonra mektebe verdi. Şehirle bağlar arasında bulunan bu mektep İstanbul'daki mektebimizden

---

13 Bu tası en kıymetli varlığım gibi muhafaza ettim. Her gün de kullanırım.

yüksekti. Çocuklar iki dershanede muallim de askerlik etmişti. Yalnız çok ezber dersler fenamıza giderdi.

Sınıf geçtikten sonra dersler daha zorlaştı. Kısas-ı Embiya'yı harfi harfine belletirdi. Hafızam da pek kuvvetli idi. Bir-iki kere akşamdan okurdum sonra kimseyle konuşmadan uyurdum. Kitabımı da baş yastığımın altına koyardım. Sabahleyin de bir-iki kere okuyunca ezberlemiş olurdum. Bu usulü yerli komşularımız öğretmişti. Bunun bir de iki rekât akşamdan namazı vardı. Babam ve annem namazlarını muntazam kıldıklarından biz de küçücükken onları taklit ederek ve sular buz tutsa dahi buzu kırar yine abdestimizi alırdık. Bir akşam misafir gelmişti. Zarf-yüzük oyununa dalmışız. Ders kalmış. Mektebe gidince aksi gibi hoca da bizi derse kaldırdı. Bilmeyenler falaka yerdi. Biz iki kardeş de bilemedik. Hoca "falakayı getirin" dedi.

MEKTEPTEN FİRAR

Ben "dayak yemem" dedim. Ve kardeşim Hulusi Bey'in kolunu dürterek "haydi kaçalım" dedim ve hemen merdivenlerden inerek mektepten kaçtık. Ev hayli uzaktı. Sabahları babam arabayla giderse bizi de yanına alırdı. Akşamları esterimiz vardı. İki kardeş binerdik, nefer de yedek çekerdi. Kışın da atlı kızağımız vardı. Bu mesafeyi koşarak katetmek kolay değildi. Hocaefendi arkamızdan bütün mektep çocuklarını saldırmıştı. Ben çok koşamıyordum. Pek toplu vücudum vardı. Beni çabucak yakaladılar. Kardeşim iyi koşuyordu. "Bırakın beni" diye bağırıyor, çocukları yumrukluyor, ellerini ısırıyordum. Fakat başedemedim. Beni çeke çeke mektebe getirdiler. Ve hoca efendinin önüne kadar çıkardılar. Yorgunluktan, kızgınlıktan nefesim nefesime yetişemeyecek gibi soluyor ve "ben dayak yemem" diye bağırıyordum. Hocaefendi şaşırmıştı. "Hiç sizi döver miyim, siz ne yaptınız" dedi. Buna çok sevindim. Falaka da meydandan kaldırılmıştı. "Bir daha böyle iş yapma, herkese kepaze oluruz. Haydi, yerine otur..." dedi.

Teşekkür ettim, selam verdim, yerime oturdum. Baktım

kardeşimi de beş-altı büyük çocuk yakalamış. O da avura-savura geliyor. Hocaefendi ona da nasihat etti. "Sakın bu işi babanıza söylemeyin" ihtarıyla işe nihayet verdi. Bugün ders bilmeyenler dayak yok diye seviniyorlardı. Bu mektebin hatırası olarak...

Bir de evimizden getirdiğimiz minderi ve oturduğumuzda önümüzdeki çekmece veya ufak sandığı daima hatırlarım. Sandıkların içine sicim gerer ve yemiş asardık. Bir gün yemişlerimi ve beş-on kuruşu havi kumbaramı çalmışlar. Bir daha tövbe ettim, mektepte bir şeyimi bırakmadım.

Van, çok hoşuma gitmişti. İki kere şah bağlarına ailece gitmiştik. Pek nefis üzümler yemiştik. Kaleye de bir kere çıktık. ([14]) Gölde birkaç kere yıkandık. Van kedisi pek meşhurdur. Muhtelif renklerde kedilerimiz vardı. Fakat el süremezdik, aslan gibi pençe vururlardı. Bir gün "Padişah Van kedisi istemiş" diye bizim kedileri de aldılar. Çok sıkıldık. Bu güzel kedilerimiz bedavadan elimizden alındı. Sonraları bir güzel kedi daha buldular. Bu bir gün odaya giren kuşu hopladı tuttu. "Vay hain" diye annem ve babam kediyi yakaladılar ve kuşu ağzından aldılar. Zavallı kuşcağızın bir kanadı kırılmış. "Vah, vah..." diye hep acıdık. Fakat kediye de iadesi muvafık görülmedi. Babam kesti, annem yağda pişirdi, herkesin hissesine birer lokma düştü. Ne kadar da lezzetli imiş...

Kedimiz tuttuğu halde ona yalnızca kemikleri kaldı. Hem de azar işitti. Sabahları babam kendi eliyle çay pişirirdi. Semaver ve madeni bir çekmece ortaya çıkar, biz etrafına diziliriz. Bu çekmeceyi hepimiz çok severiz. Babam yol için yaptırtmış. Kilidi var; açılırken iki kere "çın, çın" der, içi göz göz. Oniki ufak çay bardağı, kaşıkları, çay ve şeker kutuları yerli yerinde... Gizli açılmasına imkan yok. Çın-çın diye haber veriyor. Ara sıra babam muharebelerde öğrendiği papara da yapardı. Bu tatlı günler daima hatıra geliyor...

---

14 1335'de (1924) Van'daki kıtaatı teftişe gitmiştim. Harabeye dönen bağlar ve şehirde evimizi, mektebimizi, hükümet konağını buldum. Kaleye çıktım. Çocukluk hatırasını büyük bir lezzetle saatlerce andım.

Van, çocuklar için ne eğlenceli bir yer; meyvesi bol, büyük bahçemiz, türlü türlü meyve ağaçlarımız var. Mektepten gelince bol bol meyve yiyoruz. Gayet ucuzluk olduğundan arabamız, atımız, iki de ineğimiz var. Taze taze süt de içiyoruz. Yumurta, on tanesi on para. Peynirin okkası kırk para. Bal, tereyağ her şey ucuz. Yalnız şeker, limon gibi İstanbul'dan gelen şeyler pahalı. Zaptiyeler ve hele Ermeni işçimizin masalları bol. Ermeni aşçımızın Türkten farkı yok, perhizlere falan aldırmaz. Yalnız karısından korkar, "aman duymasın" der ve mükemmelen her şeyi yerdi. Karısı da ara sıra misafir gelirdi. Ahçımız kitaplardan da masallar okurdu. Balmumundan gayet güzel köpek ve kedi resimleri yapardı. Yemekleri de pek tatlıydı. Biz gelmeden bir sene evvelden beri babamın yanındaymış. Pek sadakatle hizmet etmiş ve bize de böyle iki sene hizmet etti. Zaten Ermeniler bu zamanlar hakikaten çok iyiydi. Bir gün aşçımız bizi, kilisede bir Ermeni düğününü seyretmeye götürdü. Ermeni kadınları da İslamlar gibi çarşaf giyiyorlar, yüzlerini erkeklere göstermiyorlardı. Çarşafları beyaz renkte. Kilisenin damından gelin alayını seyrettik. Damlar kiremitsiz düzdür, lüle taşı kullanırlar. Damlarda yatarlar, sebze vesaire kuruturlar. Kilisenin damı da evlerinki gibi düz. Birçok kimseler damdan seyrediyor. Gelin başı örtülü, güveyi ile yan yana durdu. Papaz karşılarında dualar okudu. Sonra da şu sualleri sordu: "Kör idi, topal idi, kabul idi?.."

Güvey başıyla tasdik işareti yaptı ve "he" diye yavaşça söyledi.

Bu sual ve cevap birkaç kere tekerrür etti. Alay, ellerinde mumlarla kiliseden çıktılar. Van Ermenileri de Türkçe konuşuyor, biz gelmeden evvel Rusya'dan çeteler bunları bozmaya gelmiş fakat kabul etmemişler. Babam da çeteyi mahvetmiş. Aşçımız bundan memnun görünüyordu.

Zengin Ermeniler de çoktu. Büyük kiralık konakları olduğu gibi kendi evleri de bağları da güzeldi.

GÜLÜNÇ BİR HATIRA

İlk evimizin ev sahibi yerli bir zattı. Karşımızda otururdu. Bizim olduğu gibi onun da bahçesi büyüktü. Zaten bağlarda her evin bahçesi kendi sebze ve meyvesini yetiştirecek kadar büyük...

Bir gün ev sahibinin bahçesinde birkaç çocuk toplanmıştık. Çocuklar yandaki bir bahçenin yemiş ağaçlarına el uzatmışlardı. Duvarlar çamurdan veya kerpiçten olduğu için sık sık yıkıldığı gibi komşular da birbirine geçmek için aşacak kadar yer açarlardı. Yahut da çocuklar yemiş çalmak için duvarlara çıktıkça böyle rahneler oluyordu. Biz de böyle bir rahne önündeydik. Bir aralık bir çocuk bağırdı: "Avrat geliyor!..."

Herkes alabildiğine ev sahibimizin evine doğru kaçtı. Kardeşim ile biz bir şey anlamadık, fakat bir tehlike olduğundan korktuk. Az evvel şiddetli bir zelzele günlerce bizi korkuda bırakmıştı. Acaba bu sefer de başka bir felaket mi olacak diye şaşırdık. Yanımızda buzağılar otluyordu, "haydi bunlara binelim" dedim. Zaten yollarda ata binmeye alışmıştık. Her gün de ata, estere biniyorduk. Buzağıların üstüne atladık, komşunun bahçesinden bir kadın geliyordu. Fakat bunun kendisinden kaçılan avrat olduğunu hala anlamamıştık.

Buzağılar neye uğradıklarını şaşırdılar. Çocukları geçerek bizi ev sahibinin evine getirdiler. Orada neden kaçtığımızı çocuklara sorduk. Ve anladık ki yemişlerini aşırdıkları bahçenin sahibi kadını görmüşler "avrat geliyor!" diye korkarak kaçmışlar. "Avrat" yakalarsa mükemmel dövermiş. Ona "Avrat" değil, "Kadın" derler dedik, çocuklar bizimle alay ettiler... Dil kırılır dediler, yani biz incelik yapıyormuşuz.

MÜHÎM BİR HATIRA

Bir gün bir Zabitin düğün yemeğine babam beni de götürdü. Sofrada yanıma Rus Konsolosu tesadüf etmişti. Benim arkamda yaver yüzbaşısı elbisesi vardı. Ve babamın solunda oturuyordum. Yuvarlak bir masada yemek yiyorduk. Benim yemek yiyişim ve tavrı halim konsolosun dikkatini çekmiş, benimle konuştu. Az Türkçe biliyordu, tercümanı da vardı. Gülerek sordu:

- "Bu elbiseyi neden giyiyorsun?"

Sıkılmadan cevap verdim:

- "Seviyorum da ondan..."

- "Bu ne üniforması?"

- "Yüzbaşı yaver."

- "Sen kimin yaverisin?"

- "Babamın..."

- "Yaverler ne yapar?"

- "Verilen işi..."

- "Verilen işi yapamazsan ne yaparsın?"

- "Babam bana yapamayacağım işi vermez..."

- "Büyüyünce ne olacaksın?"

- "Kumandan..."

Konsolos benin sıkılmadan verdiğim cevaplardan çok hislendi ve babama dedi; "Bu çocuğun bakışları büyük kabiliyet gösteriyor, sözleri de hayreti şayandır. Sizi tebrik ederim. Ben buna bir hediye vereceğim lütfen kabul buyurun. Ben bu çocuğu unutmayacağım, hediyem de beni ona unutturmaz" dedi.

Teşekkür ettim.

Akşam geç vakit bir konsolos kavası bir kutu getirmiş ağabeyim almış, babama vermiş. Kavasa bahşiş verip teşekkürle iade etmişler. Gelen gayet küçük bir ruvelver imiş. Oyuncak gibi. Babam oyuncak zannıyla tetiğe dokununca, doluymuş ateş almış. Az kaldı karşısındaki annemi vuracakmış. Biz, silah sesine bulundukları odaya koştuk. Babam kızmış "hain herif çocuğa böyle hediye gönderilir mi, felaket oluyordu. Ya çocuk alıp birimizi kazaen vursaydı" diye bağırıp çağırdı. Ben hediyemin bana verilmeyecek bir şey olduğunu görünce daha çok öfkelendim. Bu Rovelver'i ağabeyime verdi. O da bir memuriyette düşürmüş. Kayboldu gitti. Bu konsolos kimdi, neden ailemizi felakete düşürecek bir hediye gönderdi, anlamadık...

Van'dan güzel bir hatıra da kış hayatıydı. Çok kar yağardı. Alt kat pencerelerden geçenlerin başlarını seyrederdik. Evin avlusunda gidip-gelmek için yol açılırdı. Boyumuzu aşan karlar içinden koşturmak hoşumuza giderdi. Tek atlı bir arabamız gibi aynı büyüklükte bir de kızağımız vardı. Sabahları bununla mektebe gitmek pek zevkli idi. Bunların ve evimizin eşyasını babam ucuzca almış. Memurlar bir yere naklederken birbirlerine bu kabil eşyayı ucuzca da veriyorlar. Kışın kızakların karlar üzerinde süzülmesi pek zevkli oluyor. Fakat akşamları babam geç döndüğünden biz esterle mektepten gelirdik bir gün nasılsa ürktü, başını çeken zaptiye yere düştü. Boş kalan hayvan bizi de yere attı. Ben ayaküstü kendimi yerde buldum. Akşam bu işi bir facia gibi yana yakıla babama anlattım. "Bir daha ben katıra binmem, bu hayvan beni öldürecek" diye işi alevlendirdim. Annemin de şefaatiyle bu inatçı katırdan kurtulduk, gelirken de kızağa bindik. Kış geceleri komşular misafir gelirdi. Türlü türlü oyunlarla vakit geçirilirdi. Bazen evce misafirliğe gidilirdi. Ben pek erken uyuduğum için gitmezdim. Evde yalnız uyumaktan da korkmazdım. Beni korkutan bahçedeki bir sürü kazdı. Bunlardan da gündüz korkardım. Bir gün fena halde kavga etmiştik. Hepsi etrafımı almışlar ve "tıs, tıs" diye burunlarını uzatarak eteklerimi çekmişlerdi. Ben baş edemeyeceğimi görünce haykırdım. Ağabeyim, zaptiyeler, aşçı ne oluyor diye koşuştular... Beni etrafımdaki kazlarla kavga ederken görünce ayırdılar ve gülüştüler. Bu vakadan sonra izinsiz bahçeye çıkmazdım. Kazlar da sanki beni tanır gibi karşılıklı hücum vaziyetine geçer ve birbirimize bağrışırdık.

Erzurum'da başımdan bir avuç kanım kalmıştı. Van'da

da yine bir yaramazlıktan biraz kanım kaldı. Mektebimizin hemen arkasında ufak bir su akıyordu. Üzerine ince bir ağaç atmışlardı. Bunun üzerinden kim geçer diye bir paydos zamanı müsabaka açıldı. "Ben geçerim" dedim ve yürümeye başladım. Düşmemek için çabuk öte tarafa koşayım derken, dizimin üstüne öbür tarafa hem geçtim, hem düştüm. Sivri bir budağı varmış, dizime battı ve hayli kan aktı.([15])

Hülasa Van'da çok güzel günler geçirdik. Satıcı Kürt kadınlarından birkaç kelime kürtçe de öğrendik. Sünnet düğünümüz de Van'da yapıldı. Bu da pek tuhaf oldu. Bir gün bir sünnet düğününe gitmiştik. Sünnet çocuklarını hali pek hoşuma gitti. Ertesi günü evce bir yere gidiyorduk, ben daha evvel hazırlandığımdan sokak kapısının önüne çıkmıştım. Baktım sünnetçi geçiyor. Adamı çağırdım, "dün çocukları sünnet eden sen miydin?" diye sordum. "Evet, bendim" deyince, "hadi gel de beni de sünnet et" dedim. Bu aralık annem de gelmiş ve bir adamla konuştuğumu görünce hayretle kim olduğunu sordu. Sünnet olmak için çağırdığımı söyledim. Hayret etti. Adamı savdı. Fakat akşam üstü hadiseyi babama anlattı. O da "madem ki istiyor, yaptıralım" dedi. Tez elden bir hazırlıkla bu iş de Van'da oldu.

Babam, annem, ağabeyim şu teklifte bulundular: Madem ki kendi istedi, sünnet olurken ağlamayacak... Ben de söz verdim ve hakikaten "gık" diye de sesimi de çıkarmadım... Kardeşim Hulusi Bey ve diğer pek çok çocuk lazımı kadar haykırdılar. Gece eğlenceleriyle de pek alakadar olmayarak uyuyuverdim. 9 Haziran 1304, (11 Şevval 1305'de) Büyük annem İstanbul'da Küçükmustafapaşa'daki konağında ölmüş. Bu haber bizi pek kederlendirdi. Annem çok ağlar, bizi de ağlatırdı.

---

15 Bu yaramazlıklarımın nişanesi vücudumdan kaybolmadı. 1335'de (1924) Erzurum'a geldiğim zaman, Erzurum'un terk edileceğinden korkanlara, "benim burada bir avuç kanım döküldü, ben ölmedikçe buralardan gitmeyiz" derdim.

HARPUT'A GİDİYORUZ...

Van'da üç yıl oturduk. 1305 yılı yazın Harput'a nakledildik. Van'a gelirken Van Gölü'nün güneyinden gelmiştik, şimdi kuzeyinden gidecekmişiz. Araba yolu olmadığı gibi atların bile güç geçeceği yerler varmış. Kuvvetli esterlerle (katırlarla) geçilirmiş... Bir-iki de at bulunacakmış. Harput çok güzelmiş. İstanbul'a da yakın olduğundan her şey de bulunurmuş. Artık seviniyoruz. En büyük sevincim yine yolculuk...

Konu-komşu alışmışlar, ağlaşıyorlar. Nihayet yola çıktık. Birkaç gün Van Gölü'nü kaybetmedik. Nihayet Bitlis'in yanından geçtiğimizi söylediler. Muş'ta bir-iki gece kaldık. Murat çayını birkaç kereler geçtik. Bu ismi Van'a giderken epeyce de işitmiştik. Bir gün bir tehlike de geçirdik: Kafilenin bir kısmı suyu geçmişti. Ağabeyim geçerken bir bağrışma oldu. Arazi dağlık, nehir de kavisler yapıyordu. Uzun mesafe görünmüyordu. Yukarlara yağmur yağmış, sular kabarmış, ağaç kütükleri, dalları müthiş geliyor. Ağabeyim güç halle kurtuldu. Geride kalanlar geçemedi. Müthiş yağmur da başladı. Burada geceledik... Yiyeceklerimiz öbür tarafta kalmış, biraz ekmek bulabildik. Böyle yolculuklarda herkes yiyeceğini yanında taşısa iyi olur diye münakaşalar oldu.

Harput'a kadar çok fena yollardan ve birçok defa sulardan geçtik. Bazı yerde güzel hanlar vardı, bazen açıkta kalırdık.[16]

---

16 Muhtelif harplerde bu hatıranın tesiriyle atla olsun otomobille olsun seyahatlerimde yiyeceğimi daima yanıma alırdım. Böyle yapmayanların neler çektiğine çok şahid oldum.

HARPUT'DA...

Burada 1305 (1894) ve 1306 (1895) senelerinde, cem'an bir seneden az oturduk. Harput şehri kale içinde ve yüksekteydi. Hükümet konağı ve yenişehir ovaya indirilmiş, buraya da mezra denmişti. Sultan Aziz zamanında bu mamure yapıldığından Harput vilayeti yerine "Mamuretül Aziz" de diyorlar.

Biz burada dahi iki evde oturduk. İlk gelince ne bulunmuş ise oraya tabiatıyla giriliyor. Sonra ihtiyaca göre daha iyisi bulununca oraya giriliyordu. Evvela Harput şehri caddesinde hükümete yakın köşe başında rahatsız bir evde az oturduk. Sonra çarşıya yakın güzel bir eve geçtik.([17])

Tahta minareli camii bize yakındı. Evimizin altında terlikçi dükkanları, karşımızda demirci dükkanı vardı. Demir dövmek ve hele ateşlerin sıçraması bize güzel bir ahenk ve eğlence verirdi. Harput'un Askeri Rüşdiyesi vardı. Pek mükemmel idi. Bizi de buraya yazdırdılar. Dört senelik bu mektebin ilk sınıfı, ilk mektebin son sınıfı derslerini okuturdu. Bizi evde dahi okuttuklarından birinci sınıfa aldılar. Gerçi benim yaşım pek müsait değildi. Fakat kardeşimden ayrılmamak için bu lütuf yapıldı. Yalnız pek küçük ve pek de inatçı olduğum, çok da sual sorduğum mektep zabitlerine anlatıldı da öyle teslim olundum. Bu mektepte de dayak varmış, zabitlerin koca değneklerinden anladım. En fenası bir zabit bizi sınıfımıza götürürken büyük salonun dahiliye zabitlerinin bulunduğu daireye yakın tarafında gördüğüm garip dolaplar oldu. Birer kişinin ayakta durabileceği kadar ince uzun şeyler... Birer yuvarlak delikten ibaret pencereleri de üst başlarında. Zabite "efendim bunlar nedir?" diye sordum. Cevap olarak, "bunlar birer kişilik hapis yeri..." deyince korktum. Fakat delikleri benim başımı aşıyordu, şöyle korkarak boy ölçtüğümü zabit görünce gülerek "ne o, boyunu mu ölçüyorsun?" dedi.

"Efendim ben buraya giremem, pencere yukarda kalıyor"

---

17 Harb-i Umumi'de 1334'de, (1923) Diyarbekir mıntıkasından Erzincan mıntıkasına geçerken Harput'ta bir-iki gün kaldım. Bu evi gördüm, resmini yaptırdım. Mektebimiz yıkılmış. Pek tatlı küçüklük hatıralarımı her yanda canlandırdım.

deyince, "korkma seni buraya sokmayız. Fakat inatçıyım diye kimseye çatma" dedi.

Birkaç senedir İstanbul, Trabzon, Bayburt, Erzurum, Hasankale, Van, Muş, Harput seyahati, birçok manzaralar ve çeşit çeşit insanlar karşısında beni fazla sual sormaya alıştırmıştı. Anlamadığım hiçbir zaman anlar gibi görünerek susmazdım. Bu tabiatım, herkesin hoşuna giderdi. Asıl garibi herkes olduğu gibi gelmiş ve böyle kalacak zannederdim. Yani küçük küçük, büyük de büyük... Bunun için büyüklerle konuşurken sıkılmazdım. Kardeşim öyle değildi. Akran ve emsalimizden de bu noktada ayrılırdım. Bu yaştakileri adeta ben idare ederdim. Kardeşim çok kere anlamadığı şeyi beni tavsit ederek anlardı. Veyahut da anlamış gibi işi kısa keserdi.

Mesela bir gün güneş adamakıllı tutuldu. Camları isleyerek mektepte bize baktırdılar. Ağaçların yapraklarından süzülen gölgeler hilal şeklindeydi. Yine bir gün sabahleyin bütün ortalık solucan kaynaşır görmüştük. Gece yağmurlarla solucan yağmış. Hiçbir çocuk benim kadar bu hadiselerle alakadar görünmemişti. Hocalarımıza, babama, hayli sualler sorarak kendimi tatmin etmiştim. Yine bir gün arkadaşlardan biri musluğa ağzını dayayarak su içerken bir sülük yutmuş. Ağlıyor, "ben şimdi ne olacağım" diye çırpınıyordu. Çocukların kimi gülüyor, kimi eyvah deyip geçiyordu. Ben şunu söyleyerek kendisini teskin ettim: "Bir şeycik olmaz. Bu kadar et yiyorsun midende erimiyor mu? Şimdiye kadar erimiştir bile. İnanmazsan git muallimlerimiz şimdi odalarındadır bir kere soruver..."

Bu çocuğun gözyaşları kesildi. Sevinçle gitti sordu ve ıstıraptan kurtuldu.

Benim bu ikazımın büyük bir faydası da şu oldu: Bütün talebeye çeşmeye ağız dayayıp su içmenin fenalığı zabitlerimiz tarafından anlatıldı.

Yine buna benzer sorgularım vardı. Mesela her hafta Salı günü mızıka gelir havuz başında çalardı. Bunu bütün çocuklar sabırsızlıkla beklerdi. Pencereden gözcüler vardı. "Mızıka geliyor" diye müjde verirlerdi. Bu öteden beri adetmiş. Ben de mızıkayı pek severdim. Biz en küçükler mızıkacıların en yakınına kadar giderdik. Ben bu güzel işin neden her gün yapılmadığını mızıka zabitine sordum. O da "bize böyle emrettiler, onun için" dedi.

Ben bunun arkasını bırakmadım. Sınıf zabitine de babama da rica ettim. Kışla uzak olduğundan mümkün değilmiş. Fakat bunun yerine sabahları civar bir bahçede çocukların oynamasına müsaade olundu.

Bayramları askerler, zaptiyeler hükümet meydanında merasim yaparlardı. Bizim mektebi de çıkarırlardı. Mavi zırhlı askeri elbiseler giyerdik. Kafilenin sonuncusu bendim, yürüyüşe yetişemez koşardım.

DİBİNE DARI EKMEK...

Mektepte anlayamadığımı akşam evde sorardım. Hele sofrada en çok ben konuşurdum. Van'da iken babam bir gün demişti ki: Bir söz söylemeden yemek yersen sana mükafat var. O gün çok kendimi sıktım, fakat sonunda su istemek bahanesiyle konuştuğumdan mükafatı kaybetmiştim.

Bu eğlence ara sıra söylenir ve benim çok konuştuğuma misal gösterilirdi. Harput'ta bu bayram selamlıklarından bir gün Sultan Abdülhamid'in cülusu günüymüş. Ben "buna ne lüzum var" diye bir şeyler karıştırmışım. Babam da "bu nasıl çocuk, her şeyin dibine darı ekiyor.." dedi. Ben de laf olsun diye "bir şeyin üstüne darı ekilirse üstü iyi mi olur fena mı?" Düşündüğümü görünce ilave ediyor: "Ne düşünüyorsun?" Ben "şu sorduğumun dibine darı eksem nasıl olur?" Ailece hayli gülüşüldü, "darı ekmenin" sahiden darı değil, bir şeyi çok sormak yani o şeyi darı ekecek gibi eşelemek olduğu bana anlatıldı ve sorduğum suale darı ekmemekliğim söylendi.

Kardeşim Hulusi Bey benden üç yaş büyük olmakla beraber, hiçbir şey hakkında fikrini inceden inceye yormazdı. Artık sınıfta benden geri de kalıyordu. Umumi imtihanda ikimizde sınıf geçtik, ikinci sınıf olduk. Fakat pek az sonra Mekke'ye naklettik.([18])

ARILARLA MÜCADELE

Büyük ağabeyim Hilmi Bey zaptiye kalemine yazılarak zabit olmuştu. Beni çok sever ve şaka ederdi. Bir gün hükümetin zaptiye dairesine yakın olan mahpushane muhafızlar dairesine gitmiştik.

Koğuşların damında bir nöbetçi kulübesi gördük. Kapısı kapalı. İçimden "ah, kim bilir içi ne güzeldir. Bir gidip görsem" dedim. Ağabeyimden izin istedim. "Olmaz" dedi. Bir oyun tertibiyle bana darılmadan bunu görebileceğimi düşündüm. Her zaman olduğu gibi ağabeyimi kızdırıp kaçmak...

Tabii o da beni kovalayacak. Bu suretle dama çıkar, bu kulübeye girer, saklanır ve içini görürüm dedim. Planımda mükemmelen muvafık oldum. Ben kaçtım, o kovaladı. Dama çıktım ve kulübeye daldım. Meğerse içi arı doluymuş. Yüzümü, ellerimi berbat ettiler. Haykırarak yetişen ağabeyimin kolları arasına kendini atmışım. Herkes koşuştu, şişen yüzüme, ellerime bir şeyler sürdüler ve beni aşağıya indirdiler.

Evde "her şeyin dibine darı eker misin?" diye herkes benimle alay etti. Arılara bundan sonra pek garez oldum ve çok korkardım.

Harput'u pek sevmiştim. Kışın karlar üzerine yatar boyumuzu ölçerdik. Hele resim hocamızın kardan iyi heykel yapması bizi ne kadar sevindirmişti. Kartopu da oynardık. Van'da soğuğa çok alıştığımızdan kar oyunu pek zevkime giderdi. Geceleri de bazen misafirliğe giderdik. Van'daki gibi yemeği müteakip artık uyumuyordum. Tandır sefası pek eğlenceli.

---

18 Kardeşim Hulusi Bey ile daima sonuna kadar daima aynı sınıfta bulunduk. Ve beraber zabit çıktık. Ben erkanı harp sınıfına ayrıldım, o pek gerilerde olarak piyade zabiti oldu. Mekteplerde daima ben ondan ileri olurdum. Muallimler daima babama şu haberi gönderirdi: Hulusi Bey'in para ve yemeğinden ceza kesin veya mükafat olarak Kâzım Bey'e verin. Bundan kardeşim pek sinirlenir ve bazen benimle kavgaya kalkışırdı.

Bizim evde yoktu. Yerliler kullanıyor... Bazı eski memurlar da alışmış, tandırın üstüne yemişler diziliyor. Dizlerden aşağı hamam gibi sıcak. Harput halkı bunu pek seviyorlar, dükkanlar da bile var. Misafirlikte bilmeceler, hikayeler, bazı tuhaf kimselerin oyunları hatırada güzel izler bıraktı. Biz hep annemizle giderdik. İki de ceylanımız vardı. Bunları pek severdim. Bunlar da o kadar alışmışlardı ki, merdivenlerden takır takır çıkar, üst kattaki mutfağa gelirlerdi. Bunların samimiyetine inanarak bahçe kapısına çıkardım, ikisi birden yıldırım gibi kaçtılar. Tutturuncaya kadar heyecanlar geçirdim. Akşam babama vereceğim hesabı uyduramıyordum. Yakalanınca kıçlarına kıçlarına dövdüm, cezalandırdım.

Harput'tan ayrılırken babam bunları birisine hediye etmiş. Van'da saraya alınan kediler gibi bunlar da bana büyük bir iç acısı oldu.

BİR MARİFET YAPTIM

Ara sıra Cuma günleri Harput şehrine giderdik. Hatta bir gün biz atlara binip giderken, Vali Bey de arabada önümüzden gidiyormuş. Yaverinin atı, kardeşim Hulusi Bey'in ayağına tekme vurdu. Hayli kan akmıştı. Biz böyle tehlikesine rağmen ova köylerine iner, ara sıra atla gezmeye gittiğimiz gibi, kaleye çıkar etrafı seyrederdik.

Yanımızda bir zaptiye de bulunurdu. Veya ağabeyim bizi götürürdü. Bir gün biz iki küçük kardeş bir zaptiye ile kaleye çıktık. Kalenin bazı tarafları ovaya doğru uçurum halinde... Bu dik yamacı kale duvarının üzerinden başımı uzatarak seyrederken, aşağıda bir köy gözüme ilişti. Bir kilisenin çan kulesi de görünüyordu. Kilisenin damı da evler gibi düz topraktı. Minareden seyreder gibi bakarken duvarın büyücek taşına ellerimle abanmıştım. Taş eğretiymiş, altı da düşecek veçhile eğri bir halde bulunuyormuş... Ellerimin altından ani bir surette oynayıverdi. Tozu-dumanı birbirine katarak, yanına bir hayli arkadaş da katarak doğru kilisenin damına düştü.

Hadise o kadar seri cereyan etti ki bakışlarımı bu asi taştan ayırmaya fırsat bulamadım. Fakat kilisenin damına düştükten sonrasına da bakamadım. Hayatımda birine eza ve cefa vermek değil, biriyle eğlenmek, sıkmak gibi şeylerden bile hoşlanmadığım için bu istenmeden vukua gelen fenalıktan çok ıstırap duydum.

Yanımdakiler uzakta olduğundan bu hadiseyi görmemişlerdi. Onlara da bir şeyler söyleyemedim. Büyük bir iç acısıyla o günü geçirdim.

Ertesi günü mektepte hasta gibiydim. Acaba bu hadise bir kimseye zarar verdi mi diye düşünüyordum. Hamdolsun bugün bu şüphem hal oldu da müsterih oldum.

İki Ermeni papazı mektebe şikayete geldiler: Taş yerinden kopmadan evvel köyden mektep elbiseli birinin kale duvarından baktığını görmüşler. Taş kilisenin damını delmiş, içeri düşmüş. Bereket versin altında kimse yokmuş. Papazların şikayeti bunu yapana ceza verilsin diye değil, bir daha tekrar etmesin, bir felaket olur diyeymiş...

Bunu büyükler yapabilir zannıyla son sınıflar arasından sordular araştırdılar... Az kaldı "bu marifeti ben yaptım, fakat istemeyerek..." diye gidip papazlardan af dileyecektim. Buna bir türlü cesaret edemedim. Ya mahsus yapmadığıma inanmazlarsa ne yaparım? korkusuyla kendimi meydana vermedim. İş umuma nasihade geçti, fakat ben elimde olmayan bir kazaya sebep olduğumdan çok ıstıraplar geçirdim. Akşam babama kale taşları haraplıktan düşüyormuş, bu sefer bir kaza olmamış ama belki olurmuş şeklinde esmayı üzerime sıçratmadan vak'ayı anlattım.

Meğerse papazlar hükümete de gitmişler, bu tür kazalara meydan vermemek için her tarafa baktırılacağım öğrenince bir bayram gününe kavuşmuş gibi sevindim.

Komşularımızdan kibar Ermeni çocuklarıyla da arkadaşlığımız vardı. Onlar kendi milli mekteplerine gidiyorlardı. Ara sıra sokakta yahut bahçelerimizde birleşir; kendi mekteplerimizi metheder, okuduklarımızı anlatırdık. Bu kazadan sonra bir müddet bunlarla da konuşamadım...

24 Nisan 1306'da (1895) İstanbul'da teyzem Halime Hanım ölmüş. Bunun haberi de annemi pek sarstı. Biz de onu pek severdik. O bizi pek severdi. Benim küçüklük elbiselerimi saklardı. Annemin küçüğü ve henüz gençti. Bereket az sonra Mekke'ye nakl emri geldi, yol telaşları başladı.

MEKKE'YE GİDİYORUZ

Babam hayatının son günlerini Mekke'de geçirmek emelinde olduğunu zaptiye nezaretindeki arkadaşlarına yazmış. Münhal imiş, sormuşlar, o da memnuniyetle diye cevap vermiş. Bu haberden annem ve babamdan başka memnun olan olmadı. Biz Harput'u pek sevmiştik. Hele ilkbaharı pek latifdi. Kırlarda, bahçelerde pek eğleniyorduk. Arabistan'ın cehennem gibi sıcağı varmış diye hepimiz kumru gibi düşünmeye başladık.

Daha geleli bir sene dolmamıştı. Konu-komşularımız pek iyiydi. Hanımlar gelip ağlaşıyorlardı. Benim de pek samimi arkadaşlarım vardı. Burada her şey bulunuyor ve her şey de ucuzdu. Etin okkası 60 paraya kadar inerdi. Kasapların birbirlerine inat ve bağrışmalarını evden dinlerdik. Et 100 parayken kavurma yaptık diye yerli komşular bizi ayıpladı. Arkadan ne zengin şeyler de demişler. Van'a nazaran yemişleri de aşağı değildi. Halbuki diğer şeyler daha çoktu. Van'da bağlarda evlerin arkası bağdı, insan azdı. Burada güzel bir şeyler var; insan dolu, çoluk-çocuk dolu... Yaya olarak sık sık kışlaya gidip mızıka dinliyoruz. Ben büyülü çalmayı çok istiyorum. Ellerimle her akşam taklit çalıyordum. Yerli birçok türküler de öğrendim. Van'da öğrendiklerimiz de güzeldi. Benim sesim iyi olduğu için annem ve babam ara sıra bana türkü söyletiyorlar, bazen yanık sesle okuyormuşum diye Kur'an veya mevlit parçaları okutuyorlar. Bir gün onları ağlattım, ben de ağladım.

TÜRKÜLERDE...

1. Bir çift turnam var, hey, hey, hey
Bir çift turnalar
Benden yare selam ilet turnalar
Şahin urmuş, kol kanatı kırılmış

2. Dam üstünde zekerek
Zekereğe su gerek
Asker oldum gidiyom
Daha bana ne diyon.
Dam üstünde danalar
Şen olsun meyhaneler
Asker oldum gidiyom
Daha bana ne diyon
Korkarım yanık arar
Eyler eyler balam (yavrum demek)
Elmayı koydum bacaya (Raf demek)
Korkarım yanı acıya
Eyler, eyler balam...

Bu türküler orta ve yüksek tabaka halkının ağzına tat veriyordu. Irgat sınıfının, köylülerinki daha basitti. Ramazan'da davulcular da bu basit şeyleri söylerdi. Hemen bütün doğunun bu kabil türküleri şunlardı:

1. Tanninni tannazara, tanninni tannazara
Ocak başında minder, gönderirsen tez gönder
Ocak başında maşa, boğar isen tiz boşa.
(Ve birçok defa Tanninni Tannazara...)

2. Bayburt kalesinde kaldı mendilim
O mendildir güzel eder adamı
Bayburt kalesinde kaldı potinim
O potindir güzel eder adamı

İnsanın bütün eşyası böylece sayılır durur...
3. Löhber, löhber du
Lahi desti mumyer du
Hey kız seni kim sevdu...

Bu da Kürtçe-Türkçe karışımı... Ben bunları yerli şivesiyle tıpkı söylüyorum. Hele Van'da her gün kapıya gelen peynir ve yumurta satan kürt kadınlarından epeyce kürtçe de öğrenmiştim.

Unutulmuyor da...

Daha ilk temasta 'Türki nizanım kurban" (Türkçe bilmem Kurban)'ı öğrenmiştim. "Kurban" hürmet yerine kullanılıyor. Sonraları pazarlığı, küfürleri de öğrenmiştim. Öğrendiğim cümleleri birer kürt gibi telaffuz edebiliyordum. Kürtler hayret ederdi, hatta bazı kürtçe kelimeler söylerdi. Mesela "derf yağı" (kar yağıyor) derlerdi.

Erzurum ve Harput'ta da telaffuzların çoğu benzerdi. Mesela "Avrat keli..." (Kadın geliyor), "Teze evliyem" (Taze evliyim), "Kavucam" (Kardeşim), "Dadaş" (Arkadaş) gibi...

Van'daki hayatımda Ermeniceyi öğrenemedim. İşçimiz güzel Türkçe biliyordu, Ermenice de hiç hoşuma gitmemişti.

3. Beyaz gece üşürsün
Güzelin de menşursun (Meşhursun)
Beyaz gece parıldar
Güzel zalgın tararlar
Hey, hey balam...

Ettim kiliseye baktım haçına
Mail oldum ahçiğimin saçına
Kudret elden çekilmiştir kaşları
Arkasından kırk örüktür saçları
Aman bir ahçiğim, canım bir ahcik...

Bu türküleri Van'da öğrenmiştik. Harput'ta moda da feyduş türküsü idi:

Bugün cuma günüdür
Yüküm arpa unudur
Gel, gel aman
Feyduş odayı süpür
Bilmem kimin günüdür
Yar yar aman...
Elmayı koydum harara vs...

Harput'ta İstanbul kokusu vardı. Havası, suyu gibi çalgısı da benziyordu. Van'da her şeye hasrettik. Orada bir kere Karagözle hokkabaz görmüştük... Çalgı namına bazı ziyafetlerde şeyhler tef çalarak bir şeyler okurlardı. Bir kere de köçek çocuklar görmüştük. Harput'ta ise mızıkadan başka ince saz da dinlerdik. Güzel hokkabaz ve cambazlar da var. Velospeti de ilk defa burada gördüm. Bir büyük bir küçük tekerlekli. Buranın yerlileri de İstanbullular gibi ve çok. Su burada da bol. Bahçelerde ne güzel havuzlar var.

Seyahatimiz arabalarla olacakmış. Yol, şoseymiş. Buna pek seviniyorduk... Attan, katırdan yuvarlanma yoktu. Birçok komşular bize yolluklar hazırladı. Evde büyük bir faaliyet var. Odalarımız ve mutfak büyük bir sofa üzerindeydi. Ayrıca aşağıda bir selamlık odası vardı. Börekler, köfteler ve bilhassa kalbur tatlısı yapılırken başuçlarından ayrılmadım.

Ne yaptık bilmem giderayak annem iki kardeş bizi bir odaya hapsetti. Bu ilk cezamızdı. Şimdiye kadar azar bile işitmemiştim. Ben bu işe evvela çok kızdım. Sonra Van'da dayaktan nasıl mektepten kaçıp kurtulduksa, burada da hapisten kaçmayı kardeşim Hulusi Bey'e teklif ettim. Kapı üstümüze kilitlenmişti. Pencereyi açtık. Buradan, yandaki kiler odasına geçebildik. Ufak kilerde güzel salatalık turşusu vardı. Evvela bundan istediğimiz kadar yemeye kendimizi selahiyattar kıldık, sonra da kapıdan çıktık savuştuk. Ceza müddeti daha bitmeden evvel odadan hiç ses ve seda işitilmediğini görünce annem merak edip kapıyı açmış, bizi göremeyince merak etmiş; bizi aramış, izimizi açık bıraktığımız pencereyle turşu küpünün başında bıraktığım cürüm alametlerinden bulmuş. Af olunduğumuzu öğrenmedikçe temasa gelmedik.([19])

Güzel bir günde arabalarla mezradan yola koyulduk. Malatya çok hoşuma gitti. Bağlık bahçelik... Ne güzel elmaları var. Üzerlerine daha olmadan mürekkeple envai yazılar, beyitler yazıyorlar. Elma güneşten kızarıp olunca mürekkepleri siliyorlar, kırmızı üzerinde sarı yazı pek latif bir şey oluyor.

Harput'tayken bu elmalardan, pestillerden ve kayısı kurusundan ne kadar çok gelirdi. Burada nasıl yapıldığını da gördük.

Yolda ekseriya ben babamla, Hulusi Bey de annemle beraber bir arabaya binerdik. Bir gün bu münavebeden dolayı Hulusi Bey ile müthiş bir kavga yaptık. Benden üç yaş büyük olmasına rağmen beni yatıramazdı. Bazen ben onu yatırabilirdim. Hilmi ağabeyim ara sıra bizi güreştirirdi. Van'da

---

19 Ömrümde gördüğüm aile cezası bundan ibarettir. Bir de Mekke'de babamdan hafif bir tekdir yedim.

güreşmeye başlamıştık. Bir kere nasılsa yere düşürmüştüm, seyirciler de beni alkışladıklarından Hulusi Bey pek müthiş kızmış, hepsini taşla kovalamıştı. Fakat kuvvetli gördüğü İçin de benimle kavga etmezdi. Esasen pek de sevişirdik. Nasılsa bugün kapıştık. Aksi gibi yalnızdık. Bizi kurtaracak kimse de görünmüyordu. İspenç horozları gibi birbirimizi hırpaladık. Fakat birbirimizi düşüremediğimiz için galip-mağlup belirmedi. Bitap kaldık, ayrıldık.

Sonra da kabahat sende, bende diye paylaştık... Ve kimse duymasın diye sarılıp öpüştük. Barışırken Hilmi ağabeyim geldi, gördü. Fakat yüz göz tırmık içinde olduğundan ne halt ettiğimizi anladı, bize şefaat etmesini yalvardık, bir fırtınadan onun sayesinde kurtulduk.

Sivas'ta birkaç gece kaldık. Burada bir dişim sallanıyordu, çektim çıkıverdi. Sivas'tan sonra bir kaza geçirdik. Yol üstüne bir değirmen taşı koymuşlar; atlar ürktü, ondan kaçalım derken arabamızı hendeğe yuvarladılar. Ben fırladım, kır tarafına çıkıyordum. Babam arabada kaldı, arabanın yukarı gelen tekerlekleri uzun müddet süratle dönüyordu. Buna bakakalmışım. Babam içerden seslendi: "Aferin Kâzım, demek beni bırakıp kaçıverecekmişsin..."

Pek utandım. Hemen arabaya girdim. "Babacığım beni affet" dedim. O da beni öptü, latife ettiğini söyledi. Hiçbirimizin zedelenmeden geçen bu kazadan tekerleklerin dönmesini de seyrederek ucuz kurtulduk.

Tokat ve Amasya'dan hatıra olarak, Amasya'daki su dolaplarını ve güya Ferhat ile Şirin menkıbesinden Ferhat'ın külünkle yararak su getirdiği yollar var. "Amasya'nın bardağı, biri olmazsa biri daha", "eski çamlar bardak oldu" gibi darbı meselleri orada öğrendim. Bunların ne olduğunu bilmiyordum. Anneme öğretmek için "Amasya'nın bardağı, biri olmazsa biri daha" dedim.

"Seni gidi seni, bacak kadar boyunla bunları nereden öğrendin" dedi. Meğerse erkeklerin kızınca karılarına söyledikleri bir sözmüş, pek utandım.

Nihayet Samsun'a geldik.([20])

Vapur hazırmış... Gece kalmadan vapura bindik. Ne kadar da uzakta demirlemiş. Neyse... Güzel bir deniz yolculuğuyla İstanbul'a geldik. Üç sene kadar ayrıldığımız burasını bambaşka buldum. Çok yerlerini yeni görüyorum gibi geldi. Kayıklarla Ayakapısına çıktık. Keresteciler kâmilen yanmış. Küçükmustafapaşa'daki büyükannemin evine indik. Büyükannem ölmüştü. Ağabeylerimden en büyüğü Hamdi Bey, Mülkiyeyi Şahane'den diploma almıştı. Şevki Ağabeyim ardadaki Bahriye mektebindeydi. Dayım Ertuğrul gemisiyle Japonya'ya gitmişti. Evde Fatma Teyzem, çocuğu Mehmet Kaptan, iki kızı; Seniyye, Şükriye Hanımlar, bir damadı bahriye zabiti, bir de kucağında torunu Rıfkı. Epeyce yekûn tutuyorduk. Diğer bir teyzemin kocası Ahmet Kaptan ve oğlu Hüsnü Bey de Cibali'de otururlardı. Daima bizde toplanılırdı. Yazın, Arabistan'a gitmek, çoluk-çocuk tehlikeli olacağından birkaç ayı İstanbul'da hoş geçirdik. Yakınlarımızda oturan, taallukatımızdan da kimseler vardı.

Kalabalıkla tatlı zamanların nasıl geçtiğini bilmiyorduk. Yalnız bizim dilimizle alay ediyorlardı. Bunun için biz iki kardeş, az laf söylerdik. İlk günleri sık sık söyledikleri "be"nin ne demek olduğunu bir türlü anlayamıyorduk. Yavaş yavaş biz de İstanbul şivesini yakaladık. Bu hoş günlerde bir de kurban bayramı geçirdik. Fakat Ertuğrul gemisinin battığı haberini bir gün Yenikapı hamamında annemle beraber işittik. Evin içinde büyük matem başladı. Pek sevdiğimiz genç dayımız da boğulanlar arasındaymış. Ben onu biraz hatırlardım. Beni pek severdi. Bir kere Eyüp Sultan'a götürmüştü. Bir kere de vazifedar olduğu haddehaneye gitmiştim. Mühim bir sanatkârdı. Yaptığı bir lokomotifi büyük havuz boyunca döşediği raylar üzerinde yürüttüğünden nişanla taltif olunmuş. Ertuğrul Singapur'da bozulmuş, yapılmak imkânı yok zannedilmiş, dayım tamirine muvaffak olmuş.

---

20 Bu yolları ve bu yerleri 1339 da (1928) Ankara'dan Şarka giderken bir daha gördüm ve çocukluğumu büyük bir lezzet ile seyrettim.

Son mektubunda birçok Japon hediyesi getirdiklerini ve evvela Okmeydanı'nda bir sergi açarak halka gösterdikten sonra herkes kendine ait olanı evine getireceğini yazıyordu. Bu acı bütün aileyi fena sarstı. Evin neşesi kaçmıştı. Hep onun hatıraları yadolunuyor ve ağlanıyordu. Küçükmustafapaşa hemen hep bahriyeli zabitlerle meskûndu. Kasımpaşa gibi... Felaket gören ailelerin bir yerde topluluğu matemi çoğaltıyordu.

Japon denizinde boğulanlar vatanın en güzide evlatlarıydı. Asya'nın İslam Alemine ve Japonya'ya Türkleri iyi tanıtmak için bu seçme yapılmış. Fakat ne gaflet ki, o denizlerde seyahata kudreti olmadığı bildirilmesine rağmen böyle bir gemi gönderilmiş... Ertuğrul gemisi 1270'de (1859) İstanbul'da yapılmış. 607 mürettebatıyla 1305 senesi (1894) Temmuz'unun 2. günü İstanbul'dan hareket etmiş. 11 ayda Japonya'ya varmış. Dönerken (18 Eylül 1306), yani 1890'da, taşlara çarparak parçalanmış, 69 kişi kurtulmuş. Japonlar fırtınaların pek şiddetli olduğundan, açıktan gitmelerini tavsiye etmelerine rağmen, karaya yakın gitmeyi daha emniyetli gören kumandanlar gaflet etmişler. Müthiş fırtına çıkmış. Geminin süratinden fazla estiğinden kayalıkları geçemeden bir kayaya çarpıp felakete uğramışlar.

Biz bu matemli günlerden sonra İstanbul'da az oturduk.

MEKKE YOLUNDA

Sonbaharın serin günleri gelmişti. 30 Teşrini Evvel 1306'da (1895) büyük bir Arap vapuruyla İskenderiye'ye yollandık. Rahat bir yolculukla İzmir, Pire'ye uğrayarak 6 Teşrini Sani 1306 (1895) akşamı İskenderiye'ye vardık. İzmir ve Pire liman ve rıhtımları, her ikisinde rastgeldiğimiz büyük bir Fransız zırhlısı resim levhası gibi hatıramda kaldı. Pire'de bir yaramazlık da yaptık. Vapurumuz kıçtan halatlarla sahile bağlanmıştı. Birkaç çocuk bu halatı çekebiliyorduk. Bir Yunan kayığı geçerken de bu halatı gererek kayığın başını kaldırdık. İçindekiler bağrışınca kaçtık. Bu limanlarda vapurumuz az kaldığından dışarı çıkılmadı. Fakat İskenderiye'de on gün kaldık. Sebebi, Süveyş'e trenle gidecek ve oradan da Cidde'ye vapurla seyahat edecekmişiz...

Vapur zamanını Süveyş'te beklemektense, İskenderiye'de beklemek, gerek sıcaklık gerekse de rahatlık cihetinden daha iyiymiş. Geniş bir caddede bir ev kiralandı, oraya yerleştik. Bize bir üçüncü çocuk da eklendi: Ali. Bunun anne ve babası yokmuş. Büyükannesi ticaretle İstanbul'dan Mekke'ye birkaç defa gidip gelmiş. Yine bir sandık makas, çakı gibi şeyler doldurmuş gidiyormuş. Arapça güzel bildiğinden babam bunları da bizim yanımıza aldı. Ali İstanbul'da doğmuş, büyümüş, benden büyük, kardeşim Hulusi Bey'den küçüktü. Çabuk arkadaşlığımız ilerledi.[21]

Bir akran üç kardeş gibi olduk. O da Mekke'ye yeni gidiyordu, daha Arapça bile bilmiyordu. İskenderiye'yi gezdik, Mehmet Ali Paşa'nın tunç heykelini gördük. Bir park içerisinde at, ayağından heykelin kaidesine yapışık, sanki süratle gidiyor. Sarıklı, şalvarlı bir adam... Bu meydan, birkaç cadde ve evimizin bulunduğu sokak iyi hatırımda. İskenderiye hiç bizim şehirlere benzemiyor. Avrupa şehirleri hep böyle ve hatta daha çok büyük ve muntazammış.

İNGİLİZ ÇOCUKLARIYLA KAVGA

Evimizin karşısında İngiliz aileleri oturuyordu. O evin de bize akran gibi üç çocuğu vardı. En küçükleri benden büyücek. Akşamları mektepten gelince bizim kapı önünde top oynarlardı. Ellerinde tahta, uzun saplı tokmaklar, tahta ufakça toplara vururlardı, koşuşurlardı... Bir gün uzaktan seyrettik, ertesi gün yanlarına gittik. Bunlar hiç Türkçe bilmiyorlar. Biz de onların dilinden anlamıyorduk. Bizim Türkçe konuşmamız tuhaflarına gitti. En küçükleri beni taklit etti. Nihayet ahbap olduk. Şehir isimlerini sayarak nereden nereye gittiğimizi

---

21 Büyükannesi Mekke'de ölünce bu Ali öksüz yetim ortada kaldı. Babam himayesine aldı, büsbütün bize geldi. İstanbul'a avdette beraber getirildi, birkaç sene sonra biçare öldü.

anlattık. Onlar da parmak işaretleriyle mekteplerin birini ve sınıflarını ve İskenderiye'de çoktan bulunduklarını anlattılar. Fakat bu ahbaplık çok sürmedi. Biraz hırçın tabiatlı olan kardeşim Hulusi Bey bunlarla kavga çıkardı. Onların yaş yekunu bizim yaş yekunumuzdan fazla -gemi tonajı gibi- olduğundan hakimiyet onlardaydı. Ağız kavgası... Herkes kendi diliyle. Çok sürmedi. Büyükleri, kardeşimi göğsünden itti. Ben kavgayı kesmemizi ve bunları teker teker yakalayıp intikam almamızı teklif ettim. Kabul edildi. Ertesi günü bunları gözetledik.

Bu kabadayı yalnız olarak kolunda bir top, koşarak evden çıktı. Tam bizim kapı hizasına gelince biz üç çocuk bunun etrafını aldık ve mükemmel ıslattık. İngiliz çocuğu evvela kolundaki kumaş topla mukabele etmek istedi, beceremedi, onu bir tarafa attı, fakat kendi de yere düştü. Biz de eve kaçtık. Yukarı çıktık. Galibiyetimizden birbirimizi tebrik ediyorduk. Birden aşağıdan bir haykırışına oldu. İngilizce, Arapça bir kadın bağırıp duruyordu. Ali'nin annesi bunu karşıladı, Arapça bir şeyler söyleyerek teskin etti ve kadını savdı.

Sonra bize gelerek "siz ne yaptınız. Bu kadının çocuğunu dövmüşsünüz. Babanıza şikayete gelmiş. Ben yalvardım, şefaat ettim, kadın ısrar etti, nihayet ben söyler cezalarını verdiririm dedim. Sakın o aileye görünmeyin, ceza yemiş gibi hareket edin" dedi.

Bu neticeyi hiç düşünmemiştik. Eğer bunu babam duyarsa yahut bu İngilizler de bizim yolumuzu beklerse diye müzakere ettik. Hamdolsun bu işten yüz akıyla kurtulduk. Mukabele görmedik.

Bugünlerde yola çıktık. Trenle Süveyş'e hareket ettik. Trenler ne seri gidiyor. Karşılaştığımız hurma ormanları uçuyor gibi görünüyordu. Vagon vagon kemikler İngiltere'ye gidiyormuş. Bunlar hatıramda yerleşti. Bizim tren Kahire'ye gidiyormuş, aktarma yaptık. 16 Teşrini Sani 1306 akşam Süveyş'e geldik. Yarım günde...

İskenderiye ve Süveyş'te İngiliz ve Fransız bahriye efradı ne azgın şeyler... Sarhoş, merkeplere ters biniyorlar ve caddelerde nara atıyorlar. Süveyş'te gezilmesi -burası İskenderiye kadar değil- hoşuma gitti. Meddi Cezir tuhaflığını gördük. Sabahleyin uzak mesafelere kadar kara, güneş yükseldikçe deniz de geliyor. Suların önünden kaçmakla oyun yapmak hoşumuza gidiyor. Üç gün kaldık. Vapurla 19 Teşrini Sani 1306 akşamı Cidde'ye hareket ettik.

İstanbul'dan ehramlar, ikişer havlu, büyük kalın bezli şemsiyeler ve üstleri ikişer parmak kapalı yemeniler almıştık. Cidde'ye yaklaşınca erkekler elbiseleri çıkardılar, havlulara sarıldılar. Bizi de bu kıyafete soktular. Hamama girer gibi. Başlarımız açık. Omuz havlusu ekseriya kullanılmaz. Cidde'ye Zambuk denilen büyük yelkenli kayıklarla çıkılıyor. Burada çok kalmadık. Develerle Mekke'ye yola çıktık.

Develerin iki taraflı olmak üzere üzerlerine şûtuf denilen üstü kapalı sedirler konmuş. İçlerine de yataklar serilmiş. Develer diz çökmüş geviş getiriyor, büyükler bir tarafa bindiler. Biz de birer çocuk devenin tam orta yerine konmuş bir yatağa bindirildik. Develerin ayağa kalkması insanı korkutuyor. Bir geri, bir ileri... Düşecek gibi oldu. Yolda su içmek ne zor şey. Öğreninceye kadar insanın üzerine su döküldüğü gibi bardak da ağzına çarpıyor. Vücudumuzla devenin sallantısına uymak lazımmış. Ara sıra bir Arap bahşiş istiyor, biz de bir çil kuruş veriyoruz. "Allah yahdik" diyor gidiyor.

Develer zenginlerinmiş. Bu deveciler uşak imiş. Ellerinde kargıları var, onlar da ehramlı gibi ama önlerindeki havlu değil, kirli, kısa bir bez... Omuzları çıplak. Yolculuk gece yapılıyor. İki gecede Mekke'ye vardık. Aradaki gün Hadde'de istirahat ettik.([22])

Dağcıklar tesbih gibi dizilmiş. Mekke'ye doğru his olunmaz bir çıkış vardır. Dağcıklar uzaktan yolu kapamış gibi dururlar, yol yılan kavi aralarından geçer. Tepelerin üzerinde birbirinden ses iyice işitilecek kadar yakın karakol binaları vardır. Biri "karakol" diye bağırır, diğeri "hazır ol" diye bağırır, emniyet bu suretle tesis olunur.

22 Cidde ile Mekke arası 87 kilometrelik kumluk. Sahilden içeriye doğru 16 kilometresi düz kumluk. Sonraları volkanik.

İstanbul'da havalar soğumuştu. Buraların gecesi İstanbul'un gündüzünden sıcak. Ama yıldızları pek parlak. Merkepli yolcular da var. Zaman zaman asker sesleri yüksek yerlerden haykırıyor. Karakol, hazır ol... Bu karşılıklı bağırış sabaha kadar bütün yol boyunca devam ediyordu.

Mekke'ye yakın babama karşı zaptiyeler atlı hecinli çıkmıştı. Kimi taşıyıcılar gibi beyaz cepken ve şalvarlı, kimisi entarili ve başlarına kefiye giymişler.([23])

Önlerinde dümbelek çalıyorlar, babam da ata binmişti. Hecinliler, attan çabuk koşuyorlar. Bunlara hayretle baktık. İki ayak üzerine kurulmuş birbirine yakın iki kemerden geçtik. Buraya "Alemin" diyorlar. Buradan içerisi "Kadem'i Mübarek" sayılırmış. Buradan sonra bir kuş bile vurmak günah imiş. Av yasakmış.

MEKKE'DE

Mekke ne güzelmiş. Evler hep kargir. Ön tarafları Arap tarzında ahşap oymalı. Binalar yüksek. Beşer-altışar katlı... Yalnız sokakları pek geniş değil. Cihad mahallesinde güzel, yüksek bir ev hazırlanmış, kapısının önündeki iki taraflı merdivenlerden çıkılıyor. Kapının iki tarafında birer oda, birer hela. Hep üst üste böyle. Üç kat. Üstü "tap tap" denilen mermer gibi damlar. Ortada bir köşk, en üstte mutfak. Beş kat sayılır.

Evler hep böyleymiş. Hac vakti oda oda kiraya verilirmiş. Adeta bir mahalle halkı bir eve giriyor demek. Evimizin en üstünden Harem-i Şerif görülüyor. Arkamızda da Cihad kalesi pek heybetli bize bakıyor. Sağ taraflarda ilerimizde Cebel-i Kavbis üzerinde ufak bir mescid, bir minaresi büyük, birisi ufak. Peygamberimiz ilk zamanlarında, düşmanlarından oraya saklanmış.([24])

---

23 Babam zaptiyelere keten ceket, pantolon yaptırarak çekidüzen verdi. Yalnız hecinli kıt'a yerli ve bedevi olduğundan kıyafetleri öylece kaldı.
24 Burasını da gördüm, Peygamberin saklandığı yer ufak bir dehliz gibi.

Sol ilerimizde Hindiye kalesi. Bunları bize daha ilk gün anlattılar. Ehramları çıkarmadan evvel merasim varmış. Tavaf ve Say. Ailece merkeplerle Safa ile Merve denilen, önlerinde geniş merdivenli, birkaç direkli, üstü kapalı önü açık yerler arasında gidip geldik. Bunu ilk gece yaptık. Yaya yapılması lazımmış, fakat yorgun olduğumuzdan merkepli caiz imiş. Bu merkepli gidip-gelme benim çok hoşuma gitti. Ömrümde bu kadar hoş şey görmemiştim. Birçok adamlar yaya... Kimi gidiyor, kimi geliyor. Mesafe 500 metre imiş. İki nihayete gelince geniş merdivenlere çıkıyorlar. Biraz dinleniyorlar, sonra yine geriye...

Safa cihetine yakın bir yerde Harem-i Şerifin içi görünüyor. Binlerce kandil. Buradan itibaren koşuluyor. Elli metre kadarmış. Yayalar merkepliler, bir koşuşturmadır gidiyor. Safa ile Merve arasında 7 defa gidip gelmeye "sây" diyorlar. Bu bittikten sonra Merve tarafında bir parça saç kesiliyor ve artık ehramdan çıkmak kabil oluyor.

Ehramlı iken bit bile öldürmek günah imiş. Hele kendi isteği ile bir tarafından kan çıkarsa kurban kesmek mecbur imiş. Gece kısmen çarşı içerisinde bu gidip gelmeden pek haz ettim, büyük fenerlerin içinde lambalarla çarşı pek şenli... Bir kısmının da üstü kapalı. Bu akşam, Harem-i Şerife de girdik. Kabe'yi yedi defa dolaştık. Bu da "tavaf" imiş. Önümüzde delil bir şeyler okuyor, biz de tekrar ediyoruz. Zeytinyağı yakan büyük cam kandiller, mumlu fenerler pek çok... Burası insana büyük bir ferahlık veriyor.

Gece iyice göremediğimi ertesi günü merakla seyrettim. Harem-i Şerif etrafı birçok kubbeler; ortası, üstü açık, pek geniş. En ortada Kabe, siyah örtülü... Üste yakın sırma işlemeli, geniş bir kuşağı var. Örtü hep Ayet-i Kerime yazılı, işleme olarak... Bu örtü Hacc vakti değişiyormuş, kuşağın sırmaları da eritilip basur halkası yapılıyormuş. Bina büyük taşlardan yapılmış, üstü düz, yüksek. Yirmi metre kadar varmış. Eni-boyu da buna yakın... Bir de altın oluğu var. Bir de büyük işlemeli kapısı var. Kapının eşiğine elim bile değmedi, büyük adamların boyundan bile yüksek.

Karşısında zemzem kuyusu var. Bir bina içinde. Yanında altın yaldızlı bir gümüş minber gibi iki merdiven var. Bunların altında da tekerlekler var. Bunlar kapıya yanaştırılır, öyle içeri girilirmiş. Her taraftan bu binaya karşı namaz kılıyorlar. Ne tuhaf bir manzara oluyor... Kabe'nin kapısı gün doğuşu cihetine karşı, her cephesine karşı bir imamın makamı var. En büyüğü altın oluk karşısında, iki katlı, hanefilerin... Şafiilerinki de zemzem kuyusunun üstünde; Kâbe ile karşı karşıya. Hambeli ve Malikilerin ki dört ayak üstünde birer sundurma. Her vakit de bu imamlar ayrı ayrı sırasıyla namaz kıldırıyor. Sabahları en evvel şafiiler karanlıkta kılıyorlarmış.

Mekke'de üç sene oturduk. Mekke'de esaslı olarak bir ilk mektep var. Beş sınıf. Bizi üçüncü sınıfa aldılar. Fakat sınıflar bildiğimiz gibi değil. Beşinci sınıflar ilk girenler için. Bildiğimiz son sınıf da sınıf-ı evvel. Yani birinci sınıf. Mektebin baş muallimi Boşnak. İkinci Muallim Hintli. Aşiret mektebinden çıkmış zabitler de son sınıfa geçtiğimizde geldiler. Hesap ve Coğrafya okuttular. Yazı hocaları; biri Türk biri Arap. İlk sınıfların çoğu yerli Arap çocukları... Son sınıflara doğru memur çocukları ekseriyette...

Mektebimiz geniş ve tavanı yüksek bir salon. Bu salona bitişik, dar oda gibi bir giriş yeri var. Bunun üstündeki oda salona bakıyor. Bina muazzam bir şey. Üst katı da böyle salonlar...

Baş muallim oturuyor. Başka kiracılar da mektepte, Fransızca yok. Ecnebi lisan okutulmak Mekke'de günahmış. Arapça'yı pek çabuk öğrendik. Mesela küfürlerini...

Çünkü Araplar pek küfrediyorlar. Sokaklarda kavga edenler birbirini öldürecek gibi haykırıyorlar. Ana-baba ve silsilenin en ayıp yerlerini söylüyorlar. Bunları ilk haftada öğrendik. Arapça bina, sarf, nahiv, mantık diye kitaplar da okuduk. Bir senede, babama tercümanlık yapacak derecede Arapçayı öğrendim. Son sınıfa geçtiğimiz zaman Arapçamın ve Türkçemin kuvvetli olmasından beni ilk sınıflara Risale-i Ahlak hocası tayin ettiler.

On çocuktan biri, memur bir Türk'ün oğluydu. Diğerleri

tek kelime Türkçe bilmezdi. Ben bunlara Risale-i Ahlak öğreteceğim diye uğraşıp dururdum. Salahiyetim büyüktü. Sınıfı istediğim gibi tertip hakkım olduğu gibi küçük bir değneğim de vardı. Avuçlarına birkaç tane çırpıştırmak selahiyetini de baş muallimimiz vermişti.

Arap çocuklarına Türkçe öğreteceğim diye ben daha çabuk Arapça'da ilerliyordum. Muallimlerimizi bile geçtim. Hatta dini ziyaretlerde delillerin söylediklerini de bellediğim için Annem Kabe'ye gittiği zaman ortada delil görünmezse aramızdan ben ona ziyaretlerini mükemmelen yaptırırdım.

Boşnak hocamız öldü. Yerine İstanbul'dan bir Türk hoca geldi. Senelerce medreselerde Arapça okumuş ve bize de kitaptan ders veriyor. Fakat bir Arap çocuğuna derdini anlatırken biz kıs kıs gülerdik. Çünkü çocuk hocanın ne dediğini anlamazdı.

Bir müddet en ön sıradaki son sınıftan birini çağırıp tercümanlık ettirirdi. Bütün sınıflar büyük salonda toplu idik. Bazen salona bakan odaya bir sınıf derse çıkardı. Diğerleri hep bir arada... İlk gelen çocuklara ve hatta ilkten ikinci sınıfına son sınıftan hocalar tayin olunurdu ki, bunlar da Risale-i Ahlak hocalığı da benim uhdeme verilmişti.

Biz talebemizi antreye çıkarırdık. Dayak pek boldu. Falaka ve rast gele yere sopa atılırdı. Falaka dayağını Van'da görmüştüm. Fakat burada hocalar hiddetini yeninceye kadar dövüyor. Bir gün falaka seyrederken az kaldı gözüm çıkıyordu.

Arka taraftan bakıyordum. Hoca kolunu olanca kuvvetiyle geriye doğru şiddetle kaldırınca değneğin ucu sağ gözüme battı. Feryatla ortalığı birbirine karıştırdım. Hoca değneği bir tarafa attı. Falaka tutanlar da falakayı bıraktılar. Dayak yiyecek çocuk da bugünlük kurtuldu.

Dersler müthiş ezber, hele tarih dersine her Padişahın gününe varıncaya kadar saltanat müddeti, doğduğu, Padişahlığı, öldüğü tarihleri hocalar kitaptan öğretirlerdi. Hintli hoca bu hususta daha gaddardı. Bütün çocuklar bu adamdan el, aman demişti. Bir genç Hintli hoca daha geldi. Arapça, Türkçe iyi bilmezdi ve medet Allah neler çektik... Bereket, biraz aptalımsı idi. Bunu iyi oynatırdık. Rakamlara ait bir cetvel yapar, arkasını da bir saksıya iliştirir oradan söylerdik. Bu adam derslerini salonun önündeki geniş taraçadan okuttuğundan oradaki çiçek saksıları işimize yarardı.

Fakat bir gün, gözleri biraz iyi görmeyen bir çocuk cetvel okumak için hocanın omuzuna doğru fazla eğilince, hoca "bu çocuk nereye bakıyor" diye arkasına bakınca saksının içine yerleştirdiğimiz cetveli gördü. Kızdı, köpürdü. Artık bundan sonra hoca illetli gibi sık sık sağına soluna döner, geriye bakardı. Artık tembel ve hafızasızları da dayaktan geçirirdi.

İşte böyle bir mektepte 1309'da (1898) ben şahadetname aldım. Fakat kardeşim Hulusi Bey son sınıfta döndü. Hocalar hep haber gönderirler, Hulusi Bey'in yiyecek ve parasından kesip Kâzım Bey'e versinler diye... Bu müthiş kıskançlık yapar, sık sık kavgamıza sebep olurdu. Kıskançlığın ilerlemesini tehlikeli gören babam, son sınıfta kazandığım bir mükafakat hokka takımını bana vermedi.

Kardeşim pek de hırçındı. Haberim olmadan arkadaşlarımla kavgalar açar, beni de müşkil bir vaziyette bırakırdı. Bir gün mektupçunun çocuklarıyla kavga çıkarmış. Bunlar da iki kardeşti. Küçüğü ben akran fakat büyüğü kendisinden büyüktü. Akşam eve geldik. Baktım kardeşim katran, kurşun, sicim almış bir şeyler yapıyor. Nedir bunlar? diye sordum. Usturpa imiş. Ben bunu yeni işitiyor ve görüyordum. Uca bir yuvarlak büyücek bir kurşun koydu, bezle sardı, iplerle de uzun sap yaptı. Sonra hepsini ziftledi. Bunu ne yapacağını sordum. Sonra görürsün, fakat sakın kimseye de söyleme diye de sıkıca tembih etti ve yemin ettirdi.

Ertesi günü mektepten paydos oldu. Çıkmıştık. Tam aşağıda büyük bina altından geçip kapı önüne çıkınca büyük çocuklarla kavgaya kapıştılar. Küçüğü ile ben iyi arkadaştım. Fakat o da kardeşime karşı yürüyünce mecbur oldum onu bir tarafa çekmeye... Büyüceklerle baş edebilecek kadar kuvvetli olduğumdan kolayca bir tarafa itiverdim. Bunu gören ağabeysi, benden zayıf ve kuvvetsiz olan kardeşimi bırakarak bana saldırdı. Bu benden büyük ve de kuvvetliydi. Çocuklar hiç işe karışmıyor, seyrediyorlardı. Bu çocuk beni ite ite geriye götürüyordu. Belki de düşürecekti. İki kardeş benim etrafımda idiler. Bu fırsattan istifadeyle kardeşim Hulusi, beline sardığı usturpayı çıkardı. Ve birkaç defa başının üzerinde döndürdükten sonra büyüğünün beline bir vurdu, zaferi kazandık. Çocuk "vay belim..." diye ayrıldı. Bir eliyle belini tutuyor, diğer eliyle usturpayı tutmuş "yetişin bu beni öldürecek" diye bağırıyordu. Zaptiyeler geçiyordu, bizi ayırdılar.

Bir kavgada başka bir gün alay kumandanının çocuklarıyla çıktı. Kardeşimin cür'eti, kuvvetinden büyüktü. Bereket versin, benim kuvvetim de eklenir de galebe bize kalırdı. Bunun ev sahibi çocukları beni tuttular. Kardeşim baş edemiyordu. Beni üç çocuk salıvermiyordu. Bir aralık elimdeki değneğin ucuna ufak bir çivi çakmıştım. Ucuyla bana çok yaklaşanın kulağına ilişiverdim.

Kavga mayna oldu. Çocuğun kulağa çizilmiş, biraz kanadı. Galebeyi yine kazandık. Bir üçüncü kavgamız daha var. Biz iki kardeşe yetim kalıp himayemize alınan Ali de bir kardeş gibi iltihak etmiş, kuvvetimiz büyümüştü. Bu da az afacan değildi. Bu da hesap emininin çocuğuyla kavga etmiş, beline fena bir yumruk yemişti.

İntikam almak içip bizi teşvik etti. Biz artık mükemmel değnek kullanmasını da öğrenmiştik. Arapların uzun sopaları var, uç tarafları bir karıştan fazla tel örülü. Ondan sonra yine bu uzunlukta meşin kaplı öne doğru büyük kısımda bir şey yok. Tel tel kısımlar kılınca karşı, meşinler taşa ve sopaya karşı, mukabele ediyorlar.

Öyle maharetle sopa kullananlar vardı ki, kendisine birkaç kişi taş atsa sopasıyla çelebiliyordu. Mukabil sopa oyunları kılıç oyunu gibi mükemmel idi. Bu sopalar değnekten kalın fakat bekçi sopasından ince, iki el ile kullanıldığından omuz yüksekliğindeydi. Bu oyunlar pek hoşumuza gittiğinden biz de kalınca değneklerle oynardık. İyice maharet kazanmıştım.

Bizim himayemizdeki bir yetimi döven bu benden büyük Türk çocuğuna çok kızmıştım. Buna bir iki değnek vurmakla Ali'nin intikamını almayı kararlaştırdık. Biz üç çocuk bunu yalnız yakaladık. Ellerimizdeki uzun değneği görünce evine kaçmak istedi. Evi bize yakındı. Evin önündeki bahçemsi bir avlunun kapısını ben tuttum, Hulusi ile Ali çocuğu kovaladılar, çocuğun da elinde değneği vardı. Kapının önünde üçümüz mücadeleye giriştik. Birkaç tane yapıştırdım. Fakat o da bana vururken değneğimle siperi yanlış almışım. Değneğin ucu aşağı, ellerim yüzümün önünde yüksek durması lazımken değneğin ucunu yukarı tutmuşum. Darbeyi savdım fakat onun değneği benimkinden sıyırarak sol elimin baş parmağına müthiş çarptı.

Çocuk evine kaçabildi. Benim parmağım birinci boğum üstünden yarıldı. Müthiş bir acı duydum. Hasmımızı kaçırdık, fakat benim parmaktan çok kan geldi. Eve döndük. Annem-babam haber alsalar iş fena idi. Ne yapacağımızı şaşırdık. Aklıma parmağımın üzerine işemek geldi. Sonra da mendilimi yırtarak güzelce bağladık. Akşama kadar kimseye göstermedim. Sonra da çakıyla kaza oldu, diyerek vakayı duyurmadık.

Bu seferde Ali, bunun intikamını alacağına yemin etti. Ve hakikaten bir gün çocuğun haberi olmadan arkasına müthiş bir yumruk vurdu. Çocuk bayılıyordu. Bundan sonra barıştık ve pek candan arkadaş olduk.

Sopaların bir nev'i de lobut'tur. Bu kısa, ucu topuz, bazıları bu topuza çiviler de kakar, müthiş bir silah olur. Ön tarafındaki delikte de löp bileğe takarlar. Bunu kullananlara lobut yani lobutlu derler. Lobut'un asıl manası baba ise de baba aynı zamanda sahip manasına da gelir. Nitekim Arap çocukları bize "Ayva elterbuş" yani "fesli" derlerdi. Ve feslilerden "Ansarani", Hristiyan diye nefret ederlerdi.([25])

Fakat ekser mahalle kavgaları olduğu zaman bizim mahalle çocukları mağlup olunca bizden yardım isterlerdi. Karşı taraf

---

25 Bunun müthiş İngiliz propagandası olduğunu sonradan öğrendim.

fesli olarak bizi görünce "Ayva Elterbuş... Ayva Elterbuş..." diye kaçarlardı. Daha evvel mahalle kavgaları gençler arasında ve pek kanlı olurmuş. İstanbul'un salâ dedikleri mahalle kavgaları Mekke'de artık küçükler arasına inmişti. Arapça bilmeyen memurlar bazen "Ebul'ul Labut" diye tekdir manasında kullanırlardı. Bunu İstanbullular "Hay Ebul'ul Labut hay..." diye "Hay ahmak hay..." makamında kullanıyorlar. Mekke'de bu sözü güzel labut kullananlara da takdir makamında söylüyorlar.

Mekke'de yaramazlığımın neticesinde bir de başım fena halde yarıldı. Ali ile güreşiyorduk. Ben onun ayağını yerden kestiğim halde yatıramadım, bıraktım. Bu esnada o beni yatırıverince başım taş merdivene çarptı. Müthiş kan geldi. Aşağıda bizden başka kimse yoktu. Bu sefer de aklıma kahve koymak geldi. Bir avuç kahve bastık, güzelce sardık. Artık kan dindi zannıyla, yukarı annemin yanına çıktım. Meğerse ensemden aşağı kan gelmeye başlamış, bunu annem gördü. İşin doğrusunu söylemek Ali'yi felakete sokabilirdi, geçen ki parmağım için de yalan uydurmaya bu yetimin hatırı için katlanmıştım. Yoksa babam ve annemin mütamadi nasihatlarıyla her şeyi olduğu gibi söylemekten çekinmezdim. "Kazaen düştüm başım yarıldı" dedim. Vah vah diye sardılar, sarmaladılar. Cezadan kurtulduk.

Fakat Ali bize geleli yaramazlıklarımız sıralanıp gidiyordu. Bir arkadaş daha oyuna bize geldi. Gündüzleri aşağıda ekseriye kimse bulunmazdı. Mutfak en üst damda olduğundan ve babamın emir çavuşu da ekseriya hükümette bulunduğundan biz aşağıda yalnız kalırdık. Bir gün komşunun keçisini bu oyuna gelen çocuklar ve Ali yakalayıp bizim merdivenlerden içeriye getirdiler. Ben ne olacak diye bakıyordum. Her biri bir taraftan memesini emmeye başladılar. Kardeşim Hulusi Bey de bu yağmaya karıştı. Ben açıkta kaldım. Her biri mükemmelen keçinin sütünü emiyorlardı.

Bu hale doğrusu ben de imrendim fakat ben en küçükleri olduğumdan bu işe bana haber vermeden karar vermişler ve icraya başlamışlar. Bir müddet baktım. Sonra iki elimle iki başın kulaklarına yapıştım, adamakıllı çektim. Bu başlar memeden ayrılınca keçi can havliyle üçüncüyü yere düşürerek bağıra bağıra kaçtı. Kulakları çekilenler "neden böyle yaptın? Sana da sıra gelecekti..." dediler. Ben bu işi "komşunun keçisini ne hakla emiyorsunuz?" şekline sokarak hasımlarıma çıkıştım. Korktular. Aman kimseye söyleme diye yalvarmaya başladılar. Peki diye söz verdim. Fakat biraz sonra babam hükümetten gelirken komşunun Arap kadını haykıra haykıra babama "çocuklarınız keçimin sütünü emdiler" diye şikayet ettiğini duyunca ödümüz koptu, birer tarafa sindik. Yukarı çıkınca babam evvela beni çağırdı. Ve sen doğrusunu söylersin, vak'a nasıl oldu anlat dedi. Müşkül vaziyette kaldım. "Keçi nasıl geldi bilmiyorum. Sütlerini emiyorlardı. Ben de kulaklarından çektim, keçiyi kurtardım" dedim. Babam kızdı. Ben ömrümde babamın bana bu kadar kızdığını görmemiştim.[26]

"Sen doğru söylemiyorsun, eğer vak'a böyle olsaydı kendin gelip bana bunu söylerdin. Ben geldiğim vakit neden karşıma çıkmadın da ben sorunca söyledin" diyeli bağırdı ve üzerime yürüyecek gibi davrandığını görünce kaçtım. Arkamdan maşayı fırlattı. Bereket kapıya doğru değil, beni korkutmak için duvara atmış. Korkudan saatlerce titredim. Yemek vakti, esasen bizim mütareke zamanımızdı. Yemekte babam kimseyi azarlamaz, neşeli yemek yerdik. Kabahatlerinizin hesabını yemekten sonra görürüz derdi. Biz de ondan evvel kalkıp bir tarafa savuşurduk. Bugün de öyle oldu. Annemin şefaatıyla sofraya sessiz oturduk ve çabuk kalkarak işi sonsuz bir askıya aldık.

---

26 Babamdan, annemden gördüğüm en büyük ceza bütün hayalımda bundan ibarettir.

MEKTEPTEN KAÇMA

Van'da olduğu gibi Mekke'de de bir mektepten kaçma hadisemiz oldu. Ben mektebimizden artık bıkmıştım. Şehadetname aldığım halde kardeşim sınıftan döndü diye beni de yine beraber bu mektebe gönderiyorlardı. Başka yüksek mektep olmadığından kardeşimin hatırı için buna katlanacaktım. Aynı salonda okumak, şehadetname aldıktan sonra kolay değildi. Bunun yanında bir tarafında "Cah geldi", diğer "Cah gitti" diye dışarıya çıkan çocukların gidip gelmesini tanzim için bir tahta asılıydı. Canım sıkılınca gittiği tarafıda olsa bu levhayı "gider geldi" yapar çıkardım.

Hocalarla bir gürültü çıkarıp isyan etmeye vesile arıyordum. Bir gün hesap dersinde İstanbul'dan yeni gelip Arapçasıyla alay ettiğimiz hoca kızdı. Arkalarımıza bütün kuvvetiyle birer değnek vurdu. Buna fena halde kızdım. Kardeşimi de ikna ederek mektepten kaçtık. Doğru eve geldik. Ve annemize "biz artık bu mektebe gitmeyeceğiz. Bu hoca hayvan gibi insanı dövüyor. Sırtımıza fena halde vurdu" dedik.

Annem beni soydu. Değneğin yeri, bilhassa benim sırtımda müthiş bir iz bırakmıştı. "Vay canavar herif! Gidin babanıza gösterin..." dedi.

Büyük bir sevinçle hükümete gittik. Babama anlattık ve sırtımı gösterdim. Biraz da ağladım. Babam da kızdı, hem hocaya darıldı hem de bizi mektepten aldı.

Ne ala o giderken babam en meşhur bir Arapça muallimini çağırtarak Arapça tahsilimize ve diğer zamanlarda da Nizamiye Fırkası Erkânı Harbiye kalemine verdi. Günaşırı Arapça okurduk. Kalem odasında da yazımız ilerledi. Bir gün İstanbul'dan gelen evrakı deftere kaydederken "Serasker Rıza" imzalı bir kağıt rüzgardan uçuverdi. Pencereler açıktı, sokağa gitti. Arkasından baktım. Uça uça gidiyor, pek korktum.([27])

Sabah erkenden kaleme daha kimse gelmemişti. Neferlerle aradık taradık bulamadık. Zabitler geldikten sonra bizi yetiştiren masanın zabitine vak'ayı korku içinde anlattım. O da telaş etti. Civar dükkanları, dairenin diğer odalarını arattılar. Bir türlü bulamadılar. Evrakın ne hakkında olduğu bari anlaşılabilseydi diye ne yazılı olduğunu bana sordular. Kayıt defterine hülasasını çıkartmıştım oradan okuttum. Mühim bir şey değilmiş dediler. Fakat bu hadiseyi ibret alınacak bir vak'a gibi daima göz önünde tuttular.

MEKKE'DE GEÇEN ÜÇ SENELİK HATIRALARDA...

En mühim hatıra oruçtur. Ben ilk olarak Mekke'de oruç tuttum. Harput'ta iken bir gün ikindiye kadar tutabildim, baygınlık geliyor diye bozdum. Burada artık babamın hesabına para ile tutmaya başladım. Fakat sıcaktan pek zor. Akşamları şutufe, (dam, memer gibi, tab tab diyorlar,) çıkar ellerimizde ufak bağdat testilerinde soğumuş sular, cihat kalesinden atılacak toplara gözümüzü dikerdik. Topçu neferinin topu ateşlediğini gözlerdik. Ateşi görünce suyu başıma dikerdim, ses sonradan gelirdi.

Mekke'de evler birbirine bitişik ve bahçesizdi. Ufacık bahçesi olanlar nadirdi. Bizim de bahçemiz yoktu. Damlarda envai saksılarımız vardı. Benim de ayrı saksım vardı. Mahdut miktarda... Yeni yeni çiçek yetiştirirdik. Bir gün gökyüzü kıpkırmızı oldu. Henüz mektepteydik. Mektep paydos edildi. Araplar "Cerap, cerap..." diye bağrışıyorlardı. Çekirge yağacakmış, Müthiş hazırlıklar, koşuşmalar başladı. Yer yer tablalar kuruldu, yağlar eritildi. Herkes ellerinde uzun bezler, gökyüzünü

---

27 Hayatımda duyduğum en büyük korku diyebilirim. Ne zaman bir kağıdı önüme koysam bu hatıra gözümde canlanır ve üstüne ağır bir şey koyarım. Açık pencerelerden kağıt uçabileceğini madunlarıma daima anlatırım.

gözlüyordu. Derken, dolu yağar gibi çekirge başladı. Araplar, bezlerle vuruyor, tablalara dolduruyordu. Tabla başındakiler de bunları yağda kızartıyorlar, tablaların etrafını kaplayan müşterilere büyücek bir ölçüsünü, on paraya satıyorlardı.

Çoluk-çocuk öyle bir iştahla yiyorlardı ki bu gidişle bir çekirge kalamazdı. Bir tane de ben yemek istedim, fakat yiyemedim. Araplar, başını çekiyor çekirgenin içini sıkıyordu. Sonra kıtır kıtır yiyorlardı. Hükümete geldik. "Aman eve koşun damlardaki saksılarda çiçek bırakmaz" dediler. Saksılarımızı kurtarmak için koştuk eve geldik, damların üstü mahşer... Bazı kuş gibi büyükler de var. Bunlar beyleriymiş... Kör olsunlar, çiçeklerimizi hayli yemişler. Bunlarla muharebeye giriştik, damlarımızı temizledik.

Eğlencelerimizin en tatlısı akşamları kışla meydanına gidip askerlerin yoklamasını seyretmek, mızıka dinlemek olurdu. Nöbetçi, beyine tekmil verilirken ben de yaklaşır dinlerdim. Bu pek hoşuma giderdi.

Ara sıra kışlalarda gezerdik. Topçu Kışlası'nın yanında ve Cihat kalesinin eteğinde eski şerif Abdülmuttalib'in büyük bir sarayı var. İçinde, üst katlarda bile havuzlar var. Harap olmuş, kapılarında kurşun yerleri bile hala duruyor. İsyan etmişmiş. Yeni şerif bu tarafta oturmuyor. Cennet-i Mualla cihetinde oturuyor. Ara sıra bunun mızıkasını dinlemeye giderdim. Bununki pek garipti. Entari-Cüppeli Araplar, birçok davul, zil, zurna, birkaç da borulu çalgıcılar... Çalgı da tuhaf. Davullar kıyamet koparıyor, zurnalar ve borulular bir ağızdan çalıyor, eski mehterhane takımı gibiydi.

Şerifin ara sıra hükümet konağına gelme merasimi de tuhaf. Kendisi arabada ayağında çorap yok, kundurası mabeyin terliği nevinden. Donunun tenteleri, paçaları bile görünüyor. Entari, cübbeli, belinde bir cenbiyesi var. (Cenbiye, hançer demek.) Cenbiyenin en ufağı...

Kol kadar büyüklerini bedeviler takıyor. Şerifin başında Mekkelilere mahsus işlemeli gibi bir başlık. Üstü sarıklı. Sarığın bir ucu sarkıyor. Arabanın iki yanında ileriye doğru kavaslar, ellerinde kargımsı asalar (değnek), uçları gümüş, altın yaldızlı. Vali'nin de kavasları var. Bunların değnekleri yaldızsız. Hep talimli olarak asaları kaldırıp indiriyorlar. Ziller ufak ufak ses veriyor. Şerifin ismi Avnul Refik idi. Bunun şehir haricinde umre yolunda büyük bir bahçesi de var. Ne zaman önünden geçsek toprak çamurundan ibaret duvarları yapılır görülür. Sebebi bir müneccim kendisine demiş ki, "bu duvarların bittiği gün azlonulacaksın..."

Bunun için duvarlar birbirine kavuşacağı an tekrar ilk yapılan taraf yıkılmaya başlanırmış. Mekke içindeki iki saray muazzam. Birinde kendisi oturuyor. Merdivenlerden atla çıkılırmış. Diğerinde kendisine yakın halkı oturuyorumuş.

Şehre hakim bir tepede Peygamberin saklandığı ve örümceklerin ağ ördüğü dehlizi gördük. Birkaç kere "Umre" denilen ziyaret yerine gittik. Bu pek eğlenceli. Merkeplerle bir kafile olarak ve ehramlara girerdik. Avdette, tavaf ve say'ı yapılır, ehramdan çıkılır. Senede bir defa Mevlit Kandilinde Peygamberimizin doğduğu ev ziyaret olunur. Burası sokaktan çukurda, merdivenle inilir. Doğduğu yer, kurna gibi bir taş. Buraya yakın Hacer-i Muallaka (Asılı taş) denilen yol üzerinde duvardan çıkıntı bir taş var. Etrafı demir parmaklıklı, buraya el sürülüp dualar ediliyor. Anlatılana göre Peygamberimiz geçerken duvardan fırlamış selam durmuş. Sahabeyi Kiramın elleri, hususiyle Hazreti Ömer'in eli ve kuyusu aklımda kalacak şeyler...

Şifalı diye bu kuyunun başında bizi yıkadılar. Buz gibi su. Koca bir küfe, birden insanın başından aşağı dökülüyor. İnsanın bütün vücudu bir tuhaf oluyor. Bunu Harem-i Şerifin ortasında Kabe binasına yakın olan Zemzem kuyusunda dahi yapıyorlar. Burada da aynı surette bir kere daha yıkandık. Kuyu geniş, etrafında mermer bileziği var, birkaç Arap etrafında su çekiyorlar. Taze zemzem içmek hoş oluyor. Ramazanda iftarı çok defa babamla Harem-i Şerifte yapardık. Oruç zemzemle bozulur, ufak reçel, zeytin, peynir, simit gibi şeyler yenir, akşam namazı kılınır sonra eve gelip yemek yenir.

İftar davetleri de adet. Birkaç gece sırayla bütün memurlara iftar verirdik. Bir defasında birden öyle yağmur geldi ki, selden gelenler zaptiyelerin ve Arapların sırtlarında gittiler. Bizim kapımızın önünden müthiş sel gelirdi. Senede bir veya iki yağmur yağar fakat delicesine... Evimizin önünden müthiş sel geçer. Kışlaların bütün meydanlarını dolduran sular bizim sokaktan geçiyor. Bakırlar, sedirler, kavuklar, haykırışmalar bir kıyamettir gidiyor. Kapının önündeki on basamağı aşıp içeri giriyor. Ertesi günü halk selin aldığı eşyasını Bereket'ül Macit (Macit'in havuzu) düzlüğünden toplamaya giderdi. Bir gün bizim kapının önünü iki adam boyu seller oymuştu, korkunç şeyler. Bu müthiş yağmurdu. Harem-i Şerifin içerisini de sel basmış havuz gibi, deniz gibi her yerler... Babam buranın temizletilmesine günlerce nezaret etti.

Bereket'ül Macit denilen büyük havuzda yazın Araplar yıkanır, fakat her sene birkaç kişi boğulur.

TÜRBELERİ ZİYARET

Her türbenin senede bir günü var. Bizim evin altında da Seyd-i Süleyman isminde bir türbe var. Ziyaret günü pilav kazanlarla pişirilir. Bizim Süleyman Efendinin ruhunu şad etmek bu evde oturanın vazifesiymiş.

Her sene babam yaptırırdı. Araplar mahalle mahalle bayraklarla tefler çalarak gelirler, zikirler ederler, bazıları karnına şiş, kama saplar; bunu hayretle seyrederdik. Hele kılıcın üstüne yatıp üstüne de adam çıkararak tepindiren, alevlerin içine saçlarını etrafa dağıtmış bir şeyhin girip çıkması ve kafile giderken vakit vakit tekrarı insana hayret veriyor. Bu kabil ziyaretleri isteyen kimseler evleri önünde yaptırıyor.

Fakir fukara bu geceler mükemmel karın doyuruyorlar. Öyle aç insanlar geliyor ki, bir defasında lambayı pilav kazanına düşürdüler, pilavdan müthiş gaz kokuyordu. Araplar bunu öyle avuçlaya avuçlaya yediler ki, hayrettir... Kaşık bile kullanmıyorlar. Pilavı avucuna alıyor, sıkıp lokma gibi yapıyor ve ağzına atıyorlar. Sağ elleri mütemadiyen bu işi görürken sol elleri ekmek yetiştiriyor. Bedevilerde el yıkamak da yok. Koltuk altlarına sürüyorlar. İlk gördüğümüz zaman bu iş bizi pek iğrendirmişti. İnsan göre göre her şeyi tabii görüyor. Bir sürü aç, ömrü müddetince gördüğü, öğrendiği, bulunca avuç avuç saldırma...

Tahta sofralara yığılan bu mercimekli pilavı senede ancak birkaç kere böyle bol bol görüyor ve tabii iştahasını ancak avucuyla yeniyor.

GÜZEL BİR ADET

Hayır işlemek isteyen bir insan, rast geldiği herhangi bir satıcıyı durdurup tablasındaki yiyeceği neyse toptan pazarlık ediyor, sonra bir çocuk çağırıp "hayır yapacağım, arkadaşlarını çağır" diyor. Çocuk avaz avaz nara atar gibi bağırarak bütün çocukları topluyor. Kimin ruhuna ise onu anarak, muayyen bir klişeyi yine muayyen bir tarzda haykırıyor. İşiten geliyor. Az sonra bir küme çocuk toplanmıştır. Hayır sahibi bunlara satın aldığı leblebi, simit, şeker her neyse dağıtıyor.

Kandil geceleri pek parlak oluyor. Şeker sergileri her tarafta büyük fenerler arasında çoluk çocuğu etrafına topluyor. Mafiş... İstanbul'da da böyle söylüyorlar. Türkçesi "yok" demek. Yani ne kadar yesen yine bir şey yok.

Lebeniye... Sütlü katı bir hale getirilmiş nefis bir tatlı. Pek hoşuma giderdi. Arapların yarı seyyar börekçileri de güzel börek yapar. Bunların işleri sabahleyindir. Tezgahları seyyar, fırınları sabit... Hamuru elleriyle başlarının üstünde döndüre döndüre açıyorlar, hemen pişiriveriyorlar. Birkaç saat sonra kapalı ufacık fırınlar sırayla muayyen olan sokaklarında görünür. İstanbul simidi bilmiyorlardı. Biz orada iken iyi bir simitçi geldi ve orada yerleşmiş bir Türk hanımıyla evlendi. Mükemmel simit yapıyor.

Mekke'nin pek nefis bir de fovulu var. Bildiğiniz bakla. Fakat bir gece müddetince testilerde gömülü ateşlerde pişiyor. Hükümetin karşısında sırayla fovulcular var. Az fovul, çok yağ, hatta tahin karıştırıyorlar. Pek nefis bir şey oluyor.

İstanbulluların bilmediği yassı köfteleri de var. Demirhindiye batırılıp yeniyor. Yanında taze soğana benzer bir şey de veriyorlar. Seyyar satıcılar bunlardan çok satıyorlar. Haşlanmış nohuta sirke döküp satanlar da kazanıyor. Bunları Hintliler de satıyor. Mekke'de her şey bol. Yiyecek şeylerin sebze ve yemişi Vadi Fatıma denilen beş-altı saatlik yerden gelirmiş. Taiften mükemmel yemişler geliyor. Çavuş üzümlerinin envai, narları her yerde bulunmaz. Muz, berşup denilen dışı dikenli yumruk kadar bir meyvesi pek bol. Bunu ancak satan soyabilir. O bile kısmı parçasıyla tutuyor. Çok ufak dikenli. Kavun, karpuz yükle satılıyor ve ucuz. Bir gün hayrette kaldığımız bir karpuz gördük. Çekirdeklerinde "Allah" yazılı. Meğerse tohumluk çekirdeğe yazıp dikince böyle olurmuş.

Mekke'nin suyu da bol. Bizim her gün altı kırba tayınımız vardı. Sudanlı siyahiler sakadır. Bunların teşkilatı var. Bir kere cezalarında bulundum, kıçlarına değnekle vuruyorlar. Bunların kısa bir entariden başka şeyleri yok. Hamallık da ederler, hamallar eşyayı başlarında taşırlar.

Taif dağlarından bol suyu Harun Reşid'in hanımı getirmiş. Asıl Mekke'de muazzam su yerleri de Kanuni Sultan Süleyman zamanında yapılmış.

Su çekilecek, doldurulacak, çamaşır yıkanacak yerleri ayrı, ayrı. Geniş ve muntazam binalar, merdivenle içlerinden iniliyor. Memleketimizin her tarafında bilhassa çamaşırhanelere ne kadar ihtiyaç var. Mekke'de asırlarca evvel düşünüldüğü halde Anadolu'nun hiçbir yerinde bulunmaması ne yazık.

KÂBE'NİN İÇİ

Kâbe'yi ilk Hz. Adem'in oğlu Şid Aleyhisselam taştan yapmış. Sonra Hz. İbrahim Aleyhisselam daha güzel yapmış. Zemzem kuyusunu da Hz. İsmail bulmuş. Annesi Hz. Hacer, çocuğunu bugünkü zemzem kuyusunun olduğu yere bırakmış, su aramış. Safa ile Merve arasında yedi defa gidip gelmiş. Serap uzaktan su gibi görünürmüş. Koşarmış... Yedi defa gidip geldikten sonra çocuğunun yanına gelmiş. Bakmış ki çocuğunun tepindiği yerden su fışkırıyor. Burası zemzem kuyusu olmuş...

Kuyu ile Kabe arasında Halil İbrahim makamı denilen demir güzel parmaklıklar içinde güzel bir ziyaret yeri var. İçinde bir ayak oyuğu bulunan büyücek bir taş var. Bunun ziyaret gününde içine zemzem dolduruyorlar ve içiyorlarmış. Tavaf ve Hac Hz. İbrahim zamanından kalmış. Harem-i Şerif etrafı, sokaklara nazaran çukurda. On'dan fazla basamaklarla iniliyor. Evvela sokaktan bir, iki ayakla da çıkılıyor. Sebebi su basmasın diye. Bir zamanlar burası putlarla doldurulmuş sonra peygamberimiz bunları kırmış. İslamiyet burada tamamıyla hakim olunca bugünkü şekil teessüs etmiş.

Kâbenin kapısına yakın köşesindeki gümüş çerçeve içerisindeki Hacer'ül Esved denilen gökten düşmüş kara bir taş var. Tavaflarda buraya gelince el sürüyorlar hatta uyuyorlar. Şimal taraftaki altın oluk altında yıkanmak pek şifalı imiş. Senede bir kere de Kâbe'nin içini temizlerler ve zemzemle yıkarlar. Bunun için ufak hurma dallarından süpürge yapılır sonra bunlar İslam diyarında camilere hediye gönderilir, bu gün pek tantanalı olur. Bütün mülki ve askeri heyetler gelir, seyyar merdivenler kapıya yanaştırılır. Ben iki defa Kabe'nin içine girdim. İçeride de "Ya hannan, Ya Mennan, Ya Velihan" adlı direkler var. Aralarında büyük kandiller var. İçeriden her cepheye ikişer rekatlık namaz kılınıyor. Sonra yıkanıyor.

Bayram namazlarında müthiş kalabalık oluyor. Çocukların sırmalı başlıkları parlıyor. Kandiller, hele Recep'in ilk kandili pek parlak oluyor. Kadınlar lu, lu, lu diye mütemadi bağrışıyor. Yedi minarenin ikişer-üçer şerifeleri donanmış, her taraf nurlar içinde... Pek yanık sesle ezanlar, salatlar veriliyor. Hükümetin önündeki minareden Ali Tesah (Elma Ali demek) isminde biri pek güzel sesiyle etrafı çınlatır. Bu adam vaktiyle hünkar müezziniymiş, Mekke'ye gönderilmiş. Geceleri yıldızlar altın serin serin Harem-i Şerif pek latif; fakat gündüzleri, hele yazın, pek müthiş sıcak. Kabe'ye doğru kubbelerden taş kaldırımların ortası o kadar ısınıyor ki, yalın ayak geçemezdik de zemzem kuyusuna can atardık. Bir gün nasılsa Maliki makamında öğle namazı kıldım. İmam birkaç cemaatıyla gölgede biz kalanlar da güneşte. Ben de güneşte kaldım. Ayaklarım pişti. Secdeye el ve baş dokundurmak mümkün değil. Yarıda kaçtım gittim.

Mekke'nin sıcağı pek müthiş oluyor. Rafadan yumurta anında kuma sokup çıkardın mı oluyor... Hükümet bize yüz metre kadardı. Kaim şemsiyeyi suya batırıp gidinceye kadar serinlik yapardı. Yarıyı geçerken tamamıyla kurur ve ateş gibi hava yüze çarpar. Hele sam eserse pek müthiştir. Mekke'nin kışı İstanbul'un yazı gibi, derece 18'den aşağı düşmüyormuş. Mekke'nin etrafı taşlık tepeler olduğundan sıcak çok oluyor. Üç kilometre boyu, bir kilometre enli bir vadi...

Yazın erkekler, kahvelerin önünde peykelerde yatıyor birtakım hindi masajcılar on paraya uyuyuncaya kadar masaj yaparlarmış. "Kubuz kubuz" (Masaj, masaj) diye kahvelerde dolaşırlar. Erkekler yalın ayak, başta takke ve sarık, beyaz entarili; fakirceleri maviye boyanmış beyaz benekli entariler giyerler. Kadınlar garip kıyafette. Yüzleri, burun delikleri örtülü. Yalnız gözleri görünür, çarşafları arkayı kapar, fakat önden donları görünür. Telli pullu uçkurları sallanır. Ayaklarında yalnız baş parmak arasına giren bir çıkıntısı bulunan tahta parçaları... Bununla koşarlardı. Akşam üstü kollarında nargile misafirliğe giderlerdi. Nargileler de hindistan cevizinden, uzun boylu, bir tuhaf şekilde...

Mekke halkı seksen bin kişiymiş. Fakat bazı 200 binden fazla hacı geldiği de oluyormuş. Her tarafta mahsus delilleri var. Bunların evleri otel gibi, Hac zamanı odalar tıklım tıklım. Ekseriye Hac zamanı hastalık geliyor. Cavadan, Hintten çok Hacı geliyor. Sokaklarda bile yatarlar. Hele Harem-i Şerifte bütün vaktini geçiren çoktur. Geceleri sabahlara kadar ibadet edenler de vardır. Bir de itikâfa girenler görülür. Kubbelerin altında bir köşede bir hasır veya bir bez perde gerisinde günlerce otururlar. Hurma ile geçinirler. Bazıları otururken arkasından dizlerini dikerek ön tarafından bir kalın ip veya gererek bir garip vaziyette oturur ve sallanırlar. Yer yer ders okuyan bilhassa Cavalılar çok görülür.

Ramazan'da büsbütün başkalık vardır. Yüzlerce imamın kendine mahsus cemaati vardır. Hatimle kıldıranlar, buna tavafı da ilave edenler olduğu gibi gayet çabuk kıldıranlar da vardır. Bunlardan birinin cemaatının çoğu çocuklardı. İmamın arkasından yetişemezdik. Güle oynaya teravih, pek hoşumuza giderdi.

Mekke'de ahali, kamilen İslam'dır. Mükemmel kuyumcular, her şeyin ustaları vardır. Bunu yapanların çoğu şakül bile kullanmazlar. Ustalar hep çırakların istidatlılarından yetiştirilirmiş. Yapılarda gayet ucuz çalışan çocukların bir ağızdan türküleri ve elleriyle şak şak tempo tutuşları çok eğlencelidir. Çekirdekten müthiş ustalığa varıyorlar. Harem-i Şerifin üç yerinde ayrıca havlu gibi çıkıntı yerler vardır. Bunların da etrafı kubbe ve üstleri açık. Bunlardan üç şerefeli minareye yakın olan yere bir keresinde silahlı askerler kaçtı. Teskere müddeti dolduğu halde bırakılmayan askerler süngü takmış, koşarak Harem-i Şerife kaçtılar. Ve bu meydanda silah çatmışlar.

Ertesi gün ben merak ettim, bunların yanına gittim. Silah çatılarının yanında birkaç nöbetçi var. bunlar silahlı olarak yakın dükkanlardan yiyecek alıyorlarmış. Günlerce burada kaldılar. Terhisleri hakkında irade çıkmış, kendilerine tebliğ ettiler. Teskerelerini verirken elebaşlarını Divan-ı Harb'e çektiler. Ben merakla sorgu ve cevaplarında bulundum. Ara sıra mızıka ile meydan dayağı cezalarını da seyrederdim.

ARAFAT

Hazreti Adem ile Havva'nın buluştukları yermiş. Geniş bir ovada bir dağ. Her sene kurban bayramında Arafat dağı etrafında binlerce çadır kurulur, hacılar ve yerlilerden gelenler de burada toplanır. Bu adet Hz. İbrahim zamanında başlamış. Ufak bir dağda Arefe günü hutbe okunur. Hep bir ağızdan "Lebbeyk, Allahümme Lebbeyk..." (Emret, Allah'ım emret) diye bağırılır. Müthiş bir alem. İstanbul'dan ve Mısır'dan da muhammeller de gelir.

Develer süslenmiş, Kâbe'ye örtü vesair eşyalar getirirler. Mısır askeri de mızıka ile gelirler. Arafat'tan sonra Mina'ya gelinir. Burada üç şeytan taşlanır. Taştan abideler yapılmış, herkes buraya ufak taşlar atar. Kurbanlar kesilir. Hz. İbrahim'in oğlu İsmail'i kurban etmek istediği mağarayı da gördük.

İkiye ayrılmış kocaman bir taş mağara önünde... Güya bıçak kesmeyince Hz. İbrahim taşa vurmuş taş iki parça olmuş. Benim buna bir türlü aklım ermedi. Çünkü taş benim boyumdan yüksekti. "Ufacık bıçak bunu nasıl keser" dedim, sus günahtır dediler. Böyle hurafeler çoktu. Kâbe'nin yüksekliği göğe değermiş, üstünden kuş geçmezmiş derlerdi. Günlerce kuşlara baktım, sürü ile geçtiğini gördüm. Ve söyleyenlere de gösterdim. Araplar bazı şeyde mutaassıp görünür. Fakat yüzlerce ahlaksızlıkları ve hırsızlıkları her gün hükümete gelirdi. Hınzırlar gece falaka cezasına çarptırılırdı. Çünkü hapishaneler doluydu.

Bir gün Hz. İbrahim makamının önünde Seyidlerden yaşlı keramet sahibi bir ihtiyar diye arkadaşları tarafından hacılara takdim olunarak "az para vermek günah, en az bir mecidiye"

diye dolandırıcılık edenler yakalanmıştı. Takma sakallı, bıyıklı bir külhanbeyi... Yeraltından meyhaneler, baruthaneler de yakalanırdı. Bir defa da yolları kesmişler; askerler, zaptiyeler, topçular gitti, eşkıyayı yakalamışlar. Kesik başları kışla meydanında kazıklar üstünde halka gösterildi.

Mekke'ye Hıristiyan gelemezmiş itikadı vardı. Güya bir kere iki kişi gelmiş, yıldırım vurmuş, yanmışlar.([28])

Böyle itikat olduğu halde Mekke'nin Bereket'ül Hacet cihetinde müsfile yani "düşkün yer" namıyla kötü kadınlara mahsus bir mahalle bile var.

Biz Mekke'de iken Bağdat'tan bir esterli kıt'a geldi. Araplar, Yemen yolunu kestiklerinden asker sevkolundu. Bazı eşkıya yakalanmış. Başlarını kesip kışla meydanında halka gösterdiler. Valiliğe Osman Paşa geldiği zaman asker ve halka büyük hüsn-ü tesir yaptı. Safa ile Merve arasına bir şerifin konağına misafir indi. Bu asıl şerif Aynul Refik'in aleyhinde imiş, üç gece şenlik yaptırdı, biz de gittik. Hintlilerin ateş oyunu ve ateş haline getirilmiş zincirleri elleriyle söndürmelerini hayretle seyrettik.

MEKKE'DE POSTA

Posta teşkilatını hükümet mültezimlere veriyor. Mültezim, muayyen bir yerde bir sedirde oturur. Araplar peşin para aldıkları halde pul yapıştırmıyorlar. Değer parası gittiği yerden alınacak diye üzerine yazarsan yerinden almazlar. Azizlik için çocuklar Taif-Mekke-Cidde arasında arkadaşlarıyla mektuplaşırken mektupların üzerine gönderilenden üç misli, dört misli alınacaktır gibi şeyler yazarlar, getiren Araplar bu parayı almadan mektubu vermezler.

Mekke evleri apartman halindedir. Hac zamanı bir odada birkaç hacı oturur. Diğer zamanlar birçok boş katlar dahi vardır. Hac zamanı delillik ile uğraşanlar evlerini de apartman

---

[28] Müthiş casuslar ve meraklı, seyyahların gelip gittiğini sonraları öğrendim. Fransızca, bir seyyahın Mekke'ye seyahatim diye eseri bile var.

gibi kiraya verirler. Diğer zamanlarda bu adamlar duvarcı, marangoz, hallaç gibi sanatlarıyla hayatlarını kazanırlar.

OSMAN PAŞA'NIN VALİLİĞİ

Topal Osman Paşa Vali geliyor diye halkta büyük memnuniyet var. Çok âdil imiş. Bu zat geldi. Kendisini Safa-Merve caddesinde oturan bir Şerif misafir etti. Üç gün-üç gece şenlik yaptırdı. Geceleri giderdik. Hintlilerin ateş oyunları hayretti. Sandık gibi bezler güya hayvan vücudu. İçerisine Hintliler girmiş, yarı bellerinden yukarısı dışarda, ayakları da aşağıda meydanda, hayvan boynu ve kafası gibi bir şey de uydurulmuş ve dizgini de elinde... Fişeklerin ateşleri içinde yalınayak geziyorlar. Bazıları ellerinde kıpkırmızı zincirlerle, meydana geliyor. Bu zincire gaz döküyorlar parlıyor. Sonra Hintliler elleriyle bu zinciri sıvaya sıvaya soğutuyorlar.

Bu hünerler Şerifin kapısı önünde yapılıyordu. Osman paşa ve bu şerif asıl Mekke emiri olan İbn'ül Refik'in hasmı imişler. Osman Paşa kışlaya giderken Cihad kalesinden mahpuslar bağrışıyordu: Allah, yenek Osman paşa... Araplar p diyemez, bâşâ diye haykırırlardı. Paşa hafif cezaları affettirmiş. Birkaç ay sonra Osman Paşa'yı Şerif attırdı, yerine Ahmet Ragıp Paşa geldi. Bahriye paşası...

HACCA ÇIKIŞ

Biz hacca üç defa çıktık. Üçüncüsü hac-ı Ekber idi. Yani arefe günü Cuma idi. Hac ve cuma hutbeleri bir defada okununca Hacc-ı Ekber imiş. Bunun sevabı yedi hac kadarmış. Bu üçüncü bizim için acıklı bir zamanda oldu. Babam henüz ölmüştü. Ve artık Mekke'de oturmayacaktık. Hac vakti eğlenceler çoğalırdı. Dünya'nın her tarafından gelen hindi adamlar görülürdü. Hintlilerden ateş oyunu yapanları hayretle seyrederdim. Garip garip oyunlar görürdük. Sudanlılar, bedeviler her biri bir türlü... Hacıların kafile kafile karşılanması, mühmellerin gelip gitmesi birer alemdi. Hükümetin önü yüksekçe idi, buradan seyrederdik.

Bedevilerin kılıçla, tüfekle, kargıyla toplu, halka halinde oyunları hoştu. Arada silah da atarlardı. Mahalle çocukları da Medine'den gelenleri, ziyarete gidip gelen veya hacca gelenleri merasimle karşılarlardı. Hurma ağacı dalının bir tarafı tıpkı bir deve haline konur, heybelerle süslenir, iki ip bağlanır, diğer ucu karnına bağlanır ve iki iple güya deve imiş gibi tutulur. Bir ağızdan türküler okuyarak alay alay dolaşırlardı. Her zaman hava müsait oldukça... Ve bilhassa böyle alay günleri birçok uçurtmalar da uçurulurdu. Cavalılar düdüklü uçurtmalar yapıp satarlardı. Havada çaldığı ıslık ipten mükemmel işitilirdi. Zemire yani düdük diye bayılırdık. Kardeşimin Hint horozu ve uçurtması mükemmeldi. Horoz dövüşünü çok sever ve uçurtma rekabetine de bayılırdı. Ben yalnız seyrederdim. Horoz dövüşünün sonu da hoşuma gitmezdi.

Arapça türküler de öğrenmiştik: "Bana neden vuruyorsun, başım yarıldı..." Bir diğeri "ah sarı üzüm" gibi... Akşamları hemen yatsıya kadar hükümetin yanındaki Arap kadınların "yağvat, yağ halla, çocuk on paraya..." diye ekmek satışları da hoşumuza giderdi. Türkü makamı gibi sırayla bağrışırlardı.

Mekke'de de güzel hayat geçiriyorduk. Burası da pek hoşuma gitmişti. Sıcaklara da alışmıştık. Fakat felaketler başladı. Evvela Hilmi Ağabeyimin kucaktaki pek şirin Mekki isimli çocuğu bir donanma gecesi bir kazaya uğradı.

Kapının önünden atılan bir havai fişeği inerken dam üstünde uyuyan yavrucuğun başucuna düşmüş. Yastığı tutuşmuş, başı bir avuç içi kadar yandı. Annesi uykuda, kimse duymamış...

Bunun ızdırabıyla çocuk eziyet çekti sonra kolera müthiş bir salgın yaptı, halk müthiş ölüyordu. Sokaklarda düşer ölürlerdi. Sıhhatleri yerinde olduğu halde düşüp ölenleri haber veriyorlardı. Derken babam da tutuldu. İstanbul'dan gönderilen bir Hey'et-i Sıhhiye'nin reisi de koleradan öldüğünden, doktorlar karantinaya girmişler, kimseler görünmedi. Kırksekiz saat sonra babamızı kaybettik. Biz iki kardeş henüz küçüktük. Fena sarsıldık. Hilmi Bey'in küçüğü olan kardeşimiz Şevki

Bey de Bahriye mektebinde jimnastik yaparken baş aşağı düşmüş, fena bir rahatsızlıkla yanımıza gelmişti.

CENNET-İ MUALLA

Birçok İslam büyüklerinin kabirleri burada... Mekke'nin mezarlığı burada. Hazreti Hatice'nin makamı var. Babam ve Mekki yavrucuk buraya defnolundu. Mekki ile çok sevişirdik. Beni görünce üzerime atılırdı. Mızıkayı pek sevdiğinden ara sıra kucakta birlikte giderdik. Bunun acısına babamın acısı da eklendi. Bu sene Arafat'a nasıl çıktık nasıl geldik bilmem...

Hacc-ı Ekber diye giderayak annem istemişti. Bu sene her senekinden fazla şenlikler yapıldı. Havai fişeklerinin envai... Fakat bizler mahzun mahzun gittik, geldik.

Cennet-i Mualla'da bir de Arapların harap ettiği mahkeme binası var. Hele babamın bıraktığı basit eşya haraç mezat satıldı. İşlemiş maaşları da alındı. Yekünü yüz lirayı geçmediği halde işe mahkeme el uzattı. Sebebi İstanbul'da bir kardeşimiz daha varmış. Kaç odaya girdik çıktık ve ne kadar da pul ve harç diye para aldılar. Hep bir ağızdan bu heriflere inkisar ediyorduk. Nihayet annem bunlara bağırdı, hakaret etti de yakamızı kurtardık.

Dün babam sağ iken el ayak öpenler, hususiyle yerli Araplar, bugün yetimlerine karşı saygısızlık ediyorlardı. Bunları annem yüzlerine bağırdı. Babam bir hafta evvel paşa olmuş, iradesi geldi. Zavallı bunu kendisi işitmeden öldü.

Kolera, pek müthiş bir afet... Babamı ziyarete gelen evrak müdürünü hiç unutamıyorum. "Beybaba, kalk a canım bir şeyin yok" diye ziyarete gelmişti. Gittikten bir saat sonra evde öldüğü haberi gelmişti. Felaketin büyüğü Hilmi ağabeyim de ben de koleraya tutulduk. Evvela Hilmi ağabeyim tutuldu. Yerli bir Arap Hekim, Salih isminde, ağabeyimin ayaklarının altını kızgın demirle dağladı. Askeri doktorlar bir şey yapamıyordu. Zabitlerden ve neferlerden de ölenler çoktu. Topçu kaymakamı da ölmüş. Bu haberler bizde fena tesir bırakıyordu.

İstanbul'a nasıl gidecektik. Yollarda günlerce karantina varmış. Bulaşık olmayan yer yok gibiydi. Bizim evde bu ikinci vakaydı. Neyse, gözleri ve parmakları simsiyah bir hale gelen ağabeyim iyileşti. Fakat az sonra ben hastalandım. Müthiş bir sancıyla başladı. Vücudumun hiçbir yerini oynatamıyordum, oturamıyordum. Arkasından ishal. Kolera dediler. Yine hekim Salih imdadımıza yetişti. Meydanda tek bir doktor yoktu. İsteyenlere pencereden reçete atıyorlardı. Karantinada imişler! buna herkes hem gülüyor hem de kızıyordu.

Hekim Salih, benim karnıma hardal lapası sıcak sıcak koydu ve birkaç kulaç Amerikan beziyle iyice göğsüme kadar karnımı sıkı sıkı sardı. Beni de kurtardı. Ben geçen sene de hummaya tutulmuştum. Fakat kendimi kaybetmişim, rüya görür gibi idim. Izdırap duymamıştım. Hatta doktorlar ümitlerini keserek istediğim her şeyi vermelerini söylemişler. Taif'in güzel üzüm ve narlarını bol bol vermişler. Ben ballı babayı (şam babası) çok sevdiğimden bunu istemişim, Mekke'de bulduramamışlar. Ben akıl öğretmişim, ufak peksimetlerin uçlarını kesin ballı babaya benzer demişim. Böyle yapmışlar ve beni teskin etmişler. Ben kendime geldiğim zaman başımdaki saçların bir kısmı uzun bir kısmı kısaydı. Elim değdikçe buna hayret ederdim. Neden böyle oldu diye sordum, cevaba hayret ettim.

İki hafta evvel doktorların tavsiyesi üzerine saçlarımı berber getirip kestirmişler. Ben razı olmamışım. Kollarımdan tutmalarına rağmen ancak bu kadar yapılabilmiş. Uzun devam eden hummadan ızdırap duymadığım halde bu kolera beni bitirdi. Sancı, sıkıntı müthişti. Bir yerde duramıyordum. Dama çıkartın diye yalvarıyordum. Oraya çıkıncı müthiş bir iç sıkıntısı ve acı ile aman aşağı indirin diyordum.

Bir de münasebetsizlik yaptım ki unutamıyorum. Annem beni teselli için "Kâzım artık iyi ol da İstanbul'a gidelim. Bak hep seni bekliyoruz" dedi. Ben ızdırabımdan kıvranırken bu teklif bana fena geldi ve ağzımdan şu sözler döküldü:

"Beni de babamın yanına gömün de siz gidin..."

Tabii gözyaşları boşandı... Ben de çok pişman oldum. Fakat bir kere bir halttır ettim. Neyse, ben de kurtuldum.

Fakat yollarda karantina var. Çoluk çocuk perişan olursunuz diye komşu ve ahbaplarımız tesir yaptığından annem karantinalar bitinceye kadar kalmak kararını verdi.

Hilmi ağabeyimin hanımı hamileydi. Sıcaktan ziyade rahatsız oluyordu. Bunun için o hemen yola çıkmak fikrindeydi. Belki karantinalar da kalkar, kalkmazsa da oralar bir tebdil hava yerine geçer diye anneme tesir yaptı. Biz küçükler de artık Mekke'den bir an evvel ayrılıp İstanbul'a gitmek fikrindeydik. Hele ben üçüncü defadır ölümden kurtuluyordum. Ölmeden şu diyardan gitsek diye ağabeyime çok yardım ettim.

İki ağır hastalık, bir kere başımın fena yanlışı, bir kere sol elimin baş parmağının yanlışı bir tarafa, bir gün de askeri kışlanın dar cihetinden gelirken benim boyumda koca bir taş altında az kalsın eziliyordum. Yukarda bir Arap taş kırıyormuş, koca taş kopunca üzerimize doğru yuvarlandı. Hemen beş adım yanımıza kadar taşları toprakları beraber sürükleyerek koştu geldi. Bu kazalar hep gözümün önünde canlanıyordu.

Hak oyunu üçtür derler. Benimkisi üçü çoktan geçmişti. Anneme ben de yalvarınca, hareket kararını verdik. Babamı ve Mekke'yi ziyaret ettik. Veda tavafı da yaptık. Büyük hüzünler ve gözyaşlarıyla bir gün Mekke'den ayrıldık. Taif'te ev tutulmasına rağmen çıkmak nasip olmadı. İki sene babam vali vekaletiyle Mekke'de kaldı. Bu sene de felaket oldu.

İSTANBUL YOLUNDA...

1309 senesi yaz sonlarında Mekke'den harekede yine develerle sallana sallana iki gecede Cidde'ye geldik. Vapur yokmuş. Bir ev tutmuşlar, oraya indik Havalar pek sıcak. Cidde, Mekke'den pek sıkıntılı. Suyu da havası da fena...

Hele evimizin önündeki kahvede Arapların sabahtan akşama, akşamdan sabaha tavla oyunları, bizi en rahatsız eden bir şeydi. Pulları olanca kuvvetiyle tavlaya vuruyorlar. Kahve bir tane değil. Her kahvede tavla da üçbeş değil... Mütamadi bir çat-pat'tır gidiyor. Arı kovanı gibi de kahveler işliyor.

Kahveler bayağı sokakta... Üstleri eski püskü tente veya tahta salaş. Adamlar bunların altında. Araplar çok da bağırıyor. Ve daima da Allah'ın ve peygamberin isimlerini karıştırarak yemin eder gibi konuştuklarından hepimizin sinirleri bozuldu. Biz sık sık denize girer ve her gün çarşı-pazar dolaşırdık. Çarşısı zararsız fakat Mekke'ninkinden pek ufak. Mercanlı sedefli şeyler pek yok. Saat kordonlarına asmak veyahut bilezik kolye gibi şeyler dolu... Herkese hediyelik alıyoruz.

Baharlı kokular ve yiyecekler de pek çok. Bunların çoğu Hindistan'dan geliyormuş. Buradan gelme kumaş da pek çok. Halkın giydiği ipekli ve pamuklu şeylerin çoğu Hindistan'dan, İngiltere'den geliyormuş. Çarşı serin ve her şeyden karışık bir güzel baharlı kokusu var. Yaz içinde olduğumuzdan herkesin hurma dalından yapılmış yelpazesi de sallanıyor. Bunlardan biz de kullanıyoruz. Envai var: Balta gibi, bazılarının saplarında ayrıca tahtadan oyuk sap var. Elde oynattıkça yelpaze bunun içerisinde dönüyor. Mekke'de görmediğimiz adam boyunda yelpazeler de gördük. Tavana asılmış, bir tarafta işiyle meşgul adamlar, karşılarında bir çocuk mütamadiyen ipi çekip bırakıyor. Bu suretle tavana asılı yelpaze sallanıyor. Bu her yerde yok. Para ile hava alanların sayısı pek az.

Bizi tanıyanlar, yemeğe de davet ediyorlar. Annemle beraber gidiyoruz. Yemekler Mekke'deki gibi. Ne varsa sofraya birden konuyor, sofra yere serilmiş, geniş süslü bir çarşaf. En başlı yemek pilav. İçinde hazırlop yumurtalar gömülü. Kabukları da soyulmuş... Herkes bir kaptan yer. Ayrı tabak falan vermiyorlar. Birkaç kaşıkta bir hazırlop yumurtaya rast gelmek hoşuma gidiyor, Mekke'den beri salatayı pilavların üzerine dökmeyi ve ara sıra çıkan hazırlop yumurtaları karıştırıp yemeyi öğrenmiştim. Çok hoş oluyor.

Misafirlikte nargileler de fosur fosur işler. Bir gün kimse görmeden aralıkta nargilelerden henüz taze gelen birinden bir nefes çekiverdim. Çok mu çekmişim ne, başım sallanmaya başladı. Ayağa kalktım, az kaldı düşecektim. Bir daha bilmediğim şeye dokunmamaya yemin ettim. Fokur fokur içtikleri halde hanımların başının neden dönmediğine hayret etim.

Cidde'de Hz. Havva'nın mezarı ziyaret yeriymiş. Hep birlikte gittik. Uzun, etrafı adam boyu duvarla çevrilmiş bir yer. Bu ne boy diye şaşırdım. Güya Hz. Adem ile Havva böyle uzun imiş. Böyle uzun olmak pek hoşuma gitti. Fakat sonra biri dedi ki, "bu Hz. Havva'nın boyu değil. Yattığı yer tamamıyla belli olmadığından böyle duvar yapmışlar... "

Tam ortada boyu uzun diyenlerin anlattığına göre Hz. Havva'nın göbeğinde üstü kapalı bir yerden su çıkıyor. Şifa niyetine diye hepimiz içtik.

ARABİSTAN'DA KALAN EN CANLI HATIRALAR...

Biri babasızlık acısı. Babalı çocuklar bana çok tesir ediyor. Herkes babasını görünce koşup yanına gidiyor. Babam bana şunu aldı bunu aldı dedikçe içimde bir acı başlıyor. Mekke'den gelirken karakolların "karakol hazır ol" diye bağırışları bile hiç de üç sene evvelki gibi değil. Bana pek korkunç geldi. Sanki babamı bunlar kaptı gibi bu sesleri duymak istemiyordum.

Yetim ve öksüz çocukları daha çok seviyorum. Onlar bana daha çok yakın, bir diğer hatıra da Arapların ölümler için tutukları ağlayıcılar... Bunu ilk evvel Mekke'ye giderken İskenderiye'de görmüştük. Muazzam bir cenaze alayı, büyüklerden birinin ailesiymiş. Cenazenin önünde, arkasında birtakım kadınlar bir şeyler söyleyip ağlaşıyorlar, haykırışıyorlardı. Davula ne kadar da yakın kimseleri varmış dediğimiz vakit, bize bunların parayla tutulmuş ağlayıcı kadınlar olduğunu söylemişlerdi. Bu vaziyet çok garibimize gitmişti. Mekke'de bize yakın bir evde de bu hali görmüştüm. Ağlayıcı kadınlar evde ölünün başucunda saatlerce bağrışıp ağlaştılar. Merak edip sözlerini dinledim, artık Arapça anlıyorum, şöyle bağrışıyorlardı:

"Ah benim güzel oğlum. Bana her gün ekmek getirirdi..."

Arkasından hep bir ağızdan haykırış, Sonra yine et getirirdi, sebze getirirdi, kumaş getirirdi; velhasıl hayatı müddetince ne getirdi, ne yaptıysa birer birer sayıp ağlaşıyorlar. Cenaze giderken de bu şekil. Fakat ağlayanların gözlerinden yaş falan gelmiyor, müthiş bir sanat!..

Bir de Arapların kavgası... Bazen sopalaşmaya kadar; giderdi. Fakat ağız dalaşmaları müthişti. Ne küfürler, ne yeminler... Bıraksan onları birbirlerini öldürecek diye korkardık. Sonraları alıştık. Küfürlerin tertip şekli ve Arapçanın böyle haykırışmaya iyi uyması iyi azıtıyormuş. Mesela biri "Ef'al buk" (yabana lanet) dedi mi, karşısındaki "ef'al ebu abuk" diyor. Yani babanın babasına lanet. Biri "deyyus, pezevenk" dedi mi, karşısındaki "pezevengin oğlu" diye işi bir yerde yükseliyorlar. Birkaç dedeye kadar sayarlar. Sonra "Vallahil Azim Bahtiyat-ı Muhammed" gibi adlar, yeminler satır başı gibi mütemadiyen ve envai şekilde tekrar ettiğinden kavga celalleniyor, ellerle de garip şekiller yapılıyor. Sağ elin baş parmak ve orta? parmağı birleştirilip salavat parmağı serbest bırakılarak el baş hizasından aşağı şiddetle indirilerek kırbaç vurulur gibi bir ses çıkartılıyor. Bu ses çıkarken herif "Vallah bir vurursam kafanı kırarım" diye de gök gürler gibi bir şeyler söylüyor.

Ben bunları o kadar güzel taklit ediyorum ki, annemin pek canı sıkılınca onu güldürebiliyorum. Hele hiç unutmadığım bir vak'a, Mekke'de emhani evinde geçmişti. (Peygamberimizin mirac'a çıktığı ev). Bilhassa her Ramazan'da buraya mukabele dinlemeye giderdik. Kabe'nin etrafındaki kubbelerin sokak tarafları birçok güzel odalardı. Ekser namazları büyük rütbeli memurlar buralarda kılar. Bunların bir kısmı da medrese idi. hükümetin tam karşısında Emhani evi bulunuyordu. Güzel sesli bir Arap mukabele okurdu. Okurken bir çocuk da kelamı kadimden dinlerdi. Bir aralık çocuk, hafıza bir şey söyledi, hafız da sesinin perdesini biraz yükselterek "Sükut, sekene ya agur" diye devam eti. Ben şaşırdım, Kur'an'da böyle şey de var mı diye hayret ettim. "Sus çenen tutulsun, kör herif" diyerek istifini bozmamıştı. Meğerse çocuk, hafızı yanlış okudu diye tashih etmiş, halbuki hafız doğru okumuş, çocuk dalga geçiyormuş. Hafız da Kur'an şivesiyle bu tekdiri yapmış.

Mekkeliler çok fasih konuşurdu. Yüksek alimlerin konuşması Arapçanın çok fasih bir dil olduğunu herkese tasdik ettirirdi. Sonra halis Mekkeliler Türkler gibi beyaz ve yakışıklıdırlar. Hintliler ve bedeviler çirkin, esmer, zayıf, kara-kuru şeyler... Hele Yemen'den gelenler... Başlarında hasır şapkalarıyla, hindistan cevizi gibi şeyler. Vahşi, korkunç, laf söylesen kılıç veya kargısına yapışır. Bu vahşilerin denizdeki kayıkları da tuhaf. Bunu da Cidde de gördük, kalın bir ağaç gövdesini oymuşlar. Ekmek küreği gibi tek kürekli, bir Arap bir taraftan diğeri öbür taraftan olmak üzere yukardan batırır gibi suya kürek vuruyor ve sanki suyu çekiyor. O kadar hızlı gidiyor ki karaya gelince suya atlıyor ve kayığını omuzlayarak sahile birlikte çıkıyor.

SELANİK VAPURUNDA

Vapur geldi diye bir sevinç başladı. Artık bu Cidde'nin tavla gürültüsünden ve sıcağından kurtuluyoruz. Büyük zambuklarla vapura geldik. (Yelkenli mavnalar) Vapurumuz ince uzun iskeletli fakat denizden yüksekliği pek az. Öbür tarafta bir ecnebi vapuru iki direkli ama bizden pek yüksek. Kaptanın yanında bir de entarili Arap var. Bu da kılavuzmuş. Şap denizinde şapları kaptanlar iyi tanıyamazlarmış, kanala kadar bu adam bizi götürecek. Vapurun bir de papağanı var. Kamaralara inecek yerde mütemadiyen bir makam tutturmuş söylüyor. Yola çıktık. Hala susmuyor.

İyi ki bir tane... Yoksa Cidde Araplarının tavlası gibi olacak. Bu kuşa o kadar laf söylüyorum, o yine bildiği tek makamı okuyor. Halbuki ben ne güzel söz konuşur bir papağanı İstanbul'da görmüştüm. Turi Sina'da karantina varmış. Bu da nasıl şey diye merak ediyordum. Bir hayli günler, geceler gidiyoruz. Arada yalnız Yenbak'a uğradık. Burası Medine-i Münevvere'nin iskelesi, buraya gelirken ağabeyimin bir kızı da dünyaya geldi. Zavallının annesi fena halde hasta. Herkesin tavsiyesi ile ağabeyim Hilmi Bey mahalli hükümet vasıtasıyla bir Arap süt nine buldular.

Fakat bu kadın "onlarla gelmem, çocuğu versinler, büyütüp göndeririz" demiş. Biz bu işe razı olmadık, bunun kardeşi Mekki yavrucuğu da Mekke'de bırakmıştık. Bunu da diri diri burada nasıl bırakırız diye ağlaştık. "Peygamberimiz de böyle süt anne elinde büyüdü, çaresiz ise ne yapabiliriz" diye ağabeyimi ve annemi razı ettiler. Ağlaşa ağlaşa yavrucağı Arap süt nineye bıraktılar.

Burada Arap çocukları vapurumuzun önünü aldılar, bize bir kuruş atın diye yalvarıyorlardı. Baş aşağı denize atılıp parayı bulup çıkartabiliyorlar. Bu çocuklar martılar gibi. Yalnız kara kuru... Turusinaya kadar kaç vapur arkadan gelip bizi geçti. Bu ecnebi vapurları bizi geçerken düdük de çalıyorlar. Bir kızıyorum ki... İçlerindeki yolcular da mendiller sallayıp bağrışıyorlar. Bizimle alay ediyorlar gibi geliyor.

TURUSİNA'DA...

Uzakta köy gibi bir şey var, fakat bizi düzlükte kumluk gibi bir yerde çadırlara yerleştirdiler. Bize iki çadır verdiler. İki hafta karantinada bekleyecekmişiz. Bu suretle kolera bulaşığı kimseler varsa meydana çıkacak imiş. Sonra da eşyalar ve elbiseler etüvden geçecek, biz de tekrar vapura binecekmişiz. Ama ne sıkıntılı günlerler geçirdik. Sıcak... Hele kara sineği, binlerce... Geceleri çadırın direği simsiyah oluyor, yaş bezlerle bastırıp öldürüyoruz. Ertesi gün yine bir o kadarı geliyor.

Buranın hoşa giden şeyi geceleri ve sabahları. Gece yıldızları bol bol seyrediyoruz. Çok parlıyorlar. Sabahları da ayaklarımızı dizlerimize kadar kumlara gömüyoruz zonk zonk ediyor. İnsan o kadar rahatlık duyuyor ki, fakat güneş biraz yükseldi mi medet Allah... Yemek içmek bol değil. Çadırlar muntazam asker ordugâhı gibi kurulu hazır. Bir başta birkaç bakkal barakası, et, patates gibi belli başlı şeyler satıyorlar. Adam başına tayın da veriyorlar. Fakat az, yetişmiyor. Bakkal çok pahalı satıyor. Beş-altı misli fazlaymış. Benim hoşuma giden patatesli. Bunu ilk yediğim gün "aman İstanbul'dan her gün bundan yiyelim" diye anneme yalvardım. O hayretle "oğlum sen patatesi yeni mi görüyorsun. Her yerde yiyorduk ya. Galiba yollarda sıcak yemeksizlikten eskilerini unuttun" dedi. Bu benim pek tuhafıma gitti. Şimdiye kadar patates yediğimi hiç hatırlamadım. Çünkü bu kadar lezzetli bir şeyi yiyip de unutmak mümkün değildi.

Gerçi yolda birkaç gün peksimet ve zeytin yemiştik fakat patatesi katiyyen hatırlamadım. Her neyse... Her gün gider patates alırdım. Okkasını yedi kuruştan aşağı vermiyorlardı. Bazen çil kuruşlara acırdım fakat patatesi de çok seviyordum.

Karantinamızın günlerini herkes sabırsızlıkla sayardı. Son güne gelmiştik, kara bir haber... Bir kolera vakası olmuş. Bir hafta daha bekleyecekmişiz. Eyvah dedik. Ya bu vakalar tekrar ederse?... Haftalarca biz ne yaparız?

Biz de pek sağlam değildik. Ağabeyimin hanımı zaten hastaydı. Lohusalığın hastalığı da işi iyice ağırlaştırmıştı. Bir de annem hastalanmasın mı? Bir ishal, bir bulantı... Aman duymasınlar diye ağlaştık. Fakat haber almışlar, annemi hastaneye götürmesinler mi? Ağabeyim de beraber gitti. Biz üç çocuk, kardeşim Hulusi, Ben, yetim Ali, ihtiyar Arap dadımız, bir küçük Arap halayık, Sudanlı Mekki'ye aldık sonra azat ettik idi, ağabeyimin hasta hanımı ve güya tebdil-i havaya gelen ağabeyim Şevki Bey. Ağlaştık durduk. Annesiz babasız kaldık mı, şimdi ne yaparız diye çok ızdırap çektik. Annemizi almadan biz bir yere gitmeyiz diye and ettik. Saatler süren bu acı vaziyet hamdolsun büyük bir sevinçle bitti. Annem iyileşmiş, geldi. Hastalığı kolera değilmiş, artık kucağına atıldık, güldük, ağladık.

KANALDAN GEÇİYORUZ

Neyse, başka hastalık görülmemiş, karantina bitmiş, sahile geldik. Büyük bir çatı altında etüv kazanları. Bizi tamamıyla soydular. Önümüze bir çadır bezi bağladık, eşya etüve girecekmiş. İnsanlar da kazanların yanından böyle çıplak geçiyor, öbür taraftan eşyasını alıyor. Bereket kadınları soymuyorlar da dezenfekte ediyorlar. Fakat öbür tarafta bağrışmalar, haykırışmalar müthiş. Meğerse etüvden geçen kürk, kundura, emsal şeyler kavrulup ufacık kalıyormuş. Zavallı hacılar, yolcular bağrışıyor. Benim malım böyle değildi, bu ne iştir başımıza gelen diyorlardı. Babamın iki güzel kürkü vardı, bir de annemin vardı.

Bunları versek yanacaklar diye düşünmeye başladık. Bu işin başında kalın beyaz şapkalı İngilizler vardı. Ufak memurlar da Arapvari. Şevki Bey İngilizce bildiğinden bu İngiliz memurlarla konuştu. Herifler İngilizce biliyor diye bize iltimas ettiler; kürklerimizi ve ayakkabılarımızı dezenfekte ettiler ve bize hürmet ettiler.

Vapurumuz Turusina'dan kalktı. Yolda bir yerden geçerken "firavunun boğulduğu yer" diye gösterdiler. Burada suların rengi yeşilimsi ve sarımsı, bir tuhaf. Hazreti Musa kavmiyle buradan geçmiş, firavun kovalıyormuş. Tam buraya gelince deniz iki taraftan yürümüş, firavun askeriyle boğulmuş. Herkes hayret ediyordu. Biz üç sene evvel Süveyş'te Meddi Cezir'in ne büyük sahada vuku bulduğunu gördüğümüz için ben bunu hatırlayarak "burada öyle mi oldu" diye sordum. Bu mucizedir dediler. Nihayet Süveyş'e geldik.

Süveyş deniz cihetinden daha güzel gözüküyor. Artık

sevinçle seyrediyorduk. Biraz da fırtına çektiğimizden kanala giriş herkese neşe vermişti. Artık vapurun bir tarafından diğer tarafına koşuşup duruyorduk. Sağ tarafımızda güzel şeyler görünmüyordu. Her şey Mısır cihetindeydi. Ne güzel köşkler vardı. Vakit vakit işaret merkezleri direkleri vapur gibi direklerine yuvarlak işaretler çekiyorlar. Bu, uzaktan gelen vapurlara işaretmiş. Karşıdan gelen vapurlar ne tuhaf görünüyor: Direkleri, bacası, güvertesi... Kumla bitmeden geliyor gibi. Bunlara yol vermek için bizim vapuru sahile bağlıyorlardı. İsmailiyye'ye kadar hep biz bağlandık. Sonra bize yol vermek için gelen vapurlar bağlandı. Usul öyleymiş.

Timsah gölü ne güzel. Kanaldan buraya çıkınca insan sıkıntıdan kurtulmuş gibi bir "oh" diyor. Ve az sonra kanala girişten o kadar sıkılmıyor. Süveyş'te bir sandal bize yanaştı, Arap kılavuzu aldı, artık tehlike yokmuş.

Nihayet Akdeniz'e çıktık. Burası güzel çehreli bir yer. Fakat şu Mısır'ın İskenderiyesi benim her yerden ziyade hoşuma gitmişti. Artık orayı görmeyecekmişiz, Beyrut'a gidiyormuşuz, orada da karantina varmış.

AKDENİZ'DE...

Dehşetli dalgalarla karşılaştık, herkes başını yere vurdu. Deniz bana dokunmuyordu fakat vapurumuz hafif olduğundan çok sallanıyordu. Fırtına çok sürdü, vapurun arkasından iple bir şey attılar. Geminin süratini ölçmek içinmiş. Bunun birbirine benzeyen sesi pek fenama gidiyordu. Bir de papağan...

Fakat birkaç gün sonra asıl felaketler başladı. Biz hep güvertede idik. Kamaralarda sıcaktan yatmak mümkün değilmiş. Ağabeyimin hanımı ağır hastalandı. Bunu kamaraya indirdiler. Fakat biçare öldü. Sardılar, sarmaladılar, denize attılar. Bu pek fenama geldi. Başka türlüsü mümkün değilmiş. Hele Beyrut'ta karantina bekleyeceğimizden ölenleri duyurmuyorlarmış. Bir iki gün sonra ihtiyar dadım da birden hastalandı, dili tutuldu ve hemen yanımızda ölüverdi. Ben bunu çok severdim. Beni o büyütmüş, çok tatlı küçüklük hatıralarımı anlatırdı. Çetrefil bir konuşması da vardı. Çok iyi kalpli bir siyahi idi. Kucağındaki hayatımdan bazı safhalar gözümde canlanır.

Biz döküle döküle geliyorduk. Ağabeyimin çocuğu Mekki, babam, diğer çocuğu (bu da ölmüş,) hanımı, dadım kafileden ebedi ayrılmışlardı. Yarımız da hastalıktan kurtulmuştuk. Yarı zayiatla Beyrut'a gelişimiz bizi ümitsizleştiriyordu. Zavallı dadım (Zerafet'i) sardılar, katranladılar, denize bıraktılar. Biz görmeyelim diye ayırıyorlardı, fakat ben bunları seyredebiliyordum.

Günler fenalaşıyordu. Vapurumuz üç mile kadar iniyordu, yiyeceğimiz bitti. Yine peksimetle zeytine kaldık. Bu iki varlığımız bereket boldu. Fakat o kadar bıkmıştım ki İstanbul'a gidersek bir daha bunlardan yememeye karar verdim. Ah güzel patatesim diyordum. Geminin bir aşçısı vardı fakat pek pahalı olduğu gibi yağları da iyi değildi. Bir gün canım yemek istedi. Ufacık bir tabak pilavı iki çil kuruşa yedim, hiç de hoşuma gitmedi. Sallantıdan başkaları da yemek aramıyorlardı.

Beyrut'a geldik. Pek şirin bir şehir. Fakat bizi şehre sokmadılar. Karantina yeri şehrin kuzey tarafında sahilde. Bizi buraya çıkardılar. Barakalar güzel ve büyük. Bir barakaya iki aile olarak yerleştik. Bir bahriye zabitinin kızı, hanımı, vesairesi... Bunlarla güzel komşuluk ettik, burası Turusina'ya göre cennet gibi. Herkes memnun. Yemiş bol ve ucuz. Hele nefis armudu. Her gün bol bol alırdık. Buranın bakkalı bir tuhaf. Turusina'da ordugahımızın bir tarafında fakat bizden kaçmazdı, burada parmaklıkla ayrılı. Parayı ilaçlı suya atıp alıyorlar. Torba veya mendilleri evvela yere atıyorlar, bir değnekle bir kaç defa silkeliyorlar. Bu işe herkes de gülüyordu. Mikroplar dökülüyormuş diyorlardı. Karantina yeri denizden yüksekçe. Yokuşla inilir, iskele yeri de var. Ara sıra burada denize giriyoruz, şehir uzaktan görünüyor. Buranın ekmek ve yiyecekleri de güzel. Hava ve su ise büsbütün güzelleşti.

İhtiyar, hoş sözlü İstanbullu bir hanım bize sazlardan sepet yapmasını öğretti. Pek tatlı vakit geçiriyorduk. Fakat salgın bir basur hepimizi rahatsız etti. Kolera için Mekke'ye gelen beş-altı kişilik heyet de burada meydana çıktı. Reisleri Mekke'de öldüğünden bunlar da bir tarafa sinmişlerdi. Bunlar müthiş ishalin önünü almaya çalışıyorlardı. İhtiyar hanım bize bir ilaç yaptı: Bir hokka tirak, üç ufacık hindistan cevizi... Cevizleri evvela kaba bir kağıda sardı, iğneledi, küllü ateşte pişirdi ve döverek toz haline getirdi. Sonra tirak ile iyice karıştırdı. Bunu kaşık kaşık yedik ve iyi olduk. Halbuki doktorlar kendilerini bile tedavi edemediler. Ben kulağımla işittim. Biri diğer arkadaşına şunu söyledi: "Ben kendimi iyi edemiyorum. Fakat şuna-buna reçete yazıp duruyorum."

Öteki de "ben de öyle " dedi, bunu bizim kafileye anlattım, haylice güldük. Sonra bizim ilacı onlara da bildirdik. Buradaki karantinada birkaç gün fazlasıyla gitti. Etüvden geçip vapura gelecektik. Buranın etüve daha muntazam bir binada fakat memurları Arap. Felaket burada da aynıydı. Elinde sağlam bir iki parça eşyası olan da burada sızlaşıyordu. Bu adamlardan Hilmi ağabeyim, jandarma mülazımıydı, rica etti fakat kabul etmediler; kürklerimizin de etüve girmesinde ısrar ettiler. Turusina'da İngilizlerin müsamahakarlıklarını anlattılarsa da iki suratsız adam hiddet ve istihza ile kürklerin etüve konması için adamlarına emir verdiler.

ANNEMİN KAHRAMANLIĞI

Adamlar bu eşyamızı kavi bohçaları yakaladığı bir anda annem babamın filintalarından birini kapıp nemrut gibi fena muamele edenlerden birine çevirdi. "Hele kürkleri alın göreyim, bu kadar insanın feryat ve figanından vicdanınız titremiyor mu? Elimizde kalan iki parça eşyayı da siz mi yakacaksınız" diye haykırdı.

Memurlar şaşkın şaşkın bakıyorlardı. Bir doktor "hanımefendi, bu vazifemizdir. Behemahal yapacağız" dedi. Annem cevap olarak "Vazifenizi insanca yapacak bir şekil bulun. Yoksa bu silahı kafanıza boşaltmak da benim vazifem. Bu yetimlerin iki parça eşyasını size yaktırmam efendi" dedi. Adamlar şaşaladı. Jandarma mülazımı olan Hilmi ağabeyim hayretle neticeye bakıyordu. Şevki ağabeyim "İngilizler dezenfekteyle işi hallettiler de siz neden yapmıyorsunuz?" diye işe karışıyordu. Biz küçükler alayı da kavgaya hazırlandık. Bohçaları heriflerin ellerinden çektik aldık. Herkes bize bakıyordu, nihayet galebe bizde kaldı. Kürklerimizi dezenfekte ile bıraktılar.

Zavallı halk kuzu gibi bakışıyor, bize hayran olanlar "aferin şunlara, yaşayın" diye takdir ediyorlardı. Vapura pek neşeli geldik. Annem bu heriflere uzun uzadıya intizar ediyor, ses çıkarmayan koca adamları da ayıplıyordu.

Vapura geldiğimiz zaman "kalkmasına birkaç saat var, isteyen çıksın" dediler. Ağabeylerim çıktı. O kadar yalvardığımız halde, bizi götürmediler. Vakit darmış, öte-beri alacaklarmış. Ne fena, güzel Beyrut'u vapurdan seyretmekle kaldık. Sandallar, gelen-giden pek çok...

Artık karantina olmadığından bir hayli yolcu geldi, sandalcılar hep Arapça konuşuyor, fakat Mekke Arapçası gibi fasih değil. Yahudiler gibi kelimeleri uzatıyorlar.

Rodos'a kadar yine ölenler oluyordu. Geminin genç henüz mektepten çıkmış kaptanı da öldü, denize attılar. Birkaç günde Rodos'a geldik. Güneşin denizden çıkıp denize batması, ayın türlü bu kabil latif manzaralarını kaç defalar seyretmiştik. Karaya hasret kalıyorduk. Rodos'a yaklaşınca Anadolu sahili ve yer yer köyler çok hoşumuza gidiyordu. Uzaklarda da bir vapur oyuncak gibi ufak görünüyor.

Rodos'ta birkaç saat kaldık, buraya da çıkmadık. Kalesini, iskelesini, şehrini yine vapur küpeştesine dayanarak seyrettik. Denizin dibi görünüyor. Kayalıklar, gelip geçen balıklar çok hoşuma gitti. Artık İstanbul kokusu geliyordu. Herkes de böyle söylüyordu. Sıcaktan, ağır hava ve sudan kurtulduk diyorlardı.

Birkaç gün sonra da Çanakkale'den ve Marmara adasının hemen yanından geçerek İstanbul'a geldik. Sirkeci açıklarında vapurumuz şamandıraya bağlandı. Etrafımızı yüzlerce sandal aldı, hısım akrabamız ve Hamdi ağabeyim de bizi karşılamaya gelmiş, kimi seviniyor, kimi beklediğinin öldüğü haberini alarak bağırıyor, saçlarını yoluyordu. Üçüncü kaptanın babası da gelmiş, genç oğlunun birkaç gün evvel öldüğünü haber alınca sandalın içinde ayakta iken olduğu yere yıkıldı. Başını yumrukluyor, haykırıyordu... Zavallı yeni mektepten çıkmış.

Bu ilk seferiymiş. Bu acı manzara gözümün önünden hiç gitmiyor. Ağabeyim vapura çıktı, sarıştık, öpüştük, ve biz de kaybettiklerimizi sayarak ağlaştık.

Bizden iki hafta sonra Cidde'den çıkanlar iki hafta evvel İstanbul'a gelmişler. Biz iki aydır yollardaydık. Neler gördük, neler geçirdik... Artık ağabeyime her birimiz bir köşesinden anlatıyoruz.

İkindi vakti kayıklarla Unkapanı'na çıktık. Teşrini Evvel'in serin günlerindeydi, üşüyorduk. İki sıra yaklaşan üzümcülerin içlerinde mum yakan küfeleri arasından yürüyerek Zeyrek'te hacı kadın caddesindeki evimize geldik. Tekrar bir ağlaşma başladı. Ölenlerin neden öldüğünü ve yerlerini annem ağabeyime uzun boylu anlattı. Yemek yedik ve uyuduk.

İSTANBUL'DA

Hamdi ağabeyim 1305'te mülkiyeyi Şahane'den şehadetname almış, şimdi Defter-i Hakani'de memurdu. Artık bize bu baba olmuştu. Babam gibi ağırbaşlı ve sert. Beni çok seviyor. Hele bir gün hastalandım. Beni kürküne sararak Zeyrek kıraathanesinde hokkabaza götürdü. Boyum onun yarısına geliyordu. Annemin de büyük şefkati bize baba yokluğunu unutturdu.

Bir gün tuhaf bir hadise oldu. Ondan sonra herkes beni daha çok sevdi. Hilmi ve Şevki ağabeylerim bir portakalın bölüşülmesinden dolayı uyuşamıyorlar ve birbirlerine latife ederek aralarında paylaşmak hakkını herkes kendi almak iddiasındaydı. Birbirlerini tuttular. Portakal iki muhtelif el içinde. Hepimiz de bakıyorduk. Aklıma bir şeytanlık geldi. Dedim, ağabeyler verin portakalı bana da ben size hakça taksim edeyim. Ben en küçüğüm, n'olur..."

İkisi de razı oldular ve portakalı bana verdiler. Bunlar aşağı taşlıktaydı. Ben portakalı aldım ve dedim ki: Rahat soyup taksim için merdivenin üst başına çıkayım. "Peki" dediler. Çıktım ve portakalı soydum. İki müsavi (eşit) kısma ayırdım. Ve her ikisinden birer dilim ayırdım. "Müsaade edin şu dilimleri yiyip tadına bakayım." Buna da peki dediler. Birbirlerini hala sıkı sıkı tutuyorlardı. Portakal pek hoşuma gitti. "Bir dilim daha hissenizden alayım da ben de hissedar olayım. Bak sizi kavgadan kurtarıyorum" dedim. Ona da peki dediler. Dilimleri yuttukça daha ziyade hoşuma gidiyordu. Hiçbirimize portakal vermeyip aralarında taksim için çekişen bu ağabeylere vermedense bütün portakalı yemeğe karar verdim. "Şimdi gelip hisselerinizi veririm" diyerek en üst kata kaçtım ve mükemmelen portakalı yedim. Onlar beni yakalayamadılar, çünkü öne geçmekte uyuşamadılar. İşimi bitirdikten sonra geldim herkesin önünde tekmil haberini verdim, Herkes bu işe el çırptı. Hele Hamdi ağabeyimin bu iş çok hoşuna gitti. Portakal paylaşamayan kardeşler de şaşakaldılar.(29)

MEKTEBE GİDECEĞİZ

Ağabeyim bizi Zeyrek mülkiye rüşdiyesine vermek istiyordu. Evimiz dört odalı ahşap, Mekke'ye giderken tamir edilmiş eskice bir evdi. Hilmi ağabeyim İzmit'e tayin olundu, gitti. Ve yüzbaşılığa terfi etti. Evde annem, dört kardeş ve bir de Arap feraset kaldık. Kimsesiz Ali'yi bahriye sübyan mektebine yazdırdılar. Babamdan annemle biz iki küçük kardeşe cem'an altıyüzonaltıbuçuk kuruş maaş bağlanmıştı. Fakat Mekke'den İstanbul'a sevk olunan bazı silahlar, Cidde'de depoda paslanmış diye bir hayli para borç çıkarmışlar.

Derdimizi kimseye anlatamadık. Her ay iki lira kadar kesmeye başladılar. Bu ağır geldi. Esaslı bir gelirimiz yoktu. Aile bütçesine ağır gelmemek ve daha çoğu da pek hevesli olduğumuz askerliğe şimdiden bağlanmak için Eyüp'te gece yatılı baytar mektebine -adı baytar fakat her askeri mektebe buradan gidilebilirdi- girmek istiyoruz.

Bitişik komşunun çocuğunun birçok şeritli mavi ceket, enli kırmızı zırhlı pantolonu çok hoşumuza gidiyordu. At cambazlarında aslan oynatanların elbiseleri gibi şatafatlı olan bu kıyafet 1319'da kaldırıldı. Ben erkân-ı Harbiye birinci senesinde iken...

Zaten kendimi bildim bileli oyunlarımız, bayramda seyranda giydiklerimiz askerceydi... Babamız asker... Senelerce diyar diyar askeri seyahatler yapmıştık. Yalvar yakar annemi de ağabeyimi de bu işe razı ettik. Fakat ağabeyim dedi ki "ben uğraşamam. İstidanızı yazayım, gidin kendiniz seraskere verin". Pek sevinçle bu işe başladık. Fakat neler çektik neler...

Kışın, soğuk ve fırtınalarda Beyazıt kulesinin dibinde günlerce seraskerin arabasını bekledik. Bir gün gelmez, diğer gün arabaya yanaşılmaz. Nihayet birkaç kez tekrardan sonra

---

29 Bunu Hamdi ağabeyim takdirle herkese hikaye edip durur.

istidayı paşaya vermeye muaffak olduk. Kır sakallı olan bu paşayı görür görmez Mekke'de uçurduğum imzalı kağıt gözümün önüne geldi. Sanki bunu soracak gibi korktum. İstidamızı bekledik, piyade ikinci şubeye havale olunmuş. Şube reisi Cemal paşa bizi çağırttı. Sevinçle yanına girdik fakat kızgın suratla çıktık. Bu Paşa bize şunu söyledi: "Evlatlar siz şimdi gitseniz de askeri rüşdiyelerden birine girseniz. Oradan şehadetname aldıktan sonra göğsünüzü gere gere askeri idadiye girseniz daha iyi değil mi? Bak daha küçüksünüz. Haydi yavrum öyle yapın..." dedi.

Biz bu nasihata çok kızdık. Dışarı çıkınca kardeşim Hulusi'ye dedim ki "bak hele şu Paşa bize halimiz nedir diye soruyor mu? Ya evimiz olmasaydı, ya kimsemiz olmasaydı?.. Ne yapardık? Bu mektepte bizden daha küçükleri olduğu halde bize neden böyle söyledi. Hadi bu dairede bir başkasına halimizi anlatalım."

Bir zata derdimizi anlattık. "Bizden daha küçükleri olduğu halde bizi neden almıyorlar?" diye sorduk. Bu zat dedi ki, bu mektep askeri zabit yetim çocuklarına mahsustur. Sizin babanız başçavuşluktan terfien zaptiyeye geçmiş. Bu gibiler hakkında irade-i seniyye yok.

Babam Silistre'de yaralanmış, Kırım'da da birçok muharebelere girmişti. Bunları istidamımıza da yana yakıla yazmıştık. Bu ne iştir diye hayretler içinde kaldık. Bunları bu zata da anlattık. Acaba irade-i seniye çıkartmak zor mudur dedik. Adam "mümkün değildir" dedi. Bizi başından savdı.

İki kardeş, söylene söylene eve geldik. Bu işe bir çare aradık, komşumuzun çocuğu bize bir akıl öğretti. Plevne kahramanı Osman Paşa'ya padişah namına yazılmış bir istida vermekle bu iş mümkündür. Emsali var. Padişah Osman Paşa'nın bir dediğini iki yapmazmış dedi.

Ağabeyime yalvardık, bize bir istida yazdı. Annem bizi aldı, Yıldız'da Osman Paşa'nın konağına gitti. Paşa gitmiş, yarın daha erken gelin dediler. Böyle yaptık. Paşa'yı evinde iken yakaladık. Annem, birkaç uşağın dikildiği kapıya doğru yürüdü. Ağalardan biri şöyle söyledi: Misafirseniz buyurun... İş için ise nafile hareme girmeyiniz. Meşe odunu gibi bir herifin bu sözü üzerine annem kapının eşiğinde donakaldı. Ve mahzum mahzun döndü, bize baktı. Anneciğim haydi eve dönelim dedim ve böyle yaptık.

Yolda kendisini teselli ettim, yarın biz iki kardeş geliriz sen üzülme dedim. Ertesi günü elimle Osman Paşa'nın arabasına istidamızı attım. İstidada delalet buyurmasını rica ettiğimiz Osman Paşa Hazretleri istidamızı serasker Paşa'ya havale buyurmuş. Şimdi ne olacak?

Havalar pek soğuktu... Günlerce kule diplerinde, köşe başlarında iki kardeş ellerimizi hohlayıp her tarafımız titreyerek beklemekten illallah demiştik... Dersler de başlamıştı. Serasker kapısına gittik. Aynı cevabı belki daha soğuk bir tarzda alacaktık. Aklımıza Tophane nazırı Zeki Paşa'nın seryaveri Binbaşı Tevfik Bey geldi. Bu zat, Macar Mehmet Ali Paşa'nın damadı idi. Bu zat da babamın amcasının oğlu Hasan Paşa'nın bacanağı idi. Belki bize yardım eder dedik, Tophane nazırına bir istida yazdık. Tophanede bir kıraathanede Tevfik Bey'i bulduk. Tavassut etmesini rica ettik. Bize çok iyi muamele etti, yanına oturttu. Başımızdan geçen muameleleri anlattık. Ve içimizden keşke ilk elden bu zata geleydik dedik. Fakat bundan da şu cevabı aldık: "Baytar mektebine yazılmadığınıza bilseniz ne kadar memnun oldum. Siz daha küçüksünüz. Evde anneniz yalnız kalacak, sonra Baytar mektebi pek inzibat altında değil. Bu yaştaki çocukların oraya girmesine katiyen razı olmam. Eğer sizi oraya yazdırmayı ben muvafık görseydim şimdi muamelesini yaptırırdım.

Bu cevap bizi sarstı. Fakat ikna etmedi. Tavassut etmesini bir daha rica ettik. "Olmaz, münasip değildir çünkü istikbaliniz için bu mektebin hayırlı olmayacağı kanaatindeyim" diye kat'i cevap verince yeisle yanından ayrıldık.

Tevfik Bey çok müteessir oldu. İstidanızı nazıra verin bakalım dedi. Daireye çıktık, saatlerce sofada gezindik. Bir yaver herkesin istidasını alıyor, olur veya olmaz diye bir şeyler söylüyordu. Sıra bize geldi. İstidamızı aldı. "Şüpheli" dedi. Biraz sonra Zeki Paşa göründü. Bizzat kendilerine istidamızı uzattım, aldılar. Saatlerce cevap bekledik, belki birkaç yüz defa koridorları adımladık...

Nihayet istidamızın Harbiye Mektebine havale olunduğunu öğrendik. Pek sevindik. Doğru Harbiye'ye gittik. Mektep kapısından girerken büyük sevinçler duyduk. "Ah, n'olur bir gün biz de bu mektebe girebilsek" dedik. Kalemden istidamız birinci daireye tahkikat için havale olunmuş. Belediyeye koştuk. Mahalleden ilmuhaber istediler. Kollarımızı mühürleyeceklerdi. Bugün geçtir, yarın geliniz dediler. Bu gece ne büyük bir sevinçle uyuduk.

Sabahleyin erkenden belediyeye gittik, yine babamın jandarmalığı ortaya çıkmasın mı... Aylarca çektiklerimize pek acıdık. Kaşlarımızı çatarak söylene söylene eve geldik ve Fatih Rüşdiyeyi Askeriyesine girmeye karar verdik. Ağabeyim müsvetdesini yaptı ve ilk olmak üzere kendi istidamı kendim beyaza çektim.

Yine Tophane nazırına yollandık. Bu sefer içimizi bir "acaba" kemirmiyordu. İstidamızı yine kontrol eden memur, aldı, okudu ve merak etmeyin sizinki olur dedi. İçimden ne keramet dedim. Fakat bugün de hayli bekledik. Ne tuhaf evvela kalem efendileri geldi, tam bir saat sonra kalem mümeyyizleri, bunlardan tam bir saat sonra da bunlardan daha büyükleri gelmeye başladı. Bunu serasker kapısında dahi görmüştük. Hiçbir dairede iş sahiplerinin oturmasına mahsus ne bir sandalye ne bir sıra olmadığından saatlerce ayaklarımıza kara sular inerdi. Bazen herkes gibi bir kenara çömelerek yorgunluk alırdık. Pencere içlerine oturanlara hakaret ediyorlardı. Bu işkenceye katlanmayalım deyip de geç geldiniz mi bu sefer dış kapıdan içeri bile sokmuyorlardı. En büyük amir geldikten veya gelmek üzereyken kimse yani iş sahipleri, içeri sokulmuyordu. İş yarına kalıyor, erken gelip beklemek şart.

Dairelerin usul ve nizamı böyleydi. Her girişte çok üşüdüğümüzden bu paşaların küçüklüklerinde bizim gibi buralarda titrememiş olduklarına hükmeder veya günün birinde ben bunlar gibi olursam bu sefalete meydan vermeyeceğimi içimden söylerdim.([30])

Akıbet, nazır geldi. Yine elimle istidamızı verdim. Bu sefer iş kolay oldu ve iki kardeş Fatih Rüşdiyeyi askeriyesine yazıldık. Pek çok çocuk talip olmuş, ilk olmak üzere müsabaka açıldı. Ve birinci sınıf lağvolunarak rüşdiyeler üç sınıf oldu. İbtidai şahadetnamesi olanlar bile müsabakaya sokuldu. Biz kazandık. Ve yeni birinci sınıfa kaydolduk. Biz bu sınıfa 1306'da Harput'ta iken terfi etmiştik. Üç sene Mekke'deki tahsilimiz bize yalnız Arapça öğretmiş ve dersleri pişirtmişti. Fransızca hiç bilmiyorduk. Yaşım küçük olduğundan benim için ve hatta kardeşim için bu şekil hayırlı oldu. Ben sınıfımın hemen en küçüğü idim. Boş zamanlarda ağabeyim evde biraz Fransızca, coğrafya okuttuğundan mektepte sıkıntı çekmedim.

Mektebin Harput'ta giydiğimiz mavi zırhlı ve kollarına sınıf adedince yine mavi şeritli elbisesi vardı. Fakat mecburi değildi. Hilmi ağabeyim de biz Van'a giderken bu mektepte okuyordu. Onun yakasındaki Fatih Mektep-i rüşdiyeyi askeriyesi sırma işlemesi bendeydi. Bütün kardeşlerimin mektebe başladığı cüz kesesi de benim olmuştu.([31])

Bir de uzun iki karışlık bir kurşun kalem vardı, bir gün coğrafya dersinde "kutuplar kar buzlarla doludur" ibaresini ben karpuzlarla doludur diye bellemişim, kitapta kar ve buz arasına "ve" yazılmadığı gibi buzun "b"si de "p" gibiydi, kutupların karpuzla dolu oluşuna hem hayret etmiş, hem de imrenmiştim. Akşam derste ağabeyime bunu anlatırken ağabeyim kendisiyle alay ettiğimi zannederek parmaklarımın üstüne

30 Pek küçük yaştan beri, Van'dan başlayarak her yerde gerek babam ve annem ve gerekse hocaların ve büyüklerim benimle konuşur sonra da bu çocuk büyük adam olacak derlerdi. Hamdi ağabeyim ara sıra ailemizin namını sen yükselteceksin derdi. Hele Arap Feraset sen mutlak Paşa olacaksın derdi. Pazusundaki birçok hacamat yerleriyle fallar dökerek Kâzım Bey muhakkak paşa olacak derdi. Çok söylendiğinden mi nedir bana da öyle gelirdi.
31 Bunlar ve daha sonraları birçok hatıralarım bir müze teşkil etmiştir. Her gün seyrederim.

bu kurşun kalemle vurmuştu. İşlenmiş yaka, cüz kesesi ve bu kalemi pek severim.

RÜŞDİYE HAYATIM

1310, 1311, 1312 seneleri İstanbul'da Fatih askeri rüşdiyesinde tahsille geçti. Mektebe ilk yazıldığım zaman birkaç ay pek fena şartlar altında geçti. Birinci sınıf pek kalabalıktı. Mektebin lağvolunan sınıfından geçenler sıralara kâfi gelmişti. Yeni yazılan bizler yerlere oturtulduk. Dokuz sıra, nihayet 100 efendi alıyordu. Elli efendi de yerlerdeydik. Bir dershanede 150 çocuk. Ne himmet, ne intizam, ne de tembeller için bir şey öğrenme imkanı yoktu...

Pencerelerin içine oturanlar bahtiyardı. Çünkü yerden 4 parmak olsun yüksekteydiler. Bunlar da bizden evvel gelmiş efendilerdi. Teneffüshanemiz büyük bir barakaydı. Mektebin yeni bahçe cihetine bakan kısmına ekleme olarak yapılmıştı. Üstü kapalı bir tarafı parmaklık ufak bir yerle akşamları giderken dizildiğimiz ufak bir de bahçesi vardı. Mektebin asıl cephesindeki bahçe mektep muallim ve idare heyetine mahsus, biz buradan ancak gidip gelirken geçerdik. Mektebin Haliç tarafında ise hemen iki metre mesafede medreseler vardı.

Sınıftaki sıkıntılı vaziyet birinci hususi imtihanına kadar devam etti. Tembeller kaldılar. Ve sıralardaki emsalleri de yanlarına oturdu, biz sıralara çıktık.

BÜYÜK ZELZELE

28 Haziran 1310, 7 Muharrem 1312. Salı günü yüzlerce çocuk ölümden bir kerametle kurtulduk. Resim hocamız kolağası Emin Bey işi olduğundan on dakika evvel paydos etti, ders düdüğü çaldı. Teneffüshanede kimse kalmadı, bina sağlam iki katlı ve kargir idi. Teneffüshane ise bir tarafı binaya iliştirilmiş bir salon gibiydi. Saat alaturka beş'e yirmi dakika kala müthiş bir zelzele başladı. Biz resimhanede idik, alt katta. Üç büyük sallantı hepimizi şaşırttı. Sağa sola, aşağı

yukarı koca bina beşik gibi sallanıyordu. Teneffüshane heyetiyle yıkıldı. Yukarıdaki sınıflar haykırarak aşağı kaçıyorlar, aşağıdaki sınıflar da pencerelerden kapılardan yırtıcı feryatlarla aşağı atılıyorlardı.

Ben Van'da iken büyük bir zelzele görmüştüm, annem yanımda idi. Tekbir getirerek olduğu yere oturmuştu, beni de oturtmuştu. Sonradan sebebini söylemişti: Kaçmamalısın. İnsan düşerse illet sahibi olurmuş. Sonra merdivenlerden muvazene kolay bozulurmuş, başına bir şey de düşebilirmiş. Eğer yakınında kapı veya pencere varsa bunların eşiğine oturuvermek en selametliymiş. Çünkü binaların en sağlam yerleri buralarmış.

Bu nasihatlar aklıma geldi, herkes kaçtığı halde yerimden bile kıpırdamadım. Sallantı durduktan sonra yandaki pencereden muallimlerin bahçesine atlayıverdim. Üçüncü sınıftan bir çocuğun ayağı kanlar içinde, bağırıyordu. Mektepte kimse kalmamış, herkes evinin yolunu tutmuştu. Ben de eve geldim. Sokaklar mahşer, herkes bağırıyor, bir şeyler söylüyordu.

Ara sıra sallantı devam ediyordu. İlk sallantı 10 saniye kadar sürmüş. Birincisi yandan diğer ikisi aşağıdan yukarıya imiş. Evimiz ahşaptı, korku yokmuş. Fakat ihtiyaten bahçeye toplanmışlardı. Perşembe gününe kadar hafif sallantılar devam etti. Fakat Perşembe günü saat sekizbuçukta birer saniyelik iki büyük sallantı oldu. Sonra yine hafif hafif devam etti.

Gazeteler hep zelzele vakalarıyla dolu... Çarşı yıkılmış, birçok insan ezilmiş, bazı yerlerde kargir evler de yıkılmış.

Köhne ahşaplara bir şey olmuyordu, vaktiyle İstanbul'da böyle şiddetli zelzeleden birçok binalar yıkıldığı için ahşap yapmışlardı. Bu sefer de ahşaplar yangından yanmış. Çarık çürük şeylerin akıbeti böyle ya yıkılma ya da yanma oluyor. Günlerce bizim teneffüshanenin müthiş bir gürültüyle toz ve dumanlar arasında yıkıldığı gözümün önünden gitmiyor, eğer biz paydos değilken zelzele olaydı, kim bilir gazeteler bizlere de "vah, vah" derlerdi diye düşünüp durdum.

Günlerce mektebimiz tamire muhtaç hale geldiğinden

paydos oldu. Cahil halk ne fena sözler söylüyor; kıyamet kopacakmış, volkan çıkacakmış diye çoluk çocuğu korkutuyorlar. Hatta gün ve saatini bile haber veriyorlar. Bereket versin birkaç gün herkes bunun yalan olduğunu gözüyle gördü de sinirler biraz yatıştı.

Gazetelerde bile neler yazılmıyor... Artık ağız havadisi mi gazete mi yazdı, türlü garibeler işitiyoruz. Ayastefanos'ta deniz suları 200 metre çekilmiş, yerden buhar çıktığını görenler olmuş, ıssız adalardan biri kaybolmuş...

Mektebimizin tamiri uzun sürecekmiş, tezgâhçılarda büyük bir konak kiralanmış, mektep geçici olarak buraya taşınmış. Haber alınca biz de gittik. Tezgahçılar cami ile kemer arasında virance büyük bir konak... Herkes yerde, ne sıra var ne bir şey. Sofalar, odalar çocuk dolu. Garip bir vaziyette birkaç ay burada okuduk. Sene başı imtihanını da burada olduk. Ben çavuşlukla ikinci sınıfa geçmiştim. Kardeşim de ortalarda geçmişti. İki sene Fatih'teki mükemmel binada artık sıralarda muntazam okuduk. Bir hayli dönen veya mektebi terkedenler neticesi yerlerde kimse kalmamıştı. Sınıfta bir başçavuş, sekiz çavuş, dokuz onbaşı vardı. Çavuşlar sıranın bir tarafında onbaşılar da diğer tarafında oturudu. Ben sınıfta üçüncülüğe kadar çıkabildim. Çünkü yukarısını biraz kuvvetli himaye edenler vardı.

Mektepte pek sıkı bir askeri idare vardı. Sınıf zabitlerimiz pek ziyade dövüyorlardı. Bazı askeri hocalar da döverdi. Paydoslarda bile bizi kendi halimize bırakmıyorlardı. Koşmak, oynamak yasak! Hatta bazen ayakta gezinenlerin bile sırtlarına değnek yetişirdi. Aksi gibi ben koşup oynamayı pek severdim. Üçüncü sınıftan nezaretçiler, benimkilerini jurnal ederlerdi. Ara sıra ellerimizin içine dayak yerdik. Ben küçükken Mekke'de, Van'da dayağa isyan etmiştim; bilmem neden burada bunu yapamıyordum. Babam yok ondan mı, yoksa insan büyüdükçe korkak oluyor ondan mı...

Akşamları eve gelirken çırçıra kadar ikişer ikişer muntazam yürüyüş kolunda gelirdik. Burada da konuşmak yasaktı. Çok kızardım. Ara sıra konuşurdum. Posta başı jurnal ederdi.

Bunun dayağını da ertesi akşam bahçede dizildiğimiz zaman çocukların muvacehesinde ellerimize birkaç değnek olmak üzere yerdik.

Bu münasebetsizliklere çok kızıyordum. İnsan sokakta yanındakiyle konuşursa ne olur? Paydos zamanı bahçede koşarsa ne olur? Bana ceza verecekleri zaman her gün ben bu itirazları yapar sonra cezayı yerdim. Bazen de affolunurdum. Herhalde ben cezalardan yılmadım, bunlar ne dersten ne de ahlaktan idi... Konuşmak ve koşmaktandı... Ben de bunlarsız yapamıyordum.

Bazen tuhaf şeyler de olurdu. Nöbetçi çavuşu olduğum zaman sınıf zabiti yaramazlık edenlerin isim pusulasını verir, "oku çavuş şu yaramazların ismini de hepsini dâhiliyeye getir ceza vereyim" derdi. Benim ismimin de bunların arasında olduğunu görürdüm. Çocuklar da bilirdi. İsimleri okur, kendi ismimi okumazdım. Arkadaşlarım bağırırlardı: "Kendi ismini de oku bakalım!.."

Ben de en sonlarda Kâzım Efendi Zeyrek diye kendi ismimi okurdum. Çocuklar gülüşürken ben de yaramazları önüme katar dahiliye zabitine götürürdüm. Zabit kağıdı elimden alır, isimleri kendi okur ve sıradan geçirirdi. Bana sıra gelince "yine sen de var mısın? Hem nöbetçi çavuşu hem de yaramazlık etmiş... İki kat ceza!" diye beni korkuturlardı. Fakat benim ısrarım zabitleri epey yola getirmişti.

Bir gün koştuğumdan dolayı ceza yerken kızdım, ellerim pek acıdı, bağırdım. "Günahtır, koşuyorum diye beni dövüyorsunuz. Burası hastahane mi, hastalar gibi oturalım mı!" diye bağırdım. Evvela zabit pek kızdı, bir kaç tane fazla vurdu. Fakat sonraları bu işler yaramazlık sayılmadı.

Bir kere de ağacın kabuğunu soydum diye jurnal edilmişim, bundan büsbütün isyan ettim. "Ben evde bir tokat yemiş çocuk değilim. Beni neden sık sık dövüyorsunuz" diye zabitin yüzüne bağırdım. İş müdüre intikal etti. Müdür şerik-i cürmü olan çocuğu görünce (akrabasıymış) "bir daha yapma, babana selam söyle" diye bıraktı. Bana sıra gelince "efendim ağaca gidin bakın, soyulacak kabuğu yoktu, bir, İkincisi arkadaşımızı iltifatla sınıfa gönderdiniz dedim ve bir selam vererek ben de savuştum. Bu hadiseden sonra artık dayaktan kurtuldum. Ben pek uslanmadım idi galiba zabitler bıktılar.

Mektebimizin müdürü alaylıydı. Padişah kendisini pek sevmiş de ondan... Derslerle falan işi yoktu. Hacıymış. Biz de "Hacı Bey" der geçerdik. Kızınca da o da fena döverdi. Hem de ayaklara... Hamdolsun beni hiç dövmedi. Muallimlerle aram pek iyiydi, hele riyaziyede en ileriydim. İki sene bu hususta birincilik bendeydi. Birkaç mesele verirler en evvel ben hallederdim. Lisan muallimlerimiz fenaydı. Arabi hocası çocukları şamarlardı. Kocaman bir eli ve kocaman bir yumruğu vardı. Bir gün kardeşime bir şey sordu, bilemedi, bereket eli kesilmiş sarılıydı, "dua et ki elim kesik vuramıyorum. Yoksa suratına bir tokat vururdum, eşek tepti sanırdın" dedi. Herif tepemizden bakıyordu. Ben sualine fazlasıyla cevap veriyordum, hayret etti. "Bak senin yarın kadar çocuk ne güzel cevap verdi" diye kardeşimin suratına bağırdı, Hoca kızgındı. Sahiden kardeşime bir tekme atar korkusuyla "efendim o benim kardeşim. Rahatsız da ondan cevap veremedi. Yoksa o da benim kadar Arapça bilir" diyerek vaziyeti kurtardım.

Farsça hocamız acemdi. Garip bir tip. Türkçesi kıt. Bereket kızmaz ve kimseyi dövmezdi. Fransızca hocamız meşhur bir sarhoştu. Dershaneye rakı şişesi cebinde gelirdi. Binbaşı bey... Sınıfa gelmeden evvel abdesthanede şişeyi çekermiş. Sınıfta bol bol uyurdu. Bize dersi geçen sene sınıfta dönmüş olanlar okuturdu. Ara sıra uyanır, biri iki şey söyler yine uyurdu. Çocuklar da gürültü ve alaya başlarlardı. Tahta başındaki dönek çocuğun ne söylediğini de anlayamazdık. Bir aralık hoca uyanır, "domuz kafalılar" diye bağırır, sonra yine uyurdu. Bu adam vaktiyle ağabeyim Hilmi Bey'in aynı surette hocasıymış, yani on sene evvel... O zamanda bu adamın pek eskiden beri Fransızca muallimi olduğunu ağabeyim işitirmiş. Bu adam belki yirmi senedir aynı vaziyetini bozmamış. Gelir bir sürü ders verir, sonra oturur uyur. Bazen döneklerden biraz Fransızca bileni çağırır, kendi uyur, o ders verir...

Bir gün bu dersi veren efendi ile aramız bozuldu. Beni derse kaldırmak istedi, kalkmadım. Sen dersini bilsen dönmezdin dedim. Biz çekişirken hoca uyanıverdi. Çocuk da benim tahtaya kalkmadığımı söyleyince vay efendim vay... Aman ne kızdı ne kızdı... Ağzına geleni bana veriştirdi ve tahta başına çağırdı. Yanına gittim "aç avucunu da sana bir güzel dayak atayım" dedi. Ben de pek kızmış ve kızarmıştım. "Efendim hastayım, dayak yiyecek halim yok!" dedim. Hoca çileden çıktı, "yaz şu domuza bir ihtar" dedi. Bana da "çık dışarı bir daha benim dersime girmeyeceksin" diye bağırdı.

Sınıftan çıktım. Dışarıda daha birkaç çocuk böyle cezaya çarptırılmıştı. Bunlar kitap elde yolluk tahtaların üstüne diz çöktürülmüş vaziyette cezada idi. Beni de bunların yanına aynı vaziyette koydular. Derken, delice bir dahiliye zabitimiz vardı, boyu kadar sopayı kapmış arkadan dayağa hazır gibi duran ayaklarımıza birer ikişer veriştirdi. Sonra çekildi gitti.

Bu rezaletten çok müteessir oldum. Harput rüşdiyeyi askeriyesinde bu maskaralıklar yoktu. Müdürümüz mektepli iyi bir zattı. Burada hepsi hayvan gibi adamlar... Alaylı zabitten müdür olursa işler elbette böyle olur diye yanımdaki çocuklarla hasbihal ettik...

Bir aralık ders nazırı geliyor diye bir telaş oldu. Sevindik. Bizi böyle görünce hepsini, bilhassa hocayı haşlar diye ümitlendik. Fakat nerede?.. Dâhiliyeye gitti, müdürün odasına gitti, bize bakmadı bile. Zaten dershanelere hiç girmez. Engizisyon mezalimi diye işittiğimiz şeylerden biri de bu bizim vaziyetimiz olacak. Fransızca dersinde biz hep böyle diz çökmüş bir vaziyette ve sınıf dışarısında ceza görecekmişiz. İkinci derste hoca gelir gelmez bizi yine dışarı çıkardı.

Yalvardım; "Efendim ben çavuşum. Sonra o dersten geri kalırım. Bizi affedin" dedim. Birkaç ders böyle ceza verdi, ben de her derste ricamı tekrar ettim. Nihayet hep birden affolunduk...

Bir derdimiz de şuydu: Üçüncü sınıfta iken gelen bir dahiliye yüzbaşısı sınıfta ufak bir gürültü oldu mu gelir, çavuş, onbaşıları dışarı çağırır "sırada gürültü edenler kimlerdi?" diye sorardı. Kimseyi söylemedin mi onların yerine sen dayağı yerdin. Bu, çavuş ve onbaşıları yalancılığa alıştırıyordu. Dayaktan kurtulmak için bir-iki isim atıveriyorlardı. Zavallı çocuklar haksız yere dayak yiyorlardı. Sınıf zabitinin ne zaman geleceğini bilmiyorduk. Kendi dersimizle meşgulken birden geliverir ve "şimdi gürültü eden kimlerdi" diye soruverirdi. Bir kere haksız yere bana ceza verdi. Mutla söyleyeceksin yoksa sen ceza yersin dedi. Ben, "görmedim haksız yere kimseye dayak yediremem" dedim. Dayağı ben yedim. İkinci defa yine böyle yapmak istedi, dedim; "efendim siz haksız yere suçu olmayan çocukları dövüyorsunuz. Sıra başlarındaki oturan çavuş, onbaşılar kendi dersleriyle uğraştıklarından gürültü edenleri göremezler. Dayak korkusuyla bir-iki isim söylüyorlar. Siz de bunları haksız yere dinlemeksizin dövüyorsunuz. Ben haksız yere başkalarını dövdüreceğime kendim dayak yemeyi tercih ediyorum" dedim. Zabit pek memnun oldu. Beni takdir etti. Ve artık bu garip usulden vazgeçti.

Nöbetçi çavuşlarını muallimin yerine nöbete, çıkartır, onu mesul ederdi. Ben nöbete kalkmazdım. Bir gün çocuklar zorla beni nöbete kaldırdılar, şikayet ederiz dediler. "Efendiler sonra pişman olursunuz. Çünkü gürültü ve yaramazlık edenler kim olursa olsun yazarım. İltimas etmem" dedim. "Yaz" dediler. Ben de ne kadar büyük çocuk, kabadayı geçinen ve iltimaslılar varsa, ki yaramazlık ettikleri halde onları nöbetçi çavuşlar yazmıyorlardı, bunları yazdım. Ve bu yeni zabit isteyince verdim. Zabitin boyu kısaydı. Karşısına gelenlerin de hepsi kendisinden uzundu. Bıyıklılar bile vardı. Bunlar itiraza başladılar. Bayağı korkuttular mı nedir, zabit bu seferlik affettim diye bunları dövmedi. Zabitin gitmesine müteakip sınıfa sordum: Benim nöbetçi çavuşluğumu beğendiniz mi? Devam edeyim mi yoksa kendi dersimle mi meşgul olayım?

"Aman yerinde otur, vazgeçtik, ağzımızın tadını aldık" dediler. Ben de bir daha nöbetçi çavuşluğu vazifesi diye avare kasnak gibi ayakta dolaşmadım.

BİR GÜLÜNÇ HATIRA

Bir gün hesap hocası beni derse kaldırmıştı. Benim en çalışkan ve değerli bir talebe olduğumu bilirdi. Tahtaya bir sürü rakam yazdırdı, bunlar kilogramın büyük ve küçük kısımlarıydı. Halbuki ben "r" harfini iyi telaffuz edemiyordum. "G" gibi söylüyordum. Bu tekrar ederse çocukların gülecekleri muhakkak idi. Mecburen kendim işitecek kadar sesimi çıkardım. Hoca hayret ediyordu. "Sen serbest okurdun ve hesapta en ilerisin. Neden şüpheli duruyorsun, sesini çıkar bakayım" dedi. Ben de bağırarak birkaçını okuyunca çocuklar da hoca da güldüler. Artık aşağısını okutmadı.

Eve gelince şu "r"lere bir çare bulmalı. Bugün herkes bana güldü diye işi anlattım. Ve mütemadi "r" harfini keskin bir surette dişlerimin arasında söylemeye başladım. Belki yüzden fazla söyledim. Birkaç günler de tekrar ettim. Şayan-ı hayret bir surette iyi söylemeye başladım. Herkes şaşırdı bu işe...

BİR BULUŞ

Bir gün zabitler sınıfı bastılar, acele çocukları çıkarttılar. Hesap muallimi zabit de beraberdi. Silah varmış! Bir çocuk getirmiş, haber almışlar. Bunu arayacaklarmış. Hesap hocası beni alıkoydu. Sınıf zabitlerine dedi ki: Kâzım Efendi Zeyrek hesap meselelerini şayan-ı hayret surette çabuk hallediyor. Bu gizli silahı belki bizden ince bir görüşle bulabilir.

Sınıf zabitleri de "peki" dediler. Her tarafı aradılar. Gözler, kitaplar karıştırıldı; yerlere, duvardaki siyah tahtaların yan ve arkalarına bakıldı, bir türlü bulunamadı. Ben işe karışmamıştım. Birkaç zabit aciz kaldılar. Hesap hocası: "Haydi bakalım

Kâzım Efendi, dikkatini sarf et dedi. Ben de dershaneyi bir dolaştım. Şayan-ı Hayret bir surette bu silahı buldum. Sıralardan dışarda ve son sıranın arka tarafında döşeme tahtası aralığına yeni mürekkepli bir kağıt sıkıştırılmış. Bu bana garip geldi, kağıdı çektim, zor çıktı. Baktım, bir sicimle beraber geliyor. Kağıt çıkınca tahta yarığının genişletilmiş olduğunu da gördüm. Nihayet kocaman bir kama çıktı. Zabitlere gösterdim, hayret ettiler. Beni pek takdir ettiler.

Hesap hocamız da iftiharla dedi ki "hesapta zekasını gösteren bir çocuğun bir meçhulu bulabileceğini doğru takdir etmişim değil mi?" Herkes ona teşekkür ettiler.

Bana da büyük memnuniyetlerini bildirdiler.

Bu kama meydana çıkınca getireni de kolayca buldular.

BİR CESARETİM

Az kaldı felaketime de bir cesaretim sebep olacaktı. Şöyle ki, her sınıfın büyücek bir defteri vardı. Buraya mükafat ve mücazat kayıt olunurdu. Harput'ta bu işler pek muntazamdı. Her çocuğun ayrıca defterine de geçirilir ve velisine de imzalattırılırdı. Her hafta da büyük sofada dizilirdik, bir zabit geniş bir defterden bunları umum muvacehesinde okur ve mükafat kağıtlarımız "aferin, tahsin, takdir" elimize verilirdi.

Cezalar da orada meydanda yapılırdı. Fatih rüşdiyesinde işler bu el defterinden dışarı çıkmıyordu. Bu defter de nöbetçi çavuşlarının elinde olduğundan çok defa çavuşlar iltimas yaparlardı. Bu iltimas işi, üçüncü sınıfta pek ileri varmıştı. İltimasın büyüğünü kendilerine yapıyorlardı. Hem de imtihan cetvellerinde... Bunu hem mahallede hem de sınıf arkadaşım olan iyi kalpli biri bana haber verdi. O, sınıfın aşağılarındaydı. Bana dedi ki, "Sen istediğin kadar çalış. Biliyor musun diğer çavuşlar ne yapıyorlar? Müdürün odasına gidip imtihan cetvellerinde numaralarını çoğaltıyorlar, birbirlerine söylerken kulağımla işittim. Bu habere fena kızdım. Ne yapmak lazım geldiğini düşündüm. Bunu haber vermek bazı arkadaşlarımın felaketine sebep olurdu. Şu halde ben de gider bizimkilerine zammederim dedim, bu kararı arkadaşım da beğendi. Fakat biz işi geç haber almıştık çünkü numaralar geniş bir defter olan son hülasa defterine geçmiş artık yekünler bağlanıp ilan olunacaktı. Ve bu defter de dahiliye odasındaydı.

İki arkadaş bir gün erkenden kimse yokken mektebe geldik. Yukarı kattaki müdür odasında cetvellerde lazım gelen ilaveleri yaptım. Arkadaşım gözcülük etti, öksürerek tehlikeyi bana haber verecekti. Aşağıda dahiliye defteri kırmızı mürekkepliydi. Ben de bir şişe kırmızı mürekkep getirmiştim. Buraya da cesaretle girdim, kimsecikler yoktu. Ben çavuş olduğum için şayet yakalanırsam bir şey atsam da belki nazara çarpmazdı. Onun için bu tehlikeli işi üzerime almıştım. Arkamda beyaz keten elbise vardı. Kırmızı mürekkep şişesini pantolonumla karnımın arasına sıkıştırdım. Cetveli kucağıma aldım, aynı tashihleri burada yaptım. Şöyle yakışık alacak numaraları belli olmayacak surette büyütme... Bu birkaç numara içinde olabilmişti ki, benim yerimi değiştirmeye kafi gelmediği sonra anlaşıldı. Ben dalmışım, defterin üzerine eğilmişim, şişedeki kırmızı mürekkep defterin üzerine müthiş bir surette akıverdi. Şaşkınlıkla defteri kaldırınca üzeri yeni basma örtülü sedir de mürekkep oldu. Öyle korktum ki içim bayılır gibi oldu. Tam bu esnada arkadaşım öksürerek kaçmaz mı... Hemen bir tarafa sindim. Baktım kapıcı geçiyor. Nefes aldım...

Cepten mendilimi çıkartıp defterin üzerine bastırdım. Fazla mürekkebi mendil çekti. Sediri de sildim. Berbat!.. Her taraf kıpkırmızı oldu. Dışarı çıktım, teneffüshanede arkadaşımı buldum. Felaketi anlattım. Kırmızı mürekkebe boyanan ellerimi, karnımı ve mendilimi gösterdim.

O da titremeye başladı. Onun mendilini de aldım. Muslukta ellerimi ve mendilimi iyice yıkadım. Taşlara sürte süite biraz rengini azalttım. Tekrar dahiliye odasına gittim. Bir kere de yaş mendillerle temizlik yaptım. Fakat ne mümkün... Defterde pembe leke kaldığı gibi yeni basma sedir de berbat bir haldeydi.

Arkadaşımın yanına geldim. Sapsarı olmuş zavallı, titriyordu. Kararımı söyledim: Ben hemen eve gideyim, çamaşır ve elbise değiştireyim, ellerimin kırmızılığını temizleyeyim. Mendilleri de değiştirelim de cürüm alametleri üzerimizde bulunmasın yoksa felaket dedim.

Bir de bugün birbirimizin yanına gelmemekliğimizi, şayet ben yakalanırsam bari arkadaşımın kurtulmasını söyledim.

Zavallı arkadaşım hem sevindi hem de bu işe kendi sebep olduğundan yeislendi. Ben hemen eve koştum. Mektep çocukları artık gelmeye başlamışlardı. Kapıcı bırakmak istemedi, ben nöbetçi çavuşuyum, sen ne söylüyorsun, şimdi gelirim mühim bir defterim evde kalmış dedim ve ne söylediğini dinlemeden tabanları kaldırdım. Artık bütün düşüncem evde ağabeyim Hamdi Bey varsa buna karşı ne yalan uydurulması lüzumu idi. Onu babam gibi sever ve o kadar da korkardım. Annem pek şefkatli olduğundan bu gibi işlerde de pek kurcalamadığından onunla anlaşmak kolaydı.

Nihayet korka korka kapıyı çaldım. Eyvah! Ağabeyim daha gitmemiş. Beni görünce "niye geldin?" dedi. Ben cevabı hazırlamıştım: Sorma ağabey başıma geleni... Mürekkep şişesini karnıma sıkıştırmıştım, yolda kitaplarım düştü. Almak için eğildim, bak üstüm başım mürekkeple berbat oldu. Sileyim dedim; mendilim, ellerim de boyandı... Çamaşır değiştirmeye geldim dedim. Avanak, mürekkep şişesi oraya konur mu dedi. İçimden "konmaz ama marifet yapıyordum" dedim.

Neyse... Vah, vah diye annem beni soydu, karnımı güzelce temizledi. Yeni çamaşır ve elbise giydim. Ellerimi taşa sürte sürte ve limonla yıkaya yıkaya iyice temizledim. Kaç kişiye gösterdim ve sordum: Elimde kırmızı mürekkep lekesi var mı? diye... Herkes "yok" dedi ben de tekrar mektebe geldim.

Fakat ellerime baktıkça bana kırmızı gibi geliyordu. Sınıf arkadaşımla birbirimize bile bakmıyorduk. Paydosta merdivenlerden inerken sınıf zabitleri ve sabahki kapıcı dizilmişler birini arıyorlardı. Dizlerimin bağı çözüldü... Az kaldı önlerine yıkılıverecektim. Kendimi topladım, renk vermemeye çalıştım. Neyse ne arıyorlardı bilmem beni sıradan çağırmadılar. Akşam giderken sedirin geniş kırmızı lekesi gözüme çarptı. Sokakta arkadaşımla geçmiş olsun dedik. İşi atlatmıştık. Fakat ertesi günü foyamız meydana çıkmasın mı?

Numaralar okundu. Hususi imtihanında dahi sıra değişiyordu. Kazanan çavuş oluyor, kazanamayan düşüyordu. Fakat sınıf zabitimiz numaraları okudu, bir efendi bir dersten aldığı numaraya itiraz etti. Bu efendi çavuş idi. Fakat haylazlığa başladığından geri geri gidiyordu. Bunu telafi için de cetvellerde cüretle oyun yapma işini ilk yapandı. Sınıf zabiti dedi ki, cetvelde numara sahihtir, git müdür beyin odasından cetvelleri getir.

Çocuk cetvelleri getirdi. Ve efendim bakın Kâzım Efendi Zeyrek'in bu ders numarasını eksik okudunuz, burada tamdır. Hayret!

Bu garibeye bütün sınıf şaştı. İşi benden başka kavrayan yoktu. Ben üç dersten kendime yakışık aldığına göre birer ikişer numara zannetmiştim. Ama defterde ikisini tashih etmiş, üçüncüsünü ararken mürekkep dökülmüş... O aralık korkudan kendimde değildim. Şimdi foya çıkınca işi hatırladım. Zabitin elindeki iki kanat geniş mukavva cetvelde alameti cürüm olan kırmızı mürekkep lekesi de duruyordu. Bereket ellerimde ve üstümde böyle bir şey yoktu.

Sınıf zabiti hayretle biraz düşündü, getirilen uzun kağıtlardaki cetvellere baktı. Hepimiz mahirane tashih yapmış olacak ki zamları anlayamadı. Ben olanca cesaretimi topladım, kopacak fırtınadan sallanmamaya hazırlandım, herkes bana bakıyordu, ben de söylenmeye başladım. "Bu ne iştir böyle... Bu ne demektir..." Sınıf zabiti fena bir şey düşündü. "Git imtihan kağıtlarını getir" demesin mi!

Şimdi hapı yuttuk. Çünkü bunlar meydanda değildi. Zaten meydanda olsa da benim kağıdımı bulacak vaktim o zaman yoktu. Tashihi ancak cetvellerde yapabilmiştim. O da topu topu beş numara kadar bir şeydi. Çünkü 12 ancak 14 olmuş, yine bir iki numara da böyle yakışık aldırılmıştı.

İmtihan kâğıtları tomar halinde geldi. Benim kâğıdım çıkarıldı. Büyük defterdekiyle aynı numara. Şu halde ufak el cetveline zam yapıldığı şüphesiz görüldü. İtiraz eden efendinin de böyle bir gafı çıktı. Zabit kızdı ve dedi: Demek cetvellerde oynuyorsun, öyle mi. Kâzım Efendi Zeyrek'in numarasını da belli olmasın diye şimdi el cetvelini getirirken sen düzelttin, marifetin belli...

Cetvelle kâğıtları getiren, yeminlere başladı. Yalan yere yemin ediyordu. Çünkü onun bu marifetini bilenler, epeyce idi... Henüz beni bilen tek bir arkadaşımdı. O da renkten renge giriyordu. Bu belalı işe beni teşvik eden o olmuştu. Müthiş tehlikesine rağmen zammettiğim numaralar beni yine yerimde bırakıyordu. Sınıfta üçüncüydüm. Arkadaşım şu anda hem manen eziliyor hem de korkudan kendinden geçiyordu.

Ben olanca kuvvetimi toplayarak şöyle bağırıverdim: "Kendileri için yapıyorlar. Peki ya benden ne istiyorlar?.."

Marifeti yapan, zabitin de yakından tanıdığı olduğundan nasıl olsa kurtulacaktı. Ben meydana çıkarsam işim berbattı.

Sedirlerine aldıkları yeni basmayı kırmızı mürekkebe boyadığımın hıncını almak için belki bütün zabitleri karşımda görecektim. Aklıma başka mantık gelmiyordu. Çok isabet olmuş, hepimiz kurtulduk.

Benim ciddi protestom beni sehabetle bu eylemin kahramanını kurtardı. Zabit biraz sinirlendi, iş de kapandı. Akşam posta dağıldıktan sonra bizim titrek arkadaşa "geçmiş olsun. Nasıl, cesaretimi beğendin mi?" dedim. Zavallı geniş nefes alarak "valla bu kadar olur, bravo" diye beni tebrik ediyordu.

Dedim, yedi kat ceddimize tövbe olsun. Bir daha hileli işe girişmeyelim. Ve birlikte yemin ettik.([32])

Yalnız karalama işlerinde bu yemini tutamıyordum. Zabitler kızınca bütün sınıfa müthiş karalama cezası verirlerdi. Yüz satır yazı... İnsanın parmakları kopuyor. Pencereler, kapılar yapar gibi eğlenceli yazdım yine sıkılıyorum. Ama imla

---

32 Aziz Zeyrek ismindeki bu samimi arkadaşım tıbbiyeye ayrıldı ve askeri doktor oldu. Fakat genç yaşında öldü.

dersinin kağıtlarını saklayıp zabitlerin eline tutuşturarak işin içinden kurtulmanın yolunu bulmuştum.

RÜŞDİYE HAYATIM

Annemin büyük ihtimamı ile pek muntazam geçti. Hamdi ağabeyim de tam bir babaydı. Zengin değildik. Hamdolsun, fakir de değildik. Esas gelirimiz babamdan kalan maaşımızdı. Ufak tefek büyükannemizden kalan hisselerden gelen gelirimiz de ayda bir lira bile tutmuyordu.

Fakat annemin tasarrufu ve her şeye bakımı fevkalade idi. Bizi intizama alıştırmak için ayrı ayrı bize birer sandık verdi. Giysilerimizi muayyen sepetlere koydurur, temiz çamaşırları elden verirdi. Bunları sandığımıza koymak bize aitti. Öyle karmakarışık atmaca yoktu. Sık sık muayene ederdi. Her defasında "aferin" alırdım. Çoraplarım, mendillerim, muhtelif çamaşırlarım kendilerine ait bohçalarda ve daima aynı yerde bulunurdu. Kitaplarımız da böyleydi.

Ağabeyimin hayli kitapları vardı. Kütüphanesi de vardı. Ben de onun gibi kitaplarımı muntazam bulundururdum. Hele el yazılı defterlerim pek temizdi.

"Oğlum da bunlardan okur, zahmet çekmesin" diye garip bir his altındaydım. Ağabeyimin romanlarından da istifade ederdim. Fakat sene tatillerinde müsaade ederdi.

"Doğru kızlar", "Fakirler" gibi tercüme romanları okurdum. Elden yazma Namık Kemal ve Ziya Paşa'nın da şiirleri pek hoşuma giderdi. Tarihi Ata'dan Sultan Selim ve Sultan Mahmut hadiseleri, alemdarın kahramanlığı ve akıbeti ise hissi romandan ziyade cezbetmişti.

Ağabeyimin tarih kitaplarına el attım. Tarihi Cevdet'ten Fransız inkılabı kebirini son sene merakla okudum. Rüşdiye son senesinde büluğa erdim.

İTTİHAT VE TERAKKİ CEMİYETİNDEN NASIL HABERİM OLDU!

Tarih mütalaaları bu devreye isabet etmesinden, tarihin kahramanlarını birkaç kereler okurdum. Bir gün ağabeyimin kütüphanesinin arkasında saklı bir yer gördüm. Karıştırdım. Paris'ten gelme Türkçe gazeteler... Merakla okudum. Müthiş... İttihak Terakki diye bir varlık varmış. Paris'te şubesi de varmış. Bu gazeteleri onlar çıkartıyorlarmış. Ahmet Rıza Bey, Murat Bey gibi isimleri bunlardan öğrendim. Gazeteleri aldığım yere sakladım, akşam ağabeyime bu işi açtım. Pek merak içinde kaldığımı da söyledim.

Hamdi Ağabeyim hayretle gözlerimin içine baktı ve bana "yemin et bakayım ki bundan hiç kimseye tek bir kelime bile söylemeyeceksin" dedi. Yemin ettim. Bunun üzerine evvela bana her zaman hatırladığım güzel şeyler söyledi. "Kâzım ailemizin namını yükseltecek istidat yalnız sende var. Kendini her fenalıktan korumalısın. Ahlakını nasıl muhafaza ediyorsan hayatını da öyle korumalısın" diyerek Abdülhamid'in zalimliğini, istibdatını ve buna karşı milletin iyi kalpli evlatlarının hürriyeti almak için İttihat ve Terakki Cemiyeti namıyla bir cemiyet teşkil ettiklerini, vatanını seven her münevver gencin buna dahil olduğunu fakat bazı alçaklar tarafından haber alınarak birçok gençlerin sürgüne Yemen'e, Fizan'a gönderildiğini, bazılarının da denize atıldığını bana acı acı anlattı...[33]

---

33 İttihat ve Terakki Cemiyeti'nin kurucularının daha fazla gönüllü toplamak için yaptıkları propagandadır. Tarih kitapları hiçbir zaman bu cemiyet üyelerinin denize atılmadığını yazdığı gibi, kısa bir süre sonra özgürlük diye ortaya çıkan İttihatçıların muhaliflerini kendilerinin öldürttüğünü teyit etmektedir. (Yayıncı)

Tüylerim diken diken olmuştu. Vatanını seven her gencin girdiği bu cemiyete ben de girersem ne olur? dedim. "Girdin gitti... Demincek yemin etmedin mi?" dedi.

Ama ne sevindim ne sevindim... Kendimi zaten çocuk saymıyordum. Şimdi büyük bir adam olmuşum gibi geldi. Ağabeyim bana tekrar yemin ettirdi ki zabit oluncaya kadar ben bu işi kimseye açmayacağım. Yoksa bütün ailece mahvoluruz dedi.

Bu gazeteler geldikçe okumaklığımı rica ettim. Kardeşlerimden gizli kalmak şartıyla buna muvafakat etti. Ben de ellerinden öptüm. O da beni kucakladı, alnımdan öptü.

EVİN VEKİLHARCIYIM

Annem tasarrufa bizi de alıştırmıştı. Mektebe giderken günde 1 kuruş verirdi. Ekmeğimizi beraber götürürdük. Bazen ufak katık da verirdi. Bazen de mektebin bakkalından biz alırdık. Kağıt kalem gibi şeyler de bu sınıfa girerdi. Kandil ve bayramlarda da ağabeyim de beşer-onar kuruş verirdi. Annemin bize sık sık nasihati şu olurdu: Kendinizden yukarısına değil daha ziyade aşağısına bakın. Hakikaten neler vardı... Gerek elbiselere ve gerekse de aldıkları para itibariyle bizden aşağı olanlar ekseriyette idi.

Bunun için ben aldığım paramdan tasarruf eder, her sene birkaç altın yapardım. Kardeşim Hulusi Bey bunu yapamazdı. Bundan dolayı evin alışverişi daha Rüşdiye'nin ilk sınıfından itibaren bana verilmişti. Bakkaldan, hafta pazarından, Şehzade camii avlusunda salı pazarıydı, ben alırdım. Hulusi Bey de taşımaya veya arkadaşlığa gelirdi. Çok olursa küfeye verirdim. Bu işten en memnun olan da büyük ağabeyimdi. Ve bundan dolayı beni daha çok seviyordu. Ailemizin menfaatını pek güzel koruyordum. Bu vaziyet beni üç senede müthiş pişirdi. Gözüm pek açılmıştı, mektepte arkadaşlarım arasında da pişkinlik hususunda atılırdım. Bir gün garip bir hadise beni bütün mektepçe zabitler nazarında da mümtaz bir mevkiye çıkardı. Her akşam muhakkak birkaç lastik veya kundura çalınmak mektepte adetti, hele kışın, yeni lastikler çok çalınırdı. Zavallı çocuklar sıralanır, postalar önünden geçerken çocukların ayaklarından lastiklerini ararlardı; tabii de bulamazlardı.

Yahut kendinin olduğunu zannederek bir de fena vaziyete düşerlerdi. Ben bu felakete karşı lastiklerimi damgaladım. Ağabeyimin bana hediye ettiği "L" harfi damgalı kol düğmeleriyle lastiklerimin içine iyice damga vurdum.

Bir gün üçüncü sınıfta iken arkadaşlardan birinin yeni lastikleri çalındı. Ben lastiklerimi eski bir torbaya koyardım, içindekinin yeni bir şey olduğu belli olmadığından hırsızların şerrinden kurtuluyordum. Bu kadar münasebetsizliğe rağmen yine bize teneffüshaneye girerken ayakkabı çıkarttırmakta devam ediyorlardı. Sınıflara kundurayla çıkmak ise cezaya sebebiyet verirdi.

Zavallı arkadaşım kıvranıyordu. Bazıları kendine akıl veriyordu. "Ben senin yerinde olsam gider bir yeni lastik ayağıma geçirirdim. Gitsin o arasın" diyorlardı. Nihayet akşam paydos oldu, ne göreyim: Benim lastiklerim de çalınmasın mı!

Bak başıma gelene... Bulamazsam eve ne cevap vermeli? diye düşündüm. Daha fenası dilenciler gibi sıralanıp efendilerin geçerken ben onların ayağına onlar da yüzümüze bakarak alay etmelerine sıkılıyordum. Aklıma bir şey geldi. Daha postalar harekete başlamadan sınıf zabitine giderek dedim ki "efendim daha dün alınan yeni lastiklerim çalındı. Rica ederim şimdiye kadarki neticesiz usulden ayrı olarak efendilerin ayağına hareket halinde değil onlar dururken önlerinden geçerek bakayım. Yanımda siz de bulununuz. Çünkü postalar yürürken gözle ayakların takibi mümkün olmuyor. Hususiyle orada zabitler de bulunmadığından çocuklar gülüşüyor, alay ediyor. Ayaklara bakılamıyor."

"Hadi bakalım, bir de böylesini sen icad et..." dedi. Postaların önünden geçerek muayeneye başladım. Lastikleri kaybolan efendi sırada ve ayağında mükemmel yeni lastikler... Benimkine de ne kadar çok benziyor. Doğrusu bunu geçemezdim, lastiklerim gözlerimi bağlamıştı. Ben bu hususta sıkılacak halde değildim. Bütün evin vekilharcı olarak bugün eve lastiği çalınmış olarak gidemezdim. Usulcacık bu arkadaşa sordum. Lastiklerini ne zaman buldun?

Bu efendi benim en yakın arkadaşlarımdan da değildi. Bununla beraber öyle de olsa lastiklerimi göz göre göre verip ortada avanak gibi dolaşamazdım. Çocuk lastiklerin kendisinin olduğunu söyledi. Sınıf zabiti hayretle suratıma baktı. Dedim, "efendim bu lastikler benimdir. İçinde markası da vardır."

"Efendi çıkarın bir tekini" dedim ve aldım. İçindeki "L" harfini ve kolumdaki düğmeyi gösterdim. Zaferim müthişti. Herkes hayretle birbirine bir şeyler söylüyordu. Zabitimiz bana büyük bir "aferin" dedi, lastikleri bana verdi; hemen orada eldeki torbasıyla fotinlerimi sildim ve lastiklerimi ayağıma geçirerek yerime geldim.

Bizim posta mükafat olarak ilk evvel hareket ettirildi. Benim lastiğimi alan efendi baktım her gün arama yerinde birkaç daha kendisi gibilerle lastiğini gözlüyordu. Bu akıl mektepte beni pek yükseltti.

Bilmem böyle bazı vakaların tesiri midir nedir bana çocuk diyenlere öteden beri kızarım. Yoksa ailemin vekil harçlığını yaptığımdan mı böyle geliyor... Fakat ben Van'da iken herkes gelmiş olduğu gibi kalacak zannederdim de o zaman kendime pek çocuk muamelesi yaptırmazdım. "Daha aklın ermez" dediler mi buna hayret ederdim...

Rüşdiye son sınıfında büsbütün büyüdüm gibi geliyordu. Bir gün gramofon Şehzadebaşı'na yeni gelmişti, direkler arasında kulaklara lastik borular takarak dinleniyordu. Ben de dinledim. Masa etrafında müşterilerden temiz kıyafetli bir sarıklı da vardı, bu zat parayı verdi. Girerken gramofon sahibi "teşekkür ederim. Yine buyurun hoca efendi" dedi. Hoca müthiş kızdı ve "haddini bil, ben hoca efendi değilim" dedi. Gramofoncu şaşırdı ve herif dükkandan çıktıktan sonra kalanlara dedi: Şu giden koca adamın eğer şu çocuk kadar (beni göstererek) zekası varsa bileklerimi keserim. Bu seferde ben hoca efendiden daha ziyade kızmayayım mı... Bereket her zaman annemden aldığın nasihat aklıma geldi: Çok öfkeyi az sabırla yenmeli...

MUSİKİ VE ELİŞLERİNE MERAKIM

Evde kanun vardı. Şevki ağabeyime kanun muallimi geliyordu. Bana da dehşetli heves sardı. Aynı zamanda tahta el işlerine de çok merakım vardı. Hamdi ağabeyim ile beraber tavuklarımıza güzel bir kümes yaptık.

Dayım Şükrü Bey'in iki dolap aletleri bizdeydi. Ne ararsan var... Bunların varlığı ağabeyime merak vermiş, onun merakı ve bu aletler bana da merak sardırdı. Bir kanun yaptım, tel de uydurdum ama madeni... Kanun da ufak. Her akşam zımbırtıya başladım. Akordu falan olmadığından itirazlarla karşılaştım. Kanunum benim de gözümden düştü. Rüşdiye üçüncü sınıfta iken bu işler oluyordu. Güzel bir yazıhane yaptım, ticarethanelerde görerek imrenmişim. Bu çok işime yaradı, herkes de bunu beğendik.([34])

ERMENİ HADİSELERİ

18 Eylül 1311'de Ermenilerin İstanbul'da Babıali'yi bastıklarını ve birçok yerde müsademeler olduğunu akşam ağabeyim anneme anlatırken duydum. Ermenileri Van'da, Harput'ta tanıdığım için bu cesaretlerine hayret ettim.

Zira oralarda iken yerli Ermenilerle aramız iyiydi. Hele Van'daki aşçımızı hatırlayarak bu işi merak ettim. Ağabeyimden bana anlatmasını rica ettim. Kendisi Sultan Ahmet Meydanına nazır olan Defter-i Hakani'de olduğu için mücadeleyi kısmen de görmüş. Bir iki gün sonra Hacı kadın hamamına bitişik Ermeni aktarının dükkanı alt-üst olurken bunu ben de seyrettim. Herif kaçmış... Birçok ermeni kadın ve çocuklarını Unkapanı'ndaki karakol yanındaki kahveye doldurmuşlar,

---

34 Bunu uzun seneler kullandım, köhneleşmiş hala duruyor...

asker muhafaza ediyordu. Halkta müthiş galeyan vardı, bunları seyre gittik. Ertesi günü mektepte herkesin ağzında bu vak'a... Ermeniler beylik istiyorlarmış... Fakat sopalarla dağıtılmışlar. Efendilerden birini Ermenidir diye bir yerde halk sarmış az daha öldüreceklermiş. Nihayet biri akıl etmiş muayene etmişler kurtulmuş.

Bugünlerde dedikodu zemini oldu ve unutuldu. Fakat bir de 14 Ağustos 1312'de silah sesleri yine bize bu hikayeleri günlerce dinletti. Bu seferde Ermeniler Bank-ı Osmani'yi basmışlar. Akşam eve gittik, mufassal haber aldık. Unkapanı köprüsünden seyrine gittik, silah seslerini daha yakından dinledik. Şark vilayetlerinde dahi isyanlar olmuş, vah vah acaba Van ve Harput'ta tanıdığımız Ermeni çocuklarının babaları da, hele bizim Ermeni'den ziyade Türk olan aşçımız da işe karıştı mı ve acaba başlarına bir felaket geldi mi diye onlara acıdım...[35]

SIHHATİM VE SELABETIM

Üç Rüşdiye senesinde hiç hastalanmadım. Biraz zayıflamak istiyordum. Pek mutekit bunuluyordum. Evimize içki, kumar vesair fenalıklar girmemiştir. Annem muntazaman ta'at ve ibadetinde, biz iki küçük kardeş de böyleyiz...

Ben akranımdan kuvvetliyim. Bir bayram, Beyazıt kalesine dinlenmeden iki kere çıkıp indim. Zeyrek'ten kağıthaneye kardeşimle yaya gidip geldik. Beşiktaş'a da yaya gidip gelirdim.

---

35 Kâzım Karabekir, Paşa buraya "İttihat ve Terakki Cemiyeti hakkın da öğrendiklerim" adı altında bir bölüm açmış, ancak; "bu bahis ayrıca İttihat ve Terakki isimli eserimde tafsilatlı olarak görülür" diye not düşmüştür. Bu eseri İttihat ve Terakki Cemiyeti adı altında yayınevimizce yayınlanmıştır. (Yayıncı)

KULELİ ASKERİ İDADİSİ'NDEKİ HAYATIM

1313, 1314, 1315 seneleri İstanbul'da Kuleli İdadisinde geçti. Girerken müsabaka imtihanı açıldı, talep çokmuş, ben de kardeşim Hulusi Bey de kazandık.

29 Mart 1313 (17 Zilkade 315) Cumartesi günü mektebe girdik. Sınıfı mahsustan baytar mektebinden gelen efendiler sınıfın ilerisine konulmuştu. Üç kısma ayrılmıştık. Ben onbaşıydım, burada yer değişmek umumi imtihanlarda olacaktı. Bu hiç hoşuma gitmemişti.

7 Mart 1313'de Girit adasına muhtariyet verildiği ilan olunmuştu. Yunan ordusundan Miralay Vasos isminde biri kumandasında hayli zabit ve neferin de işe karışması Girit isyanına büyük devletlerin de el atmasına mucip olmuştu. Padişahın hakimiyeti baki kalmak üzere Girit'e muhtariyet verilmiş fakat Yunanlılar razı olmamış, 5 Nisan 1313'de muharebe başlamış.

İlan-ı Harb haberi ağızdan ağıza yayıldı. Birkaç gün sonra da bazı muallimlerimiz veda ederek muharebeye gittiler.

Donanmamızın Haliç'ten çıktığını Yeni köprüden yakından seyrettim. Hafta izinlerinde "ilave ilave" diye gazete satıcılarının naralarından çok seviniyoruz, Yenişehir, Tırhala, Volistin, Çatalca, Goliçi, Dömeke zabtlarını hep ilavelerden sevinçle okuyorum. Ah bir gün biz de şu harbe gitsek diye arkadaşlarla hasbihal ederdik. Daha önümüzde altı sene vardı, hayıflanıyorduk. Arkadaşlar bana "sen dokuz sene hesap et. Erkân-ı Harp olacağın muhakkak" diyorlar... Ne uzun geliyor bu dokuz sene...

Muharebe de ne çabuk bitti. 6 Mayıs 1313'de mütareke ilan olundu. Harekâta nihayet verilmiş, Yunanlılar yalvarıyormuş. Bir ayda bütün Teselya'yı kahraman ordumuz zaptetmişti. İzinli çıkınca muharebe tafsilatını gazetelerden zevkle okuyorum. 7 Eylül 1313'de harbin hitamı ilan olundu. 22 Teşrinisani 1313'de sulh imzalandı. Ordumuz bir ay zahmet çekti fakat altı ay kadar Teselya'da istirahat etti. Netice acı... Ordumuz Teselya'dan geri çekiliyor. Avrupalılar razı olmamış. Biraz hudut tashihi yaptırmışlar, buna acımayan kalmadı. Kroki ve haritalardan Teselya'yı iyice öğrendik. Bir aralık birçok tevkifler ve Taşkışla divan-ı harpleri oldu, biz de korku geçirdik.([36])

Bu vakalar arasında birinci hususi imtihanını geçirdik Fransızcadan... Fransızcadan tam numaraya yakın alanları birinci kısma ayırdılar. Bunlar güya orada Fransızcalarını ilerleteceklerdi. Ben oniki numara almışım ayrılmak için bir numara daha lazımmış, kısımda kaldım. Kışımın baytar mektebinden ve sınıfı mahsustan gelenleri, bizden daha iyi Fransızca biliyorlardı. Bizim sarhoş hocamız burada da kendini göstermişti. Fakat bu vaziyet benim için daha iyi oldu, çünkü efendiler bu tertibe girince kısımda benden iyi Fransızca bilen kalmadı. Esasen Fransızca kısmına ayrılanların çoğu kadar ben de biliyordum fakat nasılsa bir numaram eksik kalmıştı. Fransızca hocası derse geldi. Fransızca "kaç mevsim vardır" diye ön sıradan başlayarak sordu. Kimse söylediğini anlamıyordu. Ben sondan ikinci sıranın başında oturuyordum. Hocamız sora sora bizim sıraya kadar geldi. Ve pek kızmıştı, bağırmaya başladı; "Allah rızası için bana cevap verecek tek bir efendi içinizde yok mu?" dedi.

Ben Fransızca olarak kendisine cevap verdim: "Efendim dört mevsim vardır..." Hocamız müthiş sevindi ve bu ders benimle konuştu. Teşekkür etti ve isabet ki sen bu kısımda kalmışsın dedi.

Paydosta efendiler beni birinci sıranın başına oturtmak istediler. Bu surette sınıfı idare etmeyi teklif ettiler. Buna henüz

---
36 Tafsilatı İttihak ve Terakki Cemiyeti eserimdedir.

hakkım yoktur çünkü imtihanla kazanmadım dedim. Yalnız birinci sıranın sol tarafında yani kapıya yakın oturmayı kabul ettim. Artık Fransızca hocamız dersi bana verdirmeye başladı.

Cebir ve hendesede en güç meseleleri halledebiliyordum. Bir gün hendese dersinde hocamız artı yerine nakıs yaptığından (yani eksi) karışık bir davanın içinden çıkamadı. Ben dersleri daha evvelden okur hazırlanırdım. Bu suretle hocayı da dinleyince o dersi mükemmel öğrenmiş olurdum. Hoca neticeyi bulamayınca sıkıldı. Ben hatanın nerede olduğunu söyleyince "gel de sen hallet" dedi.

Ben de tahta başına çıkarak yanlışı düzelttim. Ve dersi gayet ağır bir suretle takrir ettim. Muallimimiz pek takdir etti ve bundan sonra dersleri sen takrir et, efendiler seni daha iyi anlıyorlar dedi. Emredersiniz efendim dedim ve artık Kuleli birinci sınıfında hendese dersini kısmen ben takrir ettim.

Sene yarısında bütün muallimlerimizin ve talebenin dikkatini celbetmiştim. Fransızca kısmına toplanan çavuşlar riyaziyede beceremeyince muallimler gidin Kâzım Efendi Zeyrekten öğrenin diyorlardı. Fransızcam da epeyce ilerlemişti. Umumi imtihanda çok ileriye geçeceğimden emindim. Bütün sınıf benim birinci olacağımı müjdeler ve iddia ederdi. Umumi imtihanı iple çekiyordum. Bunun sebebi sınıfın başına geçmekten ziyade diğer mühim iki sebepti: Biri, manej denilen yerde yatmaktan kurtulmaktı. Birinci sınıflar mektebin haricinde olup mektebe tahta bir koridorla raptedilmiş olan vaktiyle manej diye yapılan bir yerde yatardı. Bu Vaniköy tarafındaydı. Yatsı namazından sonra diğer sınıflar koğuşlarına çıkıyorlardı. Biz posta halinde diziliriz, yürüye yürüye gece vakti bu mesafe bana saatlerce uzak gelirdi.

İkincisi yemek meselesiydi. Birinci sınıfın yemekhanesi Çengelköy caddesinde merdivenlerle inilir, berbat bir bodrumdu. Asıl felaket soframızın yarısı, Trablusgarp'tan gelmiş Araplardı... Yarısı İstanbul'un en nazik çocuklarıydı. Ben küçüklüğümde birçok seyahatlerle epeyce açılmıştım. Hususiyle bu Arapların konuştuklarını mükemmelen anlıyordum.

Bunlar sabah çayında çaydanlığı önlerine çekerler üst üste içerlerdi. Zavallı Türkler kuru ekmek yerdi. Yemekleri de kendileri evvela alır, geriye pek az veya hiçbir şey kalmazdı.

Bu vaziyetin devamına tahammülüm yoktu. İstanbulluların bir kısmı zengindi. Bazen gelmezlerdi. Hiç birisinde bir ümit de yoktu. Hepsi zayıf, sessiz, pek uslu veya pek mıymıntı... Birkaç gün böyle geçtikten sonra baktım Araplar işi azıtıyor, yemeği muhakkak bir Arap dağıtır ve yemek biterse Türklere birer küfür savururdu. Zabitlerimiz bakar kör gibi dolaştıkları halde bu hali görmüyorlardı. Sınıfta mevcut bütün Trablusgarplıları sofraya koymakla güya onlara karşı bir cemile yapmışlardı. Bari aralarına bizi karıştırmasalardı.

Neyse iş başa düşmüştü. Bir gün yemek dağıtan araba Arapça "kardeş bana da versene" dedim. Daha "ya ahi" kelimesi ağzımdan çıkar çıkmaz Araplar bir ağızdan "vay bu da bizdenmiş. Sen bu Arapçayı nereden öğrendin" dediler. Üç sene Mekke'de oturduğumu, Araplarla arkadaşlığımı anlattım. Oh, bana artık bol yemek ve çay başladı...

Yanımdaki İstanbullu arkadaşım "aman bana da birkaç cümle öğret, iş ne kolaymış" diye latife etti. İşte birinci sınıftan kurtulmayı, bu Araplardan da kurtulmak için çok istiyordum. Türk çocuklarına ara sıra şefaatçi olmakla beraber sıkılıyordum. Herhalde bu Arapların içinden sınıf geçecek bir kişi ancak vardı. Bundan başka benim Arapça bildiğimi işiten kısımdaki San'alı birkaç Arap da ders öğrenmek için ricaya başladılar. Bereket Trablusgarplılar benim kısımda değildi. San'alıların da Türkçesi kıttı, bunlara yarı Türkçe yarı Arapça ders anlatmak da zevkli bir şey değildi.

İkinci sınıfa başçavuşluğa geçtim. Nihayet umumi imtihan bitti, sınıf zabitimiz numaralarımızı okumaya geldi. Muallim kürsüsüne çıktı. Oturur oturmaz Kâzım Efendi Zeyrek kimdir? dedi. Ayağa kalktım, "bendenizim efendim" dedim. "Aferin, sınıfın birincisi olmuşsun. Başçavuşluğunu tebrik ederim. Bütün numaraların tamdı, yalnız resimden bir numaran kırılmıştı." Ayrıca ismi okuyarak kırkbeş, kırkbeş diye numaralarımı da okudu. Resmin tam numarası yirmi idi. Bundan bir numara kırılmasına nazarlık dediler. Bütün sınıfın numaraları okunduktan sonra herkes beni tebrik etti. Arkadaşlarım, biz demedik mi, dediler.

Başçavuşluk benim de hoşuma gitti, 500'e yakın bir sınıfın birincisi olmak zevkliydi. Ramazan'da artık pek itibardaydım. Annem, kardeşlerim beni daha ziyade seviyorlardı. Fakat ağzımın tadı bir gün birden bire kaçtı.

BÜYÜK MAHKEMEYE

Perşembe günleri yoklamaya mektebe gelirdik. Senebaşı tatillerinde bütün Ramazan böyle devam ederdi. Numaralar okunduktan sonra ilk hafta yoklamasına geldiğimiz gün, yoklamaya hazırlanmış bir vaziyette iken borazan çavuşu geldi, beni dâhiliyeden istediklerini söyledi.

Arkadaşlar "eh, artık başçavuş oldun ya her şey için seni çağırırlar. Bu ilk çağrılış, kurula kurula git..." diyorlardı. Gurur gelmiyordu fakat tuhaf bir sevinç duymuştum ama korkuyla karışık.

Yüzlerce efendinin işini ben mi görecektim... Sınıfın en küçüklerinden biriydim. Daha tüy-tüsüm yoktu. Sınıfta, hele döneklerden, koca bıyıklı adamlar vardı. Bunlarla nasıl uğraşılır diye düşüne düşüne dahiliye zabitleri odasına gittim. Nöbetçi zabiti bizimkisi değildi. Kâzım Efendi Zeyrek sen misin dedi. Evet efendim dedim. "Al şu celpnameyi, pazartesi günü Üsküdar mahkemesine gideceksin. Bir gün evvel mektebe gel, sabahleyin erkenden borazan çavuşuyla birlikte göndeririz" dedi.

Bacaklarım titremeye başları. Celpnameye baktım, Bağcı mı, Yağcı mı Mehmed'i darp ve katil maddesinden mazmun olan diyerek benim apolet numaram ve ismim yazılı değil mi!.. Ben böyle şeyi rüyada bile görmemiştim. İçime kül yutmuş gibi bir hal geldi. "Aman efendim, benim bu işten haberim yok. Bu nasıl şeydir" dedim. Zabit efendi, oruçlu muydu nedir, uykudan yeni kalkmış, "derdini mahkemede anlatırsın, burası mahkeme değil, buyrun" demez mi...

Odadan nasıl çıktım, yoklamadaki yerime nasıl geldim, bilmiyorum... Arkadaşların her biri bir sözle takdir ediyordu: Başçavuş geliyor, başçavuş geliyor... kim bilir zabitlerden ne iltifatlar gördü. Galiba başçavuş nişanı takmadığı için tembih de etmişler. Ben süt dökmüş kedi gibi yerimde sessiz durdum. Yoklamadan sonra eve acele gittim. Ağabeyim Hamdi Bey'e başıma geleni anlattım.

Celpnameyi aldı, okudu, okudu, bağcı mı, yağcı mı ne olduğu belli olmayan bu adam hakkında bir şey bilip bilmediğimi sordu. Katiyyen bir şey işitmedim bile dedim. Tuhaf şey dedi ve ilave etti: "Bir gün evvel mektebe gitmekte mana yok. Sabahleyin erkenden gidersin" dedi. Ve korkma, mahkemeye git bakalım, ne iş ise görelim...

Annemin merak etmemesi için şimdilik ona açmamaya kararlaştırdık. Gece gözüme uyku girmedi. Hayalime tuhaf tuhaf adamlar geliyor, kah yağcı, kah balcı... Bir tarafı kırılmış sonra ölüyor... İlk gece pek fena geçirdim. Bir-iki ... Diğer geceleri de rahat geçiremedim. Hapisler geliyordu. Sonra da bana pek yazık olur eğer bir iftiraya uğrarsam diyorum.

Nihayet dedikleri gün mektebe gittim. Zabitlerin hepsi uyuyor, Borazan çavuşuna tembih etmişler, birlikte Üsküdar'da Paşa kapısı'na geldik. Mahkemeye girdik. Ramazan olduğu için daha kimseler yok. Gözüme mahkeme salonu ilişti. Bir kürsü ve birçok sıralar... Eyvah dedim, o kadar insan içinde beni mahkeme ederlerse ben ne halt ederim diye içime fenalıklar geldi. Az sonra yağcı kıyafetli bir adam mahkemeye girdi. Yanımdan geçerken bana dik dik düşmanca baktı. Korkudan adama adını soramadım. Fakat hasmım bu olduğunu kuvvetle tahmin ettim. Herifin ölmediğine sevindim. Katilden kurtulduk. İnşallah mecruh biri de yoktur dedim.

Nihayet beni çağırdılar. Bir efendi ifademi alacakmış. Oturun dedi. Geniş bir nefes aldım. O geniş salona çağıracaklar diye ödüm kopuyordu. Babamı, anamı, ismimi, doğum tarihimi, mektebi inceden inceye sordu. Ben söyledim. Efendi bunları yazarken vakayı hikaye eden kağıt gözüme ilişti. Aldım ve okumaya başladım.

Vaka geçen sene yazın, bir perşembe günü Çengelköyü'nde olmuş. Birkaç Kuleli efendisi Çengelköyü'nde bir bağa gelmişler, yemiş yemişler. Bağın sahibi Mehmet gelmiş, bunları men etmek istemiş, herifi mükemmel dövmüşler. Bir kolunu da kırmışlar. Hamdolsun ölen yok. Adamcağız bağırmış, devriye gelmiş, efendiler kaçmış... Fakat benim ceketim meydanda kalmış. Devriye bunu almış, apolet numaramı mektepten tahkik etmişler. Bu suretle asıl vakanın faili benim olduğu anlaşılmış. Herifi dövmek ve kolunu kırmak için zahir ceketimi çıkarmış olacağım. İnsan haberi olmadığı bir hadisenin faili olarak meydana çıkarılınca ne tuhaf oluyor. Buna yakın ömrümde ne bir rüya ve ne de bir hikaye dinledim.

Vakanın tarihine bir daha baktım: 1312 senesi Ağustosunun bilmem kaçında... Öyle bir ferahlık duydum ki anlatmak mümkün değil. Sanki kendimi bilerek yeniden dünyaya geldim. Ben bu tarihte Fatih Rüşdiyesinde idim. Bir yanlışlık olmaması için cebimden takvimi çıkardım. Mühim hatıraları not etme merakı senelerdir bende vardı. Kuleliye girdiğimiz günü buldum: 29 Mart 1313 Cumartesi. Tekrar tekrar sevindim. Zabit kâtibi efendisi yazısını bitirmiş başladı suallere... Dedim, "efendi zahmet etmeyiniz. Apolet numarası gerçi benim. Fakat vaka senesi o apolet numarası benim yakamda değildi. Ceketin sahibi ben değilim. Siz gidin onu arayınız..."

Adam laf anlamıyor. Bana güya cürmümü itiraf ettirecek. Şöyle söyledi: "Bir insan yaptığı bir cürmü itiraf etmelidir. Çünkü nasıl olsa bu tespit edilmiştir. Bakın sizin ceketiniz nasıl tespit olunmuş. Bağcı Mehmet mektebe şikayete gitmiş, bütün efendileri dizmişler, adamcağız o kadar efendi içinden seni teşhis etmiş. Sonra apolet numarasını da tatbik etmişler, bu suretle mücrim olarak siz meydana çıkarılmış oluyorsunuz. Bunu inkar etmek cezanızı çoğaltır..." Dedim: "Şu takvime evvela bakınız. Benim kuleliye girdiğim tarihi okuyunuz. Bunu mektebimden de tahkik edebilirsiniz. Vaka bugünden 1,5 sene evvel cereyan etmiş. Ne yazık... Adamcağızın kolu kırılıyor, fail mektepte el ile tespit ediliyor, sonra dava bir buçuk sene görülüyor, siz mücrimi ararken bu adamın işini bu kadar müddet süründüren kim ise onu da mücrimin yanına ilave edin..."

Zabıt katibi şaşırdı. Ben bir seneden beri kulelideyim. Ben gelmeden yarım sene evvel hadise olmuş. Bunları kağıt üzerindeki tarihlerden okudum. Şimdi ne yapacağız dedi. Dedim: Söylediklerimi aynen yazın, imzalayayım ve beni bırakın evime gideyim. Çünkü meraktan çıldıracak insanlar beni sabırsızlıkla bekliyor.

Adamcağız kan-ter dökmeye başladı. İfadelerimi yazdı, imzaladım, beni serbest bıraktı. Kapıdan çıktım, karşıma bağcı Mehmet çıktı. Gözlerini kan bürümüş, sanki boğazımı sıkacak. Zavallı bir buçuk senelik davasının sonunu anlayınca acaba ne hale gelecek... Davacının ben olmadığımı, benim böyle fenalık yapacak insan olmadığımı söylemek istedim. Fakat herif kavgaya hazır. Olmayan işi mahkemede yaparız korkusuyla savuştum. Yolda borazan çavuşuna neticeyi anlattım, nöbetçi zabitine anlat, ben eve gidiyorum dedim. Çavuş dedi ki, ben bu vakayı biliyorum iki seneliktir. O efendiler şimdi harbiye ikinci sınıftalar. Harbiyeye geçişte üçüncü sınıfın apolet numaralarını birinci sınıfa verirler. Bu sebeple sizi zannettiler. Fakat madem ki sen kurtuldun artık bu işe biz karışmayalım dediler.

Kaç gündür eridim bittim, bir daha işe karışır mıyım. Büyük sevinçlerle eve gittim, ağabeyimin ve annemin ellerini öptüm ve cep takvimimizin bana kazandırdığı zaferi ballandıra ballandıra anlattım. Onlar da beni sevdiler, öptüler. Bu kurtuluşun sevinci, bana başçavuş olmaktan fazla verdi.

İZMİT'E SEYAHAT

Yalnız olarak ilk seyahatim. Kardeşim Hilmi Bey jandarma yüzbaşısı idi. Aylıklarımızı İstanbul'dan alamadığımızdan her sene birkaç aylığımız yanıyordu. Bunun için İzmit'e çevirtmiştik. Fakat orada da bazı arızalara uğradığından tahsile ben vazifedar olunmuştum.

Evin yıllık odun ve kömürünü dahi alan benden başka kim gidecek... Şimendiferle seyahatim pek hoşuma gitti. Marmara kıyısını takip eden bu seyahatte ne güzel manzaralar gördüm. Hereke fabrikasının yanından geçerken çalışanları hoşça seyrettim. İzmit'te ağabeyimin ailesi nezdinde misafir oldum. Şehrin her tarafını her gece gezdirdiler. Ramazan; her taraf şen ve nurlu... İkinci sınıfta okuyacağımız Fransızca kitabımı da getirmiştim, baştan aşağı okudum. Bilmediğim bir hayli lügat da belledim.

Birinci sınıfta sıradaki gözün kapağına her gün en az altı lügat yazardım. Her açıp kapayışta bir kere okurdum. Ve o gün muhakkak bunları bellerdim. Akılda kalmayanları birkaç defa yazardım. İzmit'te de çok kalmadım, İstanbul'a döndüm. Biraz para koparabilmiştim, en kârlı işim Fransızcam kuvvetlenmişti. Okuyacağımız dersleri kamilen yapmıştım bir de Robenson aldım, bunun Türkçe tercümesi de basılmıştı.

Mektepte dersler başlayınca ben de akşam paydoslarında bunu tercüme eder sonra Türkçesiyle karşılaştırırdım. Pek samimi arkadaşlarımla ara sıra dokuz taş oynardık. Talimhanede jimnastik direkleri çürümüş, tamire de para yokmuş. İsteyen ortada muallimin nezaretinde jimnastik yapardı. Mecburiyet olmadığından ekseriyet yanaşmazdık. Benim de hoşuma gitmedi, bir kere dönmek istedim, gökyüzünü baş aşağı seyretmek hiç de hoşuma gitmedi.

Robenson tarihi pek hoşuma gidiyordu, hatta arkadaşlar oyuna beni bulmasınlar diye bıyıklı olanların arkasına saklanır sessizce kitabımı okurdum. Bu kitap beni çok açtı. Artık Fransızca dersini de talebeye ben okuturdum. Diğer derslerden büyük tefavvukum olduğundan Fransızcaya hakim vaziyete girince sınıftaki yerim pek kuvvetli oldu.

KÜLHANBEYLERLE MÜCADELE

İkinci sınıf derslerine ilk başlamıştık. Dersten evvel efendileri yoklama ederken külhan beylerden biri ismini okuyunca herkes gibi kısaca "efendim" diyeceğine "Eeefenndiimm" diye bir tulumbacı ağzıyla cevap verdi. Çok kızdım. Benim ilk yoklama okuyuşumdu. Bunu sükunetle geçirirsen artık beni pek saymayacakları tabii idi. Hususiyle yaş olarak sınıfın küçüklerindendim. Bir hayli bıyıklı külhanbeyleri de vardı. Bunun için caka satmak isteyen bu külhanbeyini tahkir ettim. "Burası tulumbacı koğuşu değil, efendice cevap vereceksin!.." diye haykırdım.

Bütün sınıf hayrette kalmıştı. Bu efendi de altta kalmadı, küfür savurmaya başladı. Ben de elimdeki isim defterini şiddetle muallim kürsüsüne vurarak bıraktım ve büyük bir hiddetle dâhiliyeye gittim.

Sınıf yüzbaşısı İzzet Bey'e vakayı anlattım. Bu efendi esaslı ceza görmezse başçavuşluktan istifa edeceğimi söyledim. Bütün mektepçe zapt-u rapte en ziyade muktedir olan bu zabit "git o efendiyi başka bir çavuşla gönder" dedi. Sınıfa geldim. Kitabet hocamız derse gelmişti. Yüksek sesle vakayı ona da anlatarak ikinci çavuşla o efendiyi dahiliye zabitine gönderme müsaadesini aldım.

Onbeş dakika sonra bu efendinin gelişi bütün sınıfı titretti. Ayaklarına basamayacak kadar dayak yemiş, başındaki sıfır kalıp siyah fesi alınmış, koca bir kırmızı fes geçirilmiş, geniş paçaları da dizlerine kadar kesilmiş. Zabit beni de çağırmış.

Gittim, bana da şunu söyledi: "Eğer o efendi, değil bir laf atmak yan gözle bile seni tehdit ederse hemen haber ver..."

Teşekkür ettim ve bunu da dershanede muallime yüksek sesle söyledim. Yerime oturdum. Bu hadise benim nüfuzumu mektepte bir zabit kadar yükseltti. Esasen laubalilik sevmez, külhanbeyi tipli kimselerden hazzetmezdim. Bunlara yüz veren arkadaşlarımla da görüşmezdim. Çavuşlardan bu gibilere yüz verenler onlardan ara sıra hakaret görür, tokat bile yerlerdi. Uslu efendilere ders öğretmek için vakit sarfına ehemniyet vermediğim için heyeti umumiye bana çok hürmet ederdi. Bu ilk çarpışmada müthiş bir zafer kazandırdı.

Bir gün de yemekhaneye gitmek için efendiler dizilmiş. Bekliyor. Fakat usulden olduğu veçhile nöbetçi zabiti gelmiyordu. Efendiler dedim, eğer bir zabit varmış gibi muntazam girerseniz, mesuliyeti üzerime alarak yemeklerimizin soğumasına meydan vermeden yemekhaneye girmenize müsaade edeceğim. "Daha muntazam gireriz başçavuş!..." diye bağrıştılar. Ben de "buyrunuz" diye elim ile işaret verdim. Cidden gayet muntazam ve sükunetle sınıf yemekhaneye girdi. Tam yemeklere başlamıştık ki elinde koca değneği ile nöbetçi zabiti geldi. Kızmış, koşmuş, yorulmuş da... Burnundan soluyordu. Kim bu efendileri yemekhaneye soktu? diye nara atmaya başladı.

Kapıdan girer girmez ilk sofrada ben oturuyordum Arkamda bağıran bu zabite karşı kalbim pek kırıldı. Vazifesi başına vaktinde gelmediği halde bu hakareti pek haksızdı. Gördüğü intizamdan dolayı memnun gelmesi lazımken, bu efendiye karşı ne yapmalıydı?..

Başçavuşluk ne dertmiş... Fakat seri bir muhakemeyle kararımı verdim. Çünkü boğazımdan yemek geçmiyordu. Yerimden doğruldum, bir keskin selam verdim. "Efendim, yokluğunuzu hissettirmeyen mesul benim..." dedim. Ve döndüm yerime oturdum. Sükunetle yemeğe başladım. Zabitin yüzünü görmüyordum, az sonra çekilip gitti. Yemekten sonra beni dâhiliyeye çağırtmış, gittim. Keskin bir selamla karşısında durdum. Dedi: "Hiddetle ağır söyledim. Haksızlığımı itiraf ediyorum. Bir zabit olduğundan daha fazla intizamla efendilerin yemekhaneye girdiklerini tahkik ettim. Bundan sonra bir zabit kadar kendini sınıfa saydıran sana bu hakkı veriyorum. Sınıf yüzbaşısına da bu müsaadeyi vermesini söyledim. Yemeğe ve camiye giderken zabitlere vekâlet edebilirsin..."

"Teşekkür ederim. Kıymetli teveccühünüze layık olmaya çalışırım efendim..." dedim. Artık bir zabit kadar efendilere nüfuzum geçmeye başladı.([37])

Ben de Rüşdiye'deki gibi çok koşar, oynar değildim. Esasen Kuleli'nin avlusu pek geniş. Akşamları da arka taraftaki talimhaneye çıkardık. Gezmek, yürümek, koşmak fatih askeri rüşdiyesinde olduğu gibi dayağa mucip olmazdı. Gerçi burada zabitlerin uzun değnekle dolaşması adetti. Fazla olarak meydan dayağı da vardı. Fakat bu ağır ceza külhanbeylerin nasibi olurdu. Fatih rüşdiyesinde koşanlar bazen de sınıfa girerken yavaş yürüyenlerin sırtına rastgele inen bu değnekler Kuleli'de sabah uykusunda bazen oynardı.

Bilhassa birinci sınıfta manej'de yatardık. Kalk borusunda uyanamayanları bazı haşin zabitler değnekten geçirirlerdi. Bu vahşi saldırıştan yeni geldiğim zaman ben de hisse almıştım. Yemekhane meselesinde çatıştığım zabit yatanlara birer değnek vurarak sıradan geçiriyordu. Uykuda değnek yemenin ne olduğunu herhalde tatmamış olacak... Uyanık iken yenen dayağa hiç benzemiyor. Pek fena bir şey... Hamdolsun bir defa nasibim varmış.

Bir belayı da hamdolsun yine cüretle savuşturdum. Şöyle ki, Almanya imparatoru ikinci Wilhelm İstanbul'a 1314 senesi birinci teşrinde, biz Kuleli ikide iken gelmişti. Sınıfımız İstanbul cihetine bakan cephede idi. Hohenzolerin yatının Dolmabahçe önüne demirlemesini dershane bahçesinden seyrettik. Bir Cuma günü Yıldız'da resmi geçit var diye işitince seyrine

---

37 Harbiye mektebinde ve erkânı harp sınıflarında bu vaziyetim katiyyen bozulmadı. Harbiyedeki zabitlerimize Kuleli sınıf zabitlerimiz tarafından böyle takdim olundum. Sınıfın bir zabiti gibi onların yokluğunu kapardım.

de gittik. Hava pek sıcaktı. Su terazisinin bulunduğu meydanda resmi geçit yapıldı. Güzel oldu. Sultan Hamid ile Alman imparatoru talimhaneye nazır köşkten seyrediyorlardı. Bunları da iyice görüyordum. Köşkün büyük kapısı yanındaydım. Her kıt'a geçtikten sonra imparator bir şeyler söylüyor, tercümanlık eden bir paşa Sultan Hamid'e anlatıyordu. Saatlerce süren bu resmi geçidi ayakta güneş altında seyretmekle başıma fena bir ağrı yapıştı.

Mektebe geldiğim zaman başım çatlıyordu. Hastahaneye çıktım, hastahane mektepten ayrı, tıbbiye idadisine bitişik idi. Nöbetçi doktoru yerine hastahane cerrahı varmış, başım çatlıyor dedim ve sebebini de anlattım. Bu efendi ağzımı kokladı ve sen konyak içmişsin demez mi!.. Şaşırdım kaldım. İşretin cezası büyüktü. Halbuki ben konyağın rengini bile bilmiyordum. Dedim "efendim iyice koklayınız. Ben ne konyağı ne de sair bir içkinin ne rengini ne de kokusunu biliyorum. Eğer siz de benim gibiyseniz rica ederim bir şişe konyak açın da bir ağzımı bir de şişeyi koklayın..."

Adam kızdı. Bir de tecavüz mü ediyorsun. Seni jurnal edeyim de anlarsın demez mi!.. Bak başıma gelene...

Dedim: "Efendim ben mektebe gidiyorum. Ağzımı bütün zabitlere koklatırım. Elbette konyak kokusunu bilenler vardır. Fakat siz bana biraz amonyak koklatıp da başımın çatlamasına karşı mütahassıs olmaz mısınız? Ben sınıfımın birincisiyim. Değil mektebe sarhoş gelmek, evimde dahi bu yaşta böyle münasebetsizlik edecek seciyede insan değilim...."

Cerrah efendi şaşırdı. Amonyak koklattı ve jurnal etmeyeceğini söyledi. Ben mektebe döndüm ve hikayeyi ihtiyatlı hareketle zabitimize anlattım. Jurnali peşin süngerleme akıllıca bir hareket olur diye düşündüm. Bir daha da lüzum olmadı, hastahanenin semtine bile uğramadım.

İmparator Wilhem, Sultanahmet'te hatıra olarak muazzam bir çeşme yaptırdı. Sesim çıkmasaydı bize de bir ceza hatıra olarak kalacaktı.

EVİMİZ YANDI

1314 senesi Zeyrek'te büyük yangında evimiz de yandı. Çarşamba günü akşamı bu felaket oldu. Bir gece sonra olaydı, biz iki kardeşle beraber amcamızın oğlu mülkiye baytar mektebinde tahsilde bulunan Hüsnü Bey de evde bulunmuş olacaktı. Hiç olmazsa fazla eşya kurtarırdık. Amcam da bizde misafirdi, gece yangını efendiler görmüş. Sabahleyin bizim mahalleli efendiler bana söylediler ve zabitten izin almam için ısrar ettiler.

Sınıf yüzbaşımız yalnız bana izin verdi. Çengelköyü'ne geldim, vapur vaktine çok var. Hemen bir kayığa bindim, bir de gazete aldım. Ne göreyim: Yangın bizim evin arkasında bir evden çıkmış. Bir çocuk lamba ziyasıyla kitap okurken uyumuş, lamba devrilmiş. Rüzgar da varmış, bütün bizim mahalle yanmış. Zeyrek Camii bir ada halinde kalmış. Evvela fena bir acı duydum. Sonra bizim eve yanmamış gibi bir his geldi, bahçeye güzel güller dikmiştik, yeni açmışlardı. Bunlar gözümün önüne geliyor... Bunlar nasıl yanar. Güzel kütüphanemiz, babamın üniformaları, kılıçları vesairemiz... Herhalde yanmamışlardı. Felakete inanmak istemiyordum... Nihayet mahalleye geldim, Küçükpazar'dan geçtim. Yangın yeri birden karşıma çıktı. Yarab! Ne facia... Yürüyüşümü hızlandırdım. Evimiz yok. Ateşler hala tütüyor. Ağabeyim, annem orada bir şeyler arıyorlar. Ne acı bu manzara... Yüreğim burkuldu. Zaten babamdan bundan başka bir şey kalmamıştı.

Haydi biz mekteptekiyiz. Ya annem ve diğer kardeşlerim şimdi ne yapacaklar diye düşünerek onlara yaklaştım. Fakat onları teselli etmek lüzumunu da hatırladım. Hemen annemin ve ağabeyimin ellerini öptüm ve "geçmiş olsun, merak etmeyin Allah daha iyisini elbette verecek ki bu köhne evimizi yaktı" dedim.

Annem çok sevindi. "Aferin Kâzım" dedi. Meraklanacaksın diye düşünüyordum. Allah cümlemizi sıhhatten ayırmasın. Elbette daha iyisini yaparız. Yere gömülü küpler ve bakırları atmışlar. Ağabeyim bunları çıkarmaya uğraşıyormuş. Biraz eşya kurtulmuş. Zeyrek Camii avlusunda bizim ilk mektebin önündeymiş. Amcam onları bekliyormuş. Hemen ben de ceketimi çıkardım, ağabeyime yardım ettim. Küplere atılan yumurtalar hazırlop olmuş, çıkardıklarımı hemen soydum, herkese birer tane "buyrun" dedim. Kederlenmesinler diye onları güldürecek sözler de söyledim.

Mahzenimiz de vardı. Oraya epeyce şeyler atmışlar, ağabeyim derin olan mahzenin ağzına bir sini kapamış. Fakat bizim siyahi Feraset bacı, vah vah sini kalmış diyerek bunu almış cami avlusundaki eşyanın yanına götürmüş. Evin yanan enkazı kamilen mahzene dolmuş ve yanacak şeyleri yakmış. Kazan, leğen gibi şeyler kalırsa ne ala... Cahil Arap aklının bir incir çekirdeğini doldurmayacağına güzel bir misal dedim, gülüştük. Fakat yangının acısı sonraları belli olmaya başladı. Cibali'de Ahmet Kaptan'ın, merhum teyzemin kocası, Hüsnü Bey'in babası, selamlığına taşındık. Eksikler kendini göstermeye başladı. Pazardan takunya, fırça, maşa, kürek velhasıl yeniden eşya düzmeye başladık. O güzel kitaplarımız, babamın bütün hatıraları yanmış. Yalnız palaları ve nişanları kurtulmuş. Bizim eşyanın çoğu yanmış. Yangın birden büyümüş, bekçi haykırıp kapıları çaldığı zaman evdekiler uyanınca korkunç manzara görmüşler. Bahçeye alevler yağıyor, evin içi kızıl bir renk...

Neyse bu felaketin gün geçtikçe acısı büyüyor... Bereket versin doğduğumuz evde kiracı var diye Küçükmustafapaşa'ya taşınmadık da Vefa'da bir kira evine taşındık. Birkaç hafta sonra Küçükmustafapaşa yangınında o ev de yanmaz mı... Bundaki ve yakınındaki bir hallaç dükkanındaki hisselerimiz de yandı. Fakat biz orada olmadığımıza hamd ettik. Daha sonra da Cibali yangınında Ahmet Kaptan'ın evi de, oturduğumuz selamlığı da yandı gitti... Şu İstanbul'un yangını ne felaket bir şey. Yalnız bizim yanmayan bir şeyimiz kalmadı.

BAŞÇAVUŞ NİŞANI

Ben nişan takmıyordum. Tabiatımda gururlanmak ve caka satmak gibi tuhaflıklar yok. Fransızcadan imtihanla sarı şerit mükafatını da kazandığım halde hiç birini takmıyordum. Arkadaşlar behemehâl takmaklığımı ısrar ederlerdi ve benim başçavuşluğumu bırakmayacağımdan emin olduklarını söylerlerdi.

Ben bunu da düşünmüyordum. Yandık, kül olduk da ben nişanlar takarak eve caka mı satayım diyordum. Kiraya verecek fazla paramız yoktu, bunun için kederliydim. Rüşdiye sınıflarından beri biriktirdiğim on altın paramı anneme harcetmesi için vermiştim. O da müthiş tasarrufla para biriktiriyordu. Bütün düşüncemiz arsamıza iki odalı bir şey yaptırmaktı. Bu kira bizi sarsıyor diyordu.

Bu sırada bir emir de çıkmaz mı: Çavuşlar mecburi nişan dikecekler... Zorla bu işi yaptım. Sol kolumun üst kısmına dört kırmızı bir de sarı şerit diktirdim. Ne tuhaf, sol kolumun sallanmasını unuttum. Çok utanıyordum. Eve gelince annem görmeden ceketimi çıkardım, bir tarafa koydum.

Bir aralık nasılsa annem bunu görmüş. "Bu nedir" diye sordu. Anlattım: Dört kırmızı başçavuş, Fransızca konuştuğuma alamet de bir sarı dedim. Pek sevindi ve bana dualar etti. Ceketi giydirdi, birde öyle seyretti ve beni sevdi, okşadı...

Şimdiye kadar neden takmıyordun, dedi. Onu böyle memnun görünce dedim ki: İstersen kitabet dersinden de bir sarı sırma verirlermiş, bunu da almaya çalışırım.

Fakat az daha işim berbat olacaktı. Evvela şiire merakım yoktu. Zaten dersimizde de bu yoktu. Yazılarım fazla tashih görmezdi. Esasen zabit olan hocamızın da edebiyatta pek kuvveti yoktu. Ben Fransızcadan ufak parçalar tercümeye başladım ve "Çoban ile kral" diye tercüme ettiğim bir parçayı haftalık çocuklar gazetesine gönderdim. Gazete bunu basmış. Bu gazetenin bilmecesini de halletmiş göndermiştim. Altı aylık abone mükafat vermişler, yine sevindim. Gazeteden birkaç nüsha aldım, okuyan beni tebrik ediyordu. Hocamıza da bir nüsha verdim. "Eh artık sarı sırmalı şeridi hakettim" diyordum. Bu şerit kola dolambaç takılırmış. Bir taraftan da utanıyorum.

Ertesi günü şerit yerine "bir daha gazetelere bu kabil şeyler yazarsam istikbalimin tehlikede olduğunu" bir zabitimiz bana ihtar etmez mi!.. Makalenin mevzu tehlikeliymiş. Kralın biri çobanla görüşüyor, neticede kavalını üfleyerek koyunlarının samimi muhiti içinde kainatın güzel hava ve güzel manzaralarının sahibi imiş gibi serbestçe çekilip gitmesini gören kral seyrediyor, bu ikisinden hangisi bahtiyar diye netice var.([38])

Eyvah dedim, Fransızca imtihanında mümeyyiz zabitler "La patri Liberte" gibi kelimelerin Türkçesini yazmayın diye ihtar etmezler mi... Hay Allah kahretsin, dedim. idarenin ne müstebit olduğunu şimdi ben de anladım. Ah şu ittihat ve terakki cemiyeti ne zaman bu işleri becerebilecek, düşündüm ve onlara dua ettim.

Artık nesirden de bıktım. Şiire merak sardım. Zamanın, bütün şairlerini takip ederdim. Artık yazılar çok hoşuma gidiyordu. Ufak tefek şeyler yazmaya ben de başladım.

İkinci sınıfta artık her dersten sınıfta büyük tefevvukum tasdik olunuyordu. Fransızcadan "en iyi bilenler" arasına girmiştim. Diğer derslerde zaten ileriydim.

Resimden menazıra pek ziyade dikkat ederdim. Bundan dolayı tabiattan yaptığım resimlerimi muallimlerim beğenirlerdi. Vaniköy'üne kadar birçok manzaraları ders olarak yapmıştık. İkinci sınıftan üçüncü sınıfa her dersten tam numara alarak yine sınıfımın birincisi olarak geçtim.

---

38 Bu makaleye saik olan edebiyat hevesi "bir ihtiyaç" diye eser yazmaklığıma sebep oldu.

Hafıza kuvvetim pek ziyade. Tarihi iddia ile mahdut zamanda aynen belleyerek birkaç arkadaş muvacehesinde okuduğuma hayret ederlerdi. Çinlileri, Mısırlıları yanlışsız okumuştum. İkinci sınıftan sonra tarihi okuyarak anlatmak tarzında tedrise başladılar. Ben krokilerini yapardım. İmtihanda bu hususta da nazara çarptım.

Üçüncü sınıfta Hamdi Ağabeyim evlendi. Bizden ayrıldı. Kilise camii karşısında maliye evrak müdürüne damat oldu. Kardeşim Hulusi Bey de hasta olup hastanede yattı, sonra tebdil hava verdiler. Annemle beraber İzmit'teki ağabeyimin yanına gittiler.

Ben yalnız kaldım. Hafta başları eve gider yalnız yatardım. Bazen de mektepte kalırdım, kardeşim iyileştikten sonra geldiler. İlk işimiz evimizi yaptırmak oldu. Yandığımızdan beri hiç para harcamıyordum. Ailece de mühim tasarruflar yapılıyordu. Bütün mevcudumuz 100 altın tutmuyordu.

İşe başladık. Aşağıda iki oda tamamladık. Üstteki iki odanın yalnız etrafı ve çatısı kapanmış oldu. Hemen buraya taşındık. Onbeş altınla ben yardım etmiştim. Hiçbir kardeşim bunun yarısı kadar bile yardım edemedi. Annem her zaman bunu herkese söyler ve bana daima şu duayı yapardı: Son günün şerefli olsun. Allah sana son günler versin...

Bazen latife ederdim: "Anneciğim n'olur ilk günlerim de böyle olsun da bütün hayatım iyi geçsin."

"Yok çocuğum ilk günler nasıl olsa geçer ve zaten bu günlerde çalışacaksın, didişeceksin. İlk günleri iyi olup da sonu fena olmak istenecek şey değil. Eh, Allah da insana bütün hayatı boyunca iyi günler vermez ya... Bunun için sana son günler istiyorum" derdi.

İdadi üç'ün sonuna doğru evimiz bitmişti. Yukarı katın bağdadilerini elim değdikçe ben tamamlamaya uğraşırdım. Bahçenin duvarlarını, merdivenlerini de tamamlayacağım diye oldukça ter dökerek duvarcılık yaptım.

Evin damını da aktarmaya meşkettim. Kardeşim hastalığından sonra sınıfımızın pek mutaassıp birkaç çehresi arasına karıştı. Fatih Camii'nde Nuri Hoca isminde biri müthiş taassup saçıyordu. Birkaç talebe bunun cazibesine kapılmışlardı. Mektebimiz de dini şelabeti olanlar da vardı. Abdestsiz zorla namaz kılanlar ekseriyette idi. Bu mutaassıp zümreyi yola getirmeye çok çalıştım. Nuri Hoca'nın dünyadan haberi olmayan bir yobaz olduğunu söyledim. Kardeşim de bana pek kızıyordu. Haftalarca dargın durduğumuz olurdu. Onun arkadaşları ayrı, benimkiler ayrı... Biz abdestsiz soyundan değildik fakat mutaassıpları da sevmiyorduk.

Nihayet bu mutaassıplar taifesi bana bir teklifte bulundular. "Bir kere seni de Fatih Camii'ne götürelim de Hoca Nuri'nin vaazım dinle, sonra bizimle alay et" dediler. Pekala dedim. Bir cuma günü gittim dinledim.

Aman Yarabbi!.. Herif neler söylemiyor. Pantolun demek haram, potin demek haram... Ya bunları giy diyenler? Kızıl kâfir!., diye nara atıyor. Müthiş de cemaatı var.

Hemen savuştum ve mektebe gelince bu efendilerle görüştüm. Dedim ki: Nuri hocayı yobaz zannediyordum. Yanılmışım. O bir zır delidir. Yazık, adamcağızı tedavi ettirmelidir...

Bunlardan da kaçtım fakat kardeşimi de birkaçını da bu delinin halkasından kurtardım. İki biçareyi ayırmak mümkün olmadı. Bunlardan biri delirdi, diğeri de döne döne hallere girdi. Ben safiyane bir makale yazdım diye başım derde uğrayacaktı, halbuki muazzam bir caminin ortasında zehir kusanlara bir şey yapmıyorlar, ne fena adamlar...

Artık kuleli İdadisini bitirmiştim. Fakat başımıza bir akait dersi çıkardılar. Kudduri şerhini de üçüncü sınıfta okuduk. Harbiye sınıflarında da bu dersler devam edecekmiş. Makina ve kozmoğrafya arasında bunun ne lüzumu var bilmem. Bir gün akaidi diniyye hocasına kâinat hakkında bir sual sordum. Kızdı ve "sen düşün de bana cevabını ver" dedi. İmtihanda da numaramı kırmış. Jimnastikten de birkaç numaram kırıldı. Harbiyeye ikincilikle geçtim. Bunu iki satırla şöyle tasvir ettim ve beni taziye eden arkadaşlarıma okudum:

Umduğumuz çıkmadıysa etmeyiz biz de fütur
İki sene zahmetin çek, bir sene rahat otur

Şiirde istediğimi yazabiliyordum. Derslerin zor fasıllarını da ve rakamlarını şiire döker, pek kolay ve unutmamacasına ezberlerdim. Bunları pek samimi arkadaşlarıma da öğretirdim. Bilhassa kozmoğrafyadan bütün rakamlar bu hale dökmüştüm. Mesela:

Onbir bin arzı koysan bir yere

İhtimaldir vasıl olmaz yeryüzünde neyyire

Arzın güneşe olan mesafesi nedir deyince bu iki satır dimağımda raksederdi. Baharların müddeti vesaireyi hep böyle karikatürize ettim. Akaid dersini bu hale koymak mümkün olamamıştı. Çünkü bahisler zaten lazımı gibi tuhaftı. Mesela: Bir kuyuya yelve komşu düşerse, kuyunun suyu mekruh mu olur? İmam-ı Muhammed olur demiş, İmam-ı Azam olmaz demiş gibi marifetler...

KULELİ HAYATINDA SIHHATİM VE SELABETİM

Bu mektepte geçen üç sene zarfında da hasta olmadım. Sıhhatim pek iyi geçti. Boyum uzadı. Rüşdiyedekine nisbeten vücudum da inceldi, pek çevik oldum. Yalnız, jimnastik demirleriyle aram bir türlü iyileşmedi. Ancak üç defa kendimi üst üste ağız hizasına kadar çekebiliyordum. Müthiş mihver dönenler vardı. Bunlara kıyasla benim beş numaramı birden kırdılar.

Selabetime gelince... Gök ilmini de okuduk. Selabetim daha ziyade idi. Bir-iki dinsiz aile çocuklarının ahlaksızlığını görerek ve dine karşı laubalilik yapanların bayağı hal ve tavırlarını gördükçe, selabetim mükemmelleşiyordu.

Mutaassıpları da sevmiyordum. Bunlarla mücadelede de muvaffak olmuştum. Ruhların bekasına itikadım rüşdiyede olduğu gibi tamdı. Daha Mekke'deyken öğrendiğim "İza tahrikun fi elamu fa estatüvani ehlil kubur" yani başınız almaz bir işte ruhlardan iştiane edinizi yine kabul ediyordum.

Dimağımda en büyük üç ruh tanıyordum. Hz. Peygamberin, sultan Fatih'in, babamın... İmtihanlara girerken muhakkak bunları rüşdiyede olduğu gibi hâlâ anıyorum. Müşkil işlerimde de öyle...

GARİP BİR DUYGU

Rüşdiyede bir gece rüyada Hendese imtihanında çıkacak suali aynen görmüştüm. Fakat Kuleli üçüncü sınıfta beni hayretlere düşüren bir hadise oldu. Yat borusunda koğuşa çıkmış ve yatmıştık. Daha uyumamıştım. Pencerem İstanbul'a bakardı. Yatmadan İstanbul'u doyasıya seyrederdim.

Yatarken pencerelerin üst kısmını kapamamıştım. Hava sıcaktı. Sırtüstü yatarken sanki dimağıma bir şeyler söylendi, tuhaf... Kulaklarıma değil doğruca dimağıma. Çabuk başını sağa çek, pencerenin camı çatlaktır ve şimdi düşecek... Bu bir emirmiş gibi süratle başımı yastıktan kaldırmadan mümkün olduğu kadar sağa çektim. İki metre yüksekten koca bir cam parçası başımın evvelki bulunduğu yere keskinlikle düştü. Bunu kaldırdım, pencerenin içine koydum. Ve yakından camın düştüğüne şahid olan arkadaşlara anlattım. Hepsi hayrette kaldılar.[39]

---

39 Bu hayrete şayan hadiseler bende çok tekerrür etti. Bunları "kalp yolu" isimli bir eserde topladım ve bunların mahiyeti hakkındaki kanaatimi de izah ettim. Mesela yastığımın altındaki akrep dimağıma mükemmelen aksetmiştir. Daha böyle müthiş şeyler...

İLK KILINÇ TAKMAK ZEVKİ

Ramazan da kılıçlı gezmek hepimizin gözünde tütüyordu. İki senedir güzümüzün önünde kılıç takan üçüncü sınıfları gördükçe imreniyordum ve o günler pek uzak geliyordu. Nihayet bu ilk emele kavuştum.

Kardeşimle beraber çarşı kapısındaki kılıçlardan birer kılıç aldık, eve geldik ve annemize bağlattık. Ellerinden öperek hayır duasını aldık: "Allah son günler versin. Millete hayırlı hizmetler görmek nasip olsun yavrularım. İnşallah zabitliğinizi de görürüm..." Ağabeylerimizin de ellerini öperek dualarını aldık.

Hısım akrabayı da dolaştık. Altık büsbütün adam olmuşum gibi geliyordu. Ramazanda bayramda şehzadebaşı, divanyolu her günkü gezme tozma... Fakat muhtelif harbiyeden gelen efendilerin hakları birbirine geçmesin diye harbiyede müsabaka yapılacağı haberi üzerine tatil zamanlarımı pek de boş geçirmedim. Kardeşimin böyle şeylerle alakası yoktu, imtihanlara ben hazırlardım.

Sınıfın ortasında olarak geçerdi. Fazlasına gelemezdi. Onun için kılıç zevkini o daha çok sürdürüyordu. Nihayet 1 Mart 1316'da Harbiye mektebine kaydolunduk. Artık hayatımızı kazanmış, istikbalimizi temin etmiştik. Baba maaşlarımız kesilmiş, kısmen anneme zammolmuştu. Fakat artık sıkıntılı günleri atlatıyorduk. Adam olmuş gibi kılıçlı görünce bütün aile halkı bizden çok seviniyordu.

HARBİYE HAYATIM

1316, 1317, 1318 yeni tarihle 1900, 1901, 1902 senelerim Harbiye'de geçti. Müsabakada dördüncü olmuşum. Bazı sahabetlerin müessir olduğunu herkes söylüyor. Neyse... Apolet numaram 1602'dir. Sınıfımızın mevcudu 1000'i aşıyordu.

Sekiz kısım yaptılar. Topçu mektebine de bazı efendiler gitti. Tek kısımlar Almanca, çift kısımlar da Rusça okuyacak. Rusçanın pek zor olduğunu ve sonu da ölü olduğunu işiterek çift kısma düşenler çok sıkılıyorlardı. Alman muallimlerin bulunuşu ve Almanya'da tahsil görmüş bazı muallimlerimizin cakalı Almanca görüşmeleri tek kısımlara düşenleri sevindiriyordu. Ben o kadar sıkılmadım... Esasen tabiatımda fazla sevinmek ve fazla sıkılmak yok. Buna talihim dedim. Mesele Rusçayı iyi öğrenebilmek idi. O zaman Fransızca da okuyorduk. Ben ve kardeşim piyadeye ayrıldık, kısmımızda süvariler de vardı. Harbiye birinci sınıfında en zor dersler Rusça ile Hendese-i Resmiye idi. Ben o kadar zahmet çekmiyordum fakat efendileri bu dersler pek eziyordu.

Müzakerelerde, bilhassa hendese resmiyeden, defterini kapan bana gelir, ders sorardı. Bunun için bu güç derslerde çok kuvvetleniyordum. Rusçanın bellenmez kaidelerini Kulelideki gibi vezinliyordum. Ve sorgulara yanlışsızca seri cevaplar verdiğime muallimlerim de hayret ediyordu.

NOKTASIZ NOT

Gayet çabuk yazıyordum. Nokta da atmıyordum. Bu suretle hocaların takrirlerini istediğim zaman aynen not ediyordum. Yazımı benden başkası da okuyamadığı için not defterlerim de bende kalıyordu. Buna sebep Kuleli'de bir defterimi çaldırmak vazifesini verdikleri bir zadegan.([40])

Kopya edeyim diye haftalarca getirmemiş ve getirdiği zaman da berbat bir halde bana vermişti. Kimseyi kıramıyordum. Defterimi isteyene vermemek veya sorduğunu herhâlde söylememek bana ağır bir şey gibi geliyordu. Noktasız yazıya başlayınca işim yoluna girdi. Kimse not defterlerimi istemez oldu. Dersleri daha evvel yaptığımdan notlarım kitaptan takrir edildi mi başlardı. Bazı hocalar elimizdeki kitaptan çok ayrılırlardı. Bunların menbalarını çabucak bulurdum. Kitapçılarda o derse ait ne kadar kitap varsa alır, karşılaştırırdım. Bu suretle not almak az şeye inhisar ederdi. Muallimlerin parlak cümlelerini aynen zaptetmeyi çok faydalı bulmuştum. Kulelide buna dikkat etmiş ve imtihanda o cümleleri aynen söylediğim zaman beni hayretle, takdirle karşılıyorlardı. Şimdi de buna pek dikkat ediyordum.

---

40 Zadegan sınıfı derslerde beraberdi, daireleri ve koğuşları ayrıydı. Hünkâr çavuşları veya hünkâr yaverleri paşazadelerdi, bizim sınıfta kaymakam rütbesinde bile vardı. Kuleli'de defterimi alan da buydu.

ERZURUMLULARLA BAĞDATLILARIN KAVGASI

Benim dördüncü kısımda belalılar pek çoktu. Dönekler, külhanbeyler, yetişmiyormuş gibi Erzurumlular, Bağdatlılar küme halindeydiler... Her iki tarafta beni pek sayıyorlar, derslerini öğrettiğim gibi Erzurumlular o havalide seneler geçirdiğimden, Bağdatlılar da Arapça bildiğimden hemşeri gibi tutuyorlardı.

Buna rağmen yapacakları kavgadan bana haber vermediler pek ciddi hareketim, külhanbeylere ehemmiyet vermemekliğim dolayısıyla umum benden bir zabit gibi çekiniyordu. Hususiyle ilk hafta döneklerden büyük bir efendiyi bana karşı saygısız bir sual sorduğundan pek fena haşlamıştım. Bu mühim tesir yapmıştı. Kavgaya pek mani olurum korkusuyla eski mahalle kavgalarını andıran bu çarpışmayı bana duyurmadılar. Ne oldu anlamadım...

Gece müzakeresinde bir Erzurumlu Efendi su içerken, dershanelerde musluklu küpler vardır, alay mı etmiş, bir ağız dalaşması oldu. Her iki tarafı teskin ettim. Müzakerede mesuliyet üzerimdedir, paydosta anlaşırsınız dedim. sustular. Fakat her iki taraf sıraların önlerindeki uzun tahtaları çıkarmışlar. Daha bazı hazırlıklar da yapmışlar. Sıralarımız at nalı gibi idi. Bağdatlılar topluca benim bulunduğum tarafta, Erzurumlular da karşımızdaydı. Paydos borusu vurur vurmaz, her iki taraf sıraların üzerinden atlayarak birbirine giriştiler. Havagazları sallanan tahtalar ve değneklerden sönmeye başladı.

Hemen fırladım, dâhiliyeye koştum. Sınıf zabitlerine haber verdim ve koşarak beraber kısma geldik. İçerisi meydan muharebesi. Kapı da kapanmış, kimse çıkamıyor. İçeride kavga edenlerden fazla uslu efendiler haykırışıyor. İyi ki biran evvel ben dışarı fırlamışım. Güç halle kapıyı açarak zabitlerimiz içeriye girdiler.

Manzara müthişti. Zavallı Erzurumlular fena halde hırpalanmışlardı. Bağdatlılardan çoğu iri ve kuvvetlileri vardı. Bağdat'ta zorhane denilen idman yurdu varmış orada daimi beden terbiyesi ile meşgullermiş. Elleriyle ufacık yerden yapmalı T şeklinde tutamakları tutarak yüzükoyun uzanırlar ve envai hareket yaparlardı. Bu meşguliyetleri zaferle neticelenmişti. Fakat en kuvvetlileri bu zaferin cezalanarak acısını çekti. Eğer tez haber vermeseydim, Erzurumlular için felaket olacakmış. Bundan sonra bana karşı daha ziyade hürmetli bulundular. Bağdatlılar da kızmadılar, çünkü onlara da vazifemi yaptığı ve eğer vaktinde haber vermeseydim belki cinayetler olacak ve bütün Bağdatlıların sebebi felaketi olacağını anlattım. Bunlar da dua ettiler.

Artık kısımda pek kuvvetliydim. Erzurumlular ve Bağdatlılar pek uslandılar. Her iki tarafı barıştırdım. Geriye birkaç İstanbul külhanbeyi kalıyordu.

KÜLHANBEYLERLE BENİM MÜCADELEM

Sekiz kısımdan en belalısı benim kısımdı. Bunun kerametini sonra anladım. Kulelideki sınıf zabitlerimiz benim zaptu Rapt kuvvetimi Harbiyedeki zabitlerimze anlatmışlar. Bunlar da Erzurumlular ve Bağdatlılarla -ki ek serisi dönekti- beraber İstanbullu külhanbeylerini benim kısıma doldurmuşlar.

Ben daha ilk günü efendilere şu teklifi yaptım: Arkadaşlar ders hususunda size her türlü yardımı yaparım. İstediğiniz zaman bana ders sorabilirsiniz, kendi işimi bırakıp size ders anlatırım. Fakat müzakerelerde yahut mesuliyetim altında bulunduğunuz yerlerde biz zabite olduğu gibi bana hürmet edeceksiniz. İçinizden birinin değil dönmesi, izinsiz kalması bile beni çok müteessir eder. Buna karşılık olarak siz de benim mesul olmaklığımdan teessür duymalısınız. Bu karşılıklı teessür duyma bizi samimi bağlamalıdır. Bütün kısım bu suretle bana söz vermişti. Meydan muharebesinden sonra barıştırdığım Erzurumlu ve Bağdatlıların samimiyeti daha ziyadeleşti. Kardeşim Hulusi Bey'i de kısmıma almıştım. İyi arkadaşlarım da vardı. Onun için diğer külhan beylerden hiç korkum kalmamıştı.

İlk haftalar onlarla da iyiydik. Fakat bir hadise aramızı bozdu.

Dersten evvel yoklama yapardık. Mevcut olmayanların isimlerini bir pusulaya yazıp hizalarına nerede olduklarına işaretle gelen muallimlere vermek Harbiyede dahi usuldendi. Bir gün benim nöbetimde bu yoklama pusulasını doldurdum hocaya verdim. Hoca ders sormak için cebinden isim defterini çıkardı, okuduğu isim Eşref Efendi Yıldız, Padişahın kuşcubaşısının oğlu. Sınıfımızın en kuvvetlisi. Şurada burada değil, pehlivanlarla güreşir, muallim kürsüsünde iki eli üzerinde kalkarak havada vücuduyla idmanlar yapar, vücudu da müthiş kuvvetli... Sırtı da... (yani iltimaslı).

Muallim bu efendinin nerede olduğunu sordu. Ben, yoklama ederken "efendim" cevabını vermişti dedim. Sonradan kapıdan da çıkmamıştı. Bu kayboluş hepimizin tuhafına gitti. Muallim tekrar efendileri yoklama etmemi emretti. Ne göreyim, kısmın azılı külhanbeyleri meydanda yok! Bunlardan biri, meşhur yine bir pehlivan olan Ömer Fevzi Kadıçeşmesi idi.([41]) Bunu Kuleli üçüncü sınıfta esrar içerken yakalatmıştım. Bir baş derdiydi. İkinci yoklama Pusulası birincisinden hayli farklı görülünce muallim kızdı ve bana çıkıştı. Çok canım sıkıldı: Efendim ben ilk yoklamayı okurken gözümle bunları gördüm. Sonra da karşımdaki kapıdan dışarı çıkmadılar...

Yerin dibine mi battılar, bulacaksın bunları. Ben, "müsaade buyurun, bulur yerlerini haber veririm ancak dersten sonra mümkün olabilir efendim" dedim. Muallim "bulamazsan cezayı sen yiyeceksin" dedi.

---

41 Bu külhanbeylerin hiçbiri felah bulmadı, alaya gittiler, Eşref Yıldız babasıyla Mekke'ye sürüldü.

Paydosta efendilere dedim ki: Maruz kaldığım vaziyeti gördünüz. Bunların nerede olduklarını haber vermek borcu umumunuzun haysiyet ve şerefine ait bir iştir. Herkes yemeğe gittikten sonra bir efendi gördüğünü söyledi. Hayret... Kısmımız cami ittihaz olunan yere bitişik. Pencereler var fakat demir parmaklıklı... Bir parmaklığın yanını duvardan sökmüşler, kapı gibi olmuş. Yoklama "efendim" diyerek kendilerini gösterdikten sonra buradan sessizce cami tarafına kaçmışlar, güreş idmanları yapıyorlarmış. Bu pencereyi muayene ettim, belli bile değil. Söktükleri demir parçalarını eğreti olarak yine yerlerine koymuşlar, çekince çıkıyor ve parmaklık kapı haline geliyor.

Sınıf zabitine işi anlattım... Muallimimiz de külhanbeyi kafilesinin yediği haltı anlattı. Memnun oldular. Fakat sınıf yüzbaşımız Hasan Tahsin Bey[42]

İşi iyi idare edemedi, sebep de Eşrefin kuşçubaşızade olması idi. Eşrefi çağırmış ve benim şikayet ettiğimi bir daha böyle şeyler yapmamasını tembih etmiş. Bunun yüzü suyu hürmetine diğerleri de affolunmuş.

Paydosta bir iki uslu efendi ile yalnızdım. Eşref geldi bana çattı. "Sen bizi niye zabitlere şikayet ettin? Sanki bize karşı ne yapabildiler. Sana karşı hürmetimiz vardı. Fakat böyle giderse külahları değişiriz. Bana bak!.." dedi. Yerimden bile kıpırdamadım. Çünkü onunla vuruşacak kuvvetim yoktu. Ondan pek küçük ve çok da kuvvetsizdim. Bana yardım edebilecek kimse de yanımda yoktu. Sözle bunu yere vurmaktan başka yapacak bir şeyim yoktu. Susmak da onu cesaretlendirmekti. Belki bana vurabilirdi...

Sükunetle dedim ki: Eşref efendi ben seni mert bir adam tanıyordum. Bu sözlerin beni şüpheye düşürdü. İstiyor musunuz ki sizin yaptığınız bir kabahat için ben ağır bir ceza yiyeyim... Çavuşluğumu alacaklar ve beni idaresizlikle itham edecekler. Bu hal istikbalimi de mahvedebilir... Ben zannediyordum ki

---

42 Harb-i Umumi'de ben ondördüncü fırka kumandanı iken maiyetimde alay kumandanı idi. Çanakkale'de kerevizderede şehld oldu. Pek haluk ve sakit bir zattı. Bana karşı büyük hürmeti vardı.

sizin için benim ceza görmekliğimi ben istesem bile sen istemezsin. Halbuki ben sizlerin yerinize ceza görmeyi de istemiyorum. Hususiyle size zabitlerin dahi bir şey yapamadığım gördüm. O halde beni ezdirmekte mertlik nerede?..

Eşref şaşırdı... Şikayette hakkım olduğunu tasdik etti ve minareyi çalan kılıfını hazırlar dedi. Ben de o halde çalacağınız daha başka minare varsa vaktiyle kılıfını da hazırlayın da kabahatiniz için bizim gibi uslu ve çalışkan efendileri vukuat sahibi imiymiş gibi cezaya çarptırmayın dedim.

Savuştu gitti... Artık bu grupta da cüret azaldı. Sonra da mektebe sarhoş gelerek dahiliye önünde kılıcını atarak nara atan Kadıçeşmeli alaya gitti. Eşref de sürgüne gitti.

HAKSIZLIKLA MÜCADELEM

Terbiyeyi askerden hususi imtihanda garip bir sual sordular. Resmi selamı ifa ederken ne gibi şeyleri yapmamak memnudur? Ben bu sualin dikkatsizlikle tertip olunduğunu kabul ettim ve cevabını doğru yazdım. Fakat bütün sınıfın yanlış cevap vereceğini tahmin ettim. Çünkü sathi okunurken "resmi selamı ifa ederken ne gibi şeyler yapmak memnudur" anlaşılması tabii idi.

Derste de bu sualin cevabını okumuştuk. Halbuki soruları "yapmamak memnudur", "yapmak lazımdır" demekti. Hocamız çok izinsiz bıraktığından pek çokları izinsiz kalacak diye acıdım ve cevabı çabuk yazarak kâğıdımı teslim ederken sualdeki iki menfiden müsbet mana çıkaramayan efendilerin mesul edilmemelerini rica ettim.

Muallim zabit hayretle kızdı. Benim cevabımı okudu ve sıfırı sen aldın dedi. İtiraz ettim, daha çok kızdı, ben de asıl bu dersin muallimi olup yüzünü bu imtihanda gördüğümüz Paşa'ya müracaatla şikayette bulundum. Sualin yanlış tertip edildiğini itiraf etti ve dikkat ettiğim den dolayı beni takdir etti. Hayret kimse farkına varmamış. Hatta muallim bile... Fazla beni haksız bulmuştu. Bu zatla bir de dersime de başka bir meselede çekiştik. Meyilli arazide mıntıkayı mühlikenin vaziyeti hakkında şekil üzerinde izahat vermişti. Fakat bu iddia meyil biraz sonra başlarsa oluyordu. Meyil, atıcının ayağı dibinden başlayınca bu iddia doğru olmuyordu. Derste hocamızın aksiliği vardı. Biz birinci ve dördüncü kısımlar piyade ve subaylar ayrı ders gördüklerinden bir arada terbiyeyi askeriye dersini alıyorduk.

Muallimimiz bugün pek aksiydi. Hep çavuşları kaldırıyor ve izinsiz yazıyordu. Beni de kaldırdı. Bu son derste okuttuğu suali sordu. Ben de bu davanın her meyilli araziye gelmediğini söyleyiverdim. Dehşeti kızdı. Derhal başlangıcından itibaren araziye meyil vererek iddianın doğru olmadığını tahtayla çizerek izah ettim. Muallim şaşırdı. Tabii izinsiz yazamadı. Bütün efendiler intikamımızı aldın diye paydosta beni tebrik ettiler.

TALİM MUALLİMİ İLE MÜNAKAŞAM

Üçüncü sınıfın büyük efendilerinden birinci sınıfa tüfek hakkında malumat vermek ve nişan kaidelerini öğretmek için muallim efendiler gönderiliyor. Manga manga bunların etrafında sıra ile gönderiliriz. Bu surette hareket talimleri ve marş marş koşmaktan dinlenilmiş oluruz. Bu efendilerin bazıları zabitlerden fazla kendilerine ehemmiyet veriyorlar.

Daha ilk temasımızda bu muallim ağır sözler söyledi. Diz üstünde nişan vaziyeti ve martin tüfeğinin akşamını öğretiyordu. Tarif bitince bana suale başladı. Fakat peşin iltifatı pek kabaca oldu ve izzeti nefsimi kırdı. Eğer cevap vermezsen ayıp olur. Hususide sınıfın en ilerisindesin dedi. Derhal silahı bıraktım ve bu mukaddimeye neden lüzum gördünüz dedim.

Beklememiş olacak ki kızarak "karşı mı geliyorsun?" dedi. Hayır, fakat şerefimle oynamaya size hiçbir kimse salahiyet vermediğini söylemek zaruretinde bıraktınız. Sualinizin cevabı büyük bir kıymeti haiz değildir. Böyle de olsa siz ancak onu sormaya ve eğer cevap veremezsem tekrar etmeye mecbursunuz dedim. Ben de fena kızmıştım. Bu efendinin çavuşu gürültüye geldi ve muallimin haksızlığını görünce işi sükunetle halletti. Bu vaka üçüncü sınıf muallimlerini bize karşı pek nazik bir vaziyet almaya sebep oldu.

HİKMET HOCAMIZ AZ KALDI YANIYORDU

Hikmet([43]) ve kimya derslerinin tatbikatı çok hoştu. Bizi çok açıyordu. Gerçi askeri derslerin bilhassa yorucu tatbikatı arasında manasız gibiyse de eğlence yerine geçiyordu.

Hikmet hocamız dershaneye elektrik çıkarma aletini getirdi. Cam tablalar döndükçe elektrik çıkıyordu. Elindeki löklanşe pilini doldurdu ve diğer elinde de bir kase içinde ispirto vardı. Pil ile ispirtoyu ateşleyerek anlatıyor ve tekrar için üfleyerek ispirtoyu söndürüyordu. Bir defa iyi yaptı. İkinci defa üflerken yanan ispirto sol elinin üstüne sıçradı. Eli yanınca çanağı fazlaca sallayıverdi. Bütün sol kolu yanan ispirtoya bulaşarak yanmaya başladı.

Hocamız bağırarak ispirto dolu çanağı dershanenin ortasına atıverdi. Dehşet!... Aletin bütün alt tarafı alevler içinde kaldı. Zavallı muallimimiz askeri ümerasından zat da muallim kürsüsünde gözümüzün önünde haykıra haykıra yanıyordu. Ah, vah sesleri de başladı. Bereket versin bir kuvvetli efendi yerinden atlayarak su küpünü kaldırıp hocanın omuzundan aşağı boca etti. Bir diğeri de fesini, piyadeler, süvariler kalpak giyiyordu, hocamızın yanan eline geçirdi. Hocamız kurtuldu... Yerlerin alevleri de suların fazlalığı ile söndü. Bu müthiş bir manzara idi. Muallim soğukkanlılıkla dedi ki "dikkatsizlik daima ceza getirir.." Zavallının eli günlerce sarılı kaldı.

Kısım büyük sükunet içinde yürüdü. Harbiyede dahi benin bulunduğum yere zabitlerimiz gelmezdi.([44])

---

43   Hikmet: Fizik
44   Zabit çıktıktan sonra sınıf zabitlerim hayret ve takdirle bunları bana anlattılar. Benim mevcudiyetimi borazana sorarlarmış ve gelmezlermiş. Camiye vesaire gitmek için dizilirken...

İLK TÜFEK TAŞIMAK...

Martin tüfekleri çakaralmaz olmuştu. Muhafız kıta efradı mavzerliydi. Efendilere ateş alır tüfek verilmiyordu. Sultan Aziz'in hallinde Harbiyeliler bulunmasından Abdülhamid pek korkmuş. Bunun için battal martinlerle teçhiz olunmuştuk. İlk palaska kuşanıp tüfek aldığımız gün kılıç taktığımız günden fazla bir sevinç duydum. Artık tam manasıyla adam olmuştuk. Harbiyeye giriş tarihi olan 1 Mart 1316 (1900), askere giriş tarihi sayılıyor. Kuleli sultani derecesini, yani sivil gibi. Artı asker olduk, kılmamız var. Resmen tüfek de teslim aldık.

Sınıfın yine birincisi oldum. İmtihanları büyük muvaffakiyetle verdim. Mümeyyizlerin ve hocalarımın takdirlerini alarak imtihandan çıkıyordum. Askeri dersler de dahi teferrüt etmiştim. Her gün bütün derslerim tamdı.

Kuleli'den Harbiye'ye geçerken arkadaşlarıma verdiğim söz hakikat olmuştu. İki sene zahmet çek, bir sene rahat otur. Gerçi rahat oturmamıştım. Harbiye'de çavuşluk daha zor. Nöbetçi çavuşu efendileri mektuplarını ellerine verip lazım gelenleri arıyorlar. Sekiz kısmı dolaşmak çok güçtü. Hususiyle kısımlar bütün mektep içinde serpilmişti. Başçavuşluk çok rahat. Hususiyle sınıfta haşarı mahluk kalmamıştı. Sınıf mevcudu da yarıya yakın inmişti. Birçok dönek ve vefat verdik. Bilhassa veremden çok efendi öldü. Benim samimi arkadaşlarımdan bile. Hem mahalle arkadaşım, hem mektep arkadaşım, üç efendi birbirini takiben evlerinde öldüler. Biri bitişik komşumuzdu. İkinci ve üçüncü seneler dörder kısım olmuştuk. kısımlarımız da deniz cihetinde aydınlık ve güzel manzaralıydı.

Birinci sınıfta karanlık, rutubet ve berbat yerlerdi... Teneffüshaneler birbirinden geçilir bodrum katında boğaziçine veya Maçka'ya nazırdı. Buraya ara sıra arkadaşlarla kahve içmeye giderdik. İyi havalarda paydosu bahçede geçirirdim. İkinci ve üçüncü sınıflarda bahçede kalmak da manzaranın güzelliği ve aydınlık olmasından hoşuma giderdi.

Yanımda Bağdatlılardan iri ve kuvvetli bir efendi vardı. Pek uslu ve çalışkandı. Fakat bu sene pek zayıf ve hasta bir haldeydi. Bir gün cep takvimine bir şey yazarken merakla ben de okudum: "Bugün hava güzel ben de iyiceyim. Dün hava fena idi ben de fenaydım..."

Eyvah bu zavallı da sınıfımızı kırıp döken melun vereme yakalanmış dedim. Ben bu şikayeti verem döşeğindeki arkadaşlarımdan da dinlemiştim. Hıfsızsıhha dersini üçüncü sınıfta okuyacaktık. Ölen öldükten, kalan kaldıktan sonra... Vaziyetim müşküldü. Bu hasta arkadaşla yan yana ben de onun solundaki zavallı efendi de birinci tehlikedeydi. Sınıf da tehlikedeydi. Dikkat ettim, kısa kısa öksürüyor, halsizlik ve terden şikayet ediyor. Dedim arkadaş, hemen hastahaneye git. Bütün hastalığın arazını ve bilhassa takvimine yazdığın satırları doktorlara oku. Böyle yapmazsan hayatını tehlikeye bırakmış olursun.

Bu arkadaş bana teşekkür etti, hemen hastahaneye çıktı ve bir daha da sınıfa gelmedi.

GEÇ KILINÇ OYUNU MERAKI

Daha birinci sınıftayken muhtelif hareketli sabahları bir saat süreyle talim etmiştim. Meraklı arkadaşlara iyi oynayan üstümüzdeki sınıfta bildik bir arkadaşımız talim ettirmişti. En son İtalyan usulünü öğrenmiştik. Bu sene derse başlayınca çabucak hakim oldum. Perşembe günleri de kan-ter içinde oynuyordum. Sene nihayetine doğru muallimlerimizle oynayacak bir kuvvete geldim. Bilhassa hasmımın elinden kılıcı fırlatmakta maharet kazanmıştım.

Arkadaşlarımı güzelce döverdim. Vücudum 55 kiloluk boyum ise 1.68 kadar olduğundan çok da talim yaptığımdan ileri ve geri mahirane sıçrama hasmın hamlesini boşa getirir ve kendi vuruşlarımı isabet ettirirdim.

Son derslerimizde muallimimizi haşlamaya başladım. Çok takdir kazandım. Hem sınıfın birincisi hem de müthiş kılıç ve meç oynuyor diye hocalarımız da müthiş hayret ederdi. Birinciler şimdiye kadar vücutça atıl idi diyorlar. Bir gün meç dersinde hocamıza mükemmel bir vuruş yaptım, kızdı. Mukabil bir devir tuşu pek sert yaptı. Meçimle çeldim fakat meçimin ucu yüzümdeki maskeden içeri girdi. Az kaldı sağ gözüm gidiyordu.

Efendiler korkudan "ay, ay" diye bağrıştılar. Meç güçlükle maskeden çıktı, sağ şakağımı hafifçe çizmişti. Meçin ucu maskenin arkasına değmekle içeride korkunç bir vaziyet almıştı. Muallimimiz de pek müteessir oldu. Bu dersten sonra daha dikkatli ve hünerli oynamaya başladım.

İmtihanda en iyi oynayan muhtelif efendilerle oynadım. Bizden evvel zabit çıkmış ve Beyoğlu'nda hususi ders görmüş biriyle de oynadım. Ellerinden kılıçlarını havaya fırlatmakla ilk zaferi kazanıyordum. Tam numara olan 20'yi nadirattan olarak ben almıştım.

MÜTHİŞ HASTALIĞIM

İmtihan arası frosit (at binme) imtihanına manejdeki havuzun fıskiyesinden pek susayarak su içtim. Birkaç gün sonra müthiş bir baş ağrısı ve üşüme ve kırgınlıktan rahatsızlandım. Hastaneye gitmek şu aralık acı bir şeydi. Birlikte ders çalıştığım arkadaşlarım da bunu istemiyorlardı. Biraz konyak bir şey bırakmaz fikrinde birleştiler.

Terletir, bir şey bırakmazmış... Ben bu yaşıma kadar ağzıma ispirtolu bir şey koymamıştım. Konyak nedir bilmiyordum. Sınıfımızın zadeganlarından biri vasıtasıyla bir kadehlik konyak aldırmışlar, gece yattığım odada iki ağır hasta var; ümitsiz imişler, kendilerinde değiller inliyorlar...

Benim hararetim kırk dereceye çıkmıştı. 15 teşrini evvelde kendimi kaybetmişim. Kendime geldiğimde 20 teşrinievvel idi. Takvimde 5 gün boş kalmış. Buna hayret ettim. Bugünleri nasıl geçirdim bilmiyorum. Beni tedavi eden doktor kaç gündür viziteye geldiği halde bugün ilk görüyorum gibi geldi. İsmi Muzaffer Bey imiş. Pek nazik bir zat, bana çok iyi bakıyor ve iyileşeceğimi söylüyor. Başım pencere tarafında olduğundan bahçeyi göremiyorum. Karşı köşeye naklimi rica ettim. Bu suretle ağaçları ve geceleri yıldızları seyrederim dedim.

İstediğimi yaptılar. Diğer hastalardan biri hâlâ inliyor, diğeri vefat etmiş. Bana bakan nefer pek samimi bir İnsan. Bir gözü sakat olduğundan hastahane hizmetçisi yapmışlar. Çanakkaleli... Buna biraz para verdim bana biraz diğer hastalardan yemek getiriyor. Açlıktan ve perhizden pek usandım. Bana verilen şekersiz süt. 22 teşrinievvelde ayakyolundan çıktıktan sonra birden gözüm karardı olduğum yere yıkıldım.

Gözümü açtığım zaman benim hasta bakıcımın başımın ucunda Fatiha okuduğunu, yanımda doktor ve muavin birkaç kişinin bulunduğunu gördüm. Beni öldü zannetmişler. Doktor Bey benim ayakyoluna çıkmamı men etti. Beni ümitsiz bulduklarını hissediyorum.

Dört günüm pek fena geçti. Vakitler çok uzun geliyor, yanıma hiçbir arkadaşımı koymuyorlar. Kardeşlerimi bile geri çevirmişler. İçim çok sıkılıyor. Geceleri bir selvi ağaçlığının parlak bir yıldızı rüzgarla sallanıp açıp kapaması bana pek hüzün veriyor... Kaç gündür inleyen hastanın sesi kesildi. Ölmüş zavallı.

Bu hüzünle şu ufak şiiri yazdım:

Ölüm
Her gece bir selvi ve bir yıldız
Ve ben yalnız ve ben ıssız
Ölüme böyle gitmek pek zevksiz
Maksatsız ve sessiz
Ne fikrim işliyor ne de kolum
Yakışmıyor bana böyle ölüm

Hastabakıcı yanımdan ayrılmıyor, sanki evladı imişim gibi bana acıyor ve ne istersem bana getiriyor. Aç ölmeyi hiç istemiyorum. Buna bu temiz yürekli asker de dayanamıyor. Yanımdaki ufak aynama baktım, iskelet gibiyim... Dilim bembeyaz, tüylü gibi. Bana ne oldu böyle? Ben bir defa da Mekke'de böyle hastalanmıştım. O zaman da doktorlar benden ümidi kestiklerinden her istediğimi vermişlerdi. Burada neden vermiyorlar, bilmem.

Ben aç ölmek istemiyorum ve neferim bana herşeyi getiriyor. 27 teşrinievvel Cumartesi günü ağabeyim ziyaretime geldi. Tehlikeyi atlatmışım. Beni ilk gün yattığım koğuşa sedyeyle naklettiler. Nekahate girmişim. Beni tedavi eden Muzaffer

Bey koğuştakilere şu tembihi verdi: Arkadaşınız büyük tehlike atlattı. Fakat sakın kendisine verdiğimiz yiyecekten başka bir şey vermeyin, felaketine sebep olursunuz.

İçimden bu işe güldüm ve ben mükemmelen francalalar, pirzola, pilav yiyip duruyorum ya dedim. Arkadaşlar geçmiş olsun dediler ve kurtulduğuma pek sevindiler.

Bu koğuştan ayrılalı onbeş gün olmuştu, birçokları değişmiş.

Bana yine bir-iki gün şekersiz süt vereceklermiş, bu habere çok sıkıldım, kimse de bir şey vermiyor. Bereket mektepten gelen samimi arkadaşlarım vasıtasıyla biraz toz şeker aldırıp sütüme koydum. 29 Teşrinievvel Pazartesi günü artık diyetten kurtuldum. Kebap, muhallebi, francala verilmeye başlandı. 30'da dilimin kenarı kızarmaya, yani eski halini bulmaya başladı. 31'de vücudumda büyük kuvvet hissettim, çıksam bütün İstanbul'u dolaşırım gibi geldi.

Tecrübe için yataktan çıktım, fakat hizmetçi kolumdan tuttuğu halde ayakta duramadım. Vah vah dedim.. Daha kafamla ayaklarım birbiriyle anlaşmamış. 3 Teşrinisani Perşembe günü artık iki gün sonra taburcu olacağım ve iki ay tebdil-i hava vereceklerini söylediler. Tebdil-i hava istemem. İstanbul'dan iyi tebdil-i hava yeri olur mu? Evimiz de İstanbul'dadır. İki ay evime rapor lütfedin dedim. Peki dediler...

3 Teşrinisani Gümüşsuyu hastahanesinden çıktım. 26 gün bu hastahanede tedavi olunmuştum. Hemen bir aydır hastaydım, hamdolsun kurtuldum diye seviniyordum.

Hamdi ağabeyim beni hastaneden aldı fakat ayaklarıma basamıyorum. Kapı önündeki faytona sırtta getirdiler.

Evde annemi görmek en büyük bayram oldu. Birbirimize sarıldık, ağlaştık. Ben ağır hastayken kardeşim Hulusi Bey'i yanıma koymamışlar. O da gelip bunu anneme söylemiş, zavallı annem kendini yerlere atmış. Kazım öldü bunu bana açık söyleyin diye sabahlara kadar ağlamış, haykırmış. Kardeşlerimin teminatına rağmen bugün beni gözleriyle görünceye kadar endişedeymiş. Kaç kere gelmek istemiş fakat ziyaretçiden men olunduğumdan daimi şüphe ve endişede kalmış. Şimdi evin içi bayram... Fakat ben yine yatağa halsiz uzandım. Eve geldiğimin altıncı günü iki haftalık inkıbazdan pek sıkıntı geçirdim, içime baygınlık geliyor. Ne aksi gözümün önünde de zeytinyağlı patlıcan dolmaları geziyor... Bunu annemden istedim, hısım akrabaların şefaatiyle bunu yedim. Derken kapıdan geçen satıcıdan armut aldırarak bunu da yedim.

11 teşrinisani yediklerimin cezası olarak müthiş bir sancıya tutuldum. Ertesi günü biraz hafifledi. 13'te içeri odaya kadar biraz yürüyebildim. Fakat 16'ya kadar sancı vakit vakit sıkıştırdı. 17 ve 18'de biraz hararet de bastı. Ayaklarım yanıyor, bu hal hayli zamandır oluyordu. 19'da ferahladım. Defi tabii de başladı. 21'de aşağı yemek odasına indim; fakat perhizdeyim. Komşum doktor ara sıra geliyor. 26'da tamamıyla tabii bir iyilik hissettim. 27'de kardeşim ve arkadaşımla Şehzadebaşı'na yavaş yavaş gidebildim. Bir müddet istirahatten sonra eve gelebildim.

Artık iyi olmuştum. Bu beni de sevenleri de pek sevindirdi. Nekahet devrinde zayıflığımın sebebini hasta iken perhiz etmediğime doktorum atfetti. Bir simit susamından bu hastalıkta ölmek mümkün olduğundan sıkı perhiz lazımmış... Bağırsaklar zar gibi incelirmiş, ufacık bir şey delermiş. Ben bu işe pek hayret ettim. Mekke'de hummaya tutulduğum zaman da mükemmelen yedim içtim, o zaman ümitsiz bulan doktorlar müsaade etmişlerdi. Bu sefer de ben bilmemezlikle ve aç karnına bu marifeti yapmıştım. Doktora bunlara ne dersin dedim. Binde bir müstesnası olurmuş. Gümüşsuyu'nda ağır hastalara mahsus koğuştaki kurtulamayan hastalara ümidi kesince yemek vermişler, fakat bunlar bindebir olmadıklarından zavallılar ölmüş... Benim binde bir oluşum hoşuma gitti.

Hıfsızsıhhayı Harbiye üçüncü sınıfta okuyacağız. Ne münasebetsiz şey... Veremden yüzlerce arkadaşımız gitti. Ben bilmeyerek neler yaptım. Demek sağ kalan sıhhatinin muhafazasını öğrenecek. Kimin aklıysa diyecek yok...

YILDIZ'A İFTARA

Her sene Ramazanda Yıldız'a iftara gidilirdi. İstanbul'daki bütün askeri gece yatılı mektepler ve kıtalar gider, geçen sene gitmiştim. Bu sene hastalıktan yeni kurtulmuştum fakat kuvvetim gelmişti. İstirahatlı olduğumdan hafta yoklamalarına gitmiyorum. Sınıf arkadaşlarımla görüşmeyi çok arzu ediyorum.

Gerçi pek samimileri eve geliyordu fakat hepsini, mektebi, zabitlerimi görme arzusunu yenemedim, iftar günü mektebe geldim. Herkes etrafıma toplanıyor ve beni daha iyi bulduklarını söylüyorlardı. Beside olduğumu anlatıyorum...

Hayret, Yıldız'a kadar hiç yorulmadım. Başımın ayaklarıma eskisi gibi hükmettiğine pek sevindim. İftardan sonra usulen birer çil altın diş kirası da aldık. Ve yine adet veçhile birkaç kafa dengi arkadaş bir arabaya atlayarak Şehzadebaşı'nda biraz eğlendikten sonra eve döndük.

Ruhumda büyük bir hassasiyet var. Bu hastalığın bende bıraktığı garip bir hassasiyet. Hissi kablel vuku gibi. Mesela evde ziyaretime gelen samimi bir arkadaşım eve yaklaşırken dimağımda görür gibi oldum ve "kapıyı açın İsmail Efendi Zeyrek geliyor" dedim. Kapıyı açtılar ve onun geldiğini hayretle haber verdiler. Bu, arkadaşlarımın en samimi olanlarından idi. Onun da babası benim babamın öldüğü sene ve ikisi Mekke'de koleradan ölmüşlerdi. İkimiz de aynı semtte oturuyor, Fatih, Kuleli ve Harbiye'de aynı sınıfta okuyorduk. Derslerini ben öğretirdim, onun da bana müthiş itimadı vardı. Benim erkânı harp birinciliğiyle diploma alacağımı herkese iddia ile kehanet gösterirdi.[45]

---

45 Bu kıymetli zabit, yüzbaşı rütbesiyle Çanakkale'de Plevne taburunda şehid olmuştur. Muntazam, çalışkan, riya ve yalan bilmez, mert bir Türk çocuğu idi.

BAYRAM ERTESİ İMTİHANIM

Sınıfımız Pangaltı Harbiye mektebinin en güzel kısmına nakledilmişti. Bilhassa benim kısım boğaza ve yıldıza nazır olan köşedeydi. Henüz imtihanlarımın çoğu kalmıştı. Kısımda çalışmak imkansızdı. Bunlara söz söylemek hakkını da kendimde bulamıyordum. Çünkü onlar üçüncü sınıf ben ise henüz ikinci sınıf idim.

Sınıf zabitlerine rica ile mektep hastahanesine naklettim. Ne tesadüf, hastalandığım zaman yattığım yatak boşmuş. Burayı bana verdiler fakat ilk fırsatta buradan kaçtım. Lambalar karşı tarafta olduğundan zahiri sebep de makuldü. Fakat bir hafta sonra sertabib Mişel Paşa (ihtiyar bir İtalyandı, pek titizdir, beni ilk tedavimde teşhis eden budur) "sağlam efendinin hastahanede işi yok. Sen nelerden kurtuldun. Kaç bu hastahaneden" dedi. Çarnaçar sınıfta mütabaki günleri geçirdim.

İmtihanımı büyük muvaffakiyetle verdim. Ve yine sınıfımın birincisi olarak hemen tam numaralarla üçüncü sınıfa geçtim. Fakat birkaç ay hafızama bir tuhaflık geldi. Efendilerin isimlerini unutuyorum. Dâhiliyeden şu kitap veya daireyi isteyenlerin isimlerini isterler, soranı, beni de yaz başçavuş diye bağıranlara bakıyorum, tanıyorum hatta nereli olduğunu da hatırlıyorum; fakat acaba ismi neydi?.. Ne berbat vaziyet. Bunu efendilere nasıl söyleyeyim.

Bereket bir kurnazlık aklıma geldi: Efendiler aynı zamanda birkaç efendi beni de yaz diyor. Yanlışlık olmaması için kim ismini yazdıracaksa ayağa kalksın ve ismini söylesin dedim. Bu suretle noksanımı kapadım.

Hamdolsun bu hal uzun sürmedi ve bu unutkanlık muhakeme kuvvetimin artmasına mucip oldu. Bir şeyi daha etraflı tetkik ve muhakeme edebiliyordum.

ARAZİDE ŞÖHRET KAZANDIM

İlk tabya tatbikatında kabaput sırtlarından darülacezeye karşı bir ileri karakol meselesini emniyet ve keşif hizmetlerini araziye tamamıyla uygun bir halde yaptığımdan tabya muallimimiz pek takdir etti.

Ve ilk ameliyatta bu kadar uygun bir tertibat yaptığımı sınıf zabitimiz de gördüğünden aldığım "aferin"in mektepteki aksi daha da büyük oldu. Talim muallimlerimizin nezareti altında yapılan livanın yürüyüş ve yanaşık nizamda hareketleri günü de büyük muvaffakiyet kazandım. Beni liva kumandanı tayin ettiler. Sınıfın İkincisi ve üçüncüsü de alay kumandanı idiler. Gerek ses ve gerekse işaretle umum mektep mevcudundan mürekkep olan livamı pek güzel idare ettim.

Harekatı idare ederken muallimlerimiz atlarını bize vermişlerdi. Küçükten beri atla ünsiyetim vardı. Furusiyette de mumarese kazanmıştım. Liva paşalık vazifesini çok iyi ifa ettiğimden takdir olundum.

Ertesi günü gazetelerde bu manevra ve idaredeki liyakatim intişar etti. İstikbalim için bunun hayırlı bir şey olduğunu arkadaşlarım ve zabitlerim söylüyorlardı. Ben dinlerken çok utanıyor ve sıkılıyordum. Fakat nazariyatta olduğu gibi ameliyat ve tatbikatta da büyük nüfuz kazandığımdan seviniyordum. Bugünlerde bir de idari meselede mühim bir mevki kazandım.

Şöyle ki: Mutfak nöbetçisi efendi ne yapar? Şimdiye kadar mutfak nöbetçiliğini çalışkan efendiler pek almazdı. Ekseriya büyük efendilerden dersle pek arası olmayanlar yaparlardı. İkinci sınıfta dahiliye nizamnamesini okumuştuk. Müthiş ezberdi. Yoklamalar, tablalar, muhtelif defterleri ezberden sorarlardı. Dahiliye muallimine bunun bu tarzda okutulacağı yerde cetvelleri yüzden anlatmak, doldurmak ve tatbikatını yapmak mümkün olan yerlerde dahi bu surette öğrenmek daha muvafık olmaz mı diye mütala beyan etmiştim. Bu sene karar verilmiş, sınıf birincisinden başlayarak sırayla her efendi nöbetçi efendisi olacak ve tablaları tetkik edecek. Bu emir mucibince sıra başladı. Ben bu emrin birinci mutfak nöbetçisi oldum. Tablayı iyice tetkik ettim. Kazana konan et ve erzakı da kontrol ettim. Yemekler dağıtılacağı zaman birtakım adamların ellerinde karavana yemek almaya geldiklerini hayretle gördüm. Mektebin gazcıları, zabitan hizmetçileri, mektep nazırı Rıza Paşa'nın emrettiği daha birtakımları... Hiçbirine verdirmedim... Dahiliye nöbetçi zabitliğine giren numune karavanasını da yine kazana boşalttırdım. Aşçıların yağlı silme karavanaları da mevcutlarına göre tashih ettirdim.

Az sonra nöbetçi yüzbaşısı telaşla geldi. "Sen ne yaptın. Mektep nazırının emri veçhile yemek alacak olanları kovmuşsun. Hepsinin yemeklerini ver. Sonra numune karavanası nöbetçi zabitlerine aittir. Bu usulleri bozmaya nasıl cüret ettin? Gönder bunları yerlerine..." dedi.

Cevabım: "Mümkün değildir efendim. Çünkü şu tablalarda buyurduğunuz yerlerin ismi yoktur. Efendilerin istikhakından şimdiye kadar usulsüz yenmiş. Eğer müdüriyetin emri varsa onu tablaya yazmalı ve erzaklarını da kazana koydurmalıdır..."

Nöbetçi yüzbaşısı; ne cüret. Bu aleyhine fena netice verir.

Ben; Bize verilen emir geçen seneki okuduğumuz nazariyatın bu sene tatbikatını görmektir. Bugün derslerden bunun için geri kaldım. Aldığım vazifeyi öğrendiğim tarzda tatbik etmeye mecburum. Biz ordularda da efradın istikhakını şunun bunun emri ile suistimal mı edeceğiz!.. Ben her mesuliyeti kabul ediyorum ve tablada ismi olmayan hiçbir yere bir lokma bir şey vermiyorum... Nöbetçi zabiti başını salladı ve gitti. Ben de yeniden gelenleri tekrar boş döndürdüm. Bu iş mektepte bomba gibi patladı ve sevinç uyandırdı. Fakat benden sonra nöbete girenler bu cüreti gösteremediler, yine eski vaziyet devam etti.

BİR ŞARAPNEL KOVANI

Bugün tatbikattan gelirken Vasıf Der Aliyye isminde pek uslu ve saf, sınıf ve kısım arkadaşım Kağıthane poligonu yakınında bir şarapnel kovanı bularak mektebe getirmiş. Esleha dersinde bunu muallimin kürsüsünün üstüne koyarak bunun ne olduğunu anlatmasını muallim kaymakam Tahsin Bey'den rica etti. Tahsin Bey, hiç cevap vermeyerek dersine devam etti.

Dersten sonra muallimler odası kapısına beni çağıran muallimimiz şunları söyledi: O efendi deli midir, ahmak mıdır? Benim başımı da belaya sokacak. Mektebe topçu mermisi getirildi diye yazılacak... Bir jurnalle top da getirileceği ve yıldızın topa tutulacağı da uydurularak başımıza felaketler getirebilirler. Git, kovanla birlikte o serseriyi de buraya getir. Cevabım kısaca "başüstüne efendim"den ibaret oldu.

Kendi halinde olan bir muallimimizin bile istibdatın zehirlediği hava içinde ne vehimli olmuştu ve en rezil hafiyelere rahmet okutacak jurnal yazmaya karar vermişti. Dershaneye koştum ve Vasıfı bularak dedim ki: "Kovanı gizlice bir abdesthaneye at. Hangi abdesthaneye girip çıktığına dikkat bile etme. Hocamız sorarsa, dersten çıkar çıkmaz attığını söyle. Ben şimdi gidip kendisine aynı cevabı vereceğim. O, kovanla seni getirmemi emretti. Sükunetini sakın bozma..."

Vasıf'ı bu işi yapmaya gönderdim. Kendim de muallime tekmil vermeye gittim. Beni hala odanın kapısı önünde bekleyen muallim telaşla sordu: "Nerde o efendi? Hani kovan?.."

Şu cevabı verdim: Efendim sizin telaşınızdan korkmuş, paydos borusu akabinde kovanı bir abdesthaneye atmış.

"Bu aklı ona sen verdin. Hem de ben kovanı istedikten sonra... Buna şüphem yok, doğrusunu söyle" diye bana çıkışan muallimi şu cevabımla mahcup ettim: "Efendim o talebeyi felaketten kurtarmaktan ziyade muhterem hocamı fena bir hareketten korumak için bunu ben akdedip yaptırdım.

Hocamız acı bir tebessümle odasına girdi, mesele de kapandı.

YENİ MİKYASLARIN TATBİKİ LAZIM

Evin odun-kömürünü her sene ben alırım. Unkapanı'nda laz kayıklarda ucuzca olur. Bunlar bildiğimiz kile üzerine pazarlık eder, buna eski okka deriz. Fakat kantariye muamelesi yapılır. Kantar memuru aksi bir adam, aramızda ihtilaf oldu.

Bir memur olmasına rağmen kendisini halka hürmet ve emir vermek selahiyetine haiz büyük bir amir zannediyor. Bana haşin söyleyince dedim: Arkadaş sen halka da böyle mi muamele ediyorsun? Ben sana memura yakışacak tarzda cevap vermeyi öğreteyim de günün birinde maruz kalmaklığın muhtemel olan fena akıbetten kurtulmuş olursun. Bak senin vasıtanla devletin hazinesi para kazanıyor. Senin kazancın da bu yüzdendir. Eğer bir müşteriyle mal sahibi arasında anlaşmamak olursa, senin kantarının gösterdiği rakamı 0.78 ile zarbedip, tarttığını eski okkaya tahvil etmekle her iki tarafı hükümet namına memnun etmiş olursun. Bu esasen kantar tutanın vazifesidir. Vazifeden sıkılmayın. Hususiyle bunu yapmakla iki insanı da memnun edeceksin.

Sözlerimin ne tesir yaptığını ve benden sonrakilere ne gibi bir muamele yaptığını bilmiyorum. Yalnız önüne bakarak gitti. Ben de eve gelince bu münasebetsizliği bütün gazetelere yazdım: Hükümet yeni okka, halk eski okka ne demektir? Muhakkak birinin kaldırılması lazımdır. Eski mikyasların kaldırılarak, her hususta kolaylık olan 1 ile sıfırdan mürekkep yeni sistemin umum için kabulü çoktan gelmiştir. Kantar başı halk için bir sıkıntı yeridir. Hele üç çeşit uzunluk mikyası, zihinleri karıştırmak için aransa bulunmaz bir azizliktir.

Merci, bu işi biran evvel yapmakla halkın zarar ve rahatsızlığına nihayet vermelidir...

Hayret... Hiçbir gazete mektubumu yazmadı. Adresimi de açık yazmıştım. Bugünlerde başıma gelen garip diğer bir mesele de bu teklife beni sevketmişti.

Şehzadebaşı cami avlusundaki salı pazarından evden sipariş olunan basma vesaire almıştım. Bazı hilekarlar el çabukluğu ile arşın kaydırdıklarından eve gelince kendi şeridimle ölçtüm, eksik... Geri döndüm ve herife bir daha ölçtürdüm, tamam. Fakat hemen aklıma geldi ki çarşı arşını başka pay arşını başka. Derslerimiz, askeri tatbikatlarımız ve nişangahlarımız ise metre üzerine idi.

Buna kızarken kömür alma meselesinde dahi kantar memurunun münasebetsiz vaziyetini gazetelere yazmaklığıma sebep oldu. Bir aralık eski yeni okkalar meselesi halloldu, yeni okka kabul olundu, fakat çok sürmedi. İrtica yaptılar, yine eski vaziyete döndü.

MÜNASEBETSİZ BİR GÜLME

Hastalığımın bende bıraktığı garip bir hal... Eğer bir şeye fazla gülersem kahkahamı tutamıyordum, bir hayli gülüyordum. Bu hal bir sene kadar sürdü ve coğrafyayı askeriye dersinde fena bir hal oldu.

Bu dersin muavini de Rus hududunu ders olarak anlatıyordu. Kendisi oralarda gezmiş, senelerce vazifeli olarak kalmış. En ince teferruatını biliyordu. Taş çıkıntıları, çalılıklar vesaire bu gibi değişmesi mümkün olan ve hatta olmayan bir sürü lüzumsuzlukları ders diye anlatıyordu.

Haritamız milyon mikyasında birkaç mühim noktayı gösteriyor. Kitapta dahi fazla şey yok. Hocamız Karadenizde kopmuş burundan başladı. Bir müddet not aldım. Fakat bu manasız şeyleri yazmakla parmaklarım yoruldu. Kurşun kalemimi münabeyle parmaklarımın arasında yazarak, baş ve şehadet parmağı istirahat ettirdiğim halde, elim yoruldu. Halbuki daha hududun başlangıç kısmından ayrılmamıştık.

Yanımdaki arkadaşım da hocamızın mütemadiyen tekrarladığı "velakin"leri her tekrarında seri bir not gibi yazıyor ve yanına bir sıra numarası atıyordu. Hocamız bunları pek sıklaştırdı, o da notunu gülünç bir tarzda süratlendirdi.

Ben notlarımı bırakarak yan gözle buna bakıyordum. Nasılsa makaraları koyuverdim. Ömrümde bu kadar utanç vaziyete girmemiştim. Nasıl gülme... Yaptığım iş değil. Kimsenin de bu kadar güldüğünü görmemiştim. Hoca takriri kesti. Herkes bana bakıyordu. Dudaklarımı ısırıyordum. Kabil değil... Sinir lazımını yaptı, asabım sükunet buldu. Ben de sustum. Muallim Bey sükunetle bakıyordu. Sınıf birincisi ve en uslu bir efendinin bu haline kızmadı.

Neden o kadar güldüğümün sebebini sordu. Not tutamadığımdan sıkıldım, sinirlerime hakim olamadım, affedin efendim dedim. Takririne başladı. Bir daha bir halt ederim korkusuyla notu da bıraktım, yanımdaki arkadaşın tuhaflığı da hatırıma gelmemesi için sol kolumu sıraya dayadım, elimle de başımı tuttum.

Az sonra hocamız "ne o başçavuş neden not tutmuyorsun. Darıldın mı? Bu tarafa bile bakmıyorsun" demesin mi? Bereket paydos vurdu. Bu münasebetsizlik de kapandı.

Bu hadise de benim sinirlerimin eskisi gibi başımın hakimiyetine geçmesine vesile oldu. Bir daha istemedikçe gülmedim. Esasen olur olmaz şeylere ne kızarım ne de gülerim...

Harbiye üçüncü sınıf tahsilimi de muvaffakiyetle bitirdim. 23 Teşrinisani 1318'de mülâzımı sâni olarak erkânı harbiye sınıflarına ayrıldım. Sınıfımın birinciliğini de muhafaza ettim. Umumiyetle numaralar kırıktı. Benim ekser dersler tamdı. Coğrafyayı askeriden beş numaram kırılmıştı. Cem'an tam numaradan belki üç numara noksandı.[46]

Sınıfımız Harbiye'nin 56. sınıfıydı. 544 efendi, zabit oldu. Ben birinci, kardeşim Hulusi 199. olarak diploma aldık.

---

46   Okuduğumuz dersleri ve numaraları bir arada olarak Erkân-ı Harbiye tahsilimin nihayetine yazdım.

TASARRUFUMUZ VE TALİHİM

Harbiye sınıflarında da lazımı gibi tasarruf yapmıştık. Haftada masrafım 10 kuruşu geçmezdi. İzinli çıktığınız zaman Pangaltı'dan Zeyrek'e yürüyerek gelirdik. Maaşlarımız hiçti, kitaplarımıza kesildikten sonra cüz'i bir şey kalıyordu. Fakat gerek evce ve gerekse biz iki kardeş büyük tasarruf yapmıştık. Evimizin üst katını da tamamlamıştık.

ORDULARA KURA ÇEKİYORUZ

Biz Erkan-ı Harbiye sınıflarına ayrılmamıza rağmen bizi de kuraya dahil ettiler. Halbuki üç sene sonra yeniden kura çektireceklerdi. İlk ben çektim: Hassa. Bu bir piyango idi. Çünkü İstanbul'dan ayrılmak istemeyen zengin çocukları bunu parayla satın alırlardı. İltimas olmayıp da Hassa'yı çekenlerin Trablusgarp'a gitmesi çok muhtemeldi. Oralardaki kıtalar da Hassa'ya merbut.

Kardeşim Hulusi Bey'e üçüncü ordu çıktı. Merkezi Selanik. Serez, Üsküp, Manastır, İşkodra, Yanya dahil... İki kardeş düşündük: Eğer Hassa'yı kardeşimle değişsem ya Trablusgarp'a giderse, yazık. Halbuki 44 altın peşin veriyorlardı. Ben Erkânı Harp çıkınca üçüncü orduya gitmekliğim mümkündü. O halde iki kardeş orada birleşir, annemizi de yanımıza getirebilirdim. Bu kararı kabule de mecburduk. Zira ev yaptırma mecburiteyi altında parasızdık. Elbise bile yaptıramıyorduk. Bunu Cenab-ı Hakk'ın bize bir lütfu telakkiyle hemen satarak kendimize elbise ve kardeşime yol eşyası, annemize de hediyeler almaya karar verdik.

Bir zengin arkadaşla becayiş yaptık. 44 altın aldım. Sevinçle eve geldim. 44 altın... Ailemiz için büyük bir servetti. Her istediğimizi yaptık. Kendimize harçlık bile kaldı. Kardeşime ve bana birer Rumeli şimendifer tahvilatı da aldım. Bütün evi de sevindirdim.

SIHHATİM VE SELABETİM

Geçen sene imtihan arası tutulduğum hastalıktan başka esaslı hasta olmadım. Kardeşimin sıhhati de iyiydi. Her hafta deniz hamamına devam ediyorduk. Bakırköy, Moda, köprü yürüyüş idmanımız ise talimler dolayısıyla mükemmeldi.

Benim kılıç ve meçdeki muvaffakiyetim devam ediyordu. Çok çevik ve çok sıhhatliyim. Hıfzıssıha da okumuş ve imtihan da vermiştik. Vücuduma daha itina ediyordum. İnce uzun tipteyim. Safi vücudum 56 kilo.

İtikatte ve ahlakımdaki selabet mükemmeldir. Yalnız bu sene ibadet faslı gevşedi. Hasta oluncaya kadar büyük bir dikkatle abdest, namaz, oruca devam ettim. Sonrası vücuduma büyük dikkat lüzumundan bu işler ihmale uğradı. Fakat selabetim bozulmadı. Memleket ve millet muhabbeti çok gönüldendi.

Ağabeyim Hamdi Bey ile istibdat ve hürriyet üzerinde konuşuyorum fakat daha üç sene tahsilim bu işleri esaslı düşünmekten beni men ediyor.

KARDEŞİM ORDUYA GİDİYOR

Ramazanın ortalarına gelmiştik. Kardeşimle şık zabit elbiseleriyle gece Şehzadebaşı'nda gezdik ve at cambazına girdik. İki kanun geldi. Benin yakamda namzet işareti olarak iki yıldız vardı. Evvelce Erkanı Harp sınıflarına az efendi ayırıyorlar ve erkanı harplara mahsus sırmalı yakayı takıyorlardı.

Üç senedir 40-50 efendiyi alıyorlar ve erkanı harp namzedi diyorlar. Bunların içinden 14-15 efendi numaralarına göre erkanı harbe ayrılıyor. Kanunla bana bir şey sormadılar, kardeşimin yanında yavaş yavaş konuştular. Meğerse Sultan Hamid'in Ramazanın ortasında yapacağı hırka-i şerif selamlığında yeni zabitlerin İstanbul'da bulunmaması, ordularına gönderilmesine dair irade çıkmış.

Kardeşimi merkez kumandanlığına istediler. Ben de beraber gittim. Bütün sınıf arkadaşlarımızdan zabit olanlar da orada bir koğuşa doldurulmuş. Hulusi Bey kardeşimi de oraya koydular. Ne olacak bunlar? Niçin daha ilk zabitlik zevkine doymadan bunları hapsediyorsunuz diye oradaki kanun zabitine çıkıştım. Havyan gibi herifler... "Biz emir kuluyuz, ilk vasıtayla çıkan zabitler ordularına sevkolunacak. Emir böyle" dedi. Peki bu tazyike ne lüzum var? Bırakın evlerine gitsinler... Kendileri ordularına ilk vasıtayla gitsinler dedim.

Merkez kumandanı makamında yokmuş. Yarın söyleriz dediler. Allah hepinizin belasını yakında versin!..

İçimden söylenerek yeisle eve geldim. Hulusi Bey'in başından geçeni anlattım. İlk zabitlik zevkini böyle kıranlara ve mahiyetine hayli beddualar edildi. Dünyada müstebitler kadar aptal ve düşüncesiz kimseler var mı acaba? Yeni çıkan ve sadakat yemini eden zabitleri yeminlerini geri alma ve bu kötü idareyi devirmeye kendileri sebep olmuyor mu?..

Ertesi günü Merkez kumandanına gittim. Kefil olarak kardeşimi kurtardım. Birçokları kanunlar nezaretinde trenlere, vapurlara gönderiliyordu. Ben hiç olmazsa kardeşimin annem ve kardeşlerimle bir son yemek yemek, hazırlanmak ve veda etmek fırsatını kazanmıştım.

Kardeşim trenle Selanik'e gitti.

İZMİT'E İKİNCİ SEYAHAT

Ben de bir hafta sonra İzmit'teki ağabeyim Yüzbaşı Hilmi Bey'in yanına hareket ettim. Maaşlarımızdan toplananları almak vazifemdi. Ramazanın yirmibeşinci günüydü. Sonbaharın yağmurlarından Gebze'de bir yar yıkıldı. Trenimiz ikiyüz metre kala bu yıkılma olmuştu. Birden durdu. Büyük tehlike geçirdiğimizi anladık. Bayır aşağı tren sürüklenebilirmiş. Yardan düşen taşlara çarparak vagonlar parçalanabilirmiş... Başımıza gelenler... Bir gecelik iş varmış. Gebze'de vagonda geceledik.

İzmit'te birkaç gün kalarak İstanbul'a döndüm ve Erkan-ı Harp mektebine lâzım olan hazırlığını yaptım.

ERKÂN-I HARP MEKTEBİNDE ÜÇ SENE...

1319, 1320, 1321 senelerim Erkân-ı Harp tahsiliyle geçti. Harbiye'de piyade olduğumuzdan üç Erkan-ı Harp senesini süvari geçireceğiz. Süvari elbisesi giyiyorum; kalpak, tek düğmeli ceket, rütbe alameti kolda ince sırma şerit (fırdolayı), omuzda da sırma burmalı apolet, pantolon yeni kabul edilen mavi renk. Pantolon zırhı üç parmak eninde kırmızı. Çizme ve mahmuzlar. Piyade zabiti kisvesinden pek parlak. Yakamızdaki yıldız hoşumuza gitmiyor. Jandarma küçük zabitleri de böyle.

BİR GREV

Erkanı Harbiye sınıflarının itibar mevkini gittikçe küçültüyorlardı. Her sene dersler başlayınca üst sınıflar birinci sınıfa "hoş geldiniz"e gelirler, bunlar da ziyareti iade ile onlara teşekkür etmek adetti.

Bunu son biz tatbik ettik. Emir verdiler, bir daha sınıflar birbirlerini ziyaret etmeyecek... Bu hadise ruhlarımızda isyan uyandırmıştı. Başlarımız ilim ve irfan nuruyla doldukça tazyike karşı nefret ve isyan hislerimiz çoğalıyordu.

Hislerimizin bir şey yapmak istediği derslerin şu başlangıç devrinde bizim kulelideki makine hocamız Erkanı Harp binbaşısı bey, erkanı harbiye birinci sınıfa hitabet hocalığına geldi. Beni sınıf birincisi görünce memnuniyetini bildirdi ve böyle bulacağını tahmin ettiğini söyledi.

Bu iyi... Fakat sınıfa hitaben söylediği ilk sözlerinde büyük bir gaf yaptı. "Sizin gibi bir gürüha muallimliğe geldiğimden memnunum" diye söze başladı. Bütün sınıfın hassas sinirlerini lazımı kadar gerdi.

Paydosta sınıfı terkettikten sonra herkes aleyhine veriştirdi. Bize nasıl "güruh" diyor diye iş alevleniyordu. Önledim... Bunu hareket makamında söylememiştir. Çünkü bu zattan bir sene ders gördük. Kaba ve hürmetsiz bir adam değildir. İdadi efendilerine karşı bile nezaket gösterirken bize kaba muamelesine mana yoktur. Nasılsa, ağzından kaçmış olabilir. Devam edecek muamelesine bakalım diye sınıfı yatıştırdım...

Şikayet etmek, kendisine söyleyerek bu sözü geri aldırmak isteyenler, grev yapmak fikrinde olanlara karşı benim teklifim galebe çaldı. "Peki" dediler. Fakat hocamız ilk vazifeleri pek fena hırpalamıştı. Hem de birçok tashihlileri haksızdı. Bu işi fena mecraya döktü. Herkes paydosta söyleniyor, alay ediyordu. Bize iyi makina okuttuğu halde askeri hitabet dersinde zayıflığı hissolunuyordu. Biz Harbiye'de bu dersi okumuştuk. İçimizde pek güzel yazanları da vardı. Hocamız verdiği vazifeyi kendi de yazmış, fena birkaç mühim kaide hataları olduğu gibi kalem ve hatta fikir bile zayıf...

Bu elde müthiş bir taarruz silahı oldu. Esasen Kuleli'de makina dersinden notu kırılan birkaç efendinin hıncı da eklendi. Artık bana susmak ve kararı beklemek kaldı. Herkes bir fikir söyledi ve nihayet şu fikir sınıfın fikri olarak ortada canlandı: Hocamız derse geldiği zaman verdiği ikinci vazifeyi vermemek... Vazifeleri sınıf birincisi sıfatıyla ben toplardım. Kimin yanına gidersem "daha bitiremedim" diyecek ve benden de istenirse ben de böyle söyleyecektim. Şeref ve namus üzerine söz isteriz dediler, hep bir ağızdan kabul dedik.

Bir de muallim tarafından gönderilen geçen vazife siyah tahtaya yazılacak ve yanlışları tashih olunacak. Bu suretle müthiş intikam alınacaktı.

Zannolunuyordu ki bu ağır muamele karşısında bu zat vazifeden çekilir veya muamelesi başka bir inceliğe dökülür... Şiddet tatbikine cesaret edemeyeceğini kabul ediyorduk. Sebebi bize gürüh demişti. Bu hakaretle mukabeleyi nefs olunacaktı.

Tersine hesap yaptığımız gibi çıkmadı. Gelir gelmez "vazifeleri toplayınız kazım efendi" emrini verdi. 15 efendi karar veçhile daha bitirmedim deyince, muallimimiz dedi: Ya, anlaşıldı... Siz yazdığınızı getirin.

Cevabım: Efendim ben daha bitiremedim... Muallimin rengi sarardı, derin daldı. Belki dershaneyi terk edecekti. Vaziyeti pek meşguldü. Benim vaziyetim de pek nazikti. İki efendi işi berbat etti. Vazifelerini bana uzattılar.

Muallim onlara teşekkür etti ve bana kızgın bir çehreyle "yerinize oturunuz" dedi. Aldığı vazifeleri cebine koydu, başım geriye çevirdi, bu seferde tahtada yazısının tashihlerini görmez mi!..

Paydosa kadar başını bize çevirmedi ve gözlerini tahtadan ayırmadı. Paydos borusunda selamsız çıktı gitti... Sınıfta vazife veren iki efendiye karşı lazımı gibi hakarete başladılar. Ve bu işte bazılarımızın yanacağı ve bunun birincisi ben olacağım ileriye atıldı. Çünkü vazifeyi yapmadıklarını efendiler bana pek hafif bir sesle söylemişlerdi. Ben ise yüksek sesle muallime cevap vermiştim. Vaktiyle beni tanıdığı ve birinciliğimden memnun olduğu halde beni böyle isyanın başında görmesi bana da acı tesir yaptı. Sınıfa şu teklifi yaptım: Arkadaşlar, maddi ve manevi ne zor bir mevkide kaldığımı gördünüz. Şahsım için mukadderata tabi kalabilirim. Fakat pek ağır olan bu mukabeleyi mütavazın bir hale getirmeliyiz. Vazife veren efendiler gitsinler, "sınıfın yaptığı bu bir itaatsizlik ve hürmetsizlik değildir. Kırılan haysiyetlerinin tamiri düşüncesiyle yaptıkları bir harekettir. Muallim Bey bizlere karşı lazımı olan nezaketten ayrılmadıkça kendisine karşı bizlerin de hürmet ve itaatten ayrılmayacağımızı" söylesinler.

Bu teklifim kabul olundu. Bazıları bizzat bunu sen yapmalısın. Bu efendilerin bu seferde iş bozanlık etmesi düşünülmelidir dediler. Bu aralık muallim bey de beni istemiş. Vazife bana verilmiş, ben de bunu mükemmelen yaptım.

Muallim Bey ile sınıf arasında samimiyet başladı. Felakete uğrayan da olmadı.

KEMAN ÇALMAYA BAŞLADIM

Harbiye üçüncü sınıf sonlarında bir gün birkaç samimi arkadaş görüşürken bahis musikiye intikal etti. Ben, ne alaturka ne de alafranga parçalar veya kaideler bilmiyordum. Gerçi sesim pek güzel ve gürdür. Bir hayli şarkı da biliyorum. Güzel gazel de okuyorum. Fakat makamlarını, usullerini bilerek değil... Ve kimsenin yanında da okumam. Beş-altı sene evvel birkaç defa elime kanun aldım, o kadar... Arkadaşlardan Zeyrekli İsmail efendi kanun çalar. Ben kemanı pek sevdiğimi söyledim. Derslerde herkesten kuvvetli olduğumu her yerde söyleyen ve takdir eden bu arkadaş benim musikiden de kendisinden ileri sözle olsun atıldığıma karşın çocukça şu cevabı verdi: Sen, keman çalmak değil, ondan ses bile çıkaramazsın!

Bu söz bana acı tesir yaptı. Keman nedir ki... Ben ses bile çıkaramazmışım. Bu samimi arkadaşımın yüzüne baktım ve fikrimden geçen şu kararımı gözlerine aksettirdim: Bir gün güzel keman çaldığımı sana itiraf ettireceğim.

Bu arkadaş da kardeşimle beraber üçüncü orduya gitmişti. Ben kapalı çarşıdaki bir dükkandan en ucuz bir keman aldım. Otuz kuruş verdim. Adam bana reçine istemez misin dedi, ne olacak bu dedim. Bunu yaya sürmeden keman çalınmaz dedi. Hakikaten yaya sürdüm ses çıkmıyor, reçineyi sürdüm, mükemmelen ses çıktı. Eh, görürsün sen İsmail dedim ve kemana başladım.

Bir tel üzerinden basit türküleri daha ilk gün çaldım. Keman akordunu ve nota ve peşrevleri teyzemin çocuğu Hüsnü Bey'den öğreniyordum. O, bir seneden beri muallimden keman öğreniyordu.([47])

Harbiye üçteki sözünü hatırlattım. Bu sözün bana keman öğrettiğini anlattım. Sonraları alafranga da biraz öğrendim.

11 Kanunisani 1318'de, daha derse başlayalı üç hafta olmuştu, akşam yoklamasında Harbiyeliler bahçede "padişahım çok yaşa" diye bağırırken biz de dershanede oturuyorduk. Yüzünü ilk gördüğümüz müfettiş İsmail paşa bizi gördü ve darıldı. Bugünden itibaren erkanı harp sınıflarının da koridorda yoklamaya çıkması emrolundu.

---

47 Meşrutiyetten sonra İstanbul'da bu arkadaşımla buluştuk. Kanunu alıp bize gelmesini rica ettim. Bir semtte oturduğumuzdan o gün geldi, akordunu yaptı. Dedim ben de kemanla iştirak edeyim mi?.. Sahi mi, latife mi dedi. Kemanı getirdim, akordunu yaptım ve beraber nihavent peşrevini çaldık. Hayretlere düştü. Bir taksim dinledi, büsbütün şaşırdı. Mükemmel çalıyorsun dedi.

MÜTHİŞ BİR KAZA GEÇİRDİM

26 Mayıs 1319 günü Mevlit Kandili münasebetiyle izinliydik. Kuleli ikinci sınıftan beri en samimi arkadaşlarımdan biri olan ve erkanı harbiye sınıfında dahi en yakın arkadaşım olan Seyfi Bey'le Kadıköy'den iki at kiralayarak Çiftehavuzlar'a kadar at gezintisi yaptık.

Dönüşte cadde boyunca fener cihetine yarış yaptık. Önümüzde yol amut bir vaziyette sağa ve sola ayrılıyordu. Biz sola dönerek Fener'e gidecektik. Ben sağda, Seyfi Bey soldaydı. Atı sağa kıvrıldı. Seyfi vaktiyle yardımlarını hazırlamamış olacak ki mani olamadı. At başı beraber gidiyorduk. Bu vaziyette ata hakim olmakla beraber sola gitmekliğim müthiş tehlike olurdu. Ben de sağa çevirdim. Meğer dönek yerinde bir incir ağacı varmış, hemen hayvanın boynuna yaslandım. Kalın daldan kendimi kurtardım. Fakat ufak dallar kamçı vurması gibi suratıma müthiş çarptılar. Bereket atın süratini de birden kısmıştım, kalpağım düştü, dişlerim kanadı, sağ gözümün altı berelendi. Geldiğimiz yolun tam karşısında hanımlar oturuyordu. Kalın daldan korkmuşlar, müthiş bağrıştılar...

Attan düşmediğimi ve küçük dalların arasından sıyrılıp geçtiğimi görünce sevindiler. Düşen kalpağımı temizleyip verdiler. Teşekkür ettim. Attan inmedik, yolumuza devam ettik. Bir hafta bu darbelerin acısını çektim. Bereler de bu müddet nihayetinde kayboldu.

DERSLERİMİZ...

Askeri dersler insana büyük şevk ve heves veriyor. Fakat bunların arasında riyaziye manasız bir şey... Birçok düsturlar ve nasıl bulundukları tafsilen okutuluyor. Askeri derslerle hiçbir münasebeti de yok... Bütün efendiler bu dersten şikayetçi. Kafalarımızı beyhude hırpalıyor. Golç Paşa gelmezden evvel "taş ve ağaçların kesilmesi", "gülle istifi" gibi garip dersler de varmış. Bunları o zat kaldırmış. Okuduğumuz riyaziyat-ı Aliye'yi neden bırakmış anlaşılmaz şey...[48]

Bari düstûrların nasıl çıktığını ezberlemek olmasa. Tatbiki tarzda ve basit okutulsa. Bu fikrimi muallimimize, bu da erkanı harp ümerasından bir zat, söyledim, kızdı. Lüzumlu imiş, zihin açarmış...

Fransızca hocamız, Fransız idi. Bundan da yarıdan fazlamız istifade edemiyorduk. Çünkü Fransızca anlamıyorlardı. Ders nazırı, mektep müfettişi gibi insanlar ve bunların lazımı gibi makamları vardı. Bir de o sene meclisi maarif askeri diye bir şey vardı. Mektep muallimleri burada fikirlerini beyan eder, layihalar münakaşa olunurdu. Fakat derslerle alakası olan makam yoktu. Rusçayı iyi Rusça bilir bir İslamdan okuyorduk. Fakat istifade birkaç meraklıya inhisar ediyordu. Almanca okuyan arkadaşlarımıza bir erkanı harp okutuyordu. Onlar da bizim gibiydiler...

Tabya ve istihkam derslerinde Alman muallimlerden istifade ediyorduk. Türk muallimlerimiz de daha evvel yetişmiş

---

48 1324 senesi dibayetinde Maarifi askeride arkadaşlardan Mümtaz Bey'le müşterek tesirle Erkan-ı Harp sınıflarından riyaziyeyi kaldırttık.

zatlardı. Yalnız ekserisi orduda hizmet etmemiş nazari zatlardı. İmtihan pek sıkı yapıldı ve pek yazık ki göz göre göre iltimaslar da yapıldı. Askeri derslerim iyiydi. Kitabetten üç, riyaziyeden 9, Fransızcadan 15 numaram kırılmıştı. Diğer efendilerin de dolgun numaraları yoktu. Riyaziye ve Fransızcadan bu kadar numaram kırılacak derecede fena cevap vermiş değildim. Haksız olarak ikinci oldum.

Bütün sınıf ve hatta muallimler de söylemişlerdir. Bu vaziyet beni seneye daha büyük bir gayret sarfına mecbur ediyor. Neyse, usul mucibince mülazımı evvelliğe terfi etmiştik. Ordudaki emsallerimiz mülazımı evvelliğe terfi etmek için senelerce bekleyeceklerdi.

57. Harbiye sınıfı vaktinden evvel imtihan edildi ve 19 Ağustos 1319'da zabit oldular. Erkanı harp ayrılanlar da derslere başladı. Makedonya ihtilali bu sınıfın çabuk çıkarılmasına mucip olmuş.([49])

SILAYA...

Kardeşim Hulusi Bey Manastır'da idi. Bu sene Makedonya'da Bulgarlar isyan etmişlerdi. Selanik, Manastır isyanların en kuvvetli merkezleriydi. Kardeşim Selanik Divanı Harbi Örfisi'nde aylarca bu işlerle meşgul olmuştu.

Bu kardeşimi pek severdim. Çok göreceğim de gelmişti. Hem onu görmek hem de isyan hakkında malumat olmak için büyük bir arzum vardı.

Annemi ikna ettim. Bir Ramazan ortasında gelmek şartıyla Loyt kumpanyasının Karniyoli vapuruyla Selanik'e yollandım. Bu ilk uzun yalnız başıma seyahatimdi. Çok mütehassıs oldum, zevk duydum. Ben ikinci mevki kamera almıştım. Sınıfımızdan ve aşağı sınıftan tanıdığım bazı efendiler güverte almışlardı. Harbiye talebesiyle beraberdiler... Kendilerine bunun muvafık olmadığını, hususiyle sonbahardır, bir fırtınaya tutulursak güvertede rahatsız olacaklarını ve belki bir

---

49 58. sınıf 22 Ağustos 1321'de diploma aldı. 59. sınıf böyle vakitsiz diplomasını almıştı.

kazaya da uğrayacaklarını söyledim. Beni dinlemediler. Ben üç kişilik kamarada yalnız kaldım. Marmara adası ve Çanakkale yakınlarından geçerken Mekke'den gelirken on sene evvel gördüğüm bazı manzaralar gözlerimde canlandı. O zaman çocuktum. Şimdi delikanlıyım. O zaman aile içinde ve himayeye muhtaçtım. Şimdi yalnız başıma. Bu farkları düşünerek bu manzaraları bir daha seyretmek çok hoşuma gitti.

Fakat boğazı geçtikten sonra müthiş bir fırtına başladı ve gittikçe azdı. Kamarama gelirken yalpadan tuttuğum bir kapı manivelası elimde kaldı. Beni de deniz tutmuyor fakat sallandı o kadar fazla ki, yatmaktan başka çare yok... Yemeğimi beraber getirmiştim, güzelce karnımı doyurdum.

Aklıma sözümü dinlemeyen arkadaşlar geldi. Kamarotu çağırdım, peşin bahşiş vererek dedim: Bu iki yatak için sana müşteri bulacağım fakat yarı fiyatına. Şu şartla ki sen gidip güverteden onları alacaksın. Peki dedi. Tarif ettim, gitti. Az sonra gürültülü bir gelişle, of aman feryatlarıyla ve kamarotun yardımıyla bu arkadaşlar kamarama geldiler. Benim de yardımıma muhtaç bir halde gördüğümden yerimden fırladım. Bunları kamarotla yataklarına yatırdık. Bu arkadaşlardan Naki Bey güverteyi aşan dalgalardan kaçarken düşmüş, omuzu ambar kenarına çarpmış, köprücük kemiği de zedelenmiş.

"Omuzum kırıldı... Ah, sözünü dinleseydim başıma bu felaket gelmezdi..." diyor. Kemiğini elimle yokladım, kırık görülmüyordu. Kendisini tatmin ettim... Diğeri Sami Bey deniz tutmasından bitkin bir hale gelmişti. Her ikisine biraz yiyecek verdim. Kendi yiyeceklerini dalgalar götürmüş. Zaten yiyecek halleri de yoktu. Kamaraya gelememişler, kamarotu gönderdiğime canı gönülden teşekkür ettiler.

Bu fırtına müthiş olarak İstanbul'da da hükmünü yapmış. Zavallı annem çok ıstırap çekmiş. Beni eceline gitti zannıyla Selanik'e vardığım haberini alıncaya kadar kıvranmış, vaziyetini de anlattı.

Selanik'e çıkar çıkmaz Naki Bey'in kolunu beraberce doktora muayene ettirdik, sardırdık. Kırık olmadığını öğrendik.

Memnuniyetle ben manastır trenine bindim. Vaktiyle babamın iki seneye yakın jandarma kumandanlığı yaptığı ve şimdi de kardeşim Hulusi Bey'in vazifeli bulunduğu Manastır'ı görmeyi sabırsızlıkla bekliyordum. Selanik ovasından sonra Karakariye ve Düdinepe'nin şelaleleri, çok miktarda ağaçları Anadolu'da gördüğüm güzel yerlere benziyor. Nihayet Manastır ovasının güzelliklerini seyrederek karanlıkta Manastır istasyonuna çıktım. Kardeşim istasyon karakol muhafızı imiş, karakola gitmek için hat boyundan geri yürüdük. Bu karakol aynı zamanda şehrin ve kışlaların da muhafızı...

BULGAR İHTİLALİ

Merakla kardeşimi ve sınıf arkadaşlarımızdan bu işte bulunanları dinledim. Hazırlık müthiş olmuş. Hatta vilayet ve kumandanlık erkanı Manastır'a yakın Bokova manastıranı davet etmişler, fakat haber alınmış, gitmemişler. İsyanı idare eden Rus konsolosları... Nüzhetiye bahçesi önünde Manastır Rus konsolosunun katli de garip... Selam durmadı diye nöbetçi neferine tokat vurmuş. Nefer de tüfeğiyle herifi öldürmüş. Bu hadise kıyametler koparmış. Neferi divanı harp idam ettirmiş. Konsolosa tazminat verilmiş.

Asıl felaket, bizim sınıftan İsmail Hakkı ve Salih isminde iki zabit gazinodalarmış ve bu hadiseyi işitince "oh olsun kerataya... Nöbetçiye tokat nasılmış görsünler..." demişler. Bunun dediğini konsolos kavaslarından biri işitmiş. Haber vermiş, iş İstanbul'a aksetmiş, irade çıkmış. Bu iki zabit Selanik'te tophanede ihtilattan mennu olarak mahpus imiş.

Haklarında bir hüküm de verilmemiş. Feci bir vaziyette yatıyorlarmış. İhtilal Selanik'te daha feci olmuş. Elektrikler kesilmiş, Osmanlı bankası berhava edilmiş. Kardeşim bu zamanda Selanik merkez kumandanlığına memur imiş. Edip paşa divanı harbine aza tayin olunmuş, ihtilalcilerin mahkemesinde kamilen bulunmuş.

Manastır'ın şehirden ziyade etrafında vakalar olmuş. Selanik'te kardeşimin yerinde gördüğü ihtilal hareketlerini bana da anlatmasını ve zavallı sınıf arkadaşlarımızı ziyaretle dertlerine çare aramaklığımızı rica ettim. Kardeşim izin aldı Selanik'e döndük.

Her gün kardeşimin malumatını dinledim. Aynı zamanda ordu ümera ve zabitlerini de tetkik ettim. Ordu çok zayıf. Pek yaşlı ve alaylı ümmi ümera çok... Zabitlerden alaylı çok. Asker yer yer ihtilal için dağılmış. Talim ve terbiyeden eser yok. Bu gidişle bu havalinin elde tutulması imkansız gibi bana bir kanaat geldi.

Kırmızı kışlada kardeşimin mensup olduğu tabur vardı. Birlikte gittik. Taburun mektepli zabitleriyle görüşürken alaylı binbaşıları geldi. Kardeşim beni takdim etti. Herifin sözü şu oldu: "Mektepliler toplanmış. Kim bilir bu erkanı harp bizim binbaşı, eşeğin biridir dersiniz..."

Ertesi günde kışlaya yakın oturan konsolosların kapısı önünde iki zabit sarhoş bir vaziyette karanlıkta kavga ediyorlardı. Yazık ki ikisi de mektepli. Biri palasını çekti. Yanımızdaki taburun tüfekçisi ayırmaya uğraşırken zavallının sağ elinin dört parmağı müthiş kesildi. Çok kan zayi eden bu adamı kışlaya götürmeye yardım ederken kavgacıların diğeri de askeri idadinin önünde silahını çıkarıp kurşunlarını bitirinceye kadar sağ sol tanımayarak ateşe başladı. Kışladan silah seslerine karşı asker silah başı ederek dışarıya fırladı. Güç hal ile işi anlattık ve parmakları kesilen zavallıyı bitkin bir halde kışlaya getirip kopmak üzere olan parmakları sardırdık.

Büyük kumandanlar dünyadan bihaber... Küçükler kendi havalarında. Bu vakalar beni pek meyus etti. Bir taraftan ordumuzun halini tetkik ederken her bilen ve görenden de Bulgar ihtilali hakkında malumat topladım.

Kardeşim Selanik vakalarında bulunmuş, sonra da Edip Paşa divanı harbi örfisinde aza olarak bulunduğundan hayli malumatı var. Manastır hadiseleri, Rus konsolosu vakalarını da görenlerden dinledim. Vaka mahallerini de kısmen gördüm.

BULGAR İHTİLALİ NASIL OLMUŞ?

Uzun seneler dehşetli hazırlık yapılmış... Bir taraftan Rus konsolosları himayesinde Rus erkanı harpleri ve siyaset adamları muhtelif nam ve kıyafetle köy köy dolaşarak Türk boyunduruğundan kurtulmak lüzumunu köylüye kadar aşılıyorlar.

Bir taraftan da Sofya mekteplerinden tahsile gönderilen gençler aşılanıp geliyorlar. 1310 yani 1896 senesi, fikirler hazırlanmış. Her yerde çeteler ve bunlara erzak, yataklık yerler, gizli silah depoları ve halkın icabında yardımı temin edilmiş.

Parola şu: Makedonya, Makedonyalılarındır... Din ve milliyet farklarına bakmak yok. Birinci hedef şu: Muhtariyet idare tesisi... Hayatı, hürriyeti ve hakkı koruyacak; fikri, iktisadi inkişafa müsaade edecek ancak bu idaredir... Tarzı idare muhtariyete nail olduktan sonra teessüs edecek. Bulgaristan'a iltihak mevzubahis olmayacak... Rus ajanları, papaz veya ziraat aletleri satıcısı gibi dolaşarak verdikleri bu fikir değil diğer unsurları bütün Bulgarları bile birlikte tutamamış. Yunan ve Sırplılar bundan tevahhuş ettiklerinden muhalif teşkilata başlamışlar. Ulahlar biraz yardım etmiş, bir kısım Bulgarlar, bilhassa Bulgaristan'dan gelen veya orada tahsil gören, Makedonya ve Bulgaristan'a ilhak olunmalıdır fikrindeymişler. Bunlara vilhovis, Makedonya fikrinde olanlara ise santralist demişler. Bu sonuncular halk hürriyetini esas tutuyorlarmış. Bizim Yunan harbi esnasında çeteler, muhabere şebekeleri, silah ve cephane depoları mükemmel hazırmış. Hatta 1311 yani 1897'de bunu hükümet de haber almış ve koçana havalisindeki bazı depoları ele geçirmiş.

Bu tarihten (1319, yani 1902) senesine kadar çete faaliyeti

görülmüş. Selanik, Manastır, Üsküp ve Edirne vilayetlerinde hayli müsademeler olmuş. 132 müsademe... Eşkıyadan ve askerden hayli zayiat olmuş. 1318 teşrinievvelinde Rusya hükümeti Babıaliyi kat'i ıslahat için sıkıştırmış. Sultan Hamid de vilayetlerin idari ve adli ve sair mühim işlerine bakmak üzere Hüseyin Hilmi Paşa'yı 1318'de müfettiş müfettiş-i umumi umumi tayin etmiş. Buna verilen talimatı kâfi görmeyen Rusya hükümeti Avusturya hükümetini de beraberini alarak mufassal bir proje yapmışlar ve Berlin muayedesini imzalayan bütün devletlere de kabul ettirdikten sonra Babıaliye vermişler.

Mühim noktaları:

- Müfettişi umumiliğin muayyen bir müddet için tesbiti ve bu müddetten evvel büyük devletlerin muvafakati olmadan değiştirilememesi.

- Polis ve jandarmanın tensiki için ecnebi mütehassıslar istihdamı.

- Nüfus nisbetinde İslam ve hıristiyanlardan polis ve jandarma alınması.

- Ekseriyeti hıristiyan olan köylerin kır bekçilerinin hıristiyan olması.

- Her vilayet için Bank-ı Osmanice kontrole tabi bir bütçe kabul ve bu suretle memura ve orduya muntazam maaş verilmesi.

- Politika ve muhaceret dolayısıyla mahkûm olanlara aff-ı umumi ilanı.

Hükümetimiz daha evvel bunları vaad ettiğinden kabul ediyor. İki Belçikalı, bir İsveçli, bir Norveçli; cem'an dört ecnebi jandarma tevsikine başlıyorlar. Fakat Hüseyin Hilmi Paşa'nın silahları toplamaya başlaması işi azıtıyor. Bulgarlar silah vermiyor, köylere müfrezeler gönderilip arama yapılıyor. Çeteler de faaliyetini arttırıyor.(50)

---

50   1322 ve 1323 seneleri ben de Manastırda mıntıka erkânı harbi olarak bu işlerle uğraştım. Bir hayli müsademelerde de bulundum.

SELANİK HADİSESİ

Kardeşim, hadiseler sırasında merkez kumandanı Mirliva Şevki Paşa'nın mahiyetindeymiş. Hadiseyi müteakip teşekkül eden Edip paşa divanı harbi örfisine aza tayin olunmuş. Bu vazifenin hitamında Manastır vilayetinin kisriye kazasında eşkıya takibine memur, nizamiye 21, 31 ve 3. alaya gitmiş.

Gerek merkez kumandanlığındaki ve gerekse divanı harbi örfide bulunmakla hadisenin görünen kısımlarını, görünmeyen hazırlıklarını öğrenmişti.

Hadise 15 Nisan 1319 (28 Nisan 1903'te) başlamış. Limandan Marsilya'ya hareket etmek üzere bulunan Fransız kumpanyasının bir vapurunda bir infilak vuku bulmuş. Henüz vapur hareket etmemiş olduğundan insan ve eşya kâmilen kurtarılmış. Fakat bu koca vapur yanmış. Aynı günün akşamı İstanbul'dan gelen yolcu trenine bir suikast yapılmış. Burada da insan zayiatı olmamış. Lokomotif az hasara uğramış, birkaç vagonun camları kırılmış.

Bu iki hadise hükümet ve halkın dikkat gözünü açmış fakat ecnebiler üzerinde fena tesir yapmış. Zaten Bulgarların maksadı da Avrupalıların dikkatini celbetmek olduğundan maksatlarına nail olmuşlar.

Bu işin bu kadarla da bitmeyeceği bilmiyormuş. Failler hakkında sıkı takipler yapılmış. Vapura mazin enternali([51]) koyan Bulgar, Üsküp treninde yakalanmış. Divanı harpçe idama mahkum edilmiş. Fakat iradei seniye ile fizana nefye tahvil olunmuş.

---

51 Maşin enternal: Cehennem makinesi, (bomba)

16 Nisan 1319 (29 Nisan 1903) akşam ortalık tamamıyla karardıktan sonra alaturka saat bir buçukta Selanik şehri birden karanlık içinde kalmış. Akabinde şehrin ortasında müthiş bir infilak duyulmuş ve yangın çıkmış. Muhtelif yerlerden bomba sesleri gelmeye başlamış.

Bu hadisenin şu olduğu az sonra merkezde toplanan haberlerden alışılmış: Şehrin Vardar cihetinde, garp kısmı, havagazı ve su borularının geçtiği Galik köprüsünü Bulgarlar dinamitle berhava ederek şehri karanlıkta bırakmışlar. Bu, ihtilalin başlaması için bir işaretmiş. Aynı zamanda tedhiş bir işi kolaylaştırma imiş...

Şehir ortasındaki infilak Osmanlı bankasının berhava edilmesiymiş. Yanındaki Alman kulübü, Kolombo oteli ve yakın binalarda hasarlar olmuş. İşitilen bomba sesleri yaya, arabalı ve evlerin pencerelerinden Bulgar komitecilerinin rastgele bomba atmasıymış. Bulgarlar en ziyade Tophane cihetinden şehre imdat gelmesine mani olmak için oradan gelen askere karşı durmak istemişler.

Fakat gerek vali Hasan Fehmi Paşa'nın ve gerekse ciheti askeriyenin uyanık bulunmaları, azim ve himmetleriyle şiddetle tedip olunmuş.

Yanan Bankı Osmani'nin ateşi etrafa sirayet ettirilmemiş ve bomba atanlar da öldürülmüş veya yakalanmış. Bu suretle bir kıtalin önü alınmış. İslam ve hırıstiyan mahalleleri ayrı ayrı abluka altına alınmış. Sabaha kadar sükunet iade olunmuş. Ertesi günü Tahtakale'de bomba atan bir-iki Bulgar da yakalanarak mesele bastırılmış. Bu hadisede 200 kadar Bulgar ölmüş, askerin zayiatı ehemniyetsizmiş. Bulgarlar hükümet konağı, posta ve telgrafhaneyi de berhava etmek istemişlerse de Osmanlı bankasında olduğu gibi vaktiyle hazırlık yapmamış olduklarından müteşebbisleri yakalanmış. Vakadan iki gün sonra İtalya ve Avusturya harp gemileri limana gelmişler. Eğer sükunet tesis olunamasaymış, Avrupalılar işe fiilen karışacaklarmış.

Hayret olunacak şey, bankaya açılan lağım imiş. Bunun

kazılmasına iki sene evvel başlanmış. Gece-gündüz iki sene çalışılmış. Şöyle ki: Osmanlı Bankası ile ancak 6 metrelik bir yol ile ayrılmış bulunan yerde bir Bulgar bakkal dükkanı açmış. Dükkanın bankaya bakan kısmında lağım açma ameliyatı başlamış. Kolombo oteli de bu dükkanın karşısında. Otelin lağımı cadde altından geçiyor. Bulgarların açtığı dehliz, bu lağıma tesadüf ediyor. Bu manivaya karşı yorgan, çuval gibi şeylerle set yapılıp lağım tıkanıyor. Bu suretle bankaya giden dehlize devam olunuyor. Bu dehlizi kazanlar Bulgar mektebi talebesinden komitece şayanı itimat birkaç talebedir. Nöbetle gelip kazmışlar. Çıkan toprak nakliye eşyası imiş gibi paket kağıtlar halinde dükkandan çıkarıldığından kimse farkına varmamış, komite reisleri de bankın arka tarafında bir binada oturduklarından müşteri gibi gelip toprağı taşımışlar. Hadiseden bir iki gün evvel Selanik'ten savuşmuşlar...

Tertibat yalnız bankayı değil bütün mahalleyi berhava edecek veçhile yapılmış. Bu suretle Fransız hastanesi de berhava edilecekmiş. Bunun için de bankaya giden lağımdan başka bir kol caddenin ortasına doğru açılmış ve buraya bir şişe içinde mevadı infilakiye yerleştirilmiş. Bakkal dükkanındaki elektrik bataryasına da rabt olunmuş ise de pillerin bozulmasından iştial olamamış. Esasıyla işler tamamıyla bitmeden infilak yapılmış olması da komitelerce düşünülmüş facıaların zuhuruna bir mania olmuş.

Şöyle ki: Kolombo otelinin kiracısı lağımların işlememesinden ve biraz da işitip haberdar olmasından lağımları temizletmeye kalkıyor. Bulgarlar bu işten telaşa geliyorlar ve vaktinden evvel icraata başlıyorlar.

Selanik hadisesi günü Cumayı bala hududundan da 200 kişilik bir çete hududu geçmeye teşebbüs etmiş ve tenkil olunmuş. Selanik'te katliamlar ve yangınlar olacağını bekleyen Bulgar hamisi konsoloslar, 24 saatte sükunetin iade olunduğunu görünce hayret etmişler. İtalyan ve Avusturya filoları da gitmişler. Bu hadise asker kuvvetleriyle ve mektepli zabitlerin basiret ve şecaatleriyle seri söndürülmüş. Polis ne vaktiyle haber almak ve ne de vaka esnasında cüret göstermek vazifelerini becerememiş. Jandarma da bir iş görmediğinden polis ve jandarma aleyhine umumi bir fena bakış hasıl olmuş.

Fakat vali büyük cüret ve basiret göstermiş her yerde bu kabil hadiseler olur diye vaka mahallinde ertesi günü halka nutuk söylemiş. Bir ay kadar idareyi örfiye devam etmiş. Güneş battıktan sonra her taraf kapatılmış ve sokaklarda gezmek menolunmuş. Divanı harp da bu zamanda lazım gelenleri isticbab ve cezalarını tespit etmiş.

İSYAN BAŞKA YERLERDE BAŞ GÖSTERİYOR

Selanik hadisesinden bir ay sonra Selanik'te herkes işine, gücüne ve eğlencesine geceli-gündüzlü başladığı halde birkaç ay sonra Manastır, Üsküp ve Edirne vilayetlerinde ihtilal başlamış.

Selanik'teki birçok zabitler kıtalara gönderilmiş. Kardeşim de Kesriye'ye gelmiş. Oradan taburuyla Manastır'a gelmişler, Rus konsolosu vakasını da görmüş.

Merkez komitesi düveli muazzamaya müracaatla babıaliye mebut olmamak üzere bir Hıristiyan vali ile daimi beynelminel bir kontrol istemişler ve bunu kazanmak için de umumi bir ihtilale karar vermişler. 20 Temmuz 1319, yani 2 Ağustos 1903, hıristiyanların sünnet eli dedikleri günde umumi ihtilale karar vermişler. Fakat 21 Temmuzdan itibaren ihtilal patlak vermiş.

Manastır, Florine, Kesriye, Ohri, Krişova cihetleri ateşler içinde kalmış. Manastırda vali ve kumandanı Rus konsolosu şehir haricindeki Bokova köyünün manastırına ziyafete çağırmış. Hükümet bir ihtilala karşı müteyakkız olduğundan ve vali Rıza Paşa'ya da ihbar vaki olduğundan şüphelenerek gitmemiş. İhtilal o gün kopmuş. Maksat, Bulgarları Manastır şehrine hakim etmekmiş.

İsyanın esas mürettipleri olan Rus konsolosu Manastırdaki en müteşebbis bir herifmiş. Her yerde karakollarımıza hücumlar olmuş, zengin İslam evlerine, çiftliklerine taarruzlar olmuş.

Telgraf telleri kesilmiş, şimendifer şose köprülerinde tahribat yapılmış. Birçok hadiselere rağmen epeyce yerde gafil avlanmışız, Bulgarlar çoluk-çocuk dağlara çıkmış ve 300-400 kişilik çeteler gezmeye başlamış. En mühim hadise Kırşova'da olmuş. Bulgarlar orada mahalli bir hükümet ilan etmişler. Cahil halkı aldatmak için büyük ağaçlardan toplar yapmışlar. Kadınlara bile erkek elbisesi giydirmişler ve güya Bulgaristan'dan yardım geldi diye herkesi günlerce inandırmışlar.

Bütün İslam ev ve dükkanlarını yağmalamışlar ve hayli insan da öldürmüşler. Bunlar arasında hemen bütün hükümet erkanı da var. Bir jandarma zabiti ve beş altı asker de var... Edirne'nin yalnız kırk kilise mıntıkasında mevzii ihtilal olmuş ve bastırılmış. Selanik ve Üsküp vilayetlerindekiler de ancak yol kesmek ve gelen kıtalarla müsademeye inhisar etmiş; fakat Manastır vilayetindeki en müthişi olmuş, serpintisi hala varmış.

Üç ay şiddetle devam etmiş. Anadolu'dan redif fırkaları geldiği gibi, mahalli redifler de silah altına alınmış. Hemen 350 bin kişilik bir ordu şurada burada yol tutmuş. Asker ve halktan bir hayli zayiat olmuş; fakat Bulgarlardan da çok zayiat varmış. Bilhassa köylerinden dağlara çekilenlerin varını yoğunu talan etmişler.

Bulgarlar, Rumlara da birçok fenalık yapmışlar. Sebebi de onları da isyana iştirak ettirmek istemeleri... Ve kısmen de talanı bunların yapması dolayısıyla...

RUS KONSOLOSUNUN KATLİ

Manastır havalisi ehemmiyet kazanınca biraderin taburu da merkeze getirilmiş. Rus konsolosu aksi ve müthiş Türk düşmanı bir adammış. Biraderin anlattığına göre Kışla caddesindeki bir gazinoda arkadaşlarıyla bilardo oynarken kışlaların karşısındaki Nisbetiye karakolundan birkaç el silah sesi gelmiş.

Oraya koşmuşlar ve konsolosun yerde yattığını görmüşler. Hadise şöyle olmuş: Topçu kışlasının karşısında bir jandarma karakolu var. Adı Nisbetiye karakolu... Yanında piyade kışlasının (kırmızı kışla), karşısına da Nisbetiye belediye bahçesi düşer... Konsolos bu tarafa her zaman gezmeye çıkarmış. Bugün de kavasıyla beraber karakolun önünden geçer. Nöbetçi selam durmamış diye kızmış.

Nöbetçinin yanına giderek "Ben Rus konsolosuyum. Neden bana selam durmadın?" demiş. Nöbetçi tanımadım konsolos olduğunu demiş. Konsolos "kavası da görmedin mi?" diyerek kamçısıyla ve tokatla dövmüş. Sonra "beni iyi tanırsın, size böylesi layık alçak Türkler!.." diye edepsizliğe başlamış ve yoluna devam etmiş.

Birkaç adım ayrılınca Mehmetçik silahını konsolosa çevirmiş, "Türk neferi de kendini döven Rus konsolosuna böyle tanıtır..." diyerek herifi vurmuş. Konsolos ve kavas ağaçların arkasına kaçarak yalvarmaya başlamışlarsa da konsolos aldığı yaradan yıkılmış can vermiş.

Meselenin Rusların müdahalesini Bulgar ihtilali kazanamadı diye kasten yapıldığını herkes söylüyor. Ruslar hükümetimizi iyice sıkıştırmışlar, nöbetçi neferi mani olmadı diye orada bulunan diğer bir arkadaşı divanı harp kararıyla idam olunmuş. Hükümet resmen taziye ve tazminat vermiş. Divanı harp katibi Enver Bey imiş, resmen asılma yerinde bulunmuşlar.

İşin asıl feci ciheti de bizim sınıftan İsmail Hakkı ve Salih Efendilerin Selanik'te ihtilattan mennu bir halde mahpus bulunmalarıdır. Bu biçarelerin kabahati de bir laf söylemeleri. "Ne iyi oldu... Oh olsun kerataya. Nöbetçiye tokat nasıl olurmuş görsünler..." demeleri. Bunu Hulusi Bey, Manastır'da dahi hafiyelerin çokluğuna misal olarak anlattı.

Hemen Selanik'e gidelim kararını verdim. Ben bunları müthiş merakla öğrendim. Konsolosun vurulduğu yeri gördüm. Manastırda 1395 ve 1396 tarihlerinde babamın jandarma kumandanlığı da vardı. Hamdi ağabeyim burada Rüşdiyede okumuş, her zaman annemden de dinlediğim Drahor boyunu ve daha her tarafı lazımı gibi gezdim. Ah diyordum, şuraya ben de vazifeyle gelsem... Biz İstanbul'da dünyadan haberimiz olmadığı halde oturuyoruz. Buraları yanmış ve daha da yanacak. Ya sonra ne olacak?..

Viyana'dan beri böyle geri geri gidip duruyoruz. Bu vilayetlere milyonlarımız sarfolunmuş. Milyonlarca Türk unsuru da var. Ne olacak bunlar? Ve bunlara bir şey olursa ne olacak diğer yerler. Şahsım için de, memlekete hizmet için de en iyi saha şu Manastır... Babamın iki seneye yakın hizmet ettiği bu yerleri pek sevdim. Ve "Ya Rab bana da nasip..." diye her gün dualar ediyordum.([52])

Fakat biran evvel Selanik'e dönmek orada vahim bir vaziyette mahpus olan iki sınıf arkadaşımı görmek ve dertlerine çare aramak, infilak eden Osmanlı Bankasını ve masal gibi dinlediğim dehlizi ve bakkal dükkanını görmek sonra hemen İstanbul'a koşarak arkadaşlarıma neler işittim ve neler gördüm anlatmak...

En mühim bir iştiyak da Hamdi Ağabeyime vaziyeti anlatarak memleketi kurtarmak azmiyle vaktiyle teşekkül eden

---

52   Ben de Manastır'da 321 nihayetinden 323 ortalarına kadar hizmet ettim. Nasıl geldim, dualarım mı kabul olundu?..

İttihat ve Terakki fedailerinin işe başlaması zamanı geldiğini anlatarak bir şeylere başlamak...

Selanik'te birkaç gün hadise yerlerini hayretle ve ibretle seyrettim. Bankayı ve bakkal dükkanını çok kereler kendim tetkik ettim. Sınıf arkadaşlarımı da Tophane'de gördüm. Bu tanıdıklarımın hiçbiri razı olmadı; fakat ben de hiçbirini dinlemedim, kimseye danışmadan ve izin almadan mahpus oldukları yere gittim. Ve nöbetçiye emir verdim: Çıkar iki mahpus zabiti konuşacağım...

Bu emrimi nöbetçi yaptı. Sapsarı benizli bu iki arkadaşım beni görünce hayretle ellerime sarıldılar. Rutubetli pis bir yerde ihtilattan ve hava ve güneşten mahrum olarak kaç aydır yatıyorlarmış. İdam olunacaklarından korkuyorlar. Benim nasıl geldiğime hayret ediyorlar. Kimseden izin almadan doğruca nöbetçiye emir verdiğimi işitince gözlerinden yaşlar boşandı ve temiz bir hava aldıklarını, güneş gördüklerini, şaşkın şaşkın bakınarak teşekkür için ifade bulamıyorlardı.

Henüz haklarında da bir karar yok. Dedim: "Derhal doğruca mabeyine müracaat edin ve acı yazın. Biz vazife uğruna ölmeye yemin ettik. Hayatımızı sevine sevine veririz. Fakat haksız yere aylardır zindan hayatı yaşamadığımıza padişahımız nasıl kani oluyor. Eğer hayatımız herhangi siyasi bir vaziyet için kurban edilecekse bunun da bir an evvel tatbikini rica ediyoruz. Fakat ümit ederiz ki adil padişahımız daha bir sene evvel zabitlik nişanını takan iki evladını haksız yere kurban ettirmez..." mealini verdim.

Bu aralık mevkii nöbetçi zabiti geldi; burada bu efendilere her gün hava almak, güneşlenmek için müsaade edin. Mafevkinize bildiriniz ki bunlar hakkında icap eden makamlara bizzat arz-ı malumat edeceğim, dedim. Vaat aldım. Selanik'te Erkanı Harbiye'ye de vaziyeti anlattım. Ve bu iki biçarenin sıhhat ve hayatlarını kurtardım.

Herkesin sinirleri bozulmuş. İstanbul'a gelmek üzereydim, sahilde kristal gazinosunda arkadaşlarla oturuyorduk. Dehşetli bir koşuşma oldu. Kıraathanede kimse kalmadı. Herkes beyaz kale tarafına bakıyor ve kaçıyordu. Zabit arkadaşlarım bile savuşmuştu. "İhtilal varmış..." diye sözler de olmuştu. Ben bu bozguna hayret ettim. Derhal kılıcı çekerek masanın üzerine koydum ve bekledim.

Beş dakika sonra herkes yerine geldi, birkaç silah patlamış, herkes yine Bulgarlar ayaklandı sanmış. Gelen arkadaşlara fena çıkıştım. Ve dedim ki: Arkadaşlar Bulgarlar bu kadar Türk ekseriyeti ve Türk askeri içinde neler yapmış gördüm. Ve neler yapmak kudretinde olduğunu da anlıyorum. Birlik, her zaman kuvvettir. Bu ihtilallerden ibret almalı, milli birliği kurmalıdır.

Bir diğer arkadaş şöyle dedi: Başçavuş sınıfta nasıl bizi idare ettiysen mektebini bitir buraya gel, yine bizi hizaya koy. Başçavuşsuz bizde toplanacak takat yok.

"Bu latifeye dua edin geleyim... Bu orduya gelmek bana mukaddes bir emel gibi geliyor. Gelmek için her kuvvetimi sarfedeceğim. Fakat en az iki sene sonra buna muvaffak olacağım. İki sene çok bir şey. İnşallah felaketler yerinde durur yürümez." dedim.

MÜRZSTEG PROGRAMI

Selanik'teki temaslarımdan epeyce mühim şeyler öğrendim. 1318 senesi nihayetlerinde, teşrinievvelde, Yemen valisi Hüseyin Hilmi Paşa Rumeli müfettişi umumisi namıyla tayin olunmuş ve düveli muazzamca muvafık görülen bir programla işe başlamış.

En mühim icraat jandarmada başlamış. Muktedir ve tecrübeli zabitlerden, mektepli ve alaylı, terfien jandarmaya alınmış. Jandarmanın ıslahı için de Belçika'dan muallim istenmiş. Bu ıslahatı işlerine mani gören Bulgarlar, icraata geçmişler. Ve bu suretle hamileri olan Rus ve Avusturya-Macaristan hükümetlerini tahrik etmişler, daha doğrusu bu devletler çeteleri harekete geçirmiş.

Teşrinievvelde 1319, (1903) Rusya imparatoru Avusturyaya gelmiş, her iki imparator hariciye nazırlarıyla birlikte Viyana'nın 9 kilometre kadar güney batısındaki Mürzsteg kasabasında birleşerek 9 maddelik bir ıslahat programı tertip etmişler.

Diğer büyük devletlere de tasdik ettirdikten sonra, babıaliye vermişler. 24 Teşrinisani 1319 (1903) Babıali bunu kabul etmiş, emirler gelmiş, tatbikat başlayacakmış.

Hülasası şunlar:

Müfettişi Umumi Hüseyin Hilmi Paşa'nın maiyetine Rusya ve Avusturya-Macaristan hükümetlerinin sivil memurlarının kabulü. Jandarmanın tensıkı için bir ecnebi generali ve kontrol, teftiş ve tensik için de ecnebi zabitler, lüzumu kadar da ecnebi jandarma, zabit ve küçük zabit kabulü.

Müfettişi umumilik erkanı harbiyesinden bildiklerim vasıtasıyla daha mufassal olarak şu 9 maddeyi anlamak pek mühimdi. Makedonya'ya muhtariyet verildi verilecek gibi fena şayialar da dönüyordu. Rusların Ayastefanos mahallesine doğru gittikleri, o zaman önüne duramadıkları Berlin muayedesinin yırtılma zamanı geldiği propagandaları da yapılıyordu.

Selanik'te ecnebi gazetelerinden herkes bir şeyler okuyor ve işine nasıl gelirse öyle muhakeme ediyor ve ağızdan ağıza türlü şekillere giriyordu. İstanbul'a geldiğim zaman işin doğrusunu anlatacağım ağabeyim ve arkadaşlarım vardı. İşte ihtilali yerinde görmüştüm ve tekrar tekrar dinlemiştim. Ermeniler de şark vilayetlerimizde buna muvafık olmak için uğraşıyorlardı.

Henüz gelen Mürzsteg programını da şöyle öğrendim: İstek mahrum tutulmasına rağmen elden ele okunuyordu.

Mürzsteg kararı:

1- Islahatın tamamı icraası ve Hıristiyan ahalinin ihtiyaçları hakkında müfettişi umuminin nazarı dikkatini celbetmek, memurların ihtilaslarını ve sivillerin tavsiyelerini müşarı ileyhe bildirmek ve muamelelerin cereyanı, icraat ve ahvali mahalliyeyi mensup oldukları devletlere bildirmek ve müfettişi umuminin refakatine daimi surette sivil Rus ve Avusturya memurlarının verilmesi ve bunların ledelhace müntehakı ve memurinin muamelatını devri teftiş etmeleri ve vasıtai icraiyeleri olmak üzere de maiyetlerinde lazımı kadar kâtip ve tercüman istihdam edebilmeleri ve icraata, ıslahata nezaret ve ahalinin istirahatlarını temin edebilmeleri için vazifelerini iki sene müddetle tahdidi ve uhdelerine verilen vazifeleri hüsnü ifa için onlara mümkün olan kolaylıkların gösterilmesi hakkında hükümet memurlarına lazım gelen tebligatın icrası.

2- Jandarma ve polis tensikatının asayişi mahalliyeyi kafil en birinci madde olduğu ve şimdiye kadar buna nezaret eylemek üzere tayin olunan İsveç zabitlerinin gerek Türkçe gerekse mahalli ahvale vukufları olmamalarından nafi bir semeri iftitaf edilemediğinden üç vilayet jandarma tensikatının devleti aliyeye hizmetinde bulunacak ecnebi generale tevdii ve Avrupa düveli muazzama zabitlerinden terfik ile muallim, müfettiş ve tensik vazifelerini icra edecek olan işbu zabitlerin üç vilayete taksim ve tefriki ve bu suretle asakiri şahane harekatının da kolaylıkla nazara teftişten geçirilebilmelerinin tahtı temine alınması ve eğer icap ederse daha Avrupa zabit ve küçük zabitlerinin de kendilerine terfik edilebilmesi.

3- Asayiş tamamıyla sağlandıktan sonra her mahalde hangi unsur ekseriyet teşkil eylediğini bilmek için yeniden tetkikat icrasıyla teşkil eyledikleri mahalli dairelerin tahdit ve tayini.

4- İdarei mülkiye ve adliyenin müctemian tensikı ve işbu idarelere yerli Hıristiyanların da tayin edilmeleri.

5- İğtişaşat esnasında politika vesair cinayetle itham olunanların kabahat ve cürümlerini tahkik zımmında başlıca vilayet merkezlerinde adetçe müsavi olmak üzere Hıristiyan ve Müslümanlardan mürekkep muhteli bir komisyonun teşkili ve bu komisyonlarda Rusya ve Avusturya konsoloslarının da bulunmaları.

6- Bulgaristan'a veya sair memleketlere hicret eden Hıristiyan ailelerinin eski vatanlarına isalleri ve mesken ve varlıklarını kaybetmiş Hıristiyan ahalinin zarar ve ziyanlarının teminine ve iğtişaş esnasında Osmanlılar tarafından tahrip olunan kilise, mektep, ev vesairenin inşa ve tamir masraflarına medar olacak meblağın (paranın) tahsisi ve müteberan Hıristiyan ahaliden mürekkep olacak misyonlar marifetiyle mebaligi mahsusanın bir tarz-ı adalette felaket görenlere tevzii ve fakat sureti sarfın Rusya ve Avusturya konsoloslarının nezareti altında icrası.

7- Köyleri, askerler ve başıbozuklar tarafından yakılan Hıristiyan ahalinin bir sene müddetle her sınıf resmi devletten ve miri tekaliften muaf tutulması.

8- Devleti aliyyenin 1903 senesi gerek şubat ayında ve gerekse bu defa notada istenilen ıslahatı vakit zayi etmeyerek icrası.

9- Mezalim en ziyade Arnavut ilave taburları tarafından yapılmış olduğundan diğerlerinin tercihen evvel emirde ilave taburlarının terhisi ve başıbozukların müdahalesine katiyyen meydan verilmemesi.

Bunun manası Makedonya'yı Bulgarlara vereceğiz. Fakat daha olgun bir hale gelmek için devletimizin de yardımıyla eksik olan teşkilatı ikmal ederek işi kolaylaştırma. 1786'da Kırım'da çariçe Katarin ile Avusturya Kralı İkinci Joseph Devleti Osmaniye'nin paylaşmasını görüşmüşlerdi. Bu sefer de böyle bir halt etmedikleri ne malum...

ORDUMUZUN HALİNİ NASIL GÖRDÜM...

Çok fena gördüm. Büyük kumandanların yaşı geçmiş, onlarda benlik kalmamış. Yunan harbinde fırka kumandanlığı yapmış zatlarla hususi bir iftarda bulundum. Sohbetleri boğaz ve tütünün nefasetinden, harice çıkamıyoruz. Halden veya geçen harpten bir sohbet açayım dedim. Kaşlar çatıldı. Alay ve tabur kumandanları ekseriyetle alaylı... Mektepliler bölük ve takım kumandanlıklarında. Bunlar da alaylılarla karışık.

Muktedir erkanı harp zabitleri var. Fakat en büyük rütbelisi kolağası. 1315 senesinden itibaren iki sene muhtelif sınıfların bölük kumandanlığında tecrübe kazanmaları ilerisi için feyizli fakat ilerisi kaç sene... Büyük felaket bizi hangi mevkide yakalayacak... Benim erkanı harplikle kıtada hizmetime daha iki sene var. Acaba bu zamana kadar bu Mürzsteg programı sürebilir mi?.. Bilhassa istibdal efradının İstanbul'a yakın olanları Bulgar isyanını şuna buna anlatmamaları için yeniden zabit edilmesi bir facia.

İzmitli Behçet isminde birini gördüm. Evvelce Ohri'de imiş. Bulgar çocukları arkasına takılıp bir ağızdan "Behçet Bey... Behçet Bey..." diye alay ettiklerinden göz önünde tutulmak üzere Selanik'e gönderilmiş. Sinema ve kahvelerde üniformasıyla orduyu tenzil ediyor, ayaklarından kunduralarını çıkarıyor, yün çoraplı ayaklarını masanın üstüne koyuyor.

Bu acıklı vaziyeti ordu erkânı harbiyesine şikâyet ettim. Fakat ne yazık ki bir kısım genç mektepliler ve erkanı harpler de zevk ve sefalarına düşkün...

İSTANBUL'A AVDET

Kafam müthiş bin hamuleyle dolmuştu. Neler olmuş, oluyor, olacak?.. Şimendiferle geliyordum. Ne güzel yerler, ne zengin memleketler... Toyran gölü, Siroz, Drama kasabaları, maleş, beleş silsileleri ve nehirlerin vaziyeti şimendiferin bunların arasından geçmesi birçok tünel ve köprüler... Nihayet Gümülcine, Dedeağaç. Burada bir de askeri hat ve istasyonu var. Dimatoka, Meriç'in vaziyeti, kuleli burgasın, azametli köprüsü, sevimli latif manzaralar... Fakat dimağımın hamulesi bunları bana hüzünlü gösteriyor.

Dedeağaç en muntazam kasaba... İkinci orduya girdiğimiz halde köprüler askeri muhafaza altında. Benim aklım hep üçüncü orduda. İstanbul için bir program yaptım, bu sene her izin günü Beyazıt kütüphanesinde ne kadar tarih varsa iyice okuyacağım. Bulgarlar, Rumlar, Sırplar, Ermeniler hakkında derin malumat toplayacağım.

Memleketimiz yer yer sarsılırken öğrendiklerimiz, bildiklerimiz büsbütün başka şeyler... İnşallah üçüncü orduda hizmet bana da müyesser olur. Bu milletler gibi biz de elbet milli bir varlık teşkilatı yaparız. İki senelik zamanımda, yakın arkadaşlarımı tenvir, kafamı yetiştirme sonra doğru üçüncü orduya...

Ya Erzurum ve Erzincan'daki dördüncü veya Edirne'deki ikinci ordu veya Arabistan'a düşersem?.. Daha iki senem var.

İstanbul'a kadar bu düşünceleri enine boyuna uzata uzata geldim. Seneyi sabırsızlıkla bekliyorum. Yine sılaya kardeşimin yanına gitmek, bir senelik havadisi toplamak, kütüphanelerden toplayacağım mazi ile orada göreceğim hali birbirine bağlamak ve ilerisi için mücehhez olmak...

Vaziyeti anlattığım ağabeyim bunu muvafık gördü ve hafiyelerin bolluğunu anlatarak pek ketum davranmaklığımı, hele İttihat ve Terakki'den kimseye açmamaklığımı söyledi.

ERKÂNI HARBİYE İKİNCİ SINIF

Daha ilk haftalarda tazyikler başladı. Geçen sene sınıfların birbirini tebriki men olunmuş, sınıfta akşam yoklamaları yapılmak usul iken koridora çıkarılmıştık. Efendiler gibi "padişahım çok yaşa" duasını ayakta yapıyorduk. Bu sene de 25 kanunuevvel 319, 18 Şevval 321'den itibaren, yoklamada bahçeye tıpkı harbiye talebesi gibi dizilmeye emir verdiler.([53])

Zabitlik farkımız ancak üniformamızda kaldı. Makedonya'da, Bulgarlar sıkılırken, Sultan Hamid'de bizi sıkılıyordu. Yoklamaya çıkmayı mektep müfettişi İsmail Paşa yaptı. Mesele yalnız Bulgarlar değil.

Bu sene sınıfımızdaki Şamlı ve Bağdatlı arkadaşlar da mühim bir his değişikliği var. Türklere karşı soğuk duruyorlar. Ayrılık muhabbetlerine şahid oluyorum.

Bir gün ordu teşkilatı hocası Yemen isyanlarına obüs topları götürüp asi Arapların kafasını kırmalı dedi. Paydosta Arap arkadaşlar müthiş bir hal aldılar. Arapça birbirlerine bunun bir hakaret olduğunu izahla Türklere küfür ve beddua ediyorlardı. Kendilerini teskin için hayli uğraştım. Muallim erkanı harp kaymakamı Suphi Bey'i protesto etmeye, ona hakaret etmeye karar veriyorlardı. Durdurdum. Sınıfımızda da Arap erkanı harp namzeti on kadar kalabalık... Bunların da ifsat edildikleri zannındayım.

SEVİNÇLİ HABERLER

Sıkıcı şeyler arasında kardeşimin Selanik'te 17. nişancı taburuna naklettiğini öğrendim, çok sevindim. Bu hem kendisi için hem de sene izninde benim için çok iyiydi.

---

53 Sene başı Mart hesap olunduğunu, imtihanların yaz ile alakası olmayıp tatilin Ramazan ayına tesadüf ettirildiğini hatırlamalı.

RUS-JAPON HARBİ

Bu haber kadar sevinçli bir şey tasavvur edemem. Bütün mektep sevinçler içinde. 10 Şubat 1904 (28 Kanunisani 1319 Rumi) de ne müjdeler alıyoruz. Birkaç zamandır kulaklarımız aksayı şarkta.

Şimdi bütün ruhumuzla oralara uçuyoruz. Haritaları açtık, dün neler olmuş. Porartörü Japonlar bombardıman etmişler. Kore'nin Çemolpo limanında Varyak ve Kore Rus krovezörlerini diğer bir Japon filosu batırmış. Artık her gün havadis alacağız diye paralanıyoruz, sıkı bir yasak altında olmasına rağmen gündelik gazeteler getirtebiliyoruz. Muallimlerimizden malumat rica ediyoruz.

Bu bayram günleri uzun devam edecek. Herkes bir türlü kehanette bulunuyor. Japonların muvaffak olacaklarına hiç şüphemiz yok. Kuvvetleri ve darül harbin Ruslara uzaklığı ve ilavesi lazım gelen birçok unsurları müzakereyle bu neticeye vardığımız gibi arzumuz da bizi bu neticeye çekiyor.

Japonların en az Mançuri'yi işgal edeceklerini görüyoruz. Arzular Baykal gölüne kadar çekiyor. Geçen seferlerin münakaşasından ziyade bu sefer bizi alakadar ediyor. Ben Makedonya'nın başına gelenleri yakından gördüğümden yüreği susuzluktan yanık bir çöl yolcusunun soğuk bir pınar başına kavuşması gibi büyük bir iştiyakı tatmin etmiş gibiyim.

"Ah, şu harp en az iki sene sürse de elimiz değerse üçüncü orduya kavuşsam" diye dualar ediyorum. Herhalde Bulgarlar hâmisiz kaldıklarından işi daha ileriye götüremeyeceklerini görüyorum.

Makedonya'da gördüklerimi ve Aksay-ı-Şark harbinin vatanımızı parçalanmaktan bir müddet için bile olsa muhakkak kurtardığını çok samimi muhitime mütamadiyen anlatıyorum. Bir de parola yaptım, jeunes gens preney garde aux choses gue vous dites. cümlesinin "Jön jan" kısmı cümleyi birçok defalar tekrarlanarak neye delalet edeceğini arkadaşlarıma belli ettim ve baş kısmım parola yapmayı teklif ettim. Bu suretle her şeyi istediğimiz gibi konuşuyoruz. Bir yabancı veya konuşulması muvafık olmayan biri yaklaştı mı gören "jön jan" diyor..

İstibdat idaresinin ordumuzu ne hale koyduğunu alaylı zabitlerin ve hatta isdibdal efradının terfi ettirilerek kıtalara verilmesiyle ne facialar yapıldığını, kumanda heyetinin hiçbir işe yaramadığını lazımı gibi arkadaşlarıma anlatıyorum.

Rusya gibi muazzam bir devletin Çarın istibdatı yüzünden nasıl izmihlale uğrayacağını ve eğer aksayı şarkta sefer açılmasaydı Makedonya'yı kaybedeceğimizi ve arkasından kim bilir neler geleceğini de anlatarak İstanbul'daki dar ufku, arkadaşlarıma genişletiyorum...

DERSLERİMİZ

Riyaziye yine sıkıcı... Buna bir Tabakatül Arz eklendi. Pek zevkli ve faydalı olması lazım gelen bu derste muhtelif zaman ve devrelere ait birçok latince hayvan ismi ezberlemek kafalarımızı çok yoruyor. Doktor muallimimiz bunu söylemek isteyen bir arkadaşımıza fena kızdı. Yüzlerce Fransızca, Almanca, Rusça kelime ezberliyorsunuz, yüz de latince belleyin, dedi.

Ordu teşkilatı da bir sürü rakam bellemekten ibaretti. Bunun yüzünden münakaşa olması teklifim hiç de telakki edilmedi. Bu yüzden numaram da kırıldı. Muallimlerimizin çoğu tecrübesiz.

Yunan seferini okutan bir erkanı harp miralayı muallimimizle aramızda bir münakaşa oldu. Muallimimiz sevkiyatı anlatırken Dedeağaç'ta tren değiştirmek yüzünden büyük bir izdiham olduğunu söyledi. Ben sordum: Efendim neden tren değiştiriliyor? O cevap verdi: Çünkü Dedeağaç ile Selanik arasındaki şimendifer Rumeli hatlarına nisbeten daha dar olduğundan trenler o hatta geçemiyordu.

Bu cevaba pek şaştım. Dedim, "efendim ben bu sene Selanik'ten sıladan dönerken hiç vagon değiştirmedim. Hatların genişliği birdir. Yalnız iltisak hattının kabiliyeti nakliyesi noksan olduğundan belki bu bekleme olmuştur..."

Muallim Bey fena bir vaziyete düştü, pek sıkıldı. Paydos borusuna kadar başını kaldırmadı. Ben de bu hale pek sıkıldım. Paydosta efendileri çok memnun gördüm. Ya imtihanda biz muallimin dediğini sebep olarak söyleyeydik işimiz berbat olmaz mıydı, dediler.

Diğer bir mesele:

Tarihi Harp muallimlerimizden yine bir erkanı harp ümerasından bir zat da 1813 seferini okutuyordu. Elimizdeki kitaptan çok ayrılıyordu. Bu sefer hakkında York'un ikinci bir kitabını buldum.

Takip ettim, baktım muallim bey de bundan anlatıyor. Fakat bazı tercüme hataları oluyordu. Bir gün dersten sonra kitabın aslını ve kendi takririnin farkını söyledim. "Bu kitaptan takip ettiğimi nereden anladın?" dedi.

Öteden beri bütün mevhazları tedarikle her ders için böyle yaptığımı söyledim. Takdir etti ve bu kitabı tercüme etmekte olduğunu, birkaç formanın basıldığını da söyledi ve bunları kontrol ederek bir "hata-sevap" cetveli yapmamı istedi.

Basılanları aldım. Aman Yarabbi ne göreyim, her sayfada müthiş yanlışlar dolu. Her şeyi düzelttim. İkinci ders paydosunda gösterdim. "Monşer bu ne? Hata-sevap cetveli kitaptan büyük olmuş. Böyle şey olur mu?" dedi. Dedim, "efendim hakikat böyle... İsterseniz formaları yeniden bastırınız." Dedi, "bu daha imkansızdır. Mühim birkaç tashihi alalım, şu halde ben sana bütün müsvetteleri vereyim de tab olmadan tashihleri yap... Bunu çok rica ederim."

Emredersiniz dedim. Müsvetteleri getirdi. Birkaç hafta iyice karşılaştırdım ve birçok yanlışları tashih ettim. Ben de 1813 seferini kitabı yazan general York kadar ezberledim. Muallimimiz pek memnun kaldı.

TOPHANE'Yİ ZİYARET

Tarih-i-Askeri ve balistik muallimimiz Ahmet Muhtar Paşa sınıfça bizi Tophane'ye götürdü. Parmaklığın hemen içinde eski bir topun başında ve padişaha dua etti. Dışarda dinleyen birkaç sivil vardı, fabrikaya girince muhtar paşa duanın sigorta olduğunu, dinleyenlerin hafiye olduğunu söyledi. Bir sundurma altında yatan bir düzine kadar 24'lük sahil topu gördük. Bunlar birkaç yıl önce Karadeniz boğazı için getirilmiş fakat Rusya hükümeti tesirini bildirince irade çıkmış, şimdilik dursun...

Fabrikada bir İngiliz ustası eski martinleri mavzer çapına indirmek ve iğnelerini bilemekle meşguldü. Uzun yıllardan beri Tophane'nin baş ustası, biraz da Türkçe biliyor. Çap değiştirmek için namlunun içine yeni bir boru, tıpkı namlu gibi yivli konuyor. Hocamıza bir aralık sordum: Biz de bu kadar basit işi yapacak kimse yok mu da bir İngiliz'e bu mühim iş verilmiştir? Fena bir kasıtla iş yapmadığı ne malum!

Muhtar Paşa güldü... O dedi, irade-i seniyye ile gelmiştir. Emniyet-i şahaneyi kazanmış. Sözünü kimse duymasın.(54)

Tophane'de bazı obüslerin de yapılmakta olduğunu gördük. Fakat yiv açma ameliyesi gayet ağır, mavzer kundakları da yapılıyordu. Modern fabrikalar görmemiştim; fakat bizim tophanemizin bir ordu ihtiyacı için asla kâfi gelmediğini gördük. Çok mühim bir nokta da şuydu: Seferathanelerin birer top gemisi hemen Tophane önünde yatardı. Yanlarında bile büyük çapta silahlar görülüyordu. Bunlar olmasa dahi deniz

---

54 Endişemi hocamdan ve emin birkaç arkadaşımdan başka kimse duymadı. Fakat altı yıl sonra Arnavutluk ihtilalini bastırırken bu kabil martinlerin iğnelerinin kırıldığını esefle gördük. Harbiye nezaretine de acı yazdık.

kıyısında ve esaslı muhafaza altına alınmayan bu Tophane istenirse havaya uçurulabilirdi. Silah ve mühimmat fabrikalarının memleketin en emin yerinde olması lüzumunu ve her devletin böyle yaptığını derslerde söyleyen hocamıza bir aralık bunu da sordum. Gülerek, nezareti şehanelerinin daimi olabilmesi düşüncesiyle, dedi...

Muhtar Paşa'nın bana çok teveccühü vardı. Bilhassa kendi harp tarihimizde imtihan suallerine yazdığım cevapları çok takdir ederdi. Bugünkü suallerim de çok hoşuna gitmişti. Bize vaziyetimizi lazımı gibi derslerde anlatır, sonra sigorta olarak padişahın etrafı berbat yoksa kendisi iyi derdi...

Osmanlı seferlerini ders olarak tetkik ettiğimiz gibi Perşembe günleri ve diğer resmi günlerin izinlerinde muntazaman Beyazıt kütüphanesine devamdayım... Rumeliye nasıl geçtik, nasıl Viyana'ya kadar gittik? Nasıl gerisin geriye geldik? Osmanlı camiasından milli ayrılıklar nasıl başladı?([55])

Nasıl seyretti ve şimdi nerelere geldi? Mevcut tarihlerden lazımı gibi tekrar tekrar okudum. Selanik'e, sılaya pem mücehhez gideceğimden pek seviniyordum.

İMTİHANLAR...

Mufavvakiyetle imtihanımı verdim. Sınıf birincisi olduğumu hususi suretle tebşir ettiler. Numaralarımız okunmadı, üçüncü sene nihayeti okunacakmış.

SIHHATİM

Mükemmel... 11 Mart 1320'de vücudum safi olarak 59 kilo.

---

55 Bu nam altında ayrıca bir eser hazırladım.

YİNE SELANİK'E

İdare-i mahsusa vapuru hem ucuz hem de milli menfaat diye Selanik'e gidecek bazı arkadaşlarla karar verdik. Eve veda ile vapura geldim. Vapurda hareket emaresi yok. Ateşcibaşı hastalanmış, yerine adam aranıyormuş. Daha diğer işleri de bitmemiş, yarın akşama kalmış.

Hay Allah müstahakını versin! Şimdi biz ne yapalım? Vapur da müşterilerini yarın almaya başlayacakmış... Aksi gibi Selanik'e bugün doğru tren de yok. Kuleli-Burgaz ve Dedeağaç'ta aktarma ve beşer-altışar saat bekleme var.

Efendilerin kimi evine döndü. Ben dönmedim. Daha iyi oraları da adam akıllı gezerim dedim. Bana uyan da oldu, trenle yola çıktık.

Kuleli Burgaz'da gece olduğundan istasyonda oturma vaziyetinde yarı uyukladık. Selanik'te erkanı harp kolağası Cemal Bey'e([56]) verilmek üzere akrabasından sınıf arkadaşım Emin Halıcıoğlu'nun gönderdiği büyücek bir gümüş ayna vardı. Buna sarılarak uyuyordum. Çaldırırsam berbattı. Hem ödemeli hem de beceriksizliğimi ilan etmemeliydim.

Dedeağaç'ta bir otele indik ve kasabayı doya doya gezdim. Geçen seferde gördüğüm manzaraları da büyük bir zevkle seyrede seyrede Selanik mıntıkasına geldim. Kardeşim istasyonda beni bekliyormuş, bir Rum pansiyonunda, Ayasofya mahallesinde buraya geldik.

Rus-Japon harbi Bulgarların burnunu adamakıllı kırmış. Ümitsiz bir haldelermiş. Şurada-burada çetelerle müsademeler

---

56 Bahriye nazırı, ittihat ve terakki reislerinden Ahmet Cemal Paşa

oluyormuş. Yalnız ecnebi zabitleri alenen bunları himaye ediyormuş. Bulgarlar köy bekçisi, jandarma ve polis te yazılıyormuş. Rum, Sırp, Ulah unsurları da Bulgarlara muhalif imişler.

CEMAL BEY İLE MÜLAKAT

Gittiğimin ertesi günü Cemal Bey'i ziyaret ettim. Emanetini ve mektubunu teslim ettim. Çok memnun oldu, kristal gazinosunda bana bir çay verdi. İki senedir bu havaliye seyahatimin intibaları üzerinde hasbihaller ettik. Ordunun Makedonya'yı kurtarabilmesi için halihazırının ümitsiz olduğu kanaatinde olduğumu söyledim.

Geçen sene Manastır'da gördüklerimi, Selanik'teki zabitanın ve ordunun vaziyetini de her gün gördüklerini söyledim. Kumandanlar iş görecek ve bir vaziyet-i harbiyeyi kavrayacak vaziyette değillerdir. Her sene yetişen kıymetli zabitlerimiz de başıboş kaldıklarından sönmekte olduklarını izah ederek yeni bir harbin geçen Yunan harbine benzemeyeceğini, Bulgar, Sırp ve yunan ordularının Avrupa orduları gibi emir, kumanda ve teşkilata malik olduklarını, halka gelince hürriyet ve milliyet hisleriyle dolmuş, bu uğurda kan akıtmaktan çekinmeyen bir milletle bizim köylüler değil, hatta şehirlerdekilerimizin bile farkı meydandadır. Biz hala uykudayız... Eğer Japonların taarruzu olmasaydı bugün buraları feci bir halde bulacağımızı söyledim. Japonların galebesinin muhakkak olduğunu da ilave ettim.

Mutaalalarımı beğendiler. İhtilal içindeki bir diyara, sılaya gelip gitmemle çok fayda gördüğümü takdirle, söylediler.

Muhtelif Hıristiyan unsurlara nazaran İslamların geride kaldıklarını fakat her sene orduya gelen genç zabitlerle ordunun günden güne kuvvetlendiğini, muhtelif unsurlar arasında birlik olmadığını, Japon taarruzunun da imdada yetişmesinden bir müddet daha bu vaziyetin idame edileceği fikrini takdir ettiğini, söyledi.

En mühim vaziyetin her gün Hıristiyan unsurlar ilerliyor,

bizimkilerin ise aynı vaziyette kalmasıdır. İdaremiz askeri kuruldu, askeri gidiyor. Ne cemaat teşkilatı ne de başka bir taazzuv yok. Yaptırılmıyor ve yapılamıyor... Bugün ordunun genç zabitleri Hıristiyan evlerinde pansiyondurlar. Ben de kardeşimin bulduğu bir Rum pansiyonundayım. Bulgar ihtilalinden önce Bulgar aileler nezdinde her yerde birçok zabitlerimiz bulunuyormuş, bu vaziyet bile içtimai vaziyetimiz ve esrarı askeriyemiz için endişeli bir şey.

Hiç olmazsa bekâr zabitler için kışlalara yakın mahalleler yapılsa... Zabitlerimiz arasında birlik tesis edilerek kendi hallerinde pansiyonlarında kabiliyet ve fedakârlıklarını zayi etmeseler...

Cemal Bey ağır başlı bir zat. İstanbul hakkında da hayli malumat sordu. Mektepten, derslerden, talebe hayatından, ameliyattan hayli konuştuk. Sınıfımın birinciliğini mütemadiyen muhafaza ettiğimi tebrik ve her sene bu havaliye gelip gitmekle çok iyi yaptığımı takdir etti. Erkanı harp yüzbaşısı olunca bu orduya gelmek için uğraşacağıma da çok memnun oldu. O zaman fikirlerimin tatbiki için bol saha ve fakat bol da manialar bulacağımı herhalde genç erkanı harp ve genç zabitanın bu orduda çoğalması ihtilallere karşı en mühim mania teşkil edeceğini, gerek bu sene Selanik'te bulunduğum müddetçe ve gerekse orduya büsbütün nakledince kendisinden her türlü yardımı göreceğimi, söyledi.

Samimiyetinizden memnun kaldım. Fakat Selanik'te hiçbir askeri veya saire teşekkül olmadığını, erkanı askeriyemizin bile hâlâ buna bir lüzum hissetmediklerine vakıf olarak müteessir oldum. Selanik'te bulunduğu müddetçe müfettişi umumilikte bulunan tanıdıklarımdan erkanı harp Hakkı Bey ile de temasta aynı neticeye vardım. Her ikisini de iskandil ettim. Bu gibi zatların İttihat ve terakki cemiyetinden ve bunun bugünkü hallerinden habersiz bulunduklarına kani olarak hayret ediyordum. Ben de henüz bu esasta görüşmeye kani değilim. Münasebet de yok. Çünkü birkaç hafta sonra yine İstanbul'a döneceğim.

Üç vilayette; Selanik, Üsküp, Manastır, müsademeler devam etmiş. Münhasıran eşkıya takibiyle meşgul olmak üzere bu vilayetlerde askeri mıntıka müfettişlikleri ihdas olunuyormuş. Takiple meşgul taburlar da ayrılmış. Avcı taburları namıyla en cevval zabitler kumandasında adeta mukabil çete teşkilatı gibiymiş. Fakat bunların cephesi Bulgar çetelerine karşı... Asıl ezilmesi lazım gelen müstebit idareye karşı henüz bir ihtiyaç görülmüyor galiba.

Bulgarların bütün Hıristiyanları benimseyerek Bulgar addetmelerine karşı Rumlar ve Sırplarda da teşkilat ve komiteler başlamış. Bunlar, icabında Makedonya taksime uğrarsa büyük parçayı Bulgarlara kaptırmamak hedefini güdüyorlarmış. Bu vaziyet bizim takip işlerimizi kolaylaştırıyormuş. Jandarma tensiğine İtalyan feriki De jorji Paşa tayin olunmuş. Manastır vilayeti jandarmasını İtalyanlar, Serez'i Fransızlar, Selanik'i Ruslar, Drama'yı İngilizler, Üsküp'ü Avusturyalılar tensik ediyormuş...

Bunların bir kısmı bizim üniformayı, bir kısmı da kendi üniformasını taşıyorlarmış. Bu zabitler evvelce Girit'te de bulunmuşlar. Hüseyin Hilmi Paşa'nın maiyetine de Rusya ve Avusturya sivil memurları dolmuş. Selanik çok güzel bir şehir. Bütün Anadolu'da ve Arabistan'da gördüğüm şehirlerden daha latif ve yeni... Rıhtım boyu, hele Kristal mıntıkası, Beyaz kule, Hamidiye caddesi, yalılar, hele güneşin akşamları olimpus dağlarının ardına kızıllıklar arasında akıp gitmesi doyulmaz manzara... Fakat... Buraların sahibi acaba biz miyiz? Birkaç Türk isimli ve Türk şekilli dönmeler de olmasa Türk'ü temsil edecek bir varlık yok!.. Her şey ordunun omuzuna yüklenmiş. Ordunun bu kadar ağır bir yükü ne kadar çekebildiğine şimdiye kadar terk ettiğimiz yerler şahid değil mi?

Her akşam Kristal'de sınıf arkadaşlarımızla ve yeni tanıştığım arkadaşlarla buluşuyoruz. Her akşam grubu seyrederken yüreğim eziliyor. Fikren Beyazıt kütüphanesinde tarihlere gömülüyorum. Buralara nasıl geldik? Ta yukarlardan ne büyük felaketlerle çekildik... Gözümün önüne geliyor.

Buralardaki katliamlar, rıhtımlardan kaçışmalar, eğer günün birinde olacaksa nerelerde barınabileceğimize kadar dalıyorum. Arkadaşların latifeleriyle hayalini sürebiliyorum. Geceleri ince saz dinliyoruz. Selanik'in sinema varyetelerinde arkadaşların zoruyla birkaç saat geçiriyoruz.

Zabitlerimiz ne iyi, ne kabiliyetli, ne cefakar ve fedekâr... Fakat bu cahil başlar ne olacak? 17. Nişancı taburu kumandanı bile alaylı. Dünyadan haberi olmayan nesneler... Bir şey de anlatamazsın. Bir duayı padişahi ile ağzına şap diye kilidi takar. Bu sene Selanik'te bir senelik ders yorgunluğunu dinlendirdim. Fakat acı intibalarla da kafamı doldurdum. Hükümet ve halkla ve ecnebilerle temas edebilmesi için kardeşimin jandarmaya geçmesine karar verdik.

İSTANBUL'A DÖNÜŞ

Kara seyahati pek hoşuma gittiğinden böyle yaptım. Büyükçekmece'de trenin ne kadar duracağını memura sordum, on dakika dedi, indim. Araya marşandiz girdi ve bizim tren harekete başladı.

Fırladım yetiştim. Rum memuru bindirmemek istedi. Göğsüne bir kakma vurdum da bindim. Eşyam ve notlarım, her şeyim trendeydi. Selanik'ten ve hatta Manastır'dan beri bütün seyyar memurlar Hıristiyan, ekserisi Rum. Bize müthiş düşmanlar. Beni aldatan rezil hem haksızlık etti hem de bindirmek istemiyordu.

Bir aralık gözüme ilişti, çağırdım sordum: Neden bana on dakika duracak dedin. Sonra hatanı affettireceğine beni bindirmek istemedin.

Cevap vermedi, savuştu.

Vagonlarda abdesthane yok. Koridor yok. Eza ve cefa için yapılmış şeyler... Mektebe geldikten sonra kumpanya benden para cezası kesmiş. Ağır bir cevap yazdım ve memurların her şeyden evvel Türklerle değiştirilmez ise sıkı bir zamanda ne felaketler yapacaklarını izah ettim. Ve uğradığım haksız muameleye karşı mektep idaresinin vaziyet almasını rica ettim. Mektep idaresi cezanın maaşımdan kesilmesini emretmiş, benim layihamın nereye kadar gittiğini bilmiyorum; fakat maaşımdan bir mecidiye cezayı zorla aldılar.

Üzerimde evrakı muzırra varmış. Tünelin üst başında mevlevihane karşısında bir Rum kitapçıyla ve onun karşısında Alman kitapçı kaç senedir bana istediğim kitapları getirirlerdi. İyi neleri varsa çıkarırlar ben de alırdım. Şark harpleri hakkında haftalık ve aylık mecmuaları, güzel resimleri bol bol alıyordum. Bu seferde sınıf arkadaşlarımdan Seyfî Bey ile birlikte Rum kitapçıya girdik. Sınıf zabitlerimizden yüzbaşı Halil Efendi de camekânda kitaplara bakıyordu. Fakat ne omuzunda apolet ne kolda nişan... Tuhaf bir kılıkta. İllüstrasyonda güzel resimler ve krokiler vardı. Aldım. Bazı kitaplara da baktık fakat almadık. Tünele gelirken tam meydanda bu sınıf zabitimiz yetişti. Ve dedi: Üzerinizi arayacağım... Siz de evrakı muzırra var...

Dedim, ne münasebet... Biz seni iyi adam zannediyoruz. Bu nasıl laf.

Dedi, iradei seniyye ile yasak edilen bir kütüphaneye girdiğinizi ve oradan birçok şeyler aldığınızı gözümle gördüm. Kafi emir vardır, üzerinizi arayacağım.

Dedim, efendi, oranın yasak olduğunu yeni işitiyorum. Madem ki böyleydi biz içeri girerken gördüğünüz halde neden men etmediniz?

Dedi, bu tebligat sınıflara da yapılmıştır. Benim vazifem şimdi üzerinizi aramaktır.

Dedim, aldığım şu elimdeki illüstrasyondur. Başka bir şey almadık. Bunu şerefimizle temin ederiz. Seyfi Bey de bu adama teminat vermek üzere birkaç söz söyledi. Fakat o muttasıl üzerinizi arayacağım. Siz de evrakı muzırra var diyordu.

Bu adam benim iki senedir Selanik havalisinde ihtilal mıntıkalarına gidip geldiğimi biliyordu. Aynı zamanda sınıf birincisi de olduğumu biliyor ve böyle bir münasebetsizliğim görülmüyordu. Ricalarımıza aldırmıyor, sertleşiyordu. O kadar ki gelip geçenler bize bakmaya başladı. Pek kızdım ve dedim: Halil Efendi, doğru mektebe gidin... Biz de evimize gidiyoruz. Bizi çok müteessir ettin, bir erkanı harp namzeti üniformalı zabitin bu hizmetçi kılığınla burada üzerlerini aramaya kalkışmak garabetini reddettiklerini sana emir verenlere anlat. Ve yürüdük tünele doğru...

Ben size anlatırım diye söylendi, boynunu kırdı, gitti...

DÖRDER HAFTA İZİNSİZ

Cumartesi günü mektep müdürü Rıza Paşa beni ve Seyfi Bey'i istemiş. Bu Halil Efendi bizi aldı, odasına götürdü. Vay efendim vay... Rıza Paşa ne kızmış, ne köpürmüş, haykırıyor... İradei seniyeyle memnu olan kütüphaneye gidip öteberi alan bunlar mı? Söyleyin size ne yapayım? Siz benim başımı belaya sokacağınıza ben sizin başınızı ezeyim... Defolun buradan!

Cinayet mahkemesinde bile görülmemiş bir hal... İşiten, bize, müthiş cinayet yapmışlar der.

Paşa hazretleri memnuiyetten haberim yoktur. Ben yeni sıladan geldim. Benim kütüphaneye girdiğimi bu efendi gördüğü halde bana memnuiyetten bahsetmemiştir. Bizi mahvetmek için pusu mu kuruluyor? İradei seniyye böyle midir?

"Nasıl, nasıl... Haberiniz yok mu? Söylemediler mi? Ulan sınıf zabiti olacak herif işitiyor musun... Benim işittiğimi işitiyor musun?.."

Bize mülayemetle, peki siz gidin de ben evvela bu adamla hesabını göreyim, dedi. Biz çıktık, içerden avaz avaz Nazır'ın sesi geliyordu. Ana-avrat... Yarab, neler... Sınıfa geldik hafta evamir defterinin okunmasını sabırsızlıkla bekledik. İsmimiz şöyle ilan olundu: İradeyi seniyye ile memnu olan bir kütüphaneye girdiklerinden bu kerelik dörder haftalık izinden menleri...

Bu bizim hissemiz. Halil Efendi'nin hissesi daha yaman çıktı. Benim gibi sıladan gelip haberi olmadan o kütüphaneye giren bir sınıf arkadaşımızı da sivil hafiyeler jurnal etmiş. Usulü veçhile Rıza Paşa'ya çıkarmışlar. Bu da benim gibi haberi olmadığını, Harput'tan yeni sıladan geldiğini söylemiş. Harput sılaya gitmek uzun sürüyor diye müsaade etmiyorlardı. Bu arkadaşımız Palu'ya gideceğim diye yazdırmış, sınıf zabitlerimiz de Palu'nun neresi olduğunu bilmediklerinden izin vermişler. Bu marifeti de Halil Efendi yapmamış mı... Derhal mektepten ilişiğini keserek orduların birine göndermişler. Haksızlığının cezasını görmüş.

BİR FELAKET DAHA:
DERSANEDEKİ GÖZLERİMİZİ ARAMIŞLAR

Erkanı Harbiye üçüncü sınıfta ben, Seyfi ve ikinci sınıftan İsmet([57]) Beyler birinci derecede bir teşekkül gibiydik. İkinci derece muhit, mahremiyet de teşkil etmiştik. Her şeyi konuşurduk. Bilhassa Makedonya vaziyeti, hal ve istikbalimizi dertleşirdik. Topçu mektebinden gelen Sadullah ve Emin Beyler de bende toplanırdık.([58])

Seyfi münasebetsiz kitaplar da getirirdi. Bunu bazen ayrı bazen iki-üç arkadaş okurduk. İzinsiz iken birkaç kitap okuduk, bunların biri Namık Kemal'in vatan hakkında bir eseri, diğer üçü Fransızca... Biri bir Alman mülazımının... Bu eserinden dolayı mec divanı harbinde tarda mahkum olmuş. Alman askeri ahlakı... Alman zabitlerinin aile hayatını, fena misallerini yer ve tarihiyle yazıyor. Diğer ikisi Rus edibi Leo Tolstoy'un... Birisi "çıkılacak yer nerede?", "Kırım Harbi" isminde. Her ikisi de sosyalizm ruhuyla yazılmış. Bilhassa birincisi hükümete, zenginlere karşı fakirlerin isyanı.

Bunlardan Türkçe okur okumaz yırttım ve yaktım. Seyfi çekişti, diğerlerini yaktırmam dedi. Seyfi bunları bizden aldı dershanedeki dolabına koydu. Sabahleyin dershaneye

---

57   İsmet İnönü (Yayıncı)
58   İlk İttihat ve Terakki teşkilatına Üsküp'te Emin Bey'i bizzat ve Edirne'de İsmet ve Seyfi Beyleri de Manastır'dan giden süvari kolağası Ferhat Bey vasıtasıyla ben davet etmiştim. Oraları da resmi teşkilatlandırınca ilk esaslar oldular.

geldiğimiz zaman geceleyin gözlerimizin muayene olunduğunu hayretle gördük. Seyfi benim sol yanımda otururdu. Bu üç kitap ta alınmış. Gözlere anahtar uydurmuşlar ve program harici ne buldularsa almışlar.

İşimiz berbattı. İzinsizliğimiz yeni bitmiş, bu hafta izinli çıkacaktık. Leo Tolstoy ismi bile felakete kâfi idi.. Felaketin büyüğü Seyfi Bey'in başındaydı. Benim yanımda ve en yakın arkadaşım olması yine yasak kitap ve kütüphane yüzünden birlikte jurnal edilmemiz ve aynı cezaya çarpılmamızdı...

Akşam Namık Kemal'in kitabını yaktığımın isabet olduğunu şimdi bu kaygısız arkadaş da takdir ediyor ve başına yeni gelebilecek cezayı düşünüyordu. Eyvah mahvolduk, diyordu, haklı olarak ona çıkışabilirdim... Fakat kederini arttırmaktansa başka bir çare düşündüm. "Dur ben şimdi bunu hallederim. Namık Kemal'in kitabını elinden kapıp yakmalıyım. Yok yere her üçümüz de alaya gideriz." dedim.

FELAKETİ NASIL ÖNLEDİM?

Aklıma şu tedbir geldi: Hemen Dâhiliyeye gidip bu kitapları alan sınıf zabiti Sadri Efendi Fransızca bilmediğinden kitapların neler hakkında olduğunu kendisine anlatmak ve o suretle yazacağı jurnali hafifletmek... Netice anlaşılıncaya kadar da samimi arkadaşlarımızla esmayı sıçratmamak için teması kesmek...

Seyfi biraz nefes aldı ve "eğer bunda muvafık olursan istikbalim kurtulur. Sen kendini de tehlikeye attığını unutma" dedi. Yalanımı Seyfi'ye anlattım ve kendisine de ayrıca sorarlarsa aynı cevapları vermesini söyledim.

Soluğu dâhiliyede sınıf zabitimizin masasında aldım. Görür görmez: "işiniz bitik. Zaten şüphelisiniz. Nedir o kitaplar... Evleriniz de aranacak. Bakalım işin ucu nereye kadar varacak." Dedim, Sadri Bey ne söylüyorsunuz. Arkadaşınız Halil Bey bir külah kapmak için bizi haksız yere ateşe yakacaktı. Ayağına dolaştı. Ona acımadım. Fakat size hürmetim var, acırım.

"Neden?"

Faraziyeleriniz aldığınız kitaplar üzerine olduğunu görüyorum. Halbuki bunlar, hatta program harici kitaplar bile değildir. O, "sen onu külahıma anlat...." Ben, "benden samimi söylemek. İsterseniz çıkarın kitapları. İsimlerini ve içlerini birlikte okuyalım. Korkarım ayağınızı kaydırmak isteyen adi ruhlu biri size bunları yanlış tercüme eder. Sonra hem mahcup olursunuz hem de hakkınızda iftira davası açılır mahvolursunuz. Ben size ricaya gelmedim. Şimdiye kadar sizden iyi muamele gördüm. Mukabil hürmetim var. Size bir hizmet yapmaklığımı isterseniz eserlerin isimlerini ve istediğiniz yerlerini tercüme edeyim. Bunları istediğiniz kişilere kontrol ettirebilirsiniz..."

Sadri Efendi yumuşadı. Daha jurnali yazmamış. Yanındaki dolaptan kitapları çıkardı. Üzerlerini hecelemeye başladı. Mübareğin Fransızcadan bir kelime bildiği olmadığı gibi okuması da yok. Evvela "la gerdö krima" beraber heceledik. Dedim, Krima demek Kırım'dır ki, gerdö "harp" demektir. Kırım harbi hakkında bir kitap... Tarihi harbe aittir. İkincisi "Tö e lissu." Yani Kırım harbinde malum Sivastopol, müttefikler bizim orduyla İngiliz, Fransız ve şimdiki İtalyan orduları muhasara etmişlerdi. Şimdi nereden çıkacağız diye diğer eseri yazan zat bir ufak risale de yazıyor. İşte görüyorsunuz ki her iki eseri de aynı zat yazmıştır.

Sadri Efendi muharrirlerin isimlerini karşılaştırdı, baktı ki aynı harflerden mürekkep. "Peki ya bu nedir?" diye üçüncüsünü sordu. Dedim, "Bu da Alman ordu teşkilatıdır. Beraber okuyalım. İşte Alman kelimesi. Öteki kelime de ordunun ruhu demektir. Yani hülasası demektir. Fransızcası "le mör meah"tır.

Yüzbaşı başını iki tarafa sallaya sallaya kitapların üzerine söylediğim adları yazdı, sonra kurularak "peki program harici değil mi bunlar? Size böyle kitap tevzi ettik mi?.."

"Efendim biz bunlardan fazla malumat almaya mecburuz. Muallimlerimiz bunları takip ederler. Kime isterseniz sorun.

Bunları mektep müdürü yine sahibine iade eder. İsterseniz böylece Rıza Paşa'ya gösteriniz, isterseniz sahibine verin iş bitsin..."

"Peki teşekkür ederim. Şimdi bir jurnal ile Müdür Paşa'ya takdim ederim. O ne yaparsa yapsın... dedi.

Muvaffakiyeti kazanmıştık. Sınıf zabitimiz kendi anlamamış da soruyormuş gibi bu kitapların adreslerini başkasına tercüme ettirmeyecekti. En mühimi de ders nezaretine değil, ecnebi diliyle alakası olmayan makama verecekti.

Dershanede beni merakla bekleyen Seyfi'ye vaziyeti anlattım. Çok sevindi. Okuma arkadaşımız İsmet'e de bir aralık anlattım. Muvaffakiyetime şaştı kaldı. Fakat bir tedbir olarak evde bulunan ve zararlı sayılabilecek olanları da yakmaları için bir vasıta ile eve haber gönderdim. Sonra haber aldık ki bu sefer evlerimizin aranmasından sarfı nazar etmişler. Ve program harici kitap getirdiğinden Seyfi Bey'i dört hafta daha izinsiz yazmışlar.

Bu mesut cezaya şükürler ettik. Ben izinli çıktım, o bir ay daha mektepte bekledi.

FAKAT AKILLANDIK MI?

Aradan epeyce geçti. Seyfi, Sultan Aziz'in nasıl hallolunduğunu, Sultan Murad ve Sultan Hamid'in tahta cüluslarını tasvir eden Fransızca bir kitap ele geçirmiş.

Fakat bunu ayrı ayrı evlerimizde okuduk. Bu iyi. Fakat bunu Seyfi iç cebine koymuş, kitabın adres olan sayfasını Divanyolu'nda Arifin kıraathanesinde bilardo oynarken nasılsa düşürmez mi... Etraftan bize bakıyorlardı. Daima takip olunduğumuzdan erkanı harp sınıflarını sıkı tutuyorlardı. Bilhassa bizi...

Bu münasebetsizlik canımı sıktı. İşe ehemniyet vermek fena idi. Yerde sayfayı bırakmak da fena idi... Bir aralık marifetini Seyfi'ye söyledim ve kimsenin nazarı dikkatini celbetmeden müşterek hareketle yerden aldık.

Makedonya ihtilalleri hakkında İstanbul'a malumat gelecek

diye ne halt edeceklerini bilmiyorlardı. Hastalığını saklayan budalalar gibi... Halbuki Hıristiyan da Yunan da Bulgar da aynı tarzda hareketlerle işe başlamışlar ve bugünkü şekle girmişlerdi. Her şeyi açıkça ortaya atmaktan, padişahlar şahısları için korktuklarından memleketin bir tarafı yanarken öteki tarafı alakadar olamıyordu. Hiç olmazsa zabit çıkacaklar, erkanı harp olacaklarından bu gibi hadiseler gizlenmese... Ağızdan ağıza yalan yanlış havadisler daha fena şayi oluyordu.

JAPON VE RUS SEFERİ

Bu harbin devamı her derdimizi hafifletiyordu. Japon muvaffakiyetleri sanki kendi muvaffakiyetlerimiz gibi tes'id ediyorduk. 1 Kanunisani 1905 porartürü zaptettiler. 27 Mayıs 1905 Hoşima deniz muharebesinde Rus donanmasını mahvettiler. Baltık filosunu mahveden Amiral Togosini bin yaşa..." diye bağırıyorduk.

Nojioyama, Kroki, Oku emsali kumandanları da böyle alkışlıyorduk. General Kroki Rus Kindapot Govorki Rusça darulmesel olmuştu. (General Kroki Ruslara ders veriyor) demek.

23 Şubat-15 Mart 1905 Mukden meydan muharebesini de Japonlar kazandı. Bunları sevinçle haritalardan takip ediyorduk. Fakat sulh sözleri endişemizi uyandırıyordu. Gerçi birkaç seneler Rus çarı kafasını elleri arasına alıp düşünecekti ve bizler de ordularda çalışacaktık. Fakat sonra? Makedonya yangını yeniden alevlenmeyecek miydi? Ermeniler bir haltlar etmeyecekler miydi? Ucu-bucağı belirsiz felaketler... 5 Eylül 1905 Aksayı Şark sulhünün imzası gibi. Bugünler ağzımızı bıçak açmadı.

YILDIZ'DA BOMBA PATLADI

8 Ağustos 1321 (1905), Cuma günü selamlık esnasında Yıldız'da müthiş bir infilak olmuş. Mektepteki arkadaşlar mektebin bile sarsıldığını söylediler. Ben Sarıyer'de ağabeyim Hamdi Bey'e misafir gitmiştim. Akşamüstü mektebe gelirken vapurda haremağalarının biri birine korku ve telaşla anlattıkları şeylerden, bir hadise olduğunu anlamıştım.

23 insan ölmüş, 58'i de yaralanmış. Akşam mektepte epeyce havadis toplandı. Kimi yaralıları kimi ölülerin naklini görmüş. Günlerce bu infilak sohbetlere zemin oldu. Beni müteessir eden şey ortada ne bir Türk varlığı ne de Abdülhamid'te salaha doğru bir halin görülmemesi idi.

Ahval aynıydı. Tazyik azalmıyor, çoğalıyordu. Bizi de harbiye efendileri gibi dört vakit namaza da sürmeye başladılar. Sabah namazları arzuya tabiydi. Mektebin musluklarında su olmadığı halde binlerce efendilerin ve arada zabit elbiseli üç namzet sınıfın elleri değnekli zabitler tarafından camiye sürülmesi hindi sürüsü gibi... Pek elim bir manzaraydı. Birkaçı müstesna, abdestsiz secdeye zorla yatıp kalkıyordu. Harbiyi ikinci sınıf nihayetinde geçirdiğim tifo hastalığından sonra abdest ve namazı yalnız evde ve Cuma namazlarına bırakmıştım. Mektepte bu zor harekete karşı mukavemet etmek İstedik, söktüremedik. Ayrı bir cami de tahsis etmiyorlardı.

Akılları sıra burnumuzu sürtüyorlardı. Halbuki bu işler müstebit idareye bizi daha ziyade düşman yapıyordu. Camide bir tarafta oturmakla mukavemete başladık. Bu surette mukavemete devam eden birkaç kişi kaldık.

Ne biçim idare! Bir taraftan tazyik yapıyor bir taraftan da gümüş liyakat ve Abdülhamid'in hususi marangozhanesi imalatı olmak üzere birer pergel takımı verdiler. Kemik bir cetvel, bir gönye bir de ancak daire çizen gümüş pergel.

BOMBA NASIL ATILMIŞ?

Hadise faillerinden biri yakalandı. Belçikalı imiş. Bunun adliyedeki mahkemesi serbest oldu. Merak ettim, gittim dinledim. Ermeniler bu komite ve infilak işlerinde mahir olan Vurajeski namındaki Belçikalıyı içlerine almışlar.

Bu adam Sünger fabrikası memurlarındanmış. Bu adamın karısı da olayda faal bir rol oynamış. Viyana'dan şık, lastik tekerlekli bir fayton getirmişler. Arabacının oturacağı yere müthiş nevadi iştialiyeyi demir sandık içerisinde yerleştirmişler.

Şayia şu idi: Bir İslam saf arabacıyı da bulmuşlar. Selamlık kısmının fotoğrafını alacaklarını, bunun için basılması lazım gelen düğmeyi de öğretmişler. Resimde kendileri de bulunmak istediklerinden bunu da söyleyerek zavallı saf arabacıyı aldatmışlar. Hamidiye camiinin saat kulesi yakınında arabacı tayin olunan zamandaki Sultan Hamid camiinden çıkmış olacaktı. Düğmeye basmış ve araba da, arabacı da, yakınındaki insanlar da havaya uçmuş.

Markalı bir lastik parçası arabanın Viyana'daki fabrika markasını meydana çıkarmış. Oradan bu arabanın resmini ve alanların isimlerini, İstanbul gümrüğünden kimlerin çıkardığını bularak iş meydana çıkmış.

Belçikalı, zayıf, kısa boylu bir adam, isticrap esnasında ara sıra ufak şişede bir ilaç kokluyor. Rusya'dan gelen birkaç Ermeni jurisinin önünde hazırlamışlar. Birkaç yerli Ermeni de yardım etmiş. İdama mahkûm olan bu adamı Sultan Hamid affetmiş, ihsan vermiş ve Avrupa'da aleyhindeki cereyanlar ve suikastlardan haber vermek üzere maaşlı hafiye yapmış.

Koca Sultan, bu işleri bir gün senin evinde Türk milletinde

yapacak ve sen onların elinden yakanı kurtaramayacaksın. Eğer aklın eriyorsa fikirleri boğma, onlara yol ver ve hürmet et. Muhitini saran cahil veya riyakâr, murdar ahlaklı insanları at da Avrupa hükümdarları gibi milletini saadete götür. Sen de milletin sevgisi arasında mesut yaşa. Fakat yazık ki daha ismini zor yazabilecek derecede irfanın var. Etrafındaki yüzlerce halayıkların şehvet halkası içindeyse bunu bütün hanedanın gibi tereddi etmişsin. Mithat paşa gibi bir veziri, Mahmut Paşa gibi bir damadı boğduran, en namuslu, hamiyetli ve malumatlı insanları zindanlarda, menfalarda çürüten, muhitini hafiye ağları içinde kuklaya çeviren insandan ne beklenir. Dün İttihat ve Terakkiyi de boğdun. Mithat Paşa'nın Jön Türkleri gibi onların da mahvolduğuna belki kailsin. Fakat fikirler ölmüyor, birbirine zincirleniyor, Muhakkak her müstebit gibi fikirler arasında sen de boğulacaksın. Makedonya isyanları, Ermeni kıyamları belki senin için tehlikeli değildir; fakat kork milletinden... Bakalım bunu ne zaman göreceksin.([59])

Bu hasbihalleri mahkemede kendi kendime yaptığım gibi ağabeyime de "sıra artık Türklere geldi. Bir kere 3. orduya kapağı atabilsem" diye kararlarımı anlattım. "Orada istediğini yaparsın, burada ağzını açma." diye yeniden emir aldım.

---

59 Manastır'da İttihat ve Terakki cemiyetinin ilk tesisinde ve 31 Mart 1325 hadisesi üzerine İstanbul'a yürüyen hareket ordusunun 3. ordudan, Edirne'den gelen fırkanın erkan-ı harbi olarak geldim. Yıldız'ın işgalinin mesuliyetini üzerime alarak emir hilafına yapmış bulunmakla mesulum.

FRANSIZCA HOCAMIZIN HAKARETİNİ İADE

Fransız hocamız Mösyö Lamberti'den iyi istifade ediyorduk. Harbiye'de ve namzet sınıflarındaki diğer Fransız hocalarının tedris usulleri iyi değildi. Fakat bu zat bir gün sınıfımıza hitaben "karşımda başına Fes giymiş kütükler gibi durmanızı değil, dersi iyi dinlemenizi isterim" dedi.

Bu Fransızca cümleyi hazmedemedim. Paydosta sınıfı yokladım, pek alakadar olan bulunmadı. Bunu arka sıralara karşı söylemişti. Benim masam hocayla bir hizadaydı. Gelecek ders için verdiği vazife bir arkadaşa dersler ve mektepler hakkında Fransızca mektup yazmaktı.

Burada ben de şu cümleyi yazdım: Fransız hocamız henüz yeni olduğundan kimlerin karşısında bulunduğunu henüz öğrenememiş. Türk zabitleri karşısında bulunduğunu bilseydi "başı fesli kütük gibi" diyerek kaba bir cümle kullanmazdı.

Vazifeleri okuyunca muhataplarının Türk erkânı harp zabitleri olduğunu anlayacak ve pek mahcup olacak.

Hocamız vazifeleri tashih etmiş ertesi derse geldiği zaman ismimi söylemeyerek şöyle dedi: "Geçen dersimde söylediğim bir cümle bir arkadaşınızı pek müteessir etmiş. Bunu bir maksatla söylemedim. Bu sözü geri alıyorum. Ancak pek çalışkan Türklerin mevcudiyetini iftiharla görmekle beraber, mektebin karşısında sabahtan akşama kadar boşu boşuna oturan Türkleri de görüyorum. İtiraz eden arkadaşınız bunlar namına sözümü söylemekliğime de cevap veremez ya!..

Lamberti sözlerini idare edemez bir vaziyette eliyle alnını kaşıyor ve önüne bakıyordu. Karşı kahvedekilerin bir sürü hafiye olduğunu henüz bilmediği anlaşılıyordu. Fakat bize savrulan bir cümleyi geri alıp yutamadığından o heriflere atmak istiyordu. Yerim pek yakın olduğundan yavaşça kendisine dedim: "Onlar da kütük değildir. Onlar mikroptur!"

Anlamış olacak ki alt dudağını ısırdı ve cevap vermedi.

ASKERİ MÜELLİFAT DERSİ HAKKINDA

Üç cilt olan bu kitapların ezberlenmesi kadar zor ve manasız bir şey görmedim. Dünyada askeri ne kadar eser yazılmışsa bunların hülasası... Fakat rakam dolu. Müelliflerinin doğum ve ölüm tarihleri bile bellenecek.

Bunun muallimi Muhtar Paşa idi. Bu zat aynı zamanda kaç senedir topçuluk (balestik) ve Osmanlı harplerini okutuyordu. Açık ve samimi sözlerinden istifade ettik.

Fakat bu seneki ders bu türlü değil. Bir gün kendisine bu dersi ezberlemekteki faydanın ne olduğunu sordum. Yüzden okumak ve mühim olanlarını kütüphanede varsa görmek ve bu suretle münakaşa etmek daha muvâfık olmaz mı dedim.

Derslerinden daima iyi not aldığımdan teveccühleri ziyade idi. Dedi: "Esasen bu ders uydurmadır. Asıl ders hukuk-u Düvel idi. Fakat hukuk-u beşer'e müntehi olduğundan bu zaman için okutulması muvafık değildir diye kaç senedir yerine bu yenisini koydular."

Dedim: Ezberlenmesi de düşünce hassalarımızın azalması için midir? Hiç olmazsa rakama taalluk eden şeyleri af buyurun da eserlerin mahiyeti hakkında malumat isteyiniz diye ricada bulundum.

"Hakkın var. Bu teklifin muvâfıktır. Böyle olsun" dedi ve teklifimden pek memnun kaldığını, söyledi. Sınıfa tebşir ettim herkesi sevindirdi...

Muhtar Paşa çok iyi bir insandı. Geçen sene tarihi harp dersinde "muhtelif konular ayrı ayrı hareket ettiğinden düşmanlar bizi ezdiler" cümlesini koridorda bir hafiye işiterek jurnal etmişti. Biçareyi mabeyne çağırmışlar, birkaç gece alıkoymuşlar ve ne maksatla söylediğini sormuşlar. O da dersini orada da takviye etmiş ve maksadının Şevketmaaba layık surette erkanı harp zabitleri yetiştirmek olduğunu söylemiş. Abdülhamid memnun olmuş, altın liyakatle taltif etmişti.

Paşa bu vakayı bana bu sefer anlattı ve dedi: Mabeynde de söyledim. Padişah büyük ama etrafı berbat... Bunun için böyle perişanız dedi. Dedim, Paşam bir muhit ki fenadır onu etrafına toplayanın ruhunu göstermez mi? Fenaları seçip de onun etrafına gönderen mi var?

"Allah feyzini arttırsın ve bu millete büyük hizmetlere muvaffak etsin. Daha tahsilinizi bitirmeden oraları görmeden vaziyeti takdir ediyorsun. İş dediğin gibidir fakat nasıl ilan edersin" dedi.

Manastır ve Selanik ziyaretlerimi ve ordunun feci halini bir iki satırla anlattım, gözleri yaşardı.

TELEFON, OTOMOBİL ELEKTRİK NEYMİŞ...

Bütün dünya bu varlıklarla dolarken biz daha bunları görmemiştik. Selanik'te elektrikli tramvayı, oraya gidenler görmüştü. İstanbul'un tramvayı zayıf beygirler kamçılar altında emin bir haldeydi.

Telefonu nazari okuyorduk. Halbuki Avrupa'dan gelenlerden naklen işitiyorduk ki oteller, ticaret evleri, her yer telefonla bağlıymış. Her yerde otomobil kullanılıyormuş.

Beyoğlu'na gelen bir at cambazhanesi müdürünün ufacık bir otomobili gelmiş. Cambazhaneden ziyade bu ağızlarda dolaşıyor. Galatasaray önünde ben de rast geldim. Halk etrafına toplanmış, bu her yerde tabii görülen şeyi fevkalade bir şey olarak seyrediyordu.

Sultan Hamid o kadar vehimliymiş ki bu gibi yeniliklerin muhakkak sarayına bir infilak için kullanılacağından korkuyormuş. Ne felaket! düşmanlarımız bu adamı istediği gibi oynatıyor. Boğaz için top alınıyor, bunu koymak dostluk değildir, diye tahta barakalarda yerlerde sürünüyor. Günün en mühim harp ve iktisat vasıtası olan telefon, otomobil, elektrik tesisatı gibi şeyler hayatından budalaca korkularak memlekete sokulmuyor.

Sonra da daha anadan doğan bir bendegan çocuğuna zabitlik veriliyor. Harbiye sınıfından çıkan yüzbaşılar, binbaşılar, miralaylar var. Ve bunlar Çanakkale nerededir, bilmezler... Ordular acz altında. Neferden zabit olanlardan hâlâ mektepten zabit olanlarla müsavi bir halde. Makedonya ateşler içinde... İstanbul'da kimsenin haberi yok. Her millet müthiş teşkilat yapmış, bizi mahva çalışıyor.

MUSİKİYE MERAKIM

Erkânı harp sınıflarında da edebiyat gördük fakat askeri derslerin dimağımda husule getirdiği ahenk ve muvazene artık şiir ve edebiyat hevesini bende azalttı.

Fakat hafta başları kemanla meşgul olmak hevesim arttı. Alaturka birçok peşrev, saz semaileri ve şarkıları öğrendim. Taksim de yapabiliyorum, küçükken sesim pek güzeldi. Çoktan olanca kuvvetimle bir şeyler okumak fırsatını bulmamıştım. Bir gün iştikşaf ameliyatına cendere boğazına gitmiştik. Posta posta etrafa dağılmış, harita alıyorduk. Yanımda iki samimi arkadaşım vardı. Şarkı okuyorlardı. Benim de iştirakimi rica ettiler ve ben başlayınca onlar sustu.

Sesim davudi çıkıyordu. Ricaları üzerine kısa bir satırlık gazel söyledim. Etraf sırtlardan akis yapıyordu. İşi kısa kestim ve vazifeye devam ettim.

Mektebe döndükten sonra sınıfta münakaşa oluyordu: Ne ses... Müthiş... Vay canına... bu kimdi, neden kısa kesti diye takdir makamında usulen küfürler ediliyordu. Bunu istikşaf muallimimiz erkanı harp miralayı hocamız da merak etmiş, sınıfta böyle bir ses olmadığından bir sihir olduğu kanaati hakim.

Bilen iki arkadaşa beni söylememeleri için ant verdirdim ve bir daha da mektepte sesimi çıkarmadım.

Üçüncü sınıfta Alman hocalarımız çok olduğu gibi askeri muallimlerimiz de daha kudretli idi. Tuhaf şey, daha ordularda hizmet görmemiş nazari insanlardan fakat zekası vasat derecede olanlar kendilerini Napolyon zannediyorlardı.

Hatta bir gün Napolyon'un bir hareketini pek ahmakça tenkit eden bir efendiye muallimimiz kızdı ve dedi: "Eğer Napolyon bu hareketini senin tenkit edeceğini bilseydi emin ol ki o hareketten vazgeçerdi."

Yine erkanı harbiye mezaifi imtihanında kısa bir direktifle uzaktaki bir orduyu tahrik edeceğini uzun uzadıya telgrafla emir yazdıran bir başkumandanlık vazifesini halleden ve muallimin haklı itirazına emsal olarak Kazım Efendi Zeyrek en güzel halletmiştir diyen muallime karşı ben ordu kumandanı olsam böyle kısa bir emirle hareket etmezdim, dedi. Muallimiz de "senin gibi bir adama kimse ordu tevdi etmez merak etme" dedi. Çok memnunum ki kendimi bir dakika ne muallimlerin üstünde gördüm ve ne de tarihi şahsiyetlere benzettim. Daima ben benim ve öyle de kalacağım.

İMTİHANLARIMIZ

Muvaffakiyetle imtihanlarımı verdim ve birinci olarak erkanı harp yüzbaşılık diplomasını aldım. İlk olmak üzere 9 Eylül 321, yani 23 Şaban 323, Cumartesi günü altın maarif madalyasıyla taltif olundum.

Havuz başında, umum talebe muvacehesinde bana altın, ikinci Kadri Bey'e de gümüş maarif madalyası verildi. Yazıyla elimize verilen birer nutuk söyledik, bunu gür bir ses ve hiç sıkılmadan söylemekliğim çok tesir yaptı. Esasen senelerden beri sınıfta ders takriri ve talim ve ameliyatta kumanda etmekliğim dolayısıyla söz söylemekte bende büyük bir meleke yaratmıştı.

Bütün cephede erkânı harbiye efendilerine karşı hazır bir nutku okumakta bunun için hiç hiçbir zorluk ve sıkılganlık duymadım.

SATRANÇ MERAKIM

Erkânı harbiye ikinci sınıfında sınıfımıza satranç merakı girmişti. Ben bu karışık oyuna kafa yormak istememiştim. Fakat üçüncü sınıfta öğrenmeye mecbur oldum. Çünkü sınıfımızın en gabi efendileri bile öğrenmişlerdi. Taşların hareketlerini iyice belledim ve birkaç hafta sonra, geçen sene belleyenlerin hepsini yenmeye başladım. Bu ilmiyle eğlenceli oyunu gittiğim yerde talim için bir takım aldım. Zabitlerin çok devam ettiği bir gazinoya hediye edeceğim.[60]

SIHHATİM VE SALABETİM

Erkânı harp sınıflarında sıhhatim pek mükemmel geçti. Yalnız üçüncü sınıfta çok meraklı oldum. Her hafta vücudumu muntazaman muayene ettirmedikçe rahat edemiyorum. Gece müzakerelerine girince onbeş dakika uyku kestirmedikçe çalışamıyorum.

Muhtelif doktorlar kalbim, ciğerim ve bünyemin pek kuvvetli olduğunu temin ettiler ve her türlü hastalıktan uzak olduğumu da kati anladım.

Cuma günleri mektebe gelmeden evvel ekseriya Taksim bahçesinde birkaç saat geçirmek ara sıra uzak gezmelere, deniz hamamlarına gitmek itiyatımı da bozmadım. 11 Mart 1321 üçüncü sınıfta safi vücudum 61 kilo. 27 Teşrinisani 1321 erkanı harp yüzbaşısı çıktığım zaman 63 kilo. Senede iki kilo alıyorum.

Üçüncü orduya gitmeye muvaffak olduktan sonra sıhhatim hakkındaki merakta benden uzaklaştı. Fakat memleketimizde titizlik denecek derecedeki intizam ve temizliğim ve merakım değil...

---

60 Manastırda Draho boyunda Muharrem'in kıraathanesine hediye ettim. Fakat yeniden kimse öğrenmedi. Eski meraklılardan birkaç zat buldum, ara sıra oynadım. İlk bakışta herkes güç görüyor.

SALABETİM...

İtikadımdaki selabetimde eksiklik yok. Milli duygularım pek ziyade genişledi. Hür ve medeni bir millet halinde yaşamaya susamış gibiydim. Esasen pek sıkıntıya gelemediğimden evimizin senelerden beri en büyüğü gibi her işi benim üzerimde olduğundan istibdata ve haksızlıklara karşı kalbimde büyük nefret duymaktayım.

Sekeratla alakam yok. Erkanı harp yüzbaşısı olduktan ve sınıf birincisi olarak altın maarif madalyası da aldıktan sonra biranın ve şarabın ne olduğunu samimi arkadaşlarımın zorlarıyla tattım. Yalnız harbiye üç'te hastalıktan pek zayıf kaldığımdan ilaç olarak malaga şarabı içirmişlerdi. Bu sefer zevk ve neş'e için tattım.

Sigaraya da daha alışmamıştım. Bu ilk tatmak pek zevkime gitti, her akşam içenlere hayret ettim. Harbiye ikinci sınıf nihayetinde hastalığım dolayısıyla bıraktığım namaz ve oruç öylece kaldı. Ara sıra oluyor. Taassuptan daha ziyade nefret ediyorum. Manevi bir bağ olmasını da düşünerek dinsizlerden de nefret ediyorum.[61]

Okuduğumuz dersleri ve numaraları rüştiyeden beri muhafaza etmiştim. Bir araya yazıyorum. Derslerin tam numarası 45, yazı, resim, harita gibiler 20'dir.

Özet:

Rüşdiye üçüncü sınıfında: Tam nottan 10 numara eksik. Sınıfta üçüncü.

---

61 Manastır ve Edirne'de ilk gençlik yıllarımda ara sıra bira içerdim. Fakat hiçbir şeyin tiryakisi olmadım. Hele rakıyı bir türlü sevemedim.

İdadi birinci sınıfta: Tam nottan 3 numara eksik. Sınıfta birinci.

İdadi ikinci sınıfta: Notlar tam. Sınıfta birinci.

İdadi üçüncü sınıfta: 11 numaram eksik. Sınıfta ikinci. Başçavuşluğu iki sene muhafaza etmiştim.

Harbiye sınıfındaki numaralarım:

Tam nottan 10 numara eksik, sınıfta birinci.

Tam nottan 1 numara eksik, sınıfta birinci.

Tam nottan 23 numara eksik, sınıfta birinci.

Başçavuşluğu muhafaza ettim.

Erkanı Harp sınıflarındaki notlarım:

Birinci sınıf: 43 numara eksik. Fransızca ve Riyaziyeden büyük haksızlığa maruz kalmam bir iltimas hadisesi oldu. Sınıfta ikinci.

İkinci sınıf: 19 numara eksik. Sınıfta birinci.

Üçüncü sınıf: 30 numara eksik, sınıfta birinci.

Ben 1533 numara ile erkanı harbiye birincisi oldum. Ki tam numaradan 90 numaram eksik. Sınıfın İkincisi 1472 numara ile Kadri Efendi Çukurçeşme oldu ki aramızda 61 numara gibi müthiş bir fark vardı. Ki bu fark ikinci ile erkanı harplerin sonuncusu arasındaki farka yakındı. Bunun şimdiye kadar görülmüş bir şey olmadığını söyleyerek bütün muallim, sınıf zabitleri ve ders nazırı tarafından tebrik olundum.

Bu müthiş fark dolayısıyla beni orduya göndermeyerek mektepte alıkoymak için mektep idaresi karar vermiş. Bana tebliğ ettiler. Kurada 2. ordu Edirne çıkmıştı.

SINIF ARKADAŞLARIMIZLA
FARKIM HAKKINDAKİ BAZI NOTLAR

Benim üç sene yekûnu 1533. İkinci Kadri Efendi Çukurçeşme'nin 1472. Onuncu Ahmet Efendi'nin 1410. Yirminci Askeri Efendi'nin 1296. Sınıfın en sonuncusu Enis Erzincan 1084.

Sınıfımız 42 efrattı, sonuncu ikmale kaldı. 13 erkanı harbe ayrıldı; fakat ahlak numarasından ayrılanlardan birkaçı da olamadı. Üç senedir beraber çalıştığım Seyfi ile farkım 215. Sınıfın dümencisiyle farkım 449 numaradır.

Ordulara ayrılmak için kurada 2. ordu çıktı; fakat 3. orduya nakle muvaffak oldum. 9 Eylül 321'de erkanı harp birinciliğini kazandığımdan altın maarif madalyasıyla taltif olunmuştum. 23 teşrinievvel 321'de diplomamızı aldık. Ders nazırı Esad Paşa tarafından büyük numara farkım ve ahlak numaram dolayısıyla aleni takdir olundum. Teşrinisani nihayetinde, Harbiye Nezaretinde erkanı harp arkadaşlarla erkanı harp dairesinde kura çektik. Hisseme 2. Edirne ordusu çıktı. Çok meyus oldum. Emelim 3. orduydu. Arkadaşlardan iltimasla İstanbul'da kalacak olanlar vardı. Aksi gibi onlar da 3. orduyu çekmişlerdi. Bunlardan Sadullah Efendi Galata İstanbul'da kalmayı temin dahi etmişti.

Kendisine becayiş etmekliğimizi rica ettim. Bu samimi arkadaşım razı olmadı, yeisim arttı. Ben de erkanı harp yakasını takmaktan bir zevk duymamaya başladım. Sınıf zabiti üniformasıyla dolaşmaya başladım. Beni yeise düşüren mühim bir sebepte Makedonya için bazı mühim hadiselerin şu aralık temadisi idi. Kardeşim Hulusi Bey de jandarmaya geçmiş,

Dejorjis Paşanın mahiyetinde bulunmuş, kevkili mıntıkasına memur imiş.

Benim mehemahel üçüncü orduya gelmekliğimi yazıyordu. Vuku bulan hadise beş büyük devletin müşterek donanmalarının 26 teşrinisani 1905'de on gemiden mürekkep en kudretli olan Avusturya amirali kumandasında Midilli adasına gelmesi, gümrük ve telgrafhaneyi işgal etmesiydi. Almanya nümayişe iştirak etmemişti. 5 kanunievvel 1905'te Limni adasını da işgal ettiler. Bu işgaller İstanbul'da duyuldu. Yalnız sebebi güya galata rıhtımı hakkında Fransızlarla ihtilaftan dolayı imiş. Ve birkaç günde haloldu çekilmiş diye şayia çıkarılıyordu.

Hakikati hâriciyede akrabası olan arkadaşlardan öğrendim. Üçüncü ordu mıntıkasının bütçesinde açık varmış. Babıaili, gümrük varidatına yüzde sekiz-on zam etmek istemiş. Büyük devletler de bu mıntıkanın mâliyesine kontrol tessiki teklif etmişler. Rusya, Avusturya maliye memurlarına diğer büyük devletler de birer maliye memuru zammedecekler. Bu memurları tayin ve müfettişlik maiyetine göndermişler. Babıali bu hali hukukuku hükümraniyeye muhalif bulmuş, Üsküp'te teftiş ile meşgul bulunan Hüseyin Hilmi Paşa'ya işbu memurları kabul etmemesini emretmiş. Büyük devletler de bunun üzerine bahri nümayiş yapmışlar. Bu vaziyet karşısında Abdülhamid korkmuş ve teklifi kabul etmiş.

18 Kânunuevvel 1905'te adaları boşaltarak çekilmiş gümrüklerde yüzde 3 zam kabul olunmuş.

Memleketimizin bu yanan kısmını birer sene fasıla ile iki defa görmüş, pek benimsemiştim. Bütün varlığımı orada sarf etmeyi kendim için lüzumlu görüyordum. İkinci ordu bana bu geniş saha yanında dar bir oda gibi geliyordu, sıkıntımdan her gün erkanı harp işaretsiz dolaşıyordum.

Jurnal olunmuşum. Kanunuevvelin haftasında gece yatsıdan sonra alaturka ikibuçukta mektepten eve bir zabit geldi. Yarın erkenden mektepte müfettiş İsmail Paşa'yı görmekliğim için bir emir tebliğ etti. Telaş eden ev halkını teskin ettim.

Ertesi günü erkenden harbiye mektebine gittim. Ders nazırı Esad Paşa'nın odasında İsmail Paşa'yı gördüm.

Sordu, niçin erkanı harp alameti takmadan dolaştın?

Cevap, elbisem dar geldi tamire verdim de onun için, diye attım...

Seni mektep idaresi mektebi tedriyesinde alıkoymak istiyor, ben de numara farkını takdirle gördüm. Tebrik ederim. Orduya gitmeyeceksin. Mektep idaresinin emrindesin.

Başımdan kanımın sıcak sıcak aşağı çekildiğini hissediyorum. İkinci orduyu beğenmezken başıma gelene bak!.. diye kısa düşündüm. Birden aklıma iyi bir cevap geldi, söyleyiverdim: Efendim hakkımdaki teveccühlere teşekkür ederim. Ancak erkanı harp çıkanların kıtalarda iki sene staj görmesi iradi seniyye icabıdır. Bu mukakdes iradeyi yapmak şerefinden mahrum kalmaklığım talihsizlik olur. Hususiyle muhtelif sınıflarda hizmet görmekle tecrübe kazanmış olacağım. Bugünkü halim çalışkan bir talebeden başka bir şey değildir. İki senelik hizmetimi ifa etmeden muallimlik etmek iktidarını kendimde bulmuyorum. Gösterilen kıymetli teveccühlerden bir istirhamım var: Bu stajı üçüncü orduda görmekliğim için dalalet buyrulmasıdır. Kurama ikinci ordu çıkmıştır.

İsmail paşa, "tuhaf şey... İstanbul'da kalmayı istemeyip de üçüncü orduya gitmeyi arzulamak neden ya?.. Orduda hizmet İstanbul'da dahi mümkündür. Bu Üçüncü orduda ne var acaba ki büyük arzu gösteriyorsun. Edirne'ye, hatta İstanbul'a bile tercih ediyorsun... Hiç böylesine de rastgelmemiştim."

"Efendim, kardeşim o ordudadır. Amacımız, annemizi de oraya götürerek senelerden beri ayrı vaziyetimizi ıslah etmektir. Başka bir düşüncem yoktur."

Müfettiş Paşa biraz düşündükten sonra üçüncü ordudan buraya mektebe nakliniz belki kolay olmaz, bunun için stajınızı yakın bir yerde yapın dedi. Madem ki bendenize karşı teveccüh ve lütuf buyruluyor 3. orduya naklim dolayısıyla en büyük lütuf görmüş olacağım kanaatindeyim efendim...

Sükunet devam etti... Bu adamı kızdırarak "defol" dedirtmekten başka çare aklıma gelmedi. Bir bahane de bulmuştum. Ben huzuruna askerce selam vererek girmiştim, ders nazırımız ise onu eteklemişti. Sükutu şöylece bozdum: Paşa hazretleri bendeniz huzurunuza askerce bir selamla girdim. Halbuki mafevkim olan ders nazırımız eteklerinize vardılar. Bu babta terbiyeyi askeriye kitabına bir sarahat yazılmasına emir buyrulursa yanlışlıkla teveccühten düşme tehlikesinden insan kurtulur.

Bu sözlerim her iki paşayı da sapsarı yaptı... Ve İsmail Paşa benim 3. orduya naklim için harbiye nezaretine ve erkanı harbiye umumiye yazılmasına karar verdiler.

Teşekkür ettim ve askerce bir selamla ayrıldım.

Bu ne muvaffakiyetti... İstanbul'a layık olmayan bir adam mı zannolundum. Öyle ya ara sıra böyle şifahi veya tahriri tekliflere dayanılır mı?

Sevinçle mektebe uğradım. Herkes beni tenkit etti. Teveccühten düşmüşüm. Ayağa gelen nimet tepilir mi dediler. Ders nazırı paşa da "sen ne yaptın. Aksi bir muameleye maruz kalacağından çok korktum." dedi.

Fakat iş uzuyordu. Kanunisaninin 10'unda emrimin çıktığını, ordulara tahrirat yazıldığını sevinçle öğrendim. Bu iş hemen bir ayda olmuştu. Bu müddet zarfında beni sıkı takip ve kontrol ediyorlardı. Ben bu müddet zarfında "kılıcı olmayana baston iyi bir arkadaştır" diyerek bir eser yazdım.

Esasını Fransızca "bastonla müdafa" diye bir eserden alarak genişletmiştim. Bir de Beyazıt kütüphanesinde tarihlerden çok istifade etmiştim. Fotoğraf da öğrenmiştim. Şuranın buranın resimlerini aldım, ara sıra musiki de dinledim.

Elhamrayı vesair, Endülüs müesseselerini görmüş bir zattan da şifahi birçok malumat aldım. Endülüs tarihini de ibretle okudum. 91 hicri senede Endülüs devleti kuruluyor. 898'de inkıraz buluyor. 1093'te son İslam kafilesi de Afrika'ya göç ediyor. İspanyol süvarileri İslam kafilelerini denize dökmek için mızrakla takip ediyor. 106 sene kadar inşaatı devam eden Elhamra sarayı, Kartaca camii inşalarından 500 sene sonra elden çıkıyor. 800 senelik muazzam bir devletten eser kalmıyor. Birkaç cami ve saray... Bir sürü masal veya tarih... Bu acı sayfaları okurken halimizi göz önünden geçirdim. Herhalde böyle felaketli akıbeti bir gün göz önünden ayırmayarak vazifemi ifaya tekrar tekrar ahdettim.

İstanbul'u alalı ve Balkanlara yerleşeli daha bu müddetin yarısı olmadı. Osmanlı devletinin tesisi bile bu zamana nazaran hayli kısa. Müthiş geçiş... İbret alınacak müthiş bir misal.

İSTANBUL'A BİR BAKIŞ

Artık İstanbul'dan uzun zaman için ayrılacağımdan her tarafını ibretle geziyor, tetkik ediyorum. En fenama giden şey şimendifer memurları. Hepsi Türk'ün gayri... Rumeli tarafı da böyle, Anadolu yakası da. 8 Kanunisanide Haydarpaşa'dan trenle Feneryoluna, oradan da Fenerbahçe'ye bir arkadaşımla gitmiştim. Moda'daki trenler mektebi talebesi de burada oynuyorlar. Birkaçı ağaç diplerinde münferit ve ayakta bekliyor. Oyuna iştirak etmiyorlar. Cezalı imişler. Yüzlerce şapkalı talebe arasında iki fesli Türk çocuğu var. Diğerleri Rum, Ermeni, Yahudi mahluk... Çocuklarla konuştum. Şimendifer memurlarının çoğu buradan mezun imiş. Mükemmel Fransızca öğreniyorlar. Terbiyeyi bedeniyeleri de kendilerine ciddi bir tavır ve hareket veriyor.

Şimendifer memurlarının ciddi ve muntazam hallerine gıpta ederken bizim vapur memurlarının laubali vaziyetleri insanı çok müteessir ediyor. Kadıköy'e giderken mevki memuru sarhoştu. Arkadaşım Kadri Bey'e denk gelmiş, "bana bir konyak ısmarla" demiş. Kadri Bey tanımadığı bu sarhoşa bir tokat vurmuş. Ben aşağıda kamarada idim. Gürültüyü işittim, çıktım. Hadiseye muttali oldum. Acıdım... Bu hale pek acıdım. Adamcağıza nasihat ettim. Hem kendine hem vazifeye acı arkadaş. Tokat ağır bir şeydir. Fakat senin yaptığın ve şu halin yalnız senin için değil hepimiz için bir yaradır.

Eğer sarhoşluğu terkedersen bu tokada ebedi hürmet edersin, dedim. Sarhoşluk... Hem de vazifede sarhoşluk. Yarab, Türk'e bu pis ahlakı neden mukadder kılıyorsun... bizi de ikinci bir Endülüs yapmak için mi? Böyle ise; isyankârlardan biri de ben olurum.

KÜTÜPHANELERİMİZ, KIRAATHANELERİMİZ...

En ferahlı ve zengini Beyazıt kütüphanesi. Fakat ne berbat adet: Kundura çıkartılıyor. Bu zorluğu yapmayınız diye memurlara söyledim. Temiz gördükleri bana müsamahakar davranıyorlar; fakat devam eden o kadar az ki burası Sultan Hamid'in saltanatı başlangıcı zamanlarında yapılmış. Sadrazam Said paşa inşaasına sebep olmuş, bu güzel... Fakat bahçemsi yerinde büyük bir ocak var, bu meraklı bir şey. Fazla kitapları yakmak içinmiş. İnsanlar gibi kitaplar da jurnal olunuyor ve insan gibi onlar da mahvediliyormuş... Kitap yakmak...([62])

Hay Allah belanızı versin. Kitap yakılır mı? Kitap jurnal edilir mi? Elden ele mahkemeyi kübra gibi müthiş eserleri bile okuyoruz. Men olunan şeye insanların haris olacağını olsun bilmiyorlar. Gizli dinleme ve gizli okumalar insanın ruh ve sinirlerini geriyor. Ve yapanlara karşı müthiş düşman yapıyor.

Köprülü ve Aşir Efendi kütüphanelerini de görmek istedim. Pazar günüydü, ikisi de kapalı. Saat alaturka gündüz beş. İki gün sonra saat yedibuçukta köprülü kütüphanesine gittim yine kapalı. Bu sefer parmaklık kapı hem de kilitli. Meydanda soracak kimse de yok.

Halk için bol ziyalı, girip çıkması kolay, bol kitaplı kütüphane İstanbul'da bile yok. Manastır ve Selanik'te fenası bile yoktu. Ne yazık... Beyazıt'ta bir kıraat salonu vardı. Eski gazete koleksiyonlarını bir yerde bulamamıştım, burada dahi yok.

---

62 Cumhuriyet devrinde bu felaketin benim eserimin başına geleceğini eğer o zaman bilmiş olsaydım bilmem ne hislerle başım dönerdi. 1933 senesinde "İstiklal Harbimizin Esasları" namındaki eserimi hükümet yaktı. 3 bin nüshaydı.

Yalnız serveti fünun koleksiyonu buldum. Mühim hadiseler hakkında not almak istiyordum, bundan hayli istifade ettim. Fakat ne yazık ki evvelce daha zengin münderecatlı imiş. Sıhhi, iktisadi, fenni, ilmi bahisler milli romanlar ne kadar güzel şimdi ise riya ve yalan dolu.

İsmi kıraathane olan birçok yerler var. Bunlar Selanik'te ve Manastır'da hayli yekünde. Fakat günün gazetelerinden başka bir şey bulmak büyük bahtiyarlık. İstibdat, sana bin lanet. Fikirleri paslandırmak için ne mümkünse yapıyorsun.

MEDDAHLAR

Küçükken birkaç defa dinlemiştim. Giderayak bir defa daha dinleyerek bir fikir edinmek istedim. Şehzadebaşı'nda komik Hasan Efendi bazı arkadaşlarıyla bir gazino işletiyor, meddah Sururi varmış, güzel taklitlerle halka neşe veren bu sanattan tarih ve coğrafyamız diğer faydalı hususlar için ne büyük istifadeler mümkün. Yazık ki sözler basit. Taklitlerin birbirine eklenmesinden ibaret.

KİTAPÇILAR VE SAHAFLARIN HALİ

Acıklı bir hal. Ufak ufak kutu gibi dükkanlar. Bu zayıf ve cılız varlıklar ruha kuvvet vermiyor. İnsanı cezbetmiyor. Kitap varlığı da acıklı. Çoğu mektep kitabı ve roman. Hele sahaflar dini kitaplar veya terekelerden toplama eski püskü şeyler... Bu kitapçıların yarısı da acem. Satılan kitaplar Mısır'dan şuradan-buradan gelen taassup mahsulu şeyler olduğu gibi, milli haysiyetimize dokunacak ecnebi kitaplar da var.

Abdülhamid, gazetelere, matbuata sansür koymuş; fakat bu yaymacılar her lüzumlu kontrolden bile mahrum. Resimleri İstanbul'a ait olduğundan merak ederek Fransızca bir kitap aldım. Okuyup iade etmek üzere geceliği yirmi para, kitabın fiyatını da iadesinde almak üzere verdim. Okudukça sinirlendim. Milletimizin şeref ve namusuna karşı sürülmüş lekeler... Yırttım attım! Böyle pis şeylerin yaymacı halindeki kitapçılarda satılmasından gafil hükümet. Sonra ecnebilere karşı bu sergilerin görünüşü ilme karşı hürmetsizlik değil ona karşı hakaret, isyan...

POSTAHANELERİN HALİ

Halka büyük sıkıntı veren bir yer. Birkaç pencere üstünde "adi mektup" levhası olmasına rağmen kimisi kapalı, kimisi de açık olduğu halde memur sandalyesi burada yatırılmış, sahibinin yok olduğunu gösteriyor.

Tek bir pencere önünde yetim ve mütekait maaşı yeri gibi halk birikmiş. İtişe kalkışa mektup vereceksin. Sonra o kalabalıktan kurtulmak için çabalayacaksın.... Memur işe kâfi gelmeyince dünyanın her yerinde memurlar çoğaltılır. Zavallı halk, parasıyla ceza görüyor. Kimse ağzını açıp bir şey söylemiyor. Fakat kime ne söyleyeceksin. İşin ruhu bozuk temeli çürük. Sonra mevrude damgaları da vakitsiz vuruluyor. Edirne'den bir arkadaşım kartpostal ile üç adres yazmış. Bunların şimşir üzerine hak ettirilerek gönderilmesini rica etmiş. Mevrude damgası ile sanki mahsus adreslerin ikisini battal etmişler. Bu münasebetsizliğe çıkıştım, şikayet ettim. Fakat ne fayda... tekrar Edirne'ye sordum, arkadaşım Cesri Mustafa Paşa'ya gitmiş, mektup geri geldi. Haftalar geçti, iş de yapılamadı. Gelen kartlarımda bu münasebetsizlik devamda... Acaba sansür olsun diye mi bu işi mahsus yapıyorlar da böyle yazıların üstüne damga basıyorlar.

EYÜP SULTAN VE HUTBE

Orduya gitmeden evvel fakirlere bir koyun kesmek istedim. Mahallemizdeki fakir komşularımıza elimizden geldiği kadar öteden beri yardım ederiz. Bu hayrı beni tanımayan bir muhitte yapmak istedim.

Aklıma Eyüp Sultan'ı ziyaret etmek geldi, bir Cuma günü gittim. Cuma namazını 17 sene evvel pek küçük iken dayım Şükrü Bey ile (Japon denizinde Ertuğrul'da boğulan) kıldığım mimberin sağını hatırladım. Ben o zaman sağıma soluma bakarak onu taklit ediyordum. Namaz uzun sürünce oturuvermiştim. O namazını bitirince, "o, sen ne çabuk kıldın. Namazın bitti mi?" demiş, ben de "bitti" demiştim.

Bugün hep o dayımı ve onun yanındaki küçük Kâzım'ı hatırladım. Onu Japon denizi yuttu, Yanındaki küçük şimdi genç bir erkanı harp. Vatan ve millet aşkıyla titriyor...

Hutbe okunurken uyuklayan, esneyen hemen bütün cemaat... Güzel sözleri anlıyorum ne yazık bari Arapçayı akabinde Türkçe'ye de tercüme etseler ne olur... Hem ayeti kerime ve hadisi şeriflerden tercüme edilmiş; fakat esas hutbe neden Türkçe olmasın. Fakat kahrolası istibdat! Aciz ve riyakar. Bir toplantı rahat yaşasın diye milletin uyuması lazım. Madem ki hutbe okunurken halk uyuyor, o murdar idare için bundan muvaffakiyetli ne olur... Kulaklara sansür.

Bir sınıf arkadaşıma rast geldim. "Nerde kurban kessem iyi olur? Maksadım fakirlere ufacık bir yardımdır. Orduya gitmeden böyle bir şey yapmak aklıma geldi. Mahallemde yapmak istemedim. Gösteriş gibi olmasın diye... "

Arkadaşım "burada kurban iki yerde kesilir. Ya tekkede ya mezarlıkta... "

Ben, tekkeler tembellerle dolu. Ben, çalışan fakirlere yardım etmek istiyorum...

Arkadaşım "mezarlıklar da çingenelerle doludur, o halde vazgeç burada kesmekten" dedi.

Ben, "mümkün değil mi en fakir mahalleye gidelim ve orada bu hayrı yapalım..."

O, "tehlikeli olur. Ne maksatla diye hafiyeler etrafımızı alır..."

Ben "Hay, Allah yakında belalarını versin de bu maskaraların şu halde başka bir yerde başka bir suretle bu hayrı yaparım."

Eyüp'ten dönüşte vapurda sokak köpekleri de vardı. Nasılsa vapura da girmişler. Medeni cihanda başıboş köpek olmadığını işitiyoruz. Bizim memlekette henüz insan şeklindeki köpekler bile yaşıyor! Bunlarsa halis köpek...

HALİÇ'İN İKİ YAKASI

Feshane fabrikası, tersane binaları hesaba katılmazsa facia... Bulgar kilisesi azametle kurulmuş. Karşılıklı ihtiyar ahşap evler. Bir sürü süprüntü yığıntıları... Beyoğlu ile Kasımpaşa hududu ibret alınacak bir manzara. Avrupa ile bizim yan yana duruşumuz gibi. Yüksek binalar, medeni simalar birden bitiyor, köhne barakalar yerlere geçiyor gibi aşağılara iniyor ve çömeliyor.

İstanbul cihetindeki muazzam camiler ve minareler ahşap çöküntüler içinde bir iskeletin beyaz dişleri gibi... Bunlar gerçi aynı zamanda bir zafer heykeli. Fakat bu masraf acaba milletin başka varlığına da sarfedilse ne olurdu?..

Anadolu, vatanın esas temeli yolsuz, köprüsüz ve sağlam binasız. Şu İstanbul'un içi bile ne bakımsız. Mezarlıkların hali yüzkarası. Hele mezarlar arasında ve kenarlarda surlar üzerinde paslı gaz tenekeleriyle kaplı olan ve hiçbirinde hendesi bir doğrultu bulunmayan barakalar nedir?.. Bunların içinden çıkacak insanların ruhu, duygusu ne olabilir?

Mezarların nakli, arsaların koru ve bahçe haline konulması, bu mezarlardan daha bahtsız kulübelerin yıktırılarak fakirler için birkaç insanca bina yapmak güç bir şey midir? Ahşap köhne binaların da belediyece satın alınarak her semtte geniş bahçeler yapmak hem yangınlar için hem de sıhhat ve neşe için ne kadar faydalı...

Cami üstüne cami... Saray üstüne saray... Asırlarca bu riyakarlık devam etmiş. Hala da böyle gidiyor. Bir padişah için birçok saray ve birçok bahçe ve eğlence yeri. Sonra milyonlarca halk için bir şey düşünme. Vaktiyle medeniyete giriyoruz, diye Haliç'te Göksulardaki sarfiyatta hep padişah ve riyakar günahkar muhiti için...

Dün böyle geçmiş. Bugün de böyle. Ah yarın olsun şu memleketin evvela havası bu riyakâr ve yalandan temiz saf bir havayla dolsa.

TAKSİM BAHÇESİ VE BEYOĞLU

Erkanı Harp sınıflarında buraya her hafta giderdim. Şu günlerde de birkaç defa gittim. Bütün gelenler Türkten gayri. Hele mürebbiyelerin arabalarda çocuk gezdirmesi çok hoş. Neden bu bahçeler İstanbul tarafında da yapılmıyor. Sarayburnu sarayları her yerde olduğu gibi halka verilmiyor. Orada vatan gölü diye bir park yapılmıyor. Vatan sözü yasak olan bir memlekette ben de neler düşünüyorum...

Fakat yarın bu olmayacak mı? Bunları herhalde göreceğiz. Şu yangın yerlerinde dediğim gibi semt semt güzel bahçeler yapılır.

HAKARETLER VE ABDESTHANELER

Parklardan evvel şu pis yerlere de bir çare bulunsa. Mümkün olsa da Abdülhamid'i Yeni Cami helalarına getirseler... 14 Kanunisanide gördüğüm iki manzara yürekler acısıdır.

Beyoğlu'nda teyzemin oğlu ressam Hüsnü Bey'e gitmiştim. Dönüşte ada iskelesindeki gazinoda bir çay içtim. Dubanın biri değiştiriliyordu. Duba ağırlıktan kurtulunca yükseldi, etrafı midye dolu... Herkes kapış kapış toplamaya başladı. Bu tabii bir hal. Fakat üniformalı bir memur halkın anasına babasına, hatta büyük ana ve babasına açtı ağzını... Zavallılardan kimse ses çıkarmıyor. Ve dayak korkusundan kaçışıyorlar.

Bu hali bir donanma gecesi sultan sarayları önünde haremağalarının küfürlerle salladığı kamçılardan kaçanlarda da görmüştüm. O zaman kazara kamçı yiyen bir zabit "Arap oğlu senin şimdi kafanı kaz gibi kopartırım" demiş ve haremağası af dileyerek zabitin ellerine sarılmıştı.

Bugün bu yüzlerce halka bir adam söylemediğini bırakmıyordu... O güçlü kuvvetli hamallar bile hayran hayran bakıyorlardı. Kuvvet evvela kafada ve kalpte lazım olduğuna ne güzel misal... Ben bu sert memura yanlış yaptığını anlattım. Halkın memnun olmasına çalışmak insanın vicdanına zevk verir arkadaş, dedim. Halkın vergisiyle hayatını geçindiren memurlar neden onları küçük görür de onlara kumanda ve hakaret eder? Bir hamal bile çektiği ıstırabın karşılığı olan ücretinden vergi veriyor. Ve bunlar toplanıp maaş oluyor.

Bu can sıkıcı manzaradan sonra gördüğüm daha acıdır. Evet mümkün olsa da Sultan Hamid'i veya Şehremini şu Yeni Cami helasındaki manzaraya şahid edebilsem...

Ben heladan çıkarken zavallı bir Türk hanımı sıkışmış, buraya gelmek zaruriyetinde kalmış olduğunu gördüm. Herkes gözünü biçareye dikmiş. Sanki bir cürmü meşhut seyrediyorlar. Kadıncağız utancından şaşkın bir halde sendeliyor... Bakanlara ayıp yaptıklarını söylemesem, gelen giden birikecek. Defihacet için bir hanımın erkekler abdesthanesine gitmesini seyredecekler veya menedecekler. Ne rezalet bu! Halktan mütamadi para alan hükümet, belediyeler bu ihtiyacı neden görmezler? Bu işlek yerlere hanımlar için birer hela yapmazlar? Ne devirde yaşıyoruz Yarab.

Bir gün Sultanahmet'te annemle bir faytona binmek isteyişimize arabacı, "efendim erkekle kadının bir arabaya binmelerini yasak ettirdiler" demişti. Ben de "bu benim annem. Sen bile anlarsın. Allah belasını versin böyle hayvanca emir verenlerin" diyerek zorla binmiştim.

Bugün bir Türk hanımının erkekler abdesthanesine gelmesi herhalde daha büyük bir cürümdü. Acaba polis gelir de bu hanıma hakaret eder mi diye, hanım selamete çıkıncaya kadar uzaktan gözetlemek mecburiyetinde kaldım.

Şu üçüncü orduya bir belaya çatmadan kapağı bir atsaydım. Köprübaşında, Yeni Cami gibi muazzam bir abidenin etrafı acıklı bir hal. Güzel bir meydan haline konsa. Ne latif ve ne azametli bir yer olur...

Bir gün o dar kemerin altından geçerken alabildiğine gelen bir araba karşısında zavallı bir hanım şaşırdı. Geri dönüp kaçmaya karar verdi. Korkudan titriyor. Araba az kaldı ezecek... Derhal arabanın önüne atıldım. Arabacı zabit olduğumu görünce dizginleri topladı. Karşılıklı arabacılar birbirlerine çarpmamak için duvar kenarlarına arabalarını yanaştırırlar. Çoluk-çocuk ne tehlikeli vaziyet... Kim bilir burada ne kazalar oluyor. Gidiş-geliş yolları yapmak hatıra gelmiyor. Yahut kenarlarda galeriler açmak da kabil. En iyisi etraftaki münasebetsiz binalar açılsa da Beyazıt tarafına gidenler Caminin Mısır Çarşısı cihetinden geçseler ne güzel olur. Fakat istibdat idarede halk için güzel ve kolay şeyler yasak!

YETİMLER, DULLAR MAAŞLARINI ALAMIYOR

Zabit ve memurların takaüdiyelerinden kesilen yüzdelerinden binlerce lira toplanmış. Maaş vermek kolaymış; fakat bir gün Abdülhamid'e para lazım olmuş, bunu da verivermişler. Şimdi birçok maaşlar da tedahülde kalıyor. Benim yetim maaşım altı sene evvel kesildiği halde talan maaşlarımı kurtaramıyorum. Ara sıra binbir zorlukla beş-on kuruş kurtarmak mümkün oluyor.

Tekaüt sandığına iki paşa da memur edilmiş. Orduya girecekken hesabımın temizlenmesini rica ettim. "Bugün git, yarın gel" diye usulen birkaç gün oynattılar. Baktım iyilikle olmuyor, müthiş bir aksilik ettim. Resmi üniformamı, maarif nişanımı ve eldivenimi tam tertip yaparak paşaların odasına girdim.

Paramı almadan bu odadan çıkmayacağımı kat'i bir dille söyledim. Paşalar şaşırdı, maaşlarımı kâmilen almaya muvaffak oldum.

O dul kadınlar, yetim çocuklar her gün bağırıp çağırırlar, yalvarırlar. Ne feci sahne...

TAVSİYE

Topçuluk ve Osmanlı muharebatı muallimi Muhtar Paşa 3. orduya gideceğimi haber almış. Çağırttı ve bir tavsiye yazayım, zeka ve kabiliyetlerinizi oradaki birliklerime bildirmek için iyi olur. Gerçi az zamanda varlığınızı anlatabilirsiniz; fakat zorluk çekmeden takdim olunmak daha muvafık olur, dedi.

Dedim, Paşa hazretleri çok teşekkür ederim. Kıymetli teveccühlerinizi daima iftiharla anarım. Ancak bir tavsiye almak ya sizin için veyahut benim için acı bir şey olabilir. Eğer tavsiyenize layık olamazsam siz mahcup olursunuz. Eğer layık olursam tavsiye diye benim için acı olur... Bırakın kendi irfan ve seciyem ile kendi layık olabileceğim yeri kendim tutmuş olayım.

Sözlerin her takdire layıktır. Ancak arkadaşlarının çoğu şuradan-buradan tavsiye ile gidiyor. Öteden beri adettir. Sen kendini anlatıncaya kadar hale göre az çok zaman geçer. Tavsiyeden maksat seni olduğun gibi ordu erkanı harbiyesine anlatmaktır. Bu iltimas demek değildir. Ve esasen de iltimasa ihtiyacın yok.

Ben, çok teşekkür ederim efendim. Senelerce tahsilimi sırf kendi emeğim ile yaptığım malumu alinizdir. Orduda da ne pahasına olursa olsun kendimi ancak kendimle tanıtmak için büyük bir arzum vardır. Lütfunuza tekrar tekrar teşekkür ederim. Hayatta mücadelenin bir zevk olduğunu kabul edenlerdenim. Kusurumu af buyurun...

Paşa, büyük samimiyetle dualar etti. Esasen İstanbul'da bırakılmak lütfunu ret etmiş, dik kafalı bir insan diye herkes dudak büküyordu. Bu vaziyette hakkımdaki bu kabil teveccühleri iki kat arttı.

AYASTEFANOS'TAKİ RUS KİLİSE VE ABİDESİNE HAKARET ZİYARETİ

Artık hareket günlerim yaklaşıyordu. Son ziyaretlerden olmak üzere resmini gördüğüm Ayastefanos'taki son mağlubiyetimizin bağrımıza diktiği abideyi görmek vatan ve milletimizin istiklal ve hürriyeti uğrunda bütün kudret ve kabiliyetimle uğraşacağım ahdimi bir de düşman abidesi önünde vermek için Ayastefanos'a gittim. Yaya olarak oraya gittim. Etraf duvarı kale bendi tarzında, köşeler burç gibi... Kanunisaninin 24'ü olmasına rağmen hava yaz gibiydi. On adım kala kendimi tutamadım, hücum yürüyüşüne geçtim ve duvarını tekmeledim, tükürdüm ve haykırdım: Seni mutlaka yıkacağız! İnşallah seni yapanları da beraber...

14 kilometre kadar gidip-gelme yaya yürüdüm. Büyük bir zevkle eve döndüm.

HAREKETİM NEDEN UZUYOR?

Nihayet bir-iki gün olan nakil işinin çok uzamasından endişe etmeye başlayarak merkez kumandanlığında tanıdığım bir zabit vasıtasıyla anladım ki gerek kardeşim gerekse ben ve ailemiz hakkında uzun uzadıya tahkikat yapılmış.

Bir maksadı maksudum olmadığına kanaat gelince muamele yapılmış. Bu beni düşündürdü. Acaba takip devam edecek mi?

Kendi elimle mimlendim mi? Tedabir-i ihtiyatiyye olarak kitap sandığımı bir daha kontrol ettim ve Prinkibu adalarının tarihi diye Fransızca eseri ve yaptığım tercümeyi yırttım. Baştan aşağı Bizans imparatorlarının hırs ve şehvetleri uğruna oralarda yaptırdıkları cinayetleri tasvir ediyor. Issız ada, hayırsız ada birer müstakil makber. Birçok masum insanın gözlerine mil çekilerek kıymetli eşyaları ve güzel hemşire ve karıları saray tarafından alınmış. Facialar başka tarz da aynen devam edip gitmekte... Tıpkı Bizans imparatorluğu zulüm ve şuhudetinde devamda... Her cinayetin yanına kırmızı çizgiler çizip "dikkat ibret!" diye yazmıştım.

Hayli emeğimi teessürle mahvetmek lüzumunu hissettim. Çünkü 3. orduya ben de bir muallim olarak gidiyordum. Bütün genç ve münevver ruhlarda hürriyete karşı bilhassa o muhitte iki senedir büyük bir susayış görmüştüm.

Makedonya yangınından Edirne mıntıkasına da alevler sıçrıyordu. Bütün vatan yanabilecek, millet parça parça büyük-küçük devletler ayağı altında ezilecekti. Bu şüphesiz akıbeti ben uzaktan görmüyordum. Zan ve tahmin değil, yakından görmek, içinden görmekti. Gözümle Selanik'te, Manastır'da bu akıbeti görmüştüm. Her unsur müthiş birlikler yapmıştı. Biz Türklerin ordu içinde bile birlik ve ahengi yoktu. Yalnız genç zabitlerin kalpleri ve dimağları yanıyor, bu kadar...

ORDU İÇİN PROGRAM

Selanik'te kalmamak... İmkân bulup Manastır'a yerleşmek. Ve her hale karşı kuvvetli bir zabitan birliği hazırlamak. Bir tehlike karşısında İttihat ve Terakki namına bu grupla icraata geçmek. Fakat askeri zaptı rapta ve vazifeye bütün kuvvetimle sarılmak ve onu muhafaza ettirmek...

Bu fikrimi ağabeyim Hamdi Bey de muvafık buldu ve bana şunları tavsiye etti: İttihat ve Terakki Cemiyeti evvelce İstanbul'da bütün kuvvetini toplamakla büyük hata ettiği anlaşıldı. İkincisi mektep çocuklarına kadar teşkilatın teşmili bir gaflet olmuştur. Söz ayağa düştü. Sultan Hamid işi tamamıyla öğrendi. İşin kendisini hal'e gideceğini öğrenince cemiyeti tamamıyla mahvetti. Fizan'a giden birçok mektepliler, Marmara'ya atılan birçok münevverler vardı. Netice, felaket oldu. Abdülhamid hal olunacaksa bunun için mahkemeyi kübralar yazıp, çoluk çocuğa kadar okutmakta ne manalar vardı. Fikir yeni, tamamıyla doğru buluyorum. İşi ancak ordu yapar. Halktan bir şey beklememelidir. 3. orduda da her unsur ihtilal halinde olduğuna nazaran iş daha kolay olmakla beraber müthiş bir hafiye teşkilatının oralarda dahi mevcut olduğunu unutma... Teşkilat uzun zaman gizli kalamaz. Adet çoğaldıkça, haber alma tehlikesi de çoğalacaktır. Bir muvaffakiyet elde etmeden bir teşebbüs daha mahvolursa artık hiçbir ümit kalmaz. Bu da ayrı düşünülecek bir meseledir.

Ben, "icraat zamanında İstanbul'dan bir ümit beklenemez mi? Teşkilatta kimler kaldı?"

O, "Birkaç kişiyi tanıyorum. Fakat bir iş yapacak kudret yoktur."

Ben "Şu halde memleketin tehlikeli vaziyetiyle teşebbüsü daima göz önünde tutarak yürümek lazımdır. Allah milletin yardımcısı olsun. Yalnız bana bir teşvik ve kudret kaynağı olmak üzere senin İttihat ve Terakki Cemiyetindeki 121/11 numaran benim olsa da bu cemiyetin bir mensubu gayretiyle çalışsam nasıl olur..."

"Peki mübarek olsun. Allah'tan sana hamd ve muvaffakiyet dilerim kardeşim."

ORDU'YA HAREKET, SİRKECİ'DE BİR TEHLİKE

6 Şubat Pazartesi günü anneme, kardeşlerime ve hısım akrabama veda ile tren ile yola çıktım. Sirkeci'de kanunlar eşyamın muayene olunacağını söylediler ve deniz tarafında bir yere götürdüler.

Orada Mekke şerifi kıyafetli, biri yaşlı biri de genç iki Arap, eşyamı muayeneye memur olduklarını söylediler. Emirlerine amade birtakım herifler de var. Pis suratlarından hafiye oldukları belli...

Kızdım, dedim ki: Siz kimsiniz de bir erkanı harp zabitinin eşyasını ne diye arayacaksınız?

Herifler Mekke delili şivesiyle vazifeleri olduğunu, münakaşa etmemekliğimin hakkımda hayırlı olacağını, söylediler.

Kulağıma gelen fısıltılardan bunların Arap İzzet'in adamları olduğunu anladım. Allah hepinizin belasını versin dedim içimden...

Eşyamı aradılar. Kitaplarımı didiklediler, Reşid Paşa'nın hatıralarını aldılar. Bu kitap yasak, bunu alacağız dediler. Bizans zulmetini hem de elimle yazdığım tercümelerini yaktığıma memnun oldum. Fakat İstanbul'daki Türkçe basılmış olan ve çoktan da ölmüş bulunan bir insanın hatıratını ne diye alacaklardı? Bunu isterlerse bir jurnalle münasebetsiz zeminde yapmazlar mı acaba diye düşündüm. Çekişmeye başladım: "Vermem bunları, bunlar bana lazımdır. İstanbul'da basılmış Türkçe bir eseri neden alıyorsunuz?" dedim.

Laf anlatamayacağımı görünce Arapça'ya çevirerek "Türkçe derdimi anlatamadım galiba. Sizi bu kitabın mukaddimesi korkuttu galiba... Çünkü yalnız onu okudunuz.

İşte ben de onu yırtırıyorum. Kitaplarımı yeni aldım, okuyacağım. Onları bana bırakın" dedim.

Araplar şaşırdı ve gevşedi. Mukaddeme sayfalarını gözleri önünde parça parça ettim, kitapları da sandığa tıktım. Araplar birbirleriyle bir şeyler görüştü. Artık ısrar etmediler. Ben de ellerinden ucuz kurtuldum. Fakat aklıma geldikçe kendilerine de efendilerine de lanet okuyorum.

Kompartımanımda Selanik'e kadar şüpheli bir yahudi genci beraber gitti. Musiki ve fotoğrafa vükufundan dem vurmasına rağmen ikisinden de haberi yok. Yollarda sınıf arkadaşlarıma rast gelerek kıtaları ve mıntıkaları hakkında malumat aldım. Şimendifer güzergahında bu sene daha çok asker var. Talim ve terbiye sıfır. Basit bir terbiyeyi münferide görüyorlar. Bölük talimi bile yapamıyorlar. Ateş talimleri de yokmuş. Zabitler bile mavzerle tek kurşun atmamışlar.

Vaziyete gelince herkesin kulağı kirişte. Güzergah kamilen Bulgar, kısmen de Rum. Berlin muadesi mucibince muhacirlerimizin Anadolu'ya gitmeleri şart olduğundan hat boylarına Türk de yerleştirilemiyormuş. Birçok bataklık yerlerdeki askerlerimiz hasta ve perişan olmuşlar.

Ertesi günü kardeşim Hulusi Bey Selanik'e yakın Kelendir'den bana mülaki oldu. Selanik'te de sınıf arkadaşlarım karşıladılar.

8 Şubat Çarşamba günü Beyaz kale'de ordu erkânı harbiyesini ziyaret ettim. Erkanı harbiye reisi yokmuş. Yarın gel dediler emrimi bıraktım.

Sınıf arkadaşlarımla Kristal'da toplandık. Adeta bir mektep açtık. Bana başçavuş diye hitap ediyorlar ve mektep hayatımızı yad ediyorlardı. Selanik'te kaldığım müddetçe bu içtimaları yapmaya karar verdik. Selanik'te bir fırka olarak 17. nişancı taburunun kumandanının da mektepli olduğunu görerek sevindim. Geçen sene alaylı bir ümmi idi. Bir senede nişancıya mektepli kumandan gelmiş, ne terakki...

9 Şubatta tekrar ordu erkanı harbiyesine gittim. Reis Hasan Paşa sert bir zat. Beni oturtmadı bile. Sordu: Tavsiye getirdin mi?

"Hayır efendim... Böyle bir şey almayı küçüklük telakki edenlerdenim."

"Ya... Nereyi istiyorsun? Selanik'te kalmak ister misin?"

Ben, "benim için her şey müsavidir. Emrinize muntazırım."

Reis kızdı ve bağırıp elini masaya vurarak "o halde yarınki trenle Manastır'a" dedi. Sağ tarafında oturan bir zat, "Paşa hazretleri rica ederim. Hiddet buyurdunuz. Orduya yeni geliyorlar. Belki Selanik'te bazı işleri olur. Birkaç gün müsaade buyurun."

Bu zat ikinci reis Ali Rıza Paşa imiş.

Reis, "nasıl hiddet etmem. Baksana cevaba. Madem ki o kadar ciddi askermiş yarın Manastır'a gider."

Ben "emrimi lütuf buyurursanız benim burada görecek işim yoktur."

Halbuki İstanbul'dan daha yeni eşyam, gelmemişti. Reis sükunete geldi, üç gün Selanik'te mezunsunuz, üçüncü günü emrinizi alır, dördüncü günü sabahleyin Manastır'a gidersiniz.

Ben "teşekkür ederim efendim" dedim, sert bir selamla çıktım. Bu nasıl ordu erkanı harbiyesi diye düşünmekle beraber Manastır'a gitmeye dayanan bu çekişme de hoşuma gitti. Tavsiye... Tavsiye... Ne felaket! Muhtar Paşa bunu teklif etmişti. Demek usulmüş. Ordu erkanı harbiyesi benim diplomamı görmek zahmetini ihtiyar etmemişti. Beni karşılarında oturtmamışlardı bile. Tavsiyeli olunursa izzet ikram yapılır, istenilen yerde kalınırmış. İyi yardım, ben tavsiyesiz istediğim yere gidiyorum.

SELANİK'TE ÜÇ GÜN

Tanıdıklarımdan ve arkadaşlarımdan ahval hakkında yalnız dinledim. Komitelerden müsadere olunan evrak hakkında malumat aldım. Bulgarların armasını gördüm. Bizim bayrak kırılmış, yere atmışlar. Aralarındaki hususi işareti gördüm. Tamimleri okudum. Jandarma mektepleri, hakkında müfettişlik hakkında hayli malumat edindim. Selanik Apokiriye (Maskara Bayramı) gününü de gördüm.

Türk'ün gayri anasır Avrupalılar gibi şenlikler yapıyor. Hava yağmurlu olmasına rağmen büyük bir hayat gösteriyorlardı. Büyük bir donanma günü gibi tesid ettiler.

Eşyamı da bugün aldım. Burada arayan olmadı. Artık hür hava kokluyordum ve yarın da hürriyet beşiği başına hareket edeceğim.

MANASTIR'A HAREKET

13 Şubat Pazartesi pek güzel bir havada istasyona geldim. Kardeşim Hulusi Bey saat 1'de (alaturka) ben de ikibuçukta hareket ettim. Kompartımanımda bir Rum zenginiyle bir Bulgar papazı vardı. Rum güzel Fransızca, Bulgar da Rusça biliyordu. Her ikisiyle Fransızca ve Rusça görüştüm. Rumun elinde Maten gazetesi vardı. Selahattin imzalı bir makaleyi gösterdi ve pek beğendiğini söyledi. Cin fikirli biri.

Makale;

"Avrupa medenileri Bulgar, Rum, Ermeni milletlerin Türklerden zulüm görmekte olduklarından feryat edip duruyorlar. Ve envai mezalimi Türklere reva görüyorlar. Halbuki felakete sebep onlardır. Sanki Türkler diğer milletlerden daha mı bahtiyardır. Avrupalıların ve Hıristiyan tebanın zulmü yetişmiyormuş gibi padişahın zulmünden de en çok ezilen onlardır. Türkler, Hıristiyanlar kadar bile hürriyetlerine mazhar değildir."

Bulgar papaz çabuk indi. Bu Rum münevveriyle hayli görüştük. Bulgarların, Makedonya emellerine karşı onların da Türkler kadar alakadar olduğu görülüyor. Fakat Rum çetelerinin faaliyetine karşı yutkunuyor... Açık görülüyor ki son asırların çok telaffuz ettiği Türkiye inhilaline karşı, meydanı yalnız Bulgarlara bırakmamak için çalışıyorlar. Kan döküyorlar. İki sene evvel tanıdığım bu latif güzergâhı büyük bir sevinçle seyrederek Manastır'a varıyorum.

MANASTIR'DA İKİ YIL

13 Şubat 321 (1906) Pazartesi akşamı Manastır'a vardım. İçimde o kadar büyük bir sevinç var ki mislini hayatımda şimdiye kadar pek az duydum. İstanbul'un pek sıkıcı havasından pek uzaklara geldim, ondan mı? Hayatla mücadeleye başladığım için mi? Vatan ve millete burda en büyük hizmet görme imkanını bulduğumdan mı? Galiba hepsi müessir...

Aile efradımı istediğim veya onların arzu ettiği gün getirme imkanı olduğundan mı nedir, bu husus hiç aksi tesir yapmıyor. Manastır'da iki sene evvel beş-on gün kaldığım halde yıllarca burada yaşamışım gibi bildik geliyor. Yollarda sınıf arkadaşlarıma rast gelmek pek zevkli.

Geceyi belediye otelinde geçirdim. 14 Şubat ordu kumandanlığı ve erkanı harbiyesine arzı mevcudiyete gittim.

Ordunun iki merkezi var; Selanik ve Manastır. Ordu kumandanı erkanı harbiyesi reisi Selanik'te. Vekilleri ve erkanı harbiye şubeleri, levazım heyeti Manastır'da. Güya bunlar da Selanik'e giderlerse Manastır tahliye olunuyor diye halkta vaktiyle bir his hasıl olarak padişaha müracaatla bu şeklin hasıl olmasına sebep olmuşlar.

Selanik'teki müşiri Hayri Paşa'ya çıkmak adet olmadığından, yani kendisi istemediğinden, ordu erkanı harbiye reisinin iltifatlarına mazhar olmuştum. Buradaki usulü sordum, kumandan vekili Nazif Paşa kabul edermiş.

14 Şubat salı (27 Milâdi)[63]

Üçüncü orduda vazifeye başlayacağım gün olmak

---
63 Rumi sene başı Mart'tır. Milâli kânunsâni.

dolayısıyla hayatımda bir dönüm noktasıdır. Resmi üniforma, gündelik değil, eldiven ve mahmuzluk. Şık bir kıyafetle Drahor boyundaki daireye gittim. Ordu kumandan vekili Nazif Paşa'nın odasına haber verdikten sonra girdim. Masasının bir adım açığında bir mahmuz şaklatmasıyla hazır ol vaziyetinde keskin bir selamla orduyu alilerinde vazife almak şerefiyle gelen erkanı harbiye yüzbaşısı Zeyrekli Kâzım, dedim.

Yan tarafında oturan uzun kır sakallı bir süvari feriki İbrahim Paşa olduğunu sonradan öğrendim "yavaş elhak erkanı harp, ortalığı yıkacaksın, o ne mahmuz şaklatması, bu ne ciddiyet" demesin mi...

Nazif Paşa da kıs kıs gülmesin mi... İkisi de yetmişlik olan bu ihtiyar kumandanlar karşısında vazifeyi iyi ifa etmek için almış olduğum vaziyetin devamına imkân kalmadı. Ellerim, ayaklarım sanki benden ayrıldı ve başıbozuk gibi sallandı durdu.

Kumandanlar benimle alaylarına devam ettiler: Yeni erkanı harpler hep artık Almanlar gibi demek. A canım alaturkalığı da unutmayın.

Ben münasip bir cevap bulamadım. Fakat içim pek sızladı. Zavallı Türk milleti... Hayat ve namusunu terk ettiğin bu kumandanların elbette seni bugünkü felakete düşürmekten başka ne yapabilirler. Ve acaba neler de yapacaklar... Dört tarafı ateşler içinde yanan bir mıntıkada bu vaziyet nedir? Sebep hep senin saltanat hırsın ve dolayısıyla vehmindir, diye Sultan Hamid'e beddualar ettim.

Selanik'teki kabul merasimim bundan çok daha iyiymiş. Görülmez bir kumandan aksi bir erkanı harbiye reisi. Neyse... İhtiyar Nazif Paşa bir iyi iş yaptı; dedi ki: "emri erkanı harp reisine götür. Hangi kıtayı istiyorsan oraya git. Fakat yarından sonra para vermek imkanı olmadığından hemen alacağın aylıklar varsa levazıma müracaat et."

Selamımı merhabaya yakın verdim, mahmuzlarım birbirine dokunmasın diye ayrık ayrık yürüdüm. Kapıdan çıkınca bir müddet bu hüsnü kabullerin şükrünü nasıl ödeyeceğimi düşündüm. Fakat belki aşağı kademelerde kudret ve ehliyet görürde içime su serpilir dedim. Erkanı harbiye reis vekili 3. şube müdüriyetini de sırasıyla ziyaretle emrimi gösterdim. Ve arzumla Manastır'daki 15. süvari alayında staj yapmak kararını aldım.

İşlemiş olan maaşlarımın emrini de hayli odalara masalara gide gele çıkarttım. Akşam otele geldiğim zaman hemen sırtüstü karyolaya uzandım. Ordu erkanı, merasim kabulü, saatlerce gözümün önünden gitmedi. Bir ağızdan iki münasip kelime işitmedim. Talim, manevra sonra da bir harp... Bu köhne insanlarla ne yapacağız Yarab. Yoksa işim gücüm komitacılık mı olacak? Düşünmeye başladım...

İki sene evvel bu enkazı neden görmedim. Temasım nihayet tabur kumandanına kadar olmuştu. Acaba Süvari alay kumandanı vesair nasıl insanlar? Bunları da yarın göreceğim.

15 Şubat çarşamba. Alay kumandanım aynı zamanda merkez kumandanı imiş. Mektepli ve Manastırlı imiş. İşte bu iyi. Nemelazım benim şimdilik yukarısı. Geniş bir sahadaki alay dahilinde askerliğimi ilerletebilirim. Zabit ve efrat dersleriyle de meşgul olmak için geniş bir saha. Kim bilir yüksek kumanda heyetinin aceze olması belki millet için hayırlı netice verir diye iç konuşmasıyla merkez kumandanlığına gittim.

Süvari fırkası erkanı harbiyesi bu binada. Daireyi askeriyenin yanında. Mutat ciddiyetimle alay kumandanımız İzzet Bey'in huzuruna çıktım. İlk defa olmak üzere oturmak iltifatını yapan bir zat. Fakat Manastır halkı gibi "bak bura" diye konuşuyor. Kalpağı pek arkada, alnı tamamıyla apaçık. Alayı bana aynen şöyle takdim etti: Bir bölük Kevkiri'de, bir bölük Florina'da, bir bölük burada yanımızda. Saray içinde. (Hükümet binasının ismi ki dairede aynı binada.) Kalan iki bölük de kırmızı kışlada. Her bölükte 60 kadar hayvan var. Bunun on-onbeşi hasta. Yirmi-yirmibeşi de öteberide işte. Talime her bölükten birkaç dizi çıkabilir. İstersen fırka erkanı harbiyesinde vakit geçir. İstersen bir bölük verelim. Hem bölüğü idare et hem de ne kadar adı bulursan talim ettir. Alayda kaymakam yok. Ben de Merkez kumandanıyım. Bir binbaşılık münhal. Kolağasımız var, askeri fırına memur, kışlada bir binbaşı var, zaten talim falan da yok. İşimiz öteye beriye müfreze şevkinden ibarettir.

Benim de canım sıkıldı. Geçen gün kumandan paşaya söyledim kendime bir memuriyet istedim. Merkez kumandanlığına tayin etti ve halimize kumandan da güldü.

Müthiş bir tekmil almıştım. Yarab, işin içine girince nelerimiz varmış ancak görülüyor. Acaba alay hakikaten böyle midir? Şu halde bunun ismi neden ordudur... Doğrusu işin bu derece kepazelik olduğuna inanamadım. Ne olursa olsun iki nefer de yetiştirirsem bir iştir diye düşündüm ve şu cevabı verdim: Efendim ben bölük başında bulunmayı arzu ediyorum. Bu aralık binbaşı geldi o da aynı tekmili verdi. Bu zat da Arap, Şamlı. Alay talimi denilen şeyi görmediklerini, nihayet bütün alay toplanınca bölük talimi yapabildiğini söyledi. Bu zat da benim alayda hizmetime taraftar değil. Alay kaleminde de aynı nakaratı dinledim. Ne müthiş hikaye bunlar... Gerçi erkanı harbiye sınıflarında üç sene bize de bölük taliminden fazla göstermemişlerdi. İstanbul'da kaç süvari alayı vardı. Fakat bizi kıta ile temasa getirmek Sultan Hamid'in evhamına dokunuyordu. O kadar topçu kıtası olduğu halde bir bataryanın hareketlerini bile göstermemişlerdi. Peki Manastır'da kim neden korkuyor da bu münasebetsiz vaziyet aynıydı... Ben buralara kıtada hizmet edeceğim diye koşup gelmiştim. Bunun için behemahal bölük kumandanlığında ısrar ettim ve birkaç hafta sonra yüzbaşısı alaylı olan 5. bölüğü emrime almaya muvaffak oldum.

Dünyadan haberi olmayan bu yüzbaşı, alay kumandanına şunu söylemiş: "Bölüğün yarısı Arnavut'tur, Kâzım Bey henüz pek gençtir, idare edemez." Bunun hakikatini ispat için yapmadığı entrika da kalmadı. Fakat efrat ve zabitanla o kadar yakından alakadar oldum ki, nihayet efrat da kendi aleyhine kıyam etti.

İLK GÜNLERDEKİ TARZ-I HAYATIM

İlk işim, en zengin kitapçı bir Rumdu, bunun vasıtasıyla Revue Militer ile, Revue de lârme mecmualarına beşer aylık abone oldum. Siyasi mühim makaleleri havi gazeteleri de bana ayıracak... Revue Militer İstanbul'da takip ediyordum. Bilhassa Rus-Japon seferi hakkında mufassal tefrikası pek faydalı. Bir de alaturga, alafranka keman muallimi bir Rum buldum. Evim Nüshetiye belediye bahçesiyle karşı karşıya olduğundan ara sıra oradaki Avusturya orkestra takımını da dinliyordum. Ara sıra da fotoğraf alıyordum.

Kışlada pazartesi günleri zabitlere ders var. Erkanı harp kolağası Enver veya binbaşısı Hasan Tosun Beyler geliyor. Fakat ben geldiğim için işi bana bıraktılar. Ben küçük zabitlere de bir ders açtım. Alay mızıkasını da elime aldım. Bu şimdiye kadar metruk bir haldi. Musikiyle hiç meşgul değillermiş.

Manastır'da mevcut üç bölük bir elde değil. Ne binbaşı ne alay kumandanı bir gün talime gelmemişler. Talimhaneyi bile bilmiyorlarmış. Bölüklerin hayvan mevcudu 90'ardan aşağı değil. Efrat ise 100'den fazla olduğu halde bana neler söyledi bu adamlar... Bulgar, Sırp ve Yunan ordularının günden güne tekemmülü, kumanda heyetinin bu yüksekliği karşısında bu kumandanlarla zavallı Türk ordusu istikbalin bu müşterek düşmanları karşısında ne yapacak? Zavallı genç zabitler, zavallı Türk askeri bu cahil eller sizi nasıl idare edecek? Ya alayın silahları? Hala Martin... Dumanlı barut. Halbuki her ordu mavzer, manlihev silahlarıyla kaç seneden beri silahlandı. Çetelerin ellerinde bile kamilen böyle silahlar var. Bölüğü teslim alırken cephaneyi birkaç zabitle kamilen elden geçirdim.

Çoğu yere atılmış, elden doldurulmuş, bazısının kurşunu düşmüş, ateş almamış fişekler var. Birkaç gıra fişengi bile karışmış. Tüfeklerin yivleri aşınmış, nişan sürgüleri tutmuyor.

Bu 21 Mart Salı günü ağzıma bir lokma koymaya vakit bulamadım. Bu vaziyeti görüp de kan ağlamamak mümkün mü? Zavallı millet ve zavallı ordu. Kimdir cani ve caniler... Nargile içmekten binbaşı başını kaldırmaz. Kazan özengili eğere senede bir defa bindiği görülen Alay kumandanı, 15 yaşında bir kızla henüz evlenen 70'lik süvari fırkası kumandanı, ki benim ciddiyetimle bile alay etmişti, daha sonra bunamış ordu kumandanı... Garabetler dolu erkanı harbiye heyeti... Ondan sonra rahatlarından başka bir şey düşünemeyen İstanbul'daki erkanı harbiye ve kumanda heyetini ve en sonra da bu cinayetlerin hepsinin sebebi olan Sultan Hamid...

Bu işler nasıl düzelecek? Düzelinceye kadar memleketin şekli ne olacak? Şimdilik zabitan ve efradı lazımı gibi çalıştırmak, daha muntazam olan topçu kıtaları zabitleri ve birkaç taburluk piyade taburu zabitleri arasında sıkı bir samimi münasebet tesisi düşüncesindeyim.

Zabitler, Drahor boyunda üç kahvelerde ayrı ayrı, sınıf sınıf oturuyorlar. Bunları iyice meze ettim. Her sınıfta samimi bildiklerim var. Bilhassa avcı 3. taburda üç sınıf arkadaşım kuvvetli bir nüvedir.

Tuttuğum pansiyonda sabah yemeklerimi evde kendim yapıyorum. Tereyağında beş-altı yumurta, başka yemek pişirmek bilmiyorum. Bir pilav yapmak istedim, yağ ve pirinç var, yemek kitabını okudum et suyundan bahsediyor, bunu biraz sucuk kaynatarak çıkardım, pek nefis pilav pişirdim. Hayret ve sevinç... Bir gün de garip bir tel peyniri kendi kendine oldu; fakat bunu bir daha yapamadım. Cezveye süt koyarak kaynatmıştım. Cezvede kahve bulaşığı varmış, süt kesildi tel peyniri oldu. Hem de mükemmel bir şey. Başka sefer aynı işi yaptım muvaffak olamadım.

Akşam yemeklerini arkadaşlarla bahçeli lokantalarda yiyoruz. Türk aşçılar gündüz yemeği veriyor, akşam kapıyorlar.

Açık olan, kışlalara giden Hamidiye caddesindeki Rum lokantalar... Mecburen buralarda yiyoruz. Şehirde en münevver insan Rumlar. Sırp, Bulgarlar da var. Bulgar mahallesi büyücek fakat bizimkinden aşağı. Manastır halkı da pek geri.

Şehrin garp mahrecinde kötü bir su değirmeninden başka bir sanat müessesesi yok. İstasyona karşı büyük beyaz topçu, kırmızı piyade ve süvari kışlaları, askeri idadi, daha uzaklarda cephanelikler, depolar... Bir asker karargâhı. Dragor boyundaki idadi mektebi güzel. Diğer unsurların da müterakki mektepleri var. Drahor deresinin iki tarafı duvar. Her iki taraf muntazam cadde. Ve ikişer sıra ağaç. Ticaret kamilen Türkten gayrının elinde. İşin fenalığı Türkler korkudan mallarını satıyorlar. Bereket versin diğer unsurlar arasında birlik yok. Yerli Rumlar da Bulgarca konuştuğu halde birbirinin gözünü oyuyor. Benim ev sahibi kadın Rum; fakat Rumca bilmiyor Bulgarca konuşuyor.

Şehir dahilinde ara sıra birbirlerini vuruyorlarmış. Benim ev sahibesinin damadını kiliseden çıkarken vurmuşlar. Sebebi, Bulgar komitelerine yardım istemişler, "Ben komitacı değilim." demiş, bedelini hayatıyla ödemiş.

Pazar günü her yer kapalı. Türklerin iktisadi ciheti ne kadar zayıf görünüyor. Pazartesi günü köylüler kıyamet gibi geliyor, pazar kuruluyor, yumurta, tereyağı ucuz, pek taze. Hemen alıyorum. Fakat ne garip Bulgarlara Rusça "Okkası kaç kuruş?" diye sordum, Bulgarca cevap "Türkçe bilmiyorum efendim..." Hakikaten Rusça kelimelerin Bulgarcayla aralarında çokça fark var. Bizim Rusça burada para etmeyecek. Bereket köylü Bulgarcası pek basit.

İTALYAN ZABİTLERİ

Bir kısmı kendi üniformalarını taşıyor, bir kısmı da güya bizim üniformayı... Başta uzun kırmızı daima kalıplı fes. Arkalarında havai pelerin. Gayet geniş. Sol omuzlarına pelerinin uçlarını atıyorlar. Bize benzer cihetleri belki fes fakat iki misli uzun. İngilizler de fes kabul etmiş; fakat Fransız, Rus ve Avusturyalılar fesi beğenmemişler kalpak giyiyorlar.

Manastır mıntıkasında İtalyanlar. Jandarmamızın her şeyi İtalya'dan geliyor. Palaskalarında biçimsiz ayyıldız pirinç plaklar bile... Sulfatolarına varıncaya kadar İtalyan malı. Ne ala. Aynı zamanda ticaret. Bu hususta ecnebilerde sıkılma yok. Her İtalyan İtalya'ya para göndermeyi birinci vazifesi biliyor. Diğerleri de aynıymış. Sanki memleketleri bir kumbara kendileri de bir çocuk. Çünkü bu halleri kendilerini sıkmıyor, kimse de bu işe aldırmıyor.

Bu münasebetsizliği lâzım gelenlere söyledim. Fakat cereyanı durdurmak imkânı yok.

MÜFETTİŞİ UMUMİ NASIL GELDİ?

Her sene Müfettişi Umumi Hilmi paşa vilayetleri dolaşıyor. Manastır'a geleli çok olmadan bu alemi de gördüm. Bir sürü silindir şapkalı insanlar... Her milletten çeşit çeşit. Öyle fenama gitti ki... Bugün burada gördüğümüz bu zehirli kamalar acaba yarın bütün memleketimize de dağılacak mı? Müthiş vaziyet, pek müthiş... Milletimiz zavallı bir şeyden haberi yok. Bütün ümit genç zabitlerde. Fakat iş bir harbe müncar olursa felaket muhakkak.

Ordu berbat ellerde. Silahlar berbat. Teçhizat yok. Efradın altında beylikleri parça parça. Yeni gelenlere beylik bulamıyoruz. Sonra alay kumandanı ve ümeranın elinde halı ve kilim yerine nefer beylikleri serilmiş. Alay deposunda farelerin elbiselerini yediklerini ben gördüm ve esbabını temin ettirdim. Hele ara sıra gelip geçen redif taburları büsbütün Allahlık... Konsolos mahallesinde kapıların önlerinde oturmuşlardı. Yamalar içinde, yırtıklar içinde... Derhal ordu erkanı harbiyesini haberdar ettim. Müfettişi umumiyenin işi bunlarla ilgili değil, asayiş ile. Fakat hangi asayiş? Bu bahsinde görülecek. Ne olur bir de orduyu görebilecek müfettiş gelse... Biz bu varlıkla nereye gideceğiz?

AMERİKA'YA İŞE GİDENLER VE KOMİTACILAR KARŞISINDA ORDU

Sık sık tren dolusu genç Bulgar Amerika'ya taşınıyor. Bu yeni modaymış. Her yerde bunların naklini temin için acentalar açılmış. Yeknesak medeni tipte elbiseler giydiriliyor ve sanki hudutlara asker sevkolunuyor gibi trenler dolusu gidiyorlar.

Gidip hallerini istasyonda gördüm. Elbiseleri gibi maneviyatları ve sıhhatleri de mükemmel. Tren kalkarken "Yaşasın Bulgarlar" diye Bulgarca bağırdılar. Çok müteessir oldum. Bu hali icap edenlere anlattım. Kim kime... Bunlardan daha evvel gidip de dönenler de varmış. Para ve kafa ile dönüyorlarmış. Eyvah! dedim. Bu müthiş bir program. Birkaç sene sonra bu adamların karşısındaki vaziyetimiz ne olacaktır? Eşkıya takibi için üç avcı taburu teşkil olunmuş. Zabitan heyeti ve kumandanları iyi. Arada alaylı tek tük. Diğer piyade kıtaatı fena bir halde. Süvari ise daha berbat. Çünkü silahları da daha martin... Topçular seri ateşli olmuş, talim ve terbiyeleri de iyice. Fakat ayrı bir haldeler. Yani muhtelif sınıfların bir arada sevk ve idaresi yok. Talimler muharebenin icap ettirdiği şekillerden pek uzak. Nihayet yanaşık nizamda gidiş-gelişler terbiyeyi münferide.

Daha ilk aylarda gördüğüm şeyler bana pek acı geldi. Geçen seneler işin dış yüzünü görmüşüm. Şimdi iç yüzünü görüyorum demek. Makedonya, sen bizde kalacak mısın?.. Daha mühim bir sual: Gidersen bütün Türkiye'yi de sürükleyecek misin?

Muhtelif unsurlar, komitacılar ve bunlarla meşgul mıntıka teşkilatı hakkında da tenevvürden sonra kendime bir program çizeceğim.

MANASTIR'DA İLK GÜNLERİM VE İLK ÇOCUK KITASI

Kışla karşısında ihtiyar bir Rum kadınının iki odalı evinde pansiyon oldum. Benden önce de burada zabitler kalmış. Şefkatli ve namuslu bir kadın olduğunu söylediler. Ev Nispetiye bahçesiyle de karşı karşıya. Gerek kışla önünde ve talimhanede ve gerekse bu belediye bahçesinde askeri musiki ve ecnebi kadınlı erkekli orkestrayı odamdan da dinleyebiliyorum.

Bölüğü teslim alıncaya kadar geçen günlerde evimin bir tarafında bir Sırp muallimi, sol tarafında bir Bulgar berberi, bizim evinde torunu ve diğer komşu çocukları 7-8 yaşlarında bizim kapının önünde arkadaş olduk.

Ben gelip giderken gülerler, selam verirlerdi. Bunlara sıraya dizilmek, sağa-sola bakmak, gözle, başla ve elle selam vermeyi öğrettim. İkişer yürüyüş talimleri de hoşuna gidiyordu. Büyükleri birbirini öldüren bu muhtelif ırk çocukları kardeşler gibi yan yana durur ve oynarlardı. İnsanların böyle daimi kardeş olacağı tarih, kim bilir ne kadar uzaktadır. Cihanı ıslah etmek için mümkün olup da böyle çocuklardan bir ordu kurmalı.

Bunların halini görüp de hiç olmazsa Türk yavrularından bir ordu kurdurmak bana nasip olsa diye büyük bir iştiyak duyuyorum. Milleti gereği gibi yetiştirmek için müthiş bir manivela.[64]

---

64   Bu emelime cihan harbi mütarekesinde Erzurum'da 1919'da muvaffak oldum. Yani 15 yıl sonra

MANASTIRDA İLK AYLARIM

Süvari 15. alayın 5. bölük kumandanlığını deruhte etmekle beraber ilk ayda bütün alayın talim ve terbiyesi elime geçti. Bunun için kimseden emir almadım. Esasen bölük kumandanlarından yukarısı talim ve terbiye ile alakadar değil. Zabitler samimiyetle bana tabi oldular. Alayın kuvveyi umumiyesi hemen sefer mevcudunda. Hayvanlar da yerli, fakat iyi. Efradın çoğu Rumelili ve Arnavut. Az kısmı Anadolu'dan. Türklere karşı Arnavutlar mütehakkim bir vaziyette.

Binicilik vasat vaziyette, hayvanların terbiyesi de böyle. Fakat keşif ve muharebe kudreti yok gibi. Küçük zabitler kroki yapmak ve rapor yazmak bilmiyorlar. Endaht hiç yapmamışlar. Tahmini mesafe talimleri yapılmamış. Bölüğümde bir mektepli bir de alay saraçlığından terfi etmiş işe yaramaz iki mülazım var. Diğer bölükler de böyle.

Talimhane atlı talimler için Ohrizar ovası. Yaya talim ve maniler için kışla önündeki geniş talimhane. Sabahlar iki saat atlı talim, akşamları iki saat yaya talim ve nişancılık dersleri...

Alayın yetiştirilmesi için bir program hazırladım. Binbaşı vasıtasıyla alay kumandanına takdim ettim. Ve derhal tatbikata da başladım. Kışla dahilinde mesafeler ölçtürerek işaretledim. Her gün kışladakiler bu suretle zihinlerinde bunu üst üste nakşediyorlar. Arazi üzerinde tahmini mesafeye çok yardımcı oluyor.

Tüfeklerin sıkı muayenesiyle lazım gelen tamirlerini yaptırdım. Yaptığım programı koyduğum zarfın üzerine alay kumandanı kalemiyle şunu yazmış, binbaşıya göndermiş o da bana iade etti: Fırkadan gelen hidamatı yevmiyeye namaz edip etmediği bir kere binbaşı efendiyle bil müzakere ona göre tanzim edilen cedavil ol veçhile muafayaya tamim edilmesi, izzet.

Alay kumandanının bu yazısını aynen rabtediyorum.

Teması namaz yazan İzzet Bey'in ne dediğini anladım. Fakat sözleri tıbkı konuştuğu gibi kaba saba... Fiili zamanlarını da bilmiyor. Tanzim edilecek yerine tanzim edilen diyor. Milletin bir süvari alay kumandanlığına numune. Bundan beterleri de dolu... Bunların muharebede ne yapacakları keramet istemez. Bozgun... Bu bir kelime her şeyi ifade eder. İnsan kullanacağı silahın kudretini bile bilmeden bir şey yapamaz. Nerede kaldı ki düşmanı da kendisi gibi tanıyacak. Gördüğünü bilecek, ne yaptığını anlayacak, sonra seri bir kararla kendi kıtasına düşen vazife hissesini lazımı gibi yapacak.

Bu yazının altına numunelik bir de benim bölüğün asıl kumandanının şu yazısını ilave edeyim. Kışlada biz iki yüzbaşı idik. İki haftada bir nöbetçi yüzbaşısı oluyorduk. Üç haftada bir gelmek için bizim alaylı yüzbaşıya da haber göndermiştim. Şu cevabı bir kağıt parçasına yazmış, aynen bunu da raptediyorum:

"Huzuru Aliye, ba iradeyi şahaneye bendeniz yöbetçilikten affı olduğumu miralay beyin efendiye söyledim de ve göremeyeceğim maruzdur. Yüzbaşı İbrahim."

Alay kumandanına nazaran daha cahil olan bu Kayserili İbrahim Efendi nöbetçilik kelimesini halen öğrenememiş. Yöbetçilik diyor. Diğer sözleri de buna kıyas. Maneje, Maraş, Endahte, Endahat gibi, acemi neferler gibi tabirleri vardır...

Her iki teskere de tarih de yoktur. Muharebede biri rapor diğeri de emir yazacak. Allah yapacaklara acısın.

Şuna hamdolsun ki alay kumandanının hazır olarak tek bir emri var ki aynen onu da yazıyorum. Bu alaya geldiğimin altıncı ayına ait bir şeydir. Alay eminine yazıyor o da nöbetçi yüzbaşısı olan bana havale ediyor. Burada tarih sırası değil fakat vaziyeti kavramak için bir arada görülsün diye buraya kaydediyorum:

"Ali Efendiye,

Nakliye taburunun gidecek mahelde isbit ağacı olmadığı parmaklık için ağaç varmış. Bu babta bizim yapacağımız arabalara parmaklık iktizası olur mu? Ancak bize daha çok isbit lazım. Madem ki asker gidecek oradan inşaat dahi kestiriyor. Ve her bölükten birer nefer, bir onbaşı gönderilmesi ve onlara yevmiye verilmesi münasiptir."

Bu cahil adamların menfaatleri için yaptıkları riyakarlık ve şeytanlıklar ise müthiştir. Benim yüzbaşı, bölüğe geldiğim haftada bana yaptığı marifet. İlk beş gün iyi bir ata biniyordum. Altıncı günü 25 Şubat Cumartesi talime başka bir hayvan geldi. Talimde haşaralık ediyordu, zaptettim. Fakat talimhaneden dönüşte şahlanmaya başladı. Süratliye kaldırdım beni aldı kaçırdı. Yıldırım gibi alabildiğine kışla yolunu tuttuk. Şose amudi bir vaziyette sola kırılıyordu. Tam burada da ot yüklü bir arabayla karşılaştık. Güç halle gemi desterelemek suretiyle adetaya indirebildim. Fakat yol büküldükten sonra şahlanmaya kalktı. Burası berbat. İki tarafta bir metre çukur, hendek var. İçi de çamur dolu. Hayvan yan yan şosenin yanına kadar geldi. Yardım dinlemiyordu. Tam burada müthiş şahlandı. Beni hendeğe düşürecek ve kendisi de üstüme düşecekti.

Bereket versin vücudum pek narin ve pek çevikti, istediğim cihete pek seri sıçrayabiliyordum. Münasip gördüğüm sağ tarafa fırladım. Ben ayaküstü hayvan da sırt üstü hendeğe düştük. Sıçramamış olsaydım müthiş kaza olacaktı. Ben ayaktaydım. Hayvan nallarını havaya kaldırmış vaziyette epeyce çamura saplanmıştı. Bu vaziyette birkaç kamçıyla hak ettiği cezayı da verdim.

Bu işleri bölüğüm de takip ediyordu. Fakat at beni kaçırırken yetişememişlerdi, bu vaziyette geldiler. Efradın Türk olsun Arnavut olsun bana karşı büyük mebudiyetlerini gördüm. Başçavuş ve diğer çavuşlar kendilerini yere attılar. Dizlerime kadar çamura saplanmıştım. Ellerimden tutup şoseye çıkardılar. Atı da çıkardılar. Mendilleriyle çamurlarımı temizlediler. Bu manzara bana ihanet etmek isteyen alaylı yüzbaşıyı, bölüğün gözü önünde düşürdü.

Başçavuş bana şunu anlattı: Bu hayvanın adı katildir. Şahlanarak bir neferi ezdi öldürdü. İğdiş ettirildi fakat kâr etmedi. Sırtında hafif şiş vardır. Buna kimse binmiyordu. Dün akşam yüzbaşı dedi ki: "Kâzım Bey iyi hayvana binermiş. En huysuz bir hayvan istiyor. Huyunu anlattım, muhakkak bu hayvanı istiyor. Biz de arzunuz var diye bunu gönderdik."

Öyle bir şey görüşmedik. Bununla beraber huysuzluğa neden ne ise bilseydim belki bu kaza da olmazdı. Yarın yine bu hayvana bineceğim. Eğer idaresi mümkün olmayan bir şey olduğuna kani olursam o zaman büsbütün bölükten ve alaydan def ettiririz. Başçavuşun samimi ricasına rağmen ertesi günü bu hayvana bindim. Ve kışla meydanındaki talimhanedeki manileri atlattım. Ve epeyce, gerek burada gerekse Ohrizarda yürüdüm. Bugün bu meşum hayvan bana pek muti idi. Bu vaziyet beni zabitan ve efrat gözünde pek büyüttü. Alaylı ağamız süt dökmüş kedi gibiydi.

Bu tehlikeli adamla hoş mu geçinmeli yoksa sert mi daha kararımı vermedim. Sekiz ay müddetle olsun suiistimalden men ettiğim için herhalde bana dost değildi. Fakat büsbütün düşman olmasını da istemiyordum.

Bir gün baktım oturduğumuz odanın yanındaki ufacık depo gibi yeri cami yapmış, namaz kılıyor. Mektepli zabitlerde benim odada toplanmışlardı. Sohbet ediyorduk. Ben latife olsun diye "yüzbaşım sen o camiyi yaptın ama ne namaz ve ne niyaz... Asrımız sayei şahanede cennet gibidir, demişler bunu işitmedin mi" dedim. Herkes gülüştü. Ağanın eline müthiş silah vermişim, vay efendim vay...

Padişahımız efendimizin bu işte taksiratı nedir, hem namaz kılmıyorsunuz hem de şevketlu efendimize mi kabahat buluyorsunuz diye haykırmaya başlamasın mı!.. Nezaketin sırası kaybolmuştu, herifi korkutmak lazım. Ben ondan daha yüksek perdede bağırdım: Allah'a karşı riyakarlığın yetmiyor da Padişahımıza karşı da mı riyakarlık ediyorsun? Her taraf cennet gibi değil mi? Şunun şurasında aksini iddia edebilir misin? Yaşadığımız sayei şahanede değil mi?

Yüzbaşı şaşkın şaşkın sağına-soluna bakmaya başladı ve öyledir efendim. Sayei şahanede diye tekrar tekrar duaya başladı. Bu bahsi kapattım. Fakat benden müthiş bir intikam almak için yaptığı iş, 28 Mayıs'ta Florina'daki bölüğün endahtını idareye memuren gitmiştim. Dördüncü günü atla Manastır'a döndüm, orada az kaldı elimden bir kaza da çıkıyordu.

Ders endahtı bittikten sonra aynı hedefe zabitlerle ruvelver atalım dedim. Hedefe kırk adımdan evvela ben attım. Bereket ilk ruvelver atışım olduğundan çok yüksek geçti. Hedefin arkasında neferler kurşun topluyorlarmış, şaşkın şaşkın fırladılar... Günlerce bu münasebetsiz vaziyet hatırımdan çıkmadı. Manastır'a gelince ne göreyim: Bölüğüm karmakarışık olmamış mı...

Terzi neferi, yüzbaşının teşvikiyle alaydan yetişme mülazım Ömer Efendi'nin tokadına tokatla mukabele etmiş. İki çavuş birbirini dövmüş. Bölükte Türkler, Arnavutlar diye iki taraf teşekkül etmiş. Anadolulu gayet değerli Musa Onbaşıyı Arnavut çavuşlar dövmüşler. O da mukabele etmiş iş büyümüş. Bizim yüzbaşı da bölüğün zapt-u raptı bitti, yazık oldu diye alay amirlerine koşmuş.

Vaziyet benim için pek nazik bir haldeydi. Erkanı harp bölüğü idare edemedi, halbuki bir alaylı yüzbaşı senelerden beri ses çıkartmıyordu, diyecekler. Bölüğün idaresi demek çiftlik uşaklarının idaresi mi demek? Alaylı yüzbaşı ne biliyor ve ne öğretmiş... Ben az zamanda neler yaptım sormayacaktı...

Bütün istikbalim karşıma dikildi. Ben bu vatana karşı ne tatlı emeller besliyordum. Halbuki kalpazanlar, cahiller, hırsızlar neler yapıyordu... Hayatıma mal olsa da bu işi temizlemek lazımdı. Bütün zekamı topladım, işe alaylı Ömer Efendi'den başladım. Bunu tatyip ederek söylendim. Ömer Efendiye yüzbaşı şu talimatı vermiş: Biz alaylıyız onlar mekteplidir. Bizi ezmek isterler. Sen onlara uyma. Hem o misafir bölüğün esas kumandanı benim. Ondan korkma... bölüğü iyi idare edememesi biz alaylılar için bir zaferdir.

Musa Onbaşıya okuma-yazma öğretmiştim. Mert bir

askerdi. Bana da çok merbuttu. Ona da söylendim. Evvela, efendim Anadoluluları eziyorlar. Biz azlığız. Bu öteden beri böyle. Ses çıkarmıyorduk: fakat bugünlerde eski yüzbaşının teşviki var efendim, diye saf bir çocuk gibi ağlamaya başladı.

Sonra da koca herifin sözlerini aynen söyledi: Yeni yüzbaşı benim gibi değil. Sizi ezer, döver, ceza verir. Fakat o muhakkakdır, size ne yaparsa bana söyleyin ben sizi himaye ederim.

Diğer Türk ve Arnavut çavuşları, onbaşıları da toptan çağırdım, yüksek sesle müessir birkaç söz söyledim: Askerler, kardeşler... Daha babalarımızın kanları tuna boylarında kurumadı. Balkanların neresini kazsak babalarımızın kemiklerini görürüz. Türk'ü, Arnavut'u, Çerkez'i kucak kucağa sarıldılar. Vatanı kurtarmak için can verdiler. Her gün baskınlara gidiyoruz. Bu rezalete sebep hep birbirimizi sevmemekliğimizdir. Hep İslam'ız, hep bir milletiz, hep kardeşiz. Birbirimizi candan sevelim, bir vücut gibi olmalıyız. Bunu dost düşman işitmeli ve görmeli. Yurdumuzu çiğneyen kafirler, Türk'ü, Arnavut'u ayırt ediyor mu? Bu kadar çok düşmanlarımız varken bir de biz mi birbirimizin başını yiyelim. Şehid babalarımızın, zulüm altında can vermiş ninelerimizin ruhlarını sıkmayalım. Her gün bize lanet etmesinler... Bizim gibi evlat yetiştirdiklerine pişman olmasınlar. Haydi kardeşler, gıbta olacak surette birbirinize sarılınız.

Çavuş ve onbaşılar birbirlerine sarıldı ve elele tutuştular. Yemin ettiler ki artık hep kardeş gibi geçineceklerdir. Umum birlik efradına da bu yolda hitabede bulundum. Fevkalade bir tesir yaptı. Başçavuşu göndermişler ve bana karşı tekrar tekrar samimi hisler beslediklerinden ve kendilerini ifsad eden eski yüzbaşıya da lanet ettiklerini bildirdiler.

Hakikaten ertesi günü bölüğün içinde bulunan bölük deposunu açmak isteyen bu suretle bölükle temas etmek isteyen yüzbaşıyı çavuşlar koğuştan kovmuşlar. Ağlayarak bana geldi, başına gelenleri anlattı.

Dedim ki, ifsadların meydana çıktı. Herkes sana lanet ediyor. Bir daha ben burada oldukça bölüğün semtine uğramayacaksın. Yüzbaşı korkusundan sapsarı ve titriyor. Dedi ki: tövbeler tövbesi olsun. Kışlaya dahi uğramam...

Bundan sonra pek rahat ettim. Aylığımdan da katarak bölüğe lazım gelen birçok şeyler yaptım. Ve okuma yazma bilenlerin isimlerini "efendi" ilavesiyle koğuşa astım. Bulunduğum sınıfın üniformasını takıyorum. Topçu müfettişi Şükrü Paşa üniformaya meraklı sert bir zat. Tamirhanede bir mülazımı nizamname hilafına elbiseli görünce bana alayın amiri zannıyla çıkıştı. Vaziyetimi anlattım ve alay amirlerinin bulunmadıklarını izahla alayın kudreti harbiyesinin olmadığını tafsil ettim. Daireye o gün erkanı harbiye reisi Osman Rıfat Paşa nezdine de izahat istedi. Fakat bir netice çıkmadı.

AHVAL HAKKINDA İŞİTTİKLERİM, GÖRDÜKLERİM, DÜŞÜNDÜKLERİM

Manastır vilayeti evvelce bizden ayrılan milletlere mensup ırklarla karmakarışıktı. Bulgar, Sırp, Rum milletleri. Her birinin teşekkül etmiş bir hükümetle maddi rabıtaları vardı, kökleri oralardaydı. Bunlar, dallar ve meyvelerdi. Daimi olarak kökler sulanıyordu.

Avrupa büyük dalları da bu dalları lazımı gibi idare ettiğinden meyveler kemale geliyordu. Esasen konsoloslar bile lazımı yapmakta iken şimdi jandarmayı da ellerine almışlardı. Polislere de kol atmışlardı. Her taraf komite teşkilatı. Yer yer bunların icra kuvvetleri olan çeteler dolaşıyor. Sanki eski Türklerin muntazam ordularının ilerisinden koşan akıncılar gibi.

Şimdi yıpranan bizdik. Balkan devletleri ordularını mükemmel hazırlanmalarına bedel biz felaket içimize girdiği halde daha orduyu aceze elinden almıyorduk. Bu, Taç ve Tahtın güya daha emin bulunduğu zannından ileri geliyordu. 30 sene evvel Rus ordularının yaptığını daha kolay olarak bu küçük hükümet ordularının yapacağını ve bu halin en az bizi Rumeliden kovacağını düşünmüyorlardı.

Biz, bu orduların tarihini ve bugünkü halini bilenler pek

azdık. Büyükler bunlar hakkında verdiğim malumata inanmıyordu. Son Rus-Japon harbi hakkındaki konferanslarım bile lüzumsuz görülüyor, benim bu tür mesaimi yüzüme karşı tenkit edenlere bile rast geliyordum.

Talimhaneler hududu hariciye çıktığım cesaretime hayret edenler de vardı. Ben de bu başlara hayret ettim. Uyuyorlardı ve istiyorlardı ki uyuyalım ve uyutalım... Rahatlar bozulmasın. İktidar ve azim ve kabiliyet dereceleri meydana çıkmasın. İçimize giren felaketin son kanlı perdesini İstanbul'daki cahil, kuşkulu, sarayı mekan gibi görmüyorlar veya gözlerini kapıyorlardı. Ben iki sene evvel bu yerlerin şimdi mesul bir uzvu idim. Hem de düşünen ve gören tabakaya mensup. Yani maddi-manevi mesuliyeti ağırlardan idim...

Zabitlerimizi vazifelerinde kudretli yapmaya uğraşırken onların fikirlerini de açarak ışık salmak da bana borçtu. Bildiğini ve düşündüğünü saçmayan bir kokmuş ruh taşımıyordum. Bazıları yapabileceklerini evhamların ezici hayalleri altında dudaklarından dışarı salıveremiyorlardı.

Orduda hayli alaylı zabit bulunmasına rağmen Manastır garnizonu mektepli zabitlerin ruhuyla hareket edebilecek bir kudretteydi. Manastır dağları da mühim şeyler ifade ediyordu. Azim karşısında senelerin idari ve askeri takipleri vaziyeti değiştirmiş değildi. Şu halde icabında Türk zabitleri, Türk ordusu da bir iş, vatanın parçalanmasını durduracak bir iş başarabilirdi. Türk ve diğer İslam halk, bir sürü gibiydi. Bir şeyden haberdar değillerdi. Diğer unsurların köylere varıncaya kadar teşkilatı mükemmel idi. Milli varlıklarını öğrenmişler, istiklal havasını koklamışlardı.

İçinde bulunduğumuz vaziyet şuydu: Muhtelif unsurlar birbirinin gözünü oyuyor... Sebep ırk mıntıkaları ki zamanı gelince siyasi hudut olacaktı. Bir türlü çizilemiyordu. İşe tarih karıştırılıyor, halihazır nüfus karıştırılıyor; fakat bunlar tahrife uğruyor, her millet kendi hesabına tarih yaratıyor, nüfus yaratıyordu. Bunun için ortaya usulen silah atılmıştı. Söz buna bırakılmıştı. Avrupa büyük devletlerinin müttefiki de işi karıştırıyordu. Herkes kendi istikbal emeline uygun bir milleti tesahüp ediyordu. Bulgarlar çok himaye olunuyordu. Bu Avusturyalıların olduğu kadar Rus ve İtalyanların da hesabına geliyordu. Hepsi birden ise Türklere düşmanlardı. Yalnız Rumlar şimdilik Bulgarlara karşı bizlere yakın görünüyorlardı. Hükümet de böyle idare ediyor gibiydi.

1320 senesi nihayetine doğru eşkıya takibi için mıntıkalar teşkil olunmuştu. Manastır mıntıkasında Hamdi Paşa kumandasında erkanı harp binbaşısı Hasan Dursun, Enver ve Rafet Beyler, mümtaz kolağası Servet, Süvari yüzbaşısı Akif Beylerle birkaç şifre memuru zabit bulunuyor.

3. avcı taburu doğrudan doğruya mıntıka üzerineydi. Fakat icabında diğer kıtalar da, topçu alayları müstesna, takibi eşkıya hususunda emirlerine tabi idi. Bu husus ordu erkanı harbiyesi ile mıntıka erkanı harbiye arasında münakaşalara, kırışmalara sebep oluyordu. Birinin vazifesi talim ve terbiye diğerinin eşkıya takibi... Birbirine zıt iki iş. Manastırın içinde bile ara sıra unsurlar birbirine suikast yapardı.

1319 ihtilal senesi 30 bin kadar Bulgarin öldüğü; fakat bunun üç vilayetin kontrolü altına girmesine sebep olduğu söyleniyordu. Mıntıka teşekkülünden sonra da çete müsademelerinde 1320 senesi 27 Bulgar, 1321'de 78 Bulgar, 27 Rum şakisi itlaf olunmuştu.

Her ilkbahar geldi mi faaliyet de başlıyor. 17 Martta da caddede Rumlar bir Bulgar vurdular, öldü. Ertesi günü Bulgarlar, iki Rum vurdu, biri polis. Bu hafif yaralandı, diğeri öldü. Sık sık civar köylere müfrezeler de gönderilmeye başlandı. Tuhaf İstanbul'da Erenköyü'nde de şehremini Rıdvan Paşayı şimendiferden çıkar çıkmaz vurmuşlar. Fakat bunun bir haydutluk olduğu kürt Ali Şamil Paşanın ve kardeşi Abdülrezzak'ın şahsi husumetinden bunu yaptıkları ve her iki kardeşin nefyolunduğunu da haber alınca hayli düşündüm...

Neden milleti ve orduyu layık olduğu kabiliyetini öldürerek düşmanlarımıza hazır bir istikbal yaratan alçak ruhlu inşaları biz imha ederek inkişafımızı temin etmiyoruz?..

25 Mart'ta bir Ulah evi yandı. Sanki bir cephanelik gibi... Fişek ve bomba infilakları saatlerce devam etti. Burası evvelce bir Bulgarın imiş, vurmuşlar, yaralı olarak Sofya'ya gitmiş, orada ölmüş. Bugün haber aldık ki 24'te 29 kişilik bir Bulgar çetesiyle askerimiz müsademe etmiş. Çeteyi imha etmişler, bir jandarma şehid, bir nefer hafif yaralımız varmış. Bulgarların ekserisi İslam kabası almış.

30 Mart. Ali Şamil meselesinden İşkodra'ya neflolunmak üzere altı zabit Manastır'a gelmiş. Kuleli ders nazırı Hasan Fuat Paşa da Rodos'a neflolunmuş imiş. Tart bile edilmiş. Zabitler ihtilattan memnu yola çıkarılmış.

20-21-22 Mart gecesi bizim sınıftan Hilmi Efendi Gerede kendi askerimiz tarafından yanlışlıkla şehid edilmiş. Bu haber hepimizin kalbini sızlattı. Gece, perşembe-cuma gecesi, bir müfreze bir çeteye tesadüf eder. İkisi vurulur, diğerleri kaçar. Hilmi Efendi de civardaymış, silah sesine koşar. Halbuki diğer müfreze pusu kurmuş, bekliyor. Gece karanlık, saat alaturka 7 ila 8 arası... Hilmi Efendi müfrezesiyle pusuya düşer. Pusudakiler bunlar kaçan eşkıya zannıyla ateş açarlar. Hilmi Efendi sağ kalçası altından vurularak iki dakika sonra ölür. Boru sesinden müfrezeler birbirini anlayıp ateş kesilirse de zavallı genç zabit şehid olur.

Cuma günü büyük merasimle tabutumuzu bayrağımıza sararak şehidi gömdük. Hilmi'yi mezara bırakırken "Hilmi seni daha şerefli bir ölüme sarmak mümkün mü?" dedim. Merasimde bütün zabitler bulunduk. Büyük rütbeliler gelmedi.

İLK ÇETE TAKİBİNE ÇIKIŞIM

2 Nisan akşamı, alaturka gece 4'te süvari bölüğüyle otuz atlı ile ilk defa olmak üzere Pirlepe istikametinde bazı köylerde eşkıya varmış, diye yola çıkarıldım. Bu benim ilk gece hareketimdi. At üzerinde uyuyanlar vakit vakit pat diye düşüyorlardı. Mesuliyet hissi insanı daima açık göz ediyor. Etrafı dinlemek ve gözlemekten uykum gelmiyordu.

Kokraçaniçe'yi dördüncü bölük, İzmirnovalı'yı benim beşinci bölük, Çırnaboka'yı ikinci bölük ile sardırdım. Benim yanımda buraları tanıyan diğer bölükten bir çavuş, bir jandarma bir de süvari mülazımı Hayrettin Bey (Fuat Paşa oğlu). Bulunduğumuz yer çamur, su içinde, hava güzel; fakat sabaha karşı ayaz başladı. Ben beraberimde birkaç kaba kağıt ve gazete getirmiştim, pelerini serdim üstüne oturdum. Yaşlık üstüne çıktığından kağıtlar çok işime yaradı. Yanlındakilere de yardım ettim. Sağdan soldan horultular geliyordu. Askerler yorulmuş uyuyorlar. Ne fena şey bu... Ay da pek latif göründü. Sefer'in 22'si idi. Berrak bir havada sabaha karşı ilk doğuşunu büyük zevkle seyrettim.

Bütün Bulgar köyleri içindeydik. Sabaha kadar birbiriyle ışıkla muhabere ediyorlardı. Gaz tenekesinden helyostatları varmış. Yahut pencerelere lamba yakıyorlar, bir mukavva veya tenekeyle ziyayı aça-kese muhabere ediyorlarmış.

Müfrezeler Manastır'dan çıkarken Manastır evlerinden ova köylerine, dağ köylerine işaret başlarmış. Artık sabaha kadar nerede asker var, her köy birbirini haberdar ediyormuş. Ne ala... Şafakla beraber saat alaturka 10 idi. Arama işine başladık. Bir şey bulamadık. Köyde erzak dolu bir kulenin sahibi yoktu.

İhtiyar heyeti beraberimde olarak kilidini kırdırdım. Kapıyı mühürlemek için balmumu yokmuş, hamurla mühürledim. Bir şey bulmadan bu ilk takip hareketini yapmış oldum. Ara sıra tadında kalmak şartıyla gece tatbikatı için istifade mümkün. Hele yıldızları, ayı doyasıya seyretmek için ara sırasına bir şey demeyeceğim; fakat bu gidişle bakalım ne kadarına nasibim var... Zabitlerle sıkı sohbet ve gizli hasbihaller içinde fena değil...

ENDAHT TALİMLERİ VE İLK ATIŞIM

Alayımız martin ile silahlı olduğuna rağmen ders endahtı bile yapılmamış. Halbuki ara sıra eşkıya takibine çıkarılıyor. Acı bir takrir yazdım. Değil muntazam düşman karşısında eşkıya karşısında bile vazifelerini göremiyorlar. Derhal ders endahtlarına başlatılmaması mesuliyetini kim deruhte eder?

Her nefere onar fişek attırılması hususunda bir müddet sonra müsaade geldi. Ve alayın endahtı bana bırakıldı. Ben de sekizer mermiyi ders endahtına, ikişer de muharebe endahtına ayırarak işe başladım.

Eldeki malumat ve malzemeye göre mümkün olanı yaptım.

Ohizar ovasında nezaretim altında atış başladı. Alay zabitleri de martin ve gıra tüfekleriyle atış yapıyorlardı. Fakat muvaffakiyetsiz... 200 metreden hedefin aynasına kimse isabet ettiremiyordu. Nazariyatını ben öğretiyor ve atış hatalarını da ben ihtar ettiğim için zabit arkadaşlarım benim atmaklığımı teklif ettiler ve elime bir martin tutuşturdular. Alaya girdiğimin ikinci ayı nihayetindeydik. 4 Nisan salı günü hayatımın büyük heyecanlarından sayılı biridir. Ömrümde ne tüfek ne de rovelver atmamıştım. Kılıç ve meçde maharetim vardı. Alayda bunu da tamime çalıştım. Fakat çevikliğim ve maharetimden herkes ürküyordu. Mektepten bu hususta büyük şöhretim vardı. Manastır'daki sınıf arkadaşlarım bunu mübalağalı surette yaymışlardı. Fakat bu tüfeği nasıl ateşleyecektim. Herkese öğretmesi kolay... Silme arpacıklığını nişan hattını hedefin altından yukarıya doğru kaldırırken tam hedefe ateş... Fakat daha kimseye aynadan vurmak nasip olmamıştı.

Haklı olarak kızan zabitler nazariyatçının eline tüfeği vermişlerdi. Kısa düşündüm; çünkü fazlası sinirlerimi bozabilirdi. Koca bir kapı kadar olan daire hedefini aşırtırsam halim ne olacaktı... Alayın talim ve endaht muallimi ve erkanı harp yalnız laf demezler miydi?

Tıbkı imtihanlarda olduğu gibi bütün mevcudiyetimle ruhi sarıldım ve nazariyatı tamamıyla tatbik ederek tetiği çektim. Mavzer gibi istinat noktası olmadığından hedefi kaybetmemek pek güç. Fakat yalnız hedefi değil kafamı bile kaybettim, kulaklarım duymaz oldu. Tüfeğin namlusu havaya kalktı, benden başka herkes hedefe koştu. İşaret neferi aynayı gösteriyordu. Bir müddet aynaya bakamadım. Fakat zabitler hedeften, el çırparak alkışlıyorlardı. Kendime geldim, onlara sağ elimi kaldırarak samimi salladım. Yanıma geldiler ve takdirler yağdırdılar.

Fakat içlerinden biri "bir daha isabet ettirmedikçe buna tesadüf derim" demesin mi? Bir kısmı bu muvaffakiyetin husufunu istemiyor, bana yardım ediyordu. Tüfek elimde müşkül vaziyetteydim. Tüfeği iade edemezdim. Bir fişek daha almak mecburi idi. Bütün mevcudiyetimi tüfekle hedefe yapıştırdım ve aynı tarzda bir daha attım. Bu sefer tüfeğin namlusunu başıboş bırakmadım ve atışı mükaatip tüfeği teslim ederek ben de kafileyle beraber koştum. İşaret neferi yine aynayı gösteriyordu. Herkes gibi ben de gözümle vurduğum yerleri gördüm. Yalnız vaziyetimi kurtarmış değildim, bu muvaffakiyet her şeyden üstün olmuştu, "attığını vurur" sözü bizde ne kuvvetli bir iman. Esasen mektepteki kuvvetli seciyem "söylediğini yapar" diye andırdığımdan bugünden itibaren Manastır heyeti zabitanının bir kutbu oldum.

İki hafta sonra yukarda bahsettiğim Florina endahtında ruvelyer hadisesi geçmişti. Bu zamandan sonra ruvelvere ve endahta da ehemniyet verdim. Daima birinci geldim. İki mühim müsabakayı ben kazandım. Selanik'te meşrutiyetin ilanından sonra ilk İttihat ve Terakki kongresi zamanı Talat, Ruhi, Enver, Hafız Hakkı, İsmet, Seyfi Beylerle bir sigara paketini on adımdan, Hafız Hakkı Bey açık paketin bir murabbanın merkezine, ben iki murabbadan mürekkep mustatinin tam merkezine isabet ettirdim.

Bir de harbi umumide Diyarbekir mıntıkasında kolordu kumandanı iken ordu kumandanı Fevzi ve grup kumandanı İzzet paşalarla birlikte burada sık sık yaptığımız zabitan endahtını da birinci gelirdim. Kedi kuyruğuna on metreden şaşmazdı. Kedi, kuş gibi hedefleri on metreden ruvelverle vurabiliyordum.

İyi atabilmek için her şeydeki muvaffakiyetin esası gibi kafada atış tam ve muvaffakiyet kazanmak itimadından başka bir şey bulunmamalı ve nazariyata dikkat olunması esastır. Birincisi sükuneti ikinci de dikkati topluyor. Muvaffakiyet muhakkak oluyordu. Efrat endahtında kalem odası mensuplarını zabitan hizmetçilerini getirttim. Başta miralayın aşçısı olmak üzere sırtüstü düşenler ve tabii pek isabet yapamayanlar çoktu. Bu adamları bir de ata bindirdim. Binemeyen, düşen ekseriyette... Ümeramız bu işlerin aleyhinde bulundular ben de inat ettim. Bir kısmını, değiştirdim gücüm yetmediklerine de az da olsa bir şeyler öğrettim.

ACIKLI VAZİYET

Ders endahtlarına ümeradan kimse gelmediği gibi muharebe endahtı için birçok ricalarıma mukabil endaht bittikten sonra bir saat beyleri gözlemekle geçirdiğimize rağmen yalnız Şamlı binbaşımızın geldiğini gördük. Ve endahtın bittiğini görünce memnuniyet beyanıyla hemen evine döndü.

Bu beylerin ve paşaların ricamıza rağmen alayın olsun endahtlarına gelmemesi, hatta süvari fırkası kumandan ve erkanı harbinin bile gelmemesi ve talim ve endahtlardaki muvaffakiyetim zabitan nazarında beni müstesna mevkilere çıkardı. Benden evvel staj yapan erkanı harplerin zabitan ve efrada bu kadar temasta bulunmadıkları ve talimde bile bir karış erkanı harp yakasıyla mağrur dolaştıklarını anlatarak bana mukabil samimiyet ve merbutiyetlerini anlatıyorlar.

Bu vaziyetten istifadeyle artık memleketin ve milletin hali ve istikbali için birer ikişer mahbes ve münakaşalara faydalı olmaya başladı.

31 MART GÜNÜ ŞEHİDE HİLMİ'NİN GÜNÜNDE SUALLERİM

Derslerde mücavir orduların hali hazırını izah ve siyasi emelleri için nasıl çalıştıklarını da serbestçe söylüyorum. Aboneli olduğum Fransızca Revüler'den yeni malumat ve Rus-Japon seferine ait vaziyetleri münakaşalı olarak görüştürüyorum.

Derslere beyler ve paşalardan gelen yoktur. En büyük rütbe yüzbaşı. Bu vaziyet birkaç ay içinde mülazım yüzbaşı rütbesini sınıf farkı olmaksızın müthiş bağladı. Florine ve Kökli'deki bölüklerin endahtını idare için oralara gitmekliğim hakkında emir de aldım.

Harp köpeği yetiştirmek için Golç Paşa'nın yazdığı bir risalenin tercümesi gelmişti. Binbaşı Bey bunu da bana yükletti. Haşa bin huzur, kelplerin terbiyesi için kitap gelmiş... İnsanlar terbiye oldu da iş köpeklere geldi diye el yazısı eseri bana verdi.

Ordu erkanı harbiyesi, fırka erkanı harbiyesinin ala kadar olmadığı bir işi bizim malum amirlerin yapacağı, ancak bu kadar olur. Bizzat bir küçük çoban köpeği ile uğraştım; fakat çaldılar. Başka kimse de alakadar olmadı. Kışlada sokak köpekleri kıtalara alışmıştı, talime ve takibe beraber gelirlerdi, o kadar...

Seri ateşli topçunun endahtını muntazaman takip ettim. Muharebe endahtına ordu erkanı hamdolsun geldiler.

EĞLENCE TERTİPLERİM

Akşamları civar su başları ve bostanlara atlı gezintiye başladık. Bunu alay kumandanı duymuş. Hayvanlar harap oluyor istemem, diye bana tembihte bulundu. Ben de haftada bir'e müsaade alabildim. Yemeklerle gitmeye başladık.

Sınıf arkadaşlarım ve pek hususi olduklarımla da ara sıra evlerde geceleri toplanmayı adet ettirdim. Herkese bir yemek veya yemiş tertibiyle müsavi masraflarla umumi ziyafet ve eğlence yaptırmak herkesi memnun ediyor. Bu eğlencelere sonraları pek samimi olduğum Enver Bey'i de davet ettik. Bu toplantıları hafif tertip saz ve eğlenti ile harice karşı mükemmel bir örtü ile kapıyorduk. Emin olarak burada samimi hasbihaller, ahval hakkında münakaşalar yapıyorduk.

BULGAR VE RUM VAKALARININ TEMADİSİ

Manastır mıntıkasında Sırp hadisesi pek az. 6 Nisan 322 Ohrizar'da talim ederken sırtın arkasında bir askerin ölü olarak yattığını haber verdiler. Gittim gördüm. Burnunun ortasından yaralayıp öldürmüşler. Tatkikatta dörtbeş gün evvel karakoldan silahıyla firar eden bir Türk neferi olduğu anlaşıldı. Zavallıyı öldürmüşler, silahını da almışlar.

10 Nisan, bölük mülazımlarından biri anlattı. Dün akşam kışla karşısındaki fırın ile bir hizada bulunan köşe kahvesinde sarhoş Bulgar elinde topuzlu bir sopa lobut olduğu halde bağırıp çağırmış. "Üç Bulgar öldürmekle iş bitmez. Yerine daha çoğu geldi. 23 Nisan'da görürsünüz..." Hayret! Kimse ses çıkarmamış. Hatta orada bulunan birkaç zabit bile.

Buna çok kızdım, bu tür hareketlere karşı zabitlerimizin sükut etmemesini, kışladaki süvari ve avcı zabitlerine söyledim. Mesuliyetten çekinmemelerini aksi halde daha ağır muamelelere maruz kalabileceğimizi anlattım. Ve bu hali mıntıka ordu erkanı harbiyesine de şikayet ettim. Mukabeleyi bilmisilin ağır olacağından zabitlerimizi mesul etmemelerini rica ettim.

11 Nisan, ordu erkanı harbiye reisi vekili Hasan Paşa, Osman Rıfat Paşa beni çağırtmış. Merakla gittim. Ben zabitan ittihadı ve Bulgar vesaireye karşı yapılması lazım gelen tarzı hareketimiz hakkında haber aldı da beni çağırdı zannettim. Vereceğim cevapları hazırlayarak gittim.

Halbuki büsbütün başka bir iş ile karşılaştım. İstanbul'dan Harbiye ve erkanı harbiye mektepleri ders nazırı Esat Paşa, "Selanik'te erkanı harbiye reisi vasıtasıyla" diye bana bir mektup göndermiş. Diyor ki: Sizin iktidar ve ahlakınızın her yerde tezahürkârıyım. Ancak bunu teyit edebilmek için bir kıta fotoğrafınızın gönderilmesi...

Cevabını yazacağımı söyleyerek eve döndüm. Hayli düşündüm. Bu ne demek? Beni İstanbul'da alıkoymak teşebbüsünü nasıl karşıladığımı gözüyle gören Esat Paşa yeni bir lütufkârlık mı yapacaktı? Yoksa tavassut mu istenmişti? Bu başka ne olabilirdi... Aleyhimde bir şikâyet olsa böyle fotoğraf istenmezdi. Birkaç gün geçirdikten sonra şu cevabı fotoğrafın altına yazarak gönderdim:

"Lütfen ibraz buyrulan teveccühü, alilerinden başka bir şeye intizar etmeyen Zeyrekli Kâzım."

Ses gelmedi. Ben de ferahladım.

12 Nisan'da 41 Bulgar, 4 Rum sürgünün seyrine istasyona gittik. İkişer ikişer bileklerinden kelepçeli. Trene bindikleri vakit bir Bulgar papaz her birine bir altın dağıttı. Tren hareket ettiği vakitte her bir ağızdan Bulgarca "yaşasın Bulgar milletimiz" diye bağrıştılar. İbret alınacak bir manzaraydı. Fütursuz görünüyorlardı.

Uzun zamanlar ruhları üzerinde çalışılmış, milli tesirler yapılmış, benliklerinin uyandırılmış olduğu görülüyordu. Avrupa büyük devletlerinin himaye ve sahabelerini bilmeleri de büyük kuvvetti... Bu hal onlarla bizim, yani Türk milletinin ruhi hallerinde makus tesirler yapıyordu. Tren kayboluncaya kadar bu duygularla takip ettim. Kışlaya dönerken, "zavallı Türk milleti bu varlığı gösterdiğin gün sen de hürsün ve artık sen de istikbalden eminsin. Artık Türk marşı çalınmalıdır. Parola: Ben bir Türk'üm."

Bu sürgünlerin hali ve haykırışları beni çok müteessir etti. Bunlarla Osmanlı milleti diye kendimizi aldatmada mana yoktur. Onlar Bulgar, Rum, Sırp, Ulah... Ve büyük kısımları da ayrılmış, müstakil. Geriye ne kalıyor? Arap mı? Sınıf arkadaşlarımın hepsi Türklere her gün lanet yağdırıyor ve Arap istiklal fikrini besliyorlardı. Arnavutlar mı? Ekserisi ibtidai halde... Ne askerlikle ve ne de sair milli işlerimizle alakaları yok. Bunlar da gittikçe bozuluyorlar. Bereket versin şimdilik aklı erenler Türk milliyetine bağlıdırlar.

Manastır'da zabitlerden kaç samimi arkadaşım var hepsi de ancak Türküm dedikleri müddetçe hakkı hayatları olduğunu tasdik ediyorlar. Bununla beraber Arnavut neferlerinde bile Türklere karşı soğuk hisler görüyorum. Her millet kendi milliyetini iftiharla ilan ve onun etrafında envai teşkilat yaparken ve Türk camiasından ayrılmak için Türk milletinin inhilaline kadar yürüyerek komiteler teşkil etmişken biz münevver zabitlerin bile bir Türk Birliği teşkilinde bu kadar gecikmemizi büyük gaflet buluyorum. İsmi isterse İttihat Terakki olsun...

Milliyet asrındayız. Her millet gibi biz Türkler de bir varlık yapmalıyız diyerek, Manastır'da zabitan idaresinde başlayan birliğin, bunun ilk adımı olmasını düşündüm. Bir Türk marşının her akşam kışlanın duvarlarında akisler yapması ve zabitlerin, neferlerin bir ağızdan bunu okuması, bu ilk adım için bir parola vazifesini görecekti.

Bu düşüncelerle bir marş yapmak istedim. Fakat güzel bir şey yapamadım. Ömrümde şimdiye kadar dörtbeş parça şiir yazmıştım. O da kaç yıl önce... Şiirle uğraşmaya vaktim olmadığı gibi o kadar hevesim de yoktu. Bundan başka ağır ve zamanı tenkit edici sözler aklıma geliyor. Bunu herkesin ağzına vermek lüzumsuz bir tehlikeyi davet olabilirdi. Üçüncüsü de bestesini kim yapacak? Aklıma şair Mehmet Emin Bey'in "Ben Bir Türk'üm, dinim, cinsim uludur. İnsan olan vatanının kuludur" diye Yunan harbi sıralarında yazdığı bir türkü geldi. Kitapların arasında bu vardı. Notası da var. Çok sevindim. Bir-iki gün alay marşıyla uğraştım. Keman muallimine de geçtim. 15 Nisan Cumartesi günü alayımızın bandosuyla bunu akşam yoklamasından istirahata geçildiği zaman çaldırdım ve ağızdan da söylettim. Ve her akşam bunun çalınmasını da emrettim. Alayda bando olduğu halde çalmıyorlar ve çalışmıyorlardı. Ben haftalarca bunlarla uğraştım, iyi bir hale getirdim ve akşam askere çaldırtmaya başlamıştım.

Bazıları bu cüretimi fazla buluyordu. Türk birliği hakkında fikirlerim takdir olunuyor ve marşın da lüzumu tasdik olunuyordu; fakat hafiyelerin veyahut alaylı veya Arnavut, Arap zabitlerin şikayeti halinde tehlikeli bir vaziyete düşeceğimden korkuyorlardı.

Bunları teskin ediyordum. Marşın vaktiyle yazılmış bir şey olduğunu şimdiye kadar men olunmadığını, herhangi bir şikayet nihayet bunu söylemek yasaktır emrini çıkarabileceğini, halbuki görünüşte zararlı bir yeri olmadığından bunun da varit olacağını zannetmediğimi anlattım. Ve korktuğum bizim Kayserili yüzbaşı ve Arap binbaşıya da şu propagandayı yaptım: "Ben bir Türk'üm"ü Mehmet Emin Bey, Yunan seferinde yapmış. Padişahımız bunu pek beğenmiş. Sık sık hâlâ çaldırıyormuş. Bunun güftesini benden istediler, ben de yazıp herkese dağıttım. Hiç sızıltı çıkmadı.

GÜFTESİ

Ben bir Türk'üm, dinim, cinsim uludur
Sinem özüm ateş ile doludur
İnsan olan vatanının kuludur
Türk evladı evde durmaz giderim

Yaradanın kitabını kaldırtmam
Osmancığın bayrağını aldırtmam
Düşmanımı vatanıma saldırtmam
Tanrı evi viran olmaz giderim

Bu topraklar ecdadımın ocağı
Evim, köyüm hep bu yerin bucağı
İşte vatan, işte Tanrı kucağı
Tanrım şahid, duracağım sözümde

Milletimin sevgileri özümde
Vatanımdan başka şey yok gözümde
İnsan olan vatanının kuludur
Türk evladı evde durmaz giderim

Hangi Türktür dinine urgan kement vurdurur
Mescidine çanlı kule kurdurur
Milletimiz köle olmaz böyle günde kim durur
Biz Türkleriz Kızılırmak olur böyle taşarız

Süvari fırka merkezi 14 Nisan'da Selanik'e nakletti. Esasen varlığı ile yokluğu müsavi idi. Türk marşını bunlarda dinlemedim. Trende yine birkaç Bulgar sürgünü vardı. Benim ilk defa bir "Ben Bir Türküm"ü çaldırdığım akşam çok neşeliydim. Bunun ilk satırı da ne güzel şey: Ben bir Türküm... Bunu artık her Türk ve sair milletten de olsa Türk camiasında samimi çalışan diğerleri de samimi ve gururla telaffuz ediyorlardı.

Aferin şu Mehmet Emin Bey'e. Gıyabi olarak kendini takdir ettim ve hatıra defterime geçirdim. Kaç gündür bununla uğraştığım halde o kadar ruhuma işlemiş olacak ki, bandoda çalınır ve söylenirken daha büyük iftihar duydum. Durup dinlenmeden kaç defalar "ben bir Türküm" deyip duruyorum...

Bu akşam garip bir şey de öğrendim. Fakat marşın ağızlara düşmesinden pek keyifli olduğumdan o kadar içerlemedim. Koca bıyıklı bir İtalyan yüzbaşısı var, herkesin gözüne batar, sinirine dokunur. Palavracı bir adama benziyor. Geçen sene köylerde bir jandarma müfrezesiyle gezerken bir Bulgar çetesine rast gelmiş, çete zayıfmış. Müfreze kumandanı çavuş, ateş ettirmek istemiş, İtalyan yüzbaşı mani olmuş ve çeteyi yanına çağırmış, konuşmuş sonra da selâmlaşıp ayrılmışlar...

Çavuş, Manastır'a gelir gelmez Türk makamlarına şikayet etmiş. Fakat haksız çıkmış. Palabıyık yine vazifesinde namuskârane çalışıyor. Ne berbat bir vaziyet. Jandarma tensiğine memur herifler hazinemizden müthiş para da alıyorlar ve bize ihanet ediyorlar. Sonra zavallı Türk oğlu, dolaş çetelerin arkasında... Fakat artık Türk de zavallı değil, çünkü "ben bir Türküm"... Ne ala oldu bu iş. Ahvala kızar kızmaz ben bir Türküm diye tutturmak insanı teskin ediyor. Elbette bir gün Türk milleti de cihanda kendisine hürmetler yağdıracaktır. Osmanlı kozmopolit camiasına hakaret ve tecavüz yalnız Türk'e olacağına biz Türkler de diğer unsurlar gibi Osmanlı camiasına ve Osmanlı istibdatına karşı olsun...

Abayı neden biz Türkler giymeli? Asırlarca vur abalıya... Gittiği halde aklımız hala başımıza gelmedi. Muhtelif unsurlar içimizden bizi yiyor bitiriyor. Hele bir milli birlik olmazsa toptan devrileceğimiz muhakkak. Acaba bu Makedonya yangını, ki kaç senedir söndürmeye muvaffak olunamadı, bütün vatanı ve milleti yakacak mı? Makedonya'da yer yer jandarmayı ıslah diye yerleşen devletler birbiriyle anlaşıp da bizi paralamayacaklar mı? Gerçi işlere karşı bitaraf görünen bir millet var: Almanlar... Gerçi bu millet kendilerine aslan payı da verilse felaketimize razı olmayacak mı? Gerçi Fransızlar, İngilizler, Ruslar ve Almanlar boğazlara karşı ayrı ayrı hassas ve onu mukaddes bir emel gibi tanıyarak asırlarca boğuşup durdular.

Hele Prusya teşekkülünden beri daha başka hislerle mütehassıs. Bütün Almanları etrafında toplayarak muazzam bir Almanya vücuda getirdikten sonra en uzakta kalmasından, yolları karadan ve denizden boğazlara yakın olanların emellerine karşı, oranın sahipleri kadar muarız... Padişahı korkutmamak, Türk ordusunu ıslah etmek gibi hayırhah işleri de gösteriyor. Fakat mesele iki türlü hallolabilir. 1- Ya anlaşırlar 2- Ya çekişirler veya çarpışırlar.

İdari ve mali kontrol hususunda kendisi karışmadığı halde diğerleri pekala anlaştılar. Hemehal ise... Bizi kurtaracak ancak biziz. Türkleriz. Madem ki Makedonya bugün bizimdir, bunu kurtarmaya çalışmalıyız. Bu çalışmak icabında, yani umumi bir ittifak karşısında, Türk milletini olsun kurtarmalıdır. Bu da Manastır zabitleri arasında başlayan ittihadın ve Türk ruhunun bütün ordularda münevverler arasında başlamasıyla mümkündür.

Bir parola mükemmel bir bağ olacaktır: Ben bir Türk'üm, diye ortaya parolamı attım. Güzel karşılandı.

19 Nisan, ikinci defa eşkıya takibine çıkıyorum, kumandam altında 3 süvari bölüğünden kırkar atlı. Ben Dalbeylerle aramasında bulundum. Bir şey bulamadık. Yine köylerden işaret veriliyordu. Hatta Manastır'dan iki mahalleden ziyadece... Giderken yol üstünde rast gelip arattığım Bulgar çobanı bile biz uzaklaştıktan sonra ateş yakarak ve önünden geçmekle işaret verdi.

İLK MÜSADEMEDE BULUNUŞUM

4 Mayıs Perşembe akşamı kışlada nöbetçiydim. Alaturka saat 11'de mıntıka erkânı harplerinden kolağası Fethi Bey geldi. Lisola köyünde bir Bulgar çetesiyle müsademe olduğundan acele kaç atlı çıkarmak mümkünse oraya yetiştirmekliğimi tebliğ etti.

Mesafe 15 kilometreden fazlaydı. İki dolgun bölükle Fethi Bey ile yola çıktık. Ve süratli yürüyüşle saat 1'den evvel müsademe yerine vardık. Müsademe köy içinde oluyordu. Hariçte yaya cenk için bölükleri yere indirdim. Bir miktar ihtiyat ayırdım. Fethi Bey bir miktar efratla gitti. Ben de bir miktar aldım. Arızalı yerlerden karanlıkta geçtim, köy içinde 3. avcı taburundan sınıf arkadaşım Tayyar Kalkandere'ye rastladık. Susuzluktan bitmiştik. Mataramız da yok. Tayyar, gündüz asma yaprakları toplamış, birkaç tane verdi. Susuzluğa karşı iyidir, dedi. Hakikaten bunu çiğnemekle susuzluğum geçti.

Silah sesleri çoğalmıştı. Avcıdan Süleyman Efendi de yanıma geldi. Müsademe yerine gittik. Eşkıyanın naraları ve şarkıları işitiliyordu. Kurşunlar tehlikeli geçiyordu. Eşkıyanın bulunduğu kuleyi askerlerimiz ateşlemişti. On metre mesafedeki duvar dibine kadar sokuldum. Bir tüfek aldım ve duvarın üzerine koydum. Bir aralık kulenin kapısı açıldı. Üst kat yanıyordu. Çıkmak isteyenlere her taraftan şiddetli ateş başladı. İki ateş de ben ettim. Ne tuhaf bu ateş... İçeriden de üzerimize ve mazgallardan ateş ediyorlardı. Her şeyin ilkinde duyulan heyecan ateş işinde daha başka türlü... Burada vatan aşkı, millet aşkı insanın her varlığını sarıyor.

Attığım fişeklerin kovanlarını bir hatıra olarak cebime

koydum. Enver ve Fethi Beyler benden az uzakta yine aynı duvar gerisindeydiler. Onların yanına gittim. Süvari ihtiyatının yerini ve getirdiğim kuvveti bildirdim. Artık ateş adamakıllı kuleyi sarmıştı, alt kat da dökülüyordu. Çete efradı içerde hora teptiler sonra da içerde birkaç silah patladı ve ses kesildi.

Komite efradı birbirlerini vururlarmış. Bu müthiş hale bu ilk müsademede şahid oldum. Kulede on Bulgar çete efradı varmış. Reisleri Petso ismindeymiş, köy içinde de üç çete efradı öldürülmüş. Hepsi 13 maktul.

Gece yangın karşısında Enver, Fethi Beyler ve ben uyukladık. Sabahleyin kule hafriyatında yanmış cesetleri ve silahlarını gördük. Eşkıyanın mavzer ve gıra tüfekleri karışık. Köy evlerini de dolaştık, papazın oğlu da komiteciymiş, vurulmuş. Ölüsünü papaz evine almış. Enver Bey papaza dedi ki: Senin oğlun da bu halde olursa ne yapmalıyız? Papaz ağlıyordu: "Her gün nasihat ederim. Ah bu gençler bizi dinlemiyorlar. Ben bu işlerin Bulgar milleti için hayırlı olmayacağını görenlerdenim..." dedi.

ENVER BEY İLE HASBİHAL

Enver Bey ile samimi arkadaşlığımız hayli ilerlemişti. Bu akşamki ateş altı arkadaşlığı her ikimizi de daha ziyade birbirimize yaklaştırmıştı. Manastır'a dönüşte bir kahve içmesini rica ettim. Kışladaki Nispetiye bahçesine bakan pansiyonuma geldik. Enver Bey evime ilk geliyordu. Odam bir taneydi. Her şeyim bu odada... Gece yatak odası, gündüz çalışma odası. Zaten vaktimin çoğu kışlada geçerdi.

Enver, kemanımı görünce hayret etti ve dinlemek istedi. Ben de ilk ona "Ben Bir Türküm"ü çaldım, söyledim. Bunu her akşam bandoyla kışlada çaldırdığımı ve sebebini de anlattım. Bulgar çetesinin şarkısını ve hallerini gördükten sonra bu hususta pek iyi bir işe başladığım hakkındaki kanaatimi de söyledim. Herhangi bir jurnal tehlikesine karşı yaptığım propagandayı da anlattım. Bu husustaki dedikoduları birkaç gün evvel işitmiş.

Enver Bey ile halimizi ve istikbalimizi hasbihal ettik ve anlaştık. Bunun teferruatı İttihat ve Terakki eserindedir.

HEM TALİM VE TERBİYE HEM TAKİP...

Dağlarda karlar erimiş, çetelerin serbest harekâtı başlamış olduğundan piyade ve süvarilere artık geceleri de rahat kalmadı. Bereket versin topçu alayları talim ve terbiyelerine muntazam devam ediyorlar.

Fakat muhtelif sınıfların aynı kuvvetle talim ve terbiyeleri olmazsa ve birlikte birçok tatbikat yapmazlarsa topçuların bu devamlı çalışmaları gereği gibi işe yaramayacaktı. 10 Mayıs'ta bölük hayvanlarını iğdiş ettirdim. Aldığım bu müsadeyi diğer bölüklere de tatbik ettirdim. Hayvanlarımız yerli, her vefaya alışkın... Tabi müsademe süvarisi değil; fakat keşif ve seri ateş hattı tesisine müsait bir varlık. Yalnız hayvanların terbiyesi iyi değil. Hele gece baskınlarında bağrışmaları, çifte atmaları tehlikeli şey. Neyse mahzurunu anlatarak iğdiş ameliyatı yapıldı.

BASKINA...

12 Mayıs Cuma günü akşam 7.30 alaturkada Bokova köyünü sardık. Güneş doğduktan sonra aradık. Köy büyük. Vaktiyle Manastır'ın güzel bir sayfiyesi imiş. Zevk erbabı her hafta akın ederlermiş. Şimdi şehirden ayrılan yok. Çetelerin gezinti yeri. Bura halkı, Rum çetelerin tesirinde. Halk Bulgarca konuşur. Kadınları güzel ve pek neşeli.

Sayfiyelik zamanının izleri henüz duruyor. Türkçe de biliyorlar. Aramada bir evin genç kadını bizi neşeli kabul etti. Arması yazılı bir kartpostal buldum. Resmi bir erkek bir kadını öpüyordu. Dedim, "ne yazıyor bu kart? Alıp tercüme ettireceğim..." Kadın cevap verdi: Alma onu beyim. Ben o resimlere bakıp lezzet alıyorum.

Selam kelamdan ibaret olan kartı kendisine bıraktım. Pencere içinde bir ufak şişe rakıyla bir çanak da balık vardı. Ateş olsaydı size balık pişirirdim, dedi. Rakıyı köy bekçisi başına dikti.

Bu köyün evlerinin çoğu iki kat. Kargir. Kilisesi büyük ve sağlam, kargir. Dolap gibi duran dönen bir kapı da var. Halk komitelerden memnun değil. Sayfiyelikten çıkalı köy fakirleşmiş. Manastır'ın her hafta epeyce parasını çekiyormuş.

Manastır'dan köyün manzarası da latiftir. Ağaçlar arasında güzel bir köy.

İKİNCİ MÜSADEMEM KALEPAÇ'DA

15 Mayıs Pazartesi Paşaserbiçe ve civar köyleri aramaya gönderildik. Benim yanımda beş atlı kalmıştı. Köylere dağılmıştık. Kalepaç köyünde eşkıya varmış. Silahlar patladı; derhal o tarafa dört nal koştuk. Mesafede epey imiş. Dere, tepecikler aştık... Sonra düzlükte köy karşısına geldik.

Her taraf açık olduğundan kurşunlar vızır vızır etrafımızdan geçiyordu. 600 metre kadar uzakta yüksek ekin tarlası vardı. O cihetten köye girmek üzere uzun dörtnala kaldırdım. Çete bizi tehlikeli bir ateş altına aldı. At üzerinde eğilmeye mecbur olduk, bu esnada köyden bir boru çaldı. Orada mıntıka arkadaşlarımız var. Aynı zamanda alayımızdan yüzbaşı Akif Bey vardı.

Onun boru ile bize işaret verdiği anlaşılıyordu. Yanımdaki borazana sordum: Ne çalıyor?

Yere in çalıyor, dedi. Derhal "yere in" kumandasını verdim. Beş neferle yere indik. Fakat kurşunlar tehlikeli surette sıklaştı. Durmak veya buradan köye yaklaşmak imkanı yoktu. Yine de derhal "at bin dörtnal" kumandasını verdim ve içinde görünmediğimiz ekin tarlasına can attık.

Kimse vurulmamıştı, bu harikaya şaştım. O kadar yakınımızdan kaç dakikadır geçen kurşunlar bir şey yapmamıştı. Şimdi artık ateş gelmiyordu. Bu cepheden köye girdim. Çetenin sarıldığı eve geldim. Benim bölükten Yozgatlı Yusuf Ali, ağır yaralanmış. Cebimdeki sargımla yarasını sardım. Zavallı çok ıstırap çekiyordu, yalvarıyor: Yüzbaşım, çektirme. Beni öldür!

Alayımızın; sıhhiye neferleri olmadığı gibi efrat da sargı sarmasını bile bilmiyordu. Yalnız efrat mı? Zabitler de bilmiyor... Müsademe saatlerce sürmüştü. Çok şiddetli müdafaa ediyorlardı. Akif Bey ile buluştum. "Geçmiş olsun, ödümüz koptu şehid olacaksınız diye" dedi... Niye boru çaldırdığını sordum. Arazi açık ve ateş altında olduğundan hücum borusu vurdurmuş. Biz yere inince bağrışmışlar. Ala dedim: Benim borazan hücum borusunu yere in diye tercüme etti.

Manastıra gidince ilk işim zabitlere ve neferlere yara sarmak ve boru notalarını öğretmek olsun dedim...

Bir jandarma ile üçüncü bölükten üç hafif yaralı da vardı. Bunları da sardırdım. Eşkıyanın girdiği evi yakmaktan başka çare yoktu. Akşama kalmak tehlikeli idi. Teslim olmalarını birkaç kere teklif ettik, bomba ve silahla cevap verdiler. Biz de sırıkların ucuna gazlı bezler taktırıp köylüye ateşlemelerini söyledik. Komitelerden bıkan bir köylü bu işi tehlikesizce yaptı.

Çete teslim olmadı. Birkaçı daha evvel geberdi, birkaçı da yandı. Hepsi dokuz kişiydi. Biz hala martinli oluşumuz, sıhhiye müfrezemizin olmayışı, sargı bezi bile verilmemesi efrada karşı iyi bir propaganda zemini oldu.

16 Mayıs Salı günü bölüğümden ağır yaralı Yusuf Ali şehid olmuştu. Onu Manastır'da merasimle şehid Hilmi'nin yanına gömdük. Birkaç tesirli söz söyledim, zabit ve efrat ağlaştık.

Bu ağlaşmalar bizi sıkı sıkıya bağlıyordu. Bu müsademeden dolayı mıntıkadan bana da beşinci mecidi inha olunmuş. Esasen müsademede bulunan zabitlerin isimleri ve mükafatlandırılmaları Selanik'ten yazılmış. Benim ismimi ordu erkanı harbiyesi görünce kızmış ve mıntıkaya kim tayin etti ve gider gitmez nişan ne oluyor demişler. Ne garip... Gece-gündüz alayca takipteyiz. Selanik erkanı harbiyesi de eğlence ve tiyatrolarda olduğundan yanıbaşlarındaki Manastır'ın vaziyetini bilmiyorlar. Beni mıntıka müfettişliğine alınmış sanıyorlar.

Mıntıka kumandanı Hadi Paşa da cevap veriyor ki "Kâzım

Bey süvari alayı onbeşte stajını yapıyor. Müsademede bulunuşu alayıyladır. Bölüğünün başında gitmesi tabiidir. Bir nişan ise hakkıdır. Mıntıkaya alınmasına gelince, Bu da artık zaruri oldu. Stajına devamla beraber mıntıkaca kendisinden istifade olunacaktır.

Bu suretle Manastır merkez mıntıkası müfettişliğine de inham kabul olunuyor. Hem staj yapıyorum hem mıntıkaya devam... Fakat bütün Manastır vilayeti dahilinde çıkacak işlere gönderileceğim. Erkanı harpler bu suretle bir yere bağlanmıyor. Mıntıkada Reis Hasan Tosun bey, o merkeze bağlıdır, Hadi Paşa'dan ayrılmaz. Enver Bey her tarafa gider. Ara sıra Selanik'e de... Fethi ve Muhtar Beyler benden evvel faal imişler, ben yeni gelince hazır elimde kıta da var sık sık takiplere gidiyorum.

YİNE BOKOVA'YA BASKINA

Bu sefer cihet-i mülkiye arama yapacakmış, Vali Hazım Bey'e hususi haber verilmiş. Bizim alay orada emre amade olacakmış. 17 Mayıs gecesi saat sekizde yola çıktık. Sabahleyin merkez kaymakamı, jandarma alay ve tabur kumandanları arabayla geldiler. Arandı, tarandı... Kilisede dört İslam şehid edilmiş. Kanlı tahtaları söktük, Manastır'a gönderdik.

Kilisenin her tarafını bir daha gezdim, dehşetli yerler... Hele dolap gibi kapıyı açtım, içerisi korkunç bir saklantı yeri.

SİMELOVA'YA GEZMEYE

Mıntıka zabitleri ve bütün erkânı harp arkadaşlar, binbaşıdan yukarısı yok, 19 Mayıs'da yemek yemek ve hava almak üzere yakın olan Simelova'ya gittik. Eğlendik. Yalnız geceleri takip değil ya, diye latife ediyorduk.

ASAYİŞ MÜKEMMEL

Eğlenceye gittiğimizin ertesi günü Manastır içinde Rumlar üç Bulgar öldürdüler. Civar köylerde de dört Bulgar öldürmüşler. Florina cihetindeki köylerde de birkaç Bulgar öldürmüşler.

Ova köylerinde Bulgarlar, Manastır Florina arasında dağ köylerinde de Rumlar hakimdi. Hudut gibi köylere kâh Bulgar kâh Rum çeteleri gelip sıkıştırıyordu. Hangi çete gelirse onun milletinden olduğunu söyleyerek atlatıyorlardı.

İhtiyarlarla görüşünce çok dert yanıyorlar ve eski hali aradıklarını candan söylüyorlar ve gençler laf anlamıyorlar, bu işin sonunun berbat olacağını görmüyorlar diyorlardı.

2 Haziran Lisola civarında bir Rum çetesi 6 Bulgarla 2 Bulgar papazı kesmiş.

BASKINA... ÜÇÜNCÜ DEFA ÇETEYLE KARŞILAŞMAM

3 Haziran gece saat 7'de Bokova ve diğer civar köylerini arama vazifesiyle çıktım. Orhava köyünde şüphe ziyade idi. Bir ev sahibinden şüphelenerek sıkıştırdım. 3 Rum çete efradının evinin ahırında gizli bir yerde bulunduğunu fakat haber verdiğini duyarlarsa mahvolacağını yalvardı ve dedi ki, "Beni döverek ahıra sokun. Ben bulundukları yeri işaret edeyim..."

Öyle yaptık. İşaretlediği yer bir paslanın altındaydı. Büyücek taşı neferlere çektirdim. Silahları bize doğru üç komiteciyi birden gördük. Yunan ve yardım çetelerine "Handart" deniyor. Hemen sağa sola çekildik. Teslim olmalarını teklif ettim. Eğer bir bomba atsalar hepimiz mahvolmuştuk. Teslim diye bağrıştılar ve silahlarını dipçik tarafından dışarıya uzattılar. Sonra da birbir çıktılar, teslim oldular. Üzerleri fişek ve bomba dolu. Bulgarlar olsaydı muhakkak bize bomba atar, kendilerini de bizi de öldürürlerdi. Yunanistan'dan gelmişler. Tehlikeyi ucuz ve muvaffakiyetle atlattık. Çete reisinin ruvelverini mıntıkadan bana hediye verdiler. Bu ruvelver tarihi oldu. Manastırda cemiyetin tahlifi bu ruvelverle, kama ve Kur'an-ı Kerim üzerine yapıldı. Ruvelveri Manastır'dan ayrılırken Enver Bey'e bıraktım. Kamayı ve kelamı kadimi aldım.

HAPİSHANEDE TURK-RUM KAVGASI

Rumlarla aramız nispeten daha iyiydi. Bulgarların yaptığı isyanı ve mezalimi bunlar yapmamıştı. Bulgar çetelerine bunlar da düşman olduğundan bu cihetten de biraz yakınlık vardı.

Fakat mahpushanede müthiş bir kavga çıkmış, adeta meydan muharebesi olmuş. Rumlardan 8 maktul, 30'u mütecaviz yaralı. Türklerden iki maktul, birkaç yaralı... Bu iş 6 Haziran salı günü oluyor.

BEN BOKOVA'YI BASKINDAYIM

Bokova'ya sık sık komiteler geldiği haber alınıyor ve iş bizim süvari alayına veriliyor. Çabuk gidip sarıyoruz; fakat bu geniş ve evleri büyük köyün aranması da dert. İşte Manastır'da hapishanede kavga olan Salı günü ben yine Bokova'yı aramaya gönderilmiştim.

Bir şey bulamadık. Manastır'a dönüşte kavgayı işittim. Çarşamba günü Rumlar nümayiş yaptılar, sokaklarda dolaştılar.

JAPYAN BASKININA ARTIK ÇOK OLDU

Bu kavga dolayısıyla bize de vazife çıktı. Japyan'da çete varmış, gece yedibuçuk alaturka kışladan çıktık, bir şer bulmadan döndük. Bu gidişle alayın talim ve terbiyesi de kalıyor. Gerçi, gece yürüyüşlerinden tatbikat gibi istifade ettirmeye, efrada ay, yıldız, güneş vesaire hakkında basit malumat vererek ve bunları sohbet gibi yaparak hem istifadelerine hem de hoşça vakit geçirmeye çalışıyorum.

Fakat baskınlar kabak tadı veriyor. Neferler, yolda uyuyor. Derin dalanlar da atan düşüyor. Günlerce efrat ve hayvanlar talimden de kalıyor. Hâlâ ellerinde martin tüfekleri. Kaçtır orduya ve mıntıkaya söylüyorum, hâlâ süvarilere mavzer vermiyorlar. Halbuki piyadeler kâmilen mavzerli...

Bir harp olsa cephane meselesi ne felaket! Acınacak... Mafeşklerin hepsi haklısın, diyor; fakat değişen yok. Bugünlerde yükün büyüğü de bizim süvari alayında ve benim üstümde.

BİNBAŞIYLA KAVGAMIZ

Çavuşlarına karşı gelen iki neferi hapsetmiştim. Binbaşı haber almış ve ben kışlada yok iken bunları çıkarmış. Pek canım sıkıldı. Kırmızı kışlanın büyük kapısı üzerindeki daire bizin alayındır. Alay kumandanı, merkez kumandanı olduğundan Drahor boyundaki askeri daireye yakın binada oturur.

Bu kışla kapısı üstünde Alay kalemiyle bir binbaşı oturur. Bir kolağası merkez kumandan muavini Ferhat Bey, bu daima iyi ve daima ahvali görüşürüz, İttihat ve Terakki cemiyetinin mevcudiyetinden haberi var. Diğer bir kolağası fırın memuru, bu da iyi fakat açık görüşemem, binbaşı ise Şamlı ve Allah'ın bir tembel numunesi. Mütamadi nargile içiyor ve tavla oynuyor. Koğuşların yerini bilmez... Kaç aydır kazandığım nüfuzu güya mahpus neferleri çıkarmakla kırmak istiyor.

Kodamanların ve alaylıların teşvikini görüyorum. Derhal alaya istifanamemi yazdım. Ve nöbetçi yüzbaşısı ile binbaşıya gönderdim. İstifanamemde pek ağır sözler yazdım: "Aceze elinde kalan biçare alayın talim ve terbiyesine bütün hayatımla çalışırken haysiyet kırıcı muamelelere tahammül edemem. Kanunun bana verdiği selahiyeti, hiç kimseye vermiyorum. Emrim yerine getirilmedikçe bu alayda hizmet edemem..."

Binbaşı şaşırmış, beni çağırttı. Odaya girince nargilesini bıraktı, ayağa kalktı, teveccühler, iltifatlar müthiş... Aman istifanı geri al, sana karşı hürmetimiz, samimiyetimiz pek büyüktür, dedi. Nasılsa bir yanlışlık yaptım. Şimdi neferleri tekrar hapise indirir, ne yaparsan yap, dedi. Ve bir daha işlerime karışmayacağına söz verdi.

Alayın kâmilen muallimi olduğumu, daha birçok güzel sözler söyledi. Belki bir saat beni bırakmadı, kahveler ısmarladı, İslam tarihinden bildiklerini anlattı.

Barıştık. Şartımı kabul etti. Derhal neferleri kendi hapsetti ve ben çıkardım. Bu iş 15 Haziran Perşembe günü oldu. Alay arkadaşları bu galibiyetin şerefine Cuma günü kirazıyla meşhur Brosnik köyünde bir ziyafet verdiler. Usulen ben de masrafa iştirak ettim. Derede göl gibi su da vardı. Banyo yaptık. Burada eskrim oyunu da yaptırdım. Maharetimi takdir ettiler.

OKUMA-YAZMA VE KROKİ YAPMAYI NASIL ÖĞRETTİM?

Bölüğün çavuş onbaşılarıyla efradından istidadı olanları ayırdım, bunlara evvela kroki öğrettim. Pek çabuk tepe, dere, yol, köprü, orman vesaire işaretleri öğrendiler. Büyük-küçük muhtelif sınıfların işareti de böyle. Şimali cenubi ve mikyas hakkında dahi basit şeyler öğrettim. Birkaç derste kroki yapabilmeye başladılar. Arazide tatbikat ile de birkaç hafta uğraştım.

Aynı zamanda okuma-yazma dersi de açtım. Evvela rakkam bellettim. Sonra harfleri ayrı ayrı yazmak usulüyle ve ancak Arabi kelimelerde kullanılan harflerden sarfı nazar ederek elifbayı basitleştirdim.[65]

Üç aylık faaliyetimin müthiş semeresini topladım. Muhtelif sınıflara ufak bir tatbikatla benim küçük zabitlerim mükemmel rapor ve kroki gönderdiler. Harekâtı idare eden Enver

---

65 Hurufu münfasıla ile efrat çabuk okuyup yazıyor. Bunu o zaman pek samimi arkadaşım olan Enver Bey pek beğendi. Harbiye nazırı olunca kimseye haber vermeden bunu bütün millete tatbik ediyordu. Efrada karşı ilk çıkaran sen, neden beğenmiyorsun dedi. Ben neferler için kabul etmiştim. Bunu esaslı öğrenen diğer tarzı da okuyabiliyordu. Fakat münevverler için bu mufassal harflere kim taraftar olurdu? Fakat Enver paşa'ya anlatamadım.

Bey tenkit esnasında dedi ki, Zabitler yazdıkları raporlara küçük zabit diye adres yazması doğru değildir. Zabit adresini "zabit" diye yapmalı. Dedim, okuduğunuz imzalar hakikidir. Onu yazanlar zabit değildir. Zabitlerin de raporları var ve imzalarını zabit diye atmışlardır. Şimdiye kadar küçük zabitler mesai tarzı ve neticesini herkesten saklamıştım. Bölükte bir müddet zabitsiz de kalmıştım. Alay zabitleri bile mesaimi bilmiyorlardı. Küçük zabitlerin krokili raporları umumun hayretini çekmişti.

Enver Bey rapor yazan küçük zabitleri istedi ve bunları yazanların onlar olduğunu görünce şaşırdı. Muvaffakiyetimi tebrik ve takdir etti. Bütün zabitler tatbikattan sonra etrafımı aldılar ve şunu müttefiken rica ettiler: Küçük zabitlerinizin rapor ve krokileri, zabitlerinkinden güzeldir. Bu husus bizi müteessir etti. Onlara nasıl öğrettinse, baştan nihayete kadar bize de öğret. Bunu samimi rica ediyoruz.

Kemali hürmetle, diye cevap verdim. Ertesi günü işe başladım. Hakikaten bu tatbikatta mektepli süvari zabitlerimizin krokileri pek fena idi. Mektepten dört-beş sene evvel çıkanlar büsbütün unutmuşlar ve dere-tepe göstermeyen, düşmanı krokide gösteremeyenler vardı. Bu hareket Manastır'da mühim bir faaliyet uyandırdı. Muhtelif sınıflar etrafıma sıkı toplanmışlardı. Efratla sıkı temas ve onlara, benim usulde okuyup yazma ve kroki öğretmeye başladım.

İSTİBDAL EFRADININ TERHİSİ NASIL OLDU?

İstanbul'dan bir irade geliyor: İstibdal efradının teskerelerini hemen bugün tevzi ile terhisleri...

21 Haziran Cumartesi günü. Efrad, çarşıya-pazara izinli. İzinsiz olanları, her taraf birbirine girdi. Halbuki teskereler bir taraftan dolduruldu, bir taraftan hesapları yapıldı. Trenler, kafileler hazır. Sanki seferberlik ilan olundu. En nihayet cuma günü kimse kıtasında kalmayacakmış. Neyse işler bitti. Bölüğümün tezkerecileri bana vedaya geldiler ve çok dualar ettiler. Eski alaylı yüzbaşıya kimse gitmemiş.

Teşyileri için alay bandosunu bir kıt'ayla çıkardım. İstasyona gittik, güzel bir uğurlama yaptık. Amirlerden kimse yok. Ne insanlar bunlar. Kıyafetleri, tavrı hareketleri gerçi amir değil, garip şeyler... Fakat hisleri de yok bu adamların. Efradı uğurladıktan sonra alay arkadaşlarıyla birlikte yine Bronkiye kiraz yemeye gittik. Dünyanın en güzel kirazı burada. İri, erik gibi. Yalnız köylüler kurnazlık ediyorlar; daha evvel topladıkları ikinci derece kirazları sepetlere doldurmuşlar, ağaçlara öyle çıkıyorlar. Üzerine aldatmaca birkaç avuç yeni koyup aldatıyorlar. Bu hileye meydan vermemek için ağaca çıkanların sepetlerini boşalttık. Hakikaten enfes kiraz yedik.

MÜHİM BİR KAZA GEÇİRDİM

25 Haziran talime giderken hayvanım topuk çalarak aksadığından kışlaya geri gönderdim. Ben de emir neferimin atına bindim. Takım talimi yaptırıyorduk. Seferber kuvvette tertip ettiğimizden alayın fazla zabitlerine bir müddet malen yaptırdım. Sonra da at üzerinde kılıçla mübarezeye geçirdim. Vuruşlar ve müdafaa hakkında nazariyatı anlattım. Ve tatbiki için yüzbaşı Akif Bey'i intihap ettim. Kısa dört nal ile vuruş ve müdafaa yapıyorduk. Vuruş yapmak üzere Akif'i kovalarken at ile beraber yuvarlandım. At nal atmış, yer çayırdı, kısa dönüşte hayvan kayınca sağa kapaklandık. Sağ dizim yere çarptı ve bunun üzerinde vücudum sürüklendi.

Bereket attan ayrılmıştım. Dizim fena incinmiş, ayağa kalkamadım. Yardımla başka bir ata bindim. Şehir içinde Numan Bey hastanesine geldim. Talimlere alay heyeti sıhhiyesinden veyahut Manastır'daki kıtalardan münavebe ile bir yardım yeri yapılmasını kaç kereler büyüklere rica ettim, aldıran yoktu.

Dizi sardırmak için vakit geçirmek ve en az bir kilometre yürümek lazımdı. Hastaneye gelinceye kadar çok kızdım. Hastanede sargı yok! Keşke bu işe az kızsaydım. Doktor dizimi açtı, sıyrılmış. Kanamış, morarmış. Kırık çıkık yok. Fakat sarmak lazım, hastanede dizimi saracak sargı yok. Benim daha fazla kızacak takatim kalmamıştı. Dizimi kirli bezlere sardıramazdım. Doktor Efendi bu hale karşı bana dert yanıyordu. Bu hastanede kaç hastanız var dedim. 130'dan aşağı düşmezmiş. Ne elim vaziyet... İnsan işin teferruatına girdikçe idaremizin murdarlığını görüyor. Doktor, kaç takrir verdim, bakın müsvettelere diyerek mesuliyetten kurtulmaya çalışıyordu. Bu doktor bizim alayın doktoruydu.

Derhal bir arabayla eve geldim ve arkadaşlardan operatör yüzbaşı Fehmi Bey'i çağırttım. Tehlike yokmuş. Güzelce sardırdım. Üç gün yatakta kalmak mecburiyetinde kaldım. Hatır sormaya alay kumandanım Ferhat Bey de eksik olmasın geldi. Diğer amirlerim de... Arkadaşlarımsa hiç yalnız bırakmadılar.

Bu hastahanenin halini icap edenlere anlatmakla beraber daha talimhanedeki bir yaralıyı şehre nakil vasıtamız olmadığı halde muharebede işin ne feci bir hal alacağını tasvir ederek bir layiha verdim. Çabuk tesiri görüldü. Hadiseden üç gün sonra 28 Haziran, ordudan sıkı bir emir geliyor: Her bölük, ikişer adet teskere yapacak. Fakat tahsisat olmadığından köhne çul ve köhne kaputlardan bezleri cebeli mübah'tan.([66])

Gördün mü marifeti? İşte bu orduyla şu minik eşkıya tenkiliyle uğraşıyoruz. Muntazam ordularla da harbe gireceğiz. Bu cinayetin failleri her kademe kumandandan başlar ve en yüksek makamlarda nihayet bulur. Devletin siyasi ve idari haline çare yoksa, askerin hasta ve yaralısını taşımak için vasıta bulmayı da mı akıl edemiyor?

Ordu bir sürü bunak ve aceze elinde... Eşkıyanın silahları bizimkinden mükemmel. Teçhizat, sargı takımları, her bir şeyleri mükemmel. Bu köhne idare, zavallı vatan evlatlarını düşünecek kabiliyette değil. Bir onbaşı veya neferi yeniden zabit yapıyor. Damatlar zümresi anadan doğma zabit. Bana, Kalepaç müsademesinden dolayı beşinci rütbeden mecidiye nişanını çok gören ordu müşirinin damadı binbaşı. Emsali daha mülazım. Benim sınıf arkadaşlarımdan Çanakkale'nin yerini bilmeyen Miralay vardı.

Bulgar ve Sırp ordularının Avrupa orduları gibi karşımızda durduklarını okuduk. Her gün takip de ediyorum. Yunanistan'dan gelen çeteler de en son sistem silahlarla mücehhez. Ne

---

66 Sahipsiz koru ve ormanlardan parasız odun getirmek, sıkıya gelince, daha doğrusu her zaman yapılan iştir. Buralara cebeli mübah ismi takılmış. Yani haram dağ değil

kadar değersiz olursa olsun bu ordu da her noksanını ikmal etmiş. Yarın harp meydanları olacak olan yerlerde bu zabitleri efradı milli çete kıyafetinde cirit atıyor. Zavallı Türk evlatları... Bu felaketli yolun ucunda elbette şerefli bir meydan bulunmaz.

Ben, bu düşüncelerimi bütün arkadaşlarıma anlatıyorum. Hisler öyle galeyanda ki, bir karar bütün aceze ruhunu alaşağı edecek. Bunların başını ezmek... Bütün iş burada. Artık her gün ve her gece buna çare aramakla meşgulüz.

Ordunun erkânı harbiyesi de garip şekilde. Ordu kumandanı, erkanı harp riyaseti Selanik'te. Manastır'da vekilleri ve şubeleri var. 29 Haziran Erkanı Harbiye birinci şube Selanik'e naklolundu. Diğerleri de Manastır'da.

Ben bu akşam evimin karşısındaki Nispetiye bahçesine kadar bastonla çıktım; fakat yoruldum. Bir hafta kadar daha evde kalmak lüzumu gösterildi. 6 Temmuz Perşembe günü mıntıka erkanı harplerinden kolağası Pirlepeli Fethi Bey Edirne'ye gitti. Mektep idaresine geçmiş. Kendisiyle henüz açık anlaşmamıştık; fakat sohbetlerde her aklı selim gibi bu bozuk idarenin yıkılması fikrinde. Bugün ben de vazifeme, kışlaya gitmeye başladım.

Bugün 36 Rum şaki sürgüne gönderildi. İstasyonda Yunan konsolosu herkesin gözü önünde eşkıyaya para dağıtmış. Ne ala. Aynı günde aldığımız şu haberler, ruhlarımızı isyana getirdi. Efrada da anlattık ve herkes idareye lanet okudu. Grine cihetinde ve Düyunu Umumiye memurlarından biri maiyetindeki 9 neferle Rum eşkıyasınını pususuna düşmüş. Birkaç şehid varmış. Rumlar bugünlerde kuduruyorlar. Galiba lâzımı gibi yerleşinceye kadar sanki Bulgar düşmanı gözüktüler, artık hazırlıkları tamamlandı. Şimdi bize karşı saldırıyorlar, bu da hoş!..

MANASTIR'DA HIRİSTİYAN MAHALLESİNDE YANGIN

Rum, Bulgar, ne milletten olursa olsun, o mahallede yangın çıktı mı, sanki müthiş müsademe oluyor. Bomba, fişek sesleri, kurşun vızıltıları ortalığa dehşet saçar. Gece bir buçuk. Temmuz 7. Yine böyle bir şenliğe şahid olduk. Cephanelik gibi patlayanlar yetişmiyor gibi halk da güya yangını ilan için aklı yettiği kadar ruvelver atıyor. Sanki dünkü muvaffakiyetlerini Rumlar tesid ediyorlar. Bir şehri ayin...

MINTIKA ERKANI HARBİYESİ'NE TAYİNİM

6 Temmuz, Mıntıka erkânı harplerinden Fethi Bey, Pirlepe, Edirne askeri idadisine gitti. Beni, Manastır mıntıkası müfettişi olarak mıntıka erkanı harbiyesine aldılar.

İLK TAHKİKATA GİDİYORUM

Maloviştе'de müfreze kumandanı Mülazım Atıf Efendi'den halk şikayet etmiş. Güya mektebe giden kızlara laf atıyormuş. Vilayete köylü şikayet etmiş, mıntıkaya tahkikat emri gelmiş. Beni gönderdiler.

Daha dizim pek iyi olmamıştı. Hayvana binerken de emir erimin tüfeğine dizimi çarptım, müthiş ağrıyla yola çıktım. Resne yolu civarında ve kevar geçitine varmadan Prister dağları arasında güzel bir Rum köyü.

Burada daha mektepten yeni çıkmış, terbiyeli, mahçup, yakışıklı bir zabit olan Atıf Efendiye misafir oldum. Bu Atıf, hürriyetin bir kahramanı olan ve Şemsi Paşa'yı vurmakla müthiş bir hizmet eden zattı. Şikayet hakkında malumatı yok. Söyledim, kıpkırmızı kesildi. Yalan, iftira ediyorlar, dedi. Hukukunu muhafaza edeceğimi, müsterih olmasını söyledim. Ve vaziyet hakkında kendisini lazımı gibi doldurdum.

Hiçbir fedakârlıktan çekinmeyeceğini söyleyen bu genç zabiti cemiyetin resmi teşekkülünden sonra ikinci mülakâtımda cemiyete aldım ve bana namusu üzerine söz verdi. Bir hemşirem var, onu himayenize alın. Her fedakârlığı yaparım diye...

Benim evde tahlifini yaptık, o da şu sözünü tam lazımı olarak gördü ve yaptı. Kendisinden İttihat ve Terakki eserimde bahsettim.

Rum papazla da görüştüm. Bu zabitin böyle şeyler yapacak tıynette olmadığını ve bunu buradan alırlarsa yerine gelecek zabitin bu peşin şikayetin tamamını tatbike kadar kadir tipten olarak gönderilmesine çalışacağımı söyleyerek ve papaza yemin teklif ederek işin teşvik eseri olduğunu itiraf ettirdim.

Papazla dost olduk. Atıf bunlarla görüşmüyormuş. Onu da takdim ettim. Samimiyetle ayrıldım. Köyden de bir mazbata almıştım. Bu suretle işi Atıf'ın lehine bağladım. Ben de, nüve halinde bulunan cemiyet de bir fedai arkadaş kazandı.[67]

13 Temmuz Perşembe gecesi Atıf'a misafir kaldım, ertesi günü Manastır'a döndüm.

RUM-BULGAR KAVGASI

15 Temmuz, Forina kazasında Baniçe sırtlarında Rumlar, bir Bulgar köyü yakmak istemişler. Bunu haber alan Bulgar çetesi ikiye ayrılmış. Bir kısmı köyü içerden müdafa etmiş, diğeri dışardan Rumları sarmak istemiş; fakat askerimiz yetişince Bulgarlar kaçmış.

Rumlar 46 kişi kadarlarmış, 14 maktul ve bir de sağ yakalanmış. Diğerleri kaçmış.

---

67   Şemsi Paşa'yı vuran kahramandır.

ANGARYADAN KAÇIYORLAR

Alaya lazım gelen çalı süpürgelerini Çinçebol tarafından birkaç ayda bir kesmek üzere bir zabit kumandasında müfreze gönderilmek öteden beri tatbik olunan bir usulmüş. Bu angaryadan mektepli zabitler kaçınıyor. İş de alaylı zabitlere kalıyormuş.

Bunu doğru bulmadım ve ben bu işe gönüllü gitmek istedim. Bu hem bir gezmek hem de askerin ruhuna sinmek için en büyük fırsattır, dedim. Bunun üzerine işi olmayan zabitler de benimle beraber geldi. İyi bir gün geçirdik. Askerler bundan pek memnun oldu. Bilhassa bizim de onlarla beraber çalışmaklığımız ruhları üzerinde güzel tesir yaptı. Gelenler hep görerek, angaryalara gitmekten kaçınmayacaklarını söylediler.

DİVANI HARP'TE ADALETLE İŞ NASIL GÖRÜLEBİLİRMİŞ...

Beni topçu kışlasında liman kumandanı Şükrü Paşa'nın riyasetindeki Divanı Harbe mahsus kâtip tayin etmişlerdi. Ceza kanunnamesi mucibince kâtipler ya erkanı harp olacak ya alay tabur kâtipleri...

Kanunname yarım asırlık. İhtimal o zaman ancak okuma yazması olan zabitler bu işi kavrayamadığından, mektepli zabitler de mahdut olduğundan bu kaide konmuş. Her neyse, birkaç masumu kurtardığımdan staj hizmetim mıntıkanın takip işlerine de ilave olan bu üçüncü divanı harp kâtipliği yorucu olmakla beraber, hayatımda yaptığım iyilikler sayfasına bazı sayfalar ilave etti. Bu da benim yorgunluğumu giderdi.

24 Temmuz Pazartesi günü işe başlamıştım. Mühim davalardan biri...

1. Yakova'da Arnavutlar birkaç sene evvel isyan etmişler. Şemsi Paşa Metroviçe'den bir müfreze göndermiş. Kumandanı kaymakam Abdi Bey isminde biri. Bu zat mektepli değil. Sultan Hamid'in tüfekçilerinden. Bu rütbeyi kazanmış. Sonra kıtaya çıkarılmış. Müfrezesini iyi idare edememiş, asker bağlara bahçelere dağılmış. Silahlarını ağaçların dibine bırakarak yemiş toplamaya ağaçlara çıkmışlar. Arnavutlar da çoluk-çocuk gelmiş silahları toplamışlar ve askeri döverek kovalamışlar. Yaralanan ölen de olmuş. Hadiseyi Şemsi Paşa haber alınca bizzat kendisi birkaç top da alarak hadise mahalline gelmiş tedib yapmış. Makine başında Sultan Hamid'e de kendini göstermek gayretini unutmamış. Kaymakam Abdi Bey müfrezesi bozuyduysa da bizzat vaka mahalline giderek icap eden tedibi yaptım, diyerek kendine mükâfat Abdi Bey'e de ceza temin etmiş. Abdi Bey fırkanı erkanı harbi Fevzi Bey tarafından da sorguya çekilmiş ve burda bulunan iki zabit daha mesul görülerek divanı harbe verilmişler. İstanbul bunları mahfuzen Manastır'a göndertmiş ve divanı harp mahsus tarafından isticvablarını emretmiş.

Daha ben Manastır'a gelmeden evvel teşekkül eden divanı harpte, tartlarıyla uzun müddet hapislerine karar verilmiş. İsticvab noksan görülmüş daha ağır ceza isteniyormuş. Ben evrakı inceden inceye günlerce kroki üzerinde tetkik ettim, kabahat dünyadan haberi olmayan tüfekçilikten yetişme Abdi Bey'e o vazifeyi verende!.. Daha büyüğü de bu gibi adamları layık olmadıkları bu makamlara çıkaranlardadır.

Bunu divanı harp heyetine anlatınca benizleri sarardı. Azadan obüs alayı kumandanı miralay kulağıma eğilerek "oğlum biz yaşımızı aldık. Fakat sen daha gençsin. Hepimiz mahvoluruz. Sözüne dikkat et. Yalnız o vazifeyi veren Şemsi Paşa bile hepimizi uçurtmaya kâfi gelir."

Heyete hitap ederek "Benim evraktan çıkardığım netice budur. Mazlumları bir daha isticvab ederek hakikate daha açık varabiliriz. Heyeti aliyeniz zayıfı cezalandırmak değil, adaleti tespit etmekle vazifesini görmek için toplatılmıştır."

Hiç ses çıkmadı. İsticvab muvafık görüldü. Abdi bey ve diğer zabit ki bir Arnavut bozacu gibi bir şey, o da alaydan yetişmiş, mülazım, diğeri ölmüş. Muhtasar birkaç sual tevdi ettim. İsticvabı bana bırakmışlardı, birbirini batırmaya uğraşıyorlar. Müdafa kudretleri yok. Mecbur oldum diğer bir celseye işi atmaya...

Sonra da bu adamlara güzel bir ders verdim. Eğer cevapları dediğim şekilde verirlerse kurtulabileceklerini söyledim. Ellerime sarıldılar.

Öğrettiğim kısaca şunlardı: Efendim ben silah tamirini bilirim. Biraz da "selâm dur, silah omza..." Bir müfrezeye kumanda etmeyi nereden bileyim? Ya padişahımız bana bu rütbeyi verdi. İhsanı şahaneyi nasıl red edebilirdim? Benim gibi bir cahile eşkıya takibi için müfreze tevdi edenler bunu hesaba katmalıydılar.

Neyse ikinci isticvabta ben kendilerine hangi mektepte tahsil gördüklerini ve bu rütbeyi nasıl ihraz ettiklerini, nerelerde hangi kıtalara kumanda ettiklerini sordum. Onlar da korka korka dediğim tarzda cevap verdiler. Mülazım, zavallı tam Arnavut şivesiyle lafı bile beceremiyordu. Güzel bir fezlekeyle beraatlarına karar lüzumunu fakat bu makule insanların güzel askerlerimizin başına musallat edilmemesi lüzumunu da ilave ederek tekavütleriyle işi bağladım. İmza meselesi hayli müşkül olduysa da teşciimle buna da muvaffak oldum. Biçareler cezadan kurtuldular. Fakat bir seneden fazla zamandır çektikleri korku, kendilerine uzun yıllar kâfi idi... Bu hadisenin evrakı bir çuval tutmuştu.

2. Bu daha garip bir hadisedir.

Yanya havalisindeki zabitlerden bazıları birkaç ay evvel silsileyi meratibe riayetle orduya kadar müracaat etmişler. Kaç aydır maaş alamıyoruz. Zaruret içinde bunaldık mealinde. Hiçbir müracaattan cevap gelmeyince padişaha aynı mealde ve bir dua ile yazmışlar. Padişah kızmış, seraskere havale etmiş. Serasker Rıza Paşa da bunları bizim divanı harbe vermiş.

Bir binbaşı, birkaç zabit, hepsi de mektepli ve iyi zabitler... Müthiş bir cinayet işlemişler gibi bir mufassal emirle geliyorlar. Hem padişaha müracaattaki cüret ve hem de müctemien müracaat bir isyan mahiyetinde gösteriliyor ve şediden tecriyeleri de ilave olunuyor.

Zabitlerin ifadei evveliyeleri alınmış. Berbat. Kendilerini iyi müdafa edememişler. Bir kabahat yaptık gibi itirafta bulunuyorlar. Bunlara da şu dersi verdim:

Siz, cevabınızı aciz vaziyette verirseniz kurtulamazsınız. Sizi iki cürümle itham etmek istiyorlar. Biri padişaha müracaat diğeri müctemien bu işi yapmak. Siz şöyle cevap vermelisiniz; Padişah bizim babamızdın Derdimizi ona bildirmek suç mudur? Her akşam yoklamasında üç defa zabitler ve neferler "padişahım çok yaşa" diye bağırmıyor mu?

Bu suretle siz, divanı harp heyetine karşı cevap veremeyecekleri tarzda mukabil suale geçersiniz. Ben de buna göre fezleke tanzim ederim, sizi kurtarırım dedim.

Dua ettiler, ertesi günü böyle yaptık. Aza tabiyatıyla sükut etti. Ben onları gıyaplarında müdafa ettim ve bu cevaplar karşısında onları mesul etmek tehlikeli olur dedim. Kabul ettiler, bunlar da kurtuldu.

Bu kadar mühim değilse de bazı lüzumsuz ve haksız işler de çuvallar dolusuydu. Bu evrakı da battal kaydıyla ortadan kaldırdım. Haksız yere mesul edilmek istenen zabitler hakkında bu suretle iş görmeye muvaffak oldum. Bu hususta topçu birinci tabur kumandanı binbaşı Osman Bey'in yardımını da gördüm. Hamiyetli ve zeki bir zat olduğundan, daha topçuya staja gelmeden evvel kendisiyle ahval hakkında görüştüm. Nihayet bu zatı da İttihat Terakkiye aldık. Divanı Harpteki vazifem aylar sürdü, burada hepsini hülasa ettim.

TIRNOVA'YA BASKINA...

25 Temmuz Manastır'ın garbında güzel bir köy olan Tırnova'ya 10 Rum şakisi gelmiş. Süvari müfrezesiyle beni gönderdiler. Burası büyücek ve güzel bir köydür. Havası da pek latif. Epeyce yorulduk, bir şey yok. Nihayet bir evdeki Rum kapıyı açmamış, ben Yunan tebasıyım, konsolos olmadıkça açtırtmam, demiş. Buraya geldim. İki katlı ev. Önünde ufak bir avlusu var. Pencerede bir orta yaşlı Rum, kapıyı açmayacağını bana da bağırdı. Yunan tebasıyım, diyor...

Dedim ki, köyde bir çete saklı olduğunu hükümet haber alarak bizi gönderdi. Aratmadığım bir bu ev kaldı. Eğer açmazsanız şüphe altında kalırsınız.

Konsolos gelmedikçe buraya girilmez, dedi.

Sen kimsin, yanında hüviyet kağıdın var mı, göreyim dedim.

Göstermeye mecbur değilim, dedi.

Emir verdim: Kırınız bu kapıyı... Gayet dikkatli bu evi bizzat arayacağım.

Bir saniyede kapılar arkasına kadar açıldı. Birkaç neferle içeri girdim. Kaç saattir yorgunluktan zaten kızgındım, bu herifin aksiliğine de çok canım sıkıldı. Herifin karşısına geldim: İyi mi yaptın bu işi. Şimdi seni Manastır'a da götüreceğim dedim. Yalvarmaya başladı. Hasta olduğunu, hava tebdiline geldiğini söyledi. Özür diledi.

Acıdım. Yalnız evin aranmasıyla iktifa ettim. Bir şey bulamadık. Ben bu işlerle uğraşırken bir zabite bir evde rakı vermişler, içmiş. Yarı sarhoş olmuş, buna da canım sıkıldı, haşladım...

Manastır'a dönüşte durumu şikayet ettim. Müfettişlikten biri madem ki tebamız değilmiş aratmamalıydın demez mi... Dedim, bir daha böyle yanlışlık olmaması için hangi mıntıkaya takibe gidersek o milletin konsolosunu da beraber alırım. Bu elim vaziyette vazife görmek ne güç şey. Güya vazifemiz harbe hazırlanmak. Mektepte bir erkânı harbin bu işleri de göreceğini söyleseler belki gülerdik... Jandarma vazifesi de omuzumuzda. Bu şartlar altında istikbal nasıl olacak?

Beraatını divanı harbe kabul ettirdiğim Abdi Bey hayatının kurtulduğundan ve kaç senedir sürünmekten kurtulduğundan dolayı bana minnettarlığa arkadaşı zabitle beraber geldiler. Hakkı müdafadan başka bir şey yapmadığımı söyledim. Rus harbinde dahi bulunmuş, aklında kalan hikayeleri anlattı.

YAKOVA'DA MEHMET ALI PAŞA'NIN ŞEHİD EDİLMESİ

Babamın amcasının oğlu Hasan Paşa'nın bacanağı Mehmet Ali Paşa, Berlin muahedesi mucibince Karadağ'a verilmesi lazım gelen yerleri Arnavutlar vermeyerek silaha sarıldıklarından İstanbul'dan memur olarak gönderilmiş.

Bayram Sur isminde halen miralay ve hünkâr yaveri bulunan bir zatın babasının evine misafir inmiş. Bu zat da jandarma yüzbaşısı imiş. Arnavutlar isyan etmişler ve eve taarruzla ev sahibi olan bu zatı da, Mehmet Ali Paşayı da, yaverlerini de şehid etmişler. Mehmet Ali Paşa'nın kesilen başını şimdi hünkâr yaveri olan Rıza Bey isminde biri değnek ucunda gezdirmiş.

Müsademe olan ev kargir bir kuleymiş. Dere kenarında. Mehmet Ali Paşa'nın mezarı da bunun yakınındaymış. Arnavutlar sıtmaya ilaç olarak buradan toprak alırlarmış. Güya memleketlerini Karadağlılara vermek istediğinden fena adam imiş. Sıtma da fena olduğundan birbirini mahvedermiş.[68]

---

68 1326 Arnavutluk harekâtında harap haldeki müsademe olan kuleyi, Mehmet Ali Paşa'nın mezarını ziyaret ettim. Mezar dört kısa duvardan ibaret ve fena bir haldeydi. Güzel bir türbe yaptırttım.

Mehmet Ali Paşa, aslen Fransızdır. Babası güzel musikişinas imiş. Kendisi de Kırım seferinden az evvel Fransız mektep gemisiyle İstanbul'a gelmiş. Kız kulesi yakınından Dolmabahçeye doğru vapur giderken denize atlamış ve Üsküdar'a çıkmış. İslam olacağını ve Türk ordusunda hizmet edeceğini söylemiş. Padişah harbiye mektebine yazdırmış. Erkanı harp olmuş, kumandan olmuş. Edirne'de kumandanlığı sırasında babamın amcasının oğlu Hasan Bey erkanı harbiyesinde imiş. Çok teveccühünü kazanmış. Baldızını buna vermiş.

Mehmet Ali Paşa, şehid edildikten sonra Hasan Paşa aynı vazifeyle Yakova'ya gönderilmiş. Arnavutlar bizden Mehmet Ali Paşa'nın intikamını alacak diye onu da vurmuşlar. Yaralı olarak Edirne'ye gelmiş, orada ölmüş.

BULGARİSTAN'DA RUM KATLİAMI

Filibe, Sofya, Varna, Balçık'ta Rumlar katledilmiş. Malları yağma olunmuş ve Rum kiliselerine Bulgar papazlar konulmuş. Bu havadisi Cumayı balada sınıf arkadaşım Zeyrekli İsmail Efendi yazıyor. Kendisi hudut kapı karakol zabitidir. Şu malumatı da veriyor 4 Ağustos mektubunda:

Koçana mıntıkasında Sevekopli mevkiinde Bulgar askeri bizim bir neferimizi yaralar. Takikata giden iki zabitimizi Bulgar hudut zabiti aldatarak askerimizin attıkları kurşunların isabet ettiği yerleri gösterelim, diyerek Bulgaristan cihetine geçirir.

Tancef ismindeki bu zabit, asker ve başıbozuklardan mürekkep hazırladığı pusuya bu zabitleri düşürür. Zabitlerimize teslim olun derler, kabul etmeyince ateş ederler. Bir zabitimiz şehid olur, diğeri bizim tarafa kaçmaya muvaffak olur.

Vak'a geçen Cuma günü olmuş. Ne vaziyet... Bunu bize resmen tamim etmediler. Gazeteler de yazmaz. Ben mıntıka erkanı harbiyesine de, orduya da, arkadaşlarıma da anlatarak onlarda da heyecan uyandırdım. Bulgar-Rum düşmanlığı hepimizin memnuniyetine mucip oldu. Devamını niyaz ettik.

SULTAN HAMİD'İN HASTALIĞI

3 Ağustos, Paris gazeteleri Abdülhamid'in pek ağır hastalandığını yazmış. Bunu Fransızca revülerimi abone olduğum ve ecnebi kitapları getirdiğim Manastır'ın biricik ecnebi kitap ve gazetelerini satan Rum kitapçıdan öğrendim.

Enver Bey'e haber verdim. Uzun boylu münakaşa ettik. Teferruatı İttihat ve Terakki Cemiyeti isimli eserimdedir.[69]

HALİMİZDEN BİR ÖRNEK

8 Ağustos, kışlada bir piyade neferi gördüm. Hasta bir halde, üst baş dökülüyor... Etleri meydanda Şimdiye kadar hayatımda bu kadar fena kıyafetli kimseyi görmemiştim. Yanına gittim, kim olduğunu sordum.

Yanya'daki bir kıtaya mensupmuş. Manastır'a tebdili havaya gelmiş.

Hemen depodan köhne elbiselerden çıkarttırıp, giydirttim. Adama benzedi. Eline birkaç kuruş da verdim. Eski elbiselerini ve adresini mıntıkaya gönderdim.

KEVKİLİ'YE GİDİP GELME

Süvari alayımızın bir bölüğü Kevkili'dedir. Manastır'da üç, Florina'da da bir bölüğümüz vardır. Bunların endahtlarını ben idare ettim. Kevkili'deki bölüklere ders endahtı için de beni memur ettiler.

---

69 Bu eser yayınevimizde İttihat ve Terakki Cemiyeti adı altında yayınlanmıştır. (Emre Yayınları)

Aynı zamanda bölüğün alay kumandanı namına teftişini de yapacağım. 18 Ağustos Cuma günü trenle Manastırdan hareket ettim. Akşam Selanik'e geldim. Yarın cülusu hümayun. Birkaç gün sonra da bir deniz alemi yapılacakmış. Merasimle eğlenceyi görmekliğim için küçük-büyük arzu gösterdiler, birkaç gün Selanik'te kaldım.

Cülüs merasiminde bir resmi geçit yapıldı. Yürekler acısı... Hiçbir sınıfın teçhizatı yok. Hatta numune taburunun bile. Bir tüfek, bir kasatura veya kılıç. Kazma-kürek vesair namına bir şey yok. Süvariler başıbozuk gibi ata biniyorlar. Süvari fırkası ve erkanı harbi de burada. Fırka kumandanlığına gelen İsmail Paşa harbiye mektebinde muallimlikte uzun müddet bulunduğu halde burada neden bir şey yapamıyor?

Hayret ettim. Bunu kendilerine de erkanı harp İskender Beye de söyledim. Techizatsızlığı ve bunun sebep olacağı felaketi de izah ettim. Bunu ordunun erkanı harbiyesinden Cemal Bey'e de anlattım. Ve hususi görüşmek arzusunu da söyledim. Merasimde ecnebi bolluğu da hayret ve teessürüme mucip oldu. Bunlar şık elbiseleriyle numune kışlası önündeki bahçede yapılan müşirin kabul merasimine iştirak ettiler.

DENİZ EĞLENCESİ

20 Ağustos salı, gece pek tantanalı bir deniz eğlencesi yapıldı. Birçok kayık, saz, içki, her nevi havai fişekleri, mehtapla her şey mükemmel... Arkadaşlar bir sandal tutmuşlar, beni de davet ettiler, dolaştık. Ben bu halden pek zevk alamadım. Gözümün önünden üç gün önceki resmi geçit geçip duruyor.

Ara sıra Manastır'daki kumandanlar ve kıtaat kafamda canlanıyor. Manastır'ın mütemadi talim, takip, müsademeleri ve zabitlere, birliği karşısında müşirlik mertebesi olan Selanik'in bu eğlenceli hali de tuhaf tesir yapıyor. Biraz da rıhtım gazinosunda oturmayı tercih ettim. Güzel ecnebi varyete ve orkestra vardı.

KEVKİLİ'YE HAREKET

23 Ağustos Çarşamba günü trenle Kevkili'ye geldim. Hemen bölüğün atış talimlerini başlattım. Üç gün meşgul oldum. Kevkili'de dahi çete işleri Manastır'daki gibi, her taraf barut ve ateş...

Manastırdan havadis: İsmilivo, (manastıra dört saat)da, sekiz ev yakmışlar, dokuz Bulgar telef etmişler. İki çocuk, beş kadın da mecruh varmış, bunlar da milletimiz aleyhine belalardan...

26 Ağustos'da Selanik'e döndük. Bugün Florina yakınında Bulgarlar da Rumlardan bir papaz ile birkaç köylü kesmişler. Molnivçova'dan altı Rum şakisi askerle müsademeye girmiş. Rum-Bulgar münasebeti müthiş bir vaziyette. Fakat zahiren iyi görünüyor. Bu hal Avrupa büyük devletlerini daha ziyade bizi tazyike sevkediyor ve bizi mahvetmek isteyen Rusların emellerini yaklaştırıyor.

28 Ağustos, ben de Florina'ya geldim. Buradaki bölüğü de teftiş ettim ve zabitlerine lazımı gibi sözlerle vaziyet ve atinin felaketi hakkında tenvir ve irşat ettim.

Az kaldı endahttan sonra bir facia oluyordu. Hedefe karşı yakın mesafeden ruvelver attım. Meğerse arkasında habersiz neferler kurşun topluyorlarmış, bereket yükseğe atmıştım.

30 Ağustos, Manastır'a geldim.

17 Eylül, Harbiye mektebinde neler nasıl okutulmalıdır diye bir layiha yazdım. Manastır harbiye mektebi ders nazırına verdim. Okuma hevesini kıran, kafa doldurucu lüzumsuz ezber şeylerin kaldırılmasını, talebeye mektepten çıktıktan sonra müteala hevesi verilmesi hakkında...

Himayeden mahrum çocuklara karşı kalbimde sönmez bir şefkat başladı. 18 Eylül Pazartesi günü, Drahor boyunda köprü üzerinde 8-9 yaşlarında güzel bir kız çocuğunun boynu bükük dilendiğini gördüm. Alay baytarı samimi arkadaşım Recep Bey yanımdaydı. Birkaç kuruş verdik. Kızın masum hali, beni müteessir etti. Bu kızın yeni avuç açtığı her halinden ve bakışlarından görülüyordu. "Baban-anan yok mu kızım?" diye sordum.

Babam, dülger Raşid Ağa idi. Redif idi. Birkaç gün evvel askere aldılar. Bilmiyoruz nereye gitti. Annem var. Yiyeceğimiz kalmadı. Paramız da yok. Dünden beri açız dedi.

Onun da bizim de gözlerimiz yaşarmıştı. Birkaç günlük yiyecek parası verdik. Bir yere hizmete isterlerse gelir misin diye sordum. Canına minnet bildi. Annesi hastaymış. Fakat ben sağlamım, iş görürüm, dedi.

Bu yavrucağa, yarın burada ikindi vakti beni bekle dedim. Sevinerek, "peki efendim" dedi. Asker çocuklarının, asker ailelerinin bu feci halini ordu mıntıka erkanı harplerine anlattım. Bunları hiç olmazsa hali vakti yerinde aileler himaye etmeli, orduca da bir çare bulunmalı dedim.

Sağa sola başvurdum; fakat bu kızı himaye edecek yer bulamadım. Birkaç gün sonra yavrucak beni görünce koştu, ellerime sarıldı. "Efendim her gün ikindi vakti seni bu köprü başında gözledim. Annem de razı. Beni götürün, iş göreyim, annemi de besleyeyim" dedi. Ne elim vaziyet...

Benim ailem yok, yalnızım. Ailem bir yerde bu yavrucağa sığınacak bir yer bulamadım. Kalbimin burkulduğunu hissettim. Cebimde ne varsa kızcağıza verdim. Babasının yerini de öğrenerek bu acıklı vaziyetten çabuk kurtulmalarına çalıştım.

Bu yavru, bana mühim bir vazife aşkı da duyurttu: Baba himayesinden mahrum yavrulara yardım. Ben de küçükken babamı kaybetmiştim. Muhtaç kalmadığımız halde babasızlığın ne büyük bir acı olduğunu tatmıştım. Köylere giderken de bu gibilere verilmek üzere mendil, çorap, başlık vesaire gibi birçok hediyeler aldım.([70])

Köy mekteplerini ziyaretle hediye dağıtmaya başladım. 22 Eylül, Florina civarında köylerde askerden şikayet olmuş. Beni tahkikata memur ettiler. Kınalı yoluyla atla Florina'ya gittim. Ertesi günü Florina'nın 16 kilometre kadar şarkında Baniçe'ye ve buradan bunun 7 kilometre kadar batısındaki Rosna'ya geldim.

Şikayetçilerin ifadelerini aldım. Uydurma şeyler... Her zaman asker hakkında yapılması komite talimatından olan şeyler.

KÖYDE MÜKEMMEL BİR KÜTÜPHANE

Rosna köyünde Robe isminde bir Bulgar çiftçi beni evine davet etti. Mükemmel bir kütüphanesi var. Bu adam Amerika'da birkaç sene oturmuş, İngilizce öğrenmiş, münevver... Her bahisten dem vuruyor. Bu Amerika'ya gidip gelme, Bulgarları pek ziyade açıyor. Bu adam santralist fikirli. Esasen Makedonya'da doğup büyüyen münevverler hep bu fikirde. Bunlar iyi düşünüyorlar.

Makedonya'nın Bulgaristan'a ilhakı imkansız bir şeydir. Burada Sırp da Rum da var. İslam ekseriyeti de var. Virhovistler yanlış düşünüyor. Beyhude kan döküyorlar. Neticesi Makedonya'nın muhelif ellerde harap olmasıdır.

Rusya siyasetle alakadar görünmüyor. Fakat virhovistleri sevdiğini anlatıyor. Asker hakkındaki şikayetlerin haksızlığını, bunların teşvikle yapıldığını, söylüyor. Bunun da ifadesini aldım. Bu adam gibi kimselerin köyler arasında bulunması ne müthiş bir iş... Rum köylerinde de çok münevverler var. Hele köy muallimleri pek müthiş. Yazık ki bizim Türk köyleri her nurdan mahrum...

Florina'ya dönüşte, 24 Eylül'de Manastır'a dönüşte bu

---

70   Bütün hayatımda binlerce yetim ve öksüz çocuğu koruduğum, hayatımın en kazançlı zevkidir. Bu işi her yerde yaptım. Şark cephesi kumandanlığında ise ebedi bir zevk duyacak derecesini yaptım. Kalbim bundan dolayı her an neşe duyar.

kütüphane ve sahibi gözümden gitmedi. Hususiyle Florina'ya gelen perişan kıyafetli bir Türk'e rast gelmek daha fena bir mukayese yaptırdı. Yanımdaki neferim Mehmet'e sordum: Mehmet, bu adam Türk mü, yoksa Bulgar veya Rum mu? dedim. Cevap verdi: Efendim, İslam'dır o. "Nereden bildin Mehmet?" "Kıyafetinden belli efendim, Hıristiyanlar hallice oluyor..."

Bu ne beliğ söz. Sebebini bu Mehmetçiğe sormadım. Sebep olanlara lanet ettim, tekrar tekrar diş biledim.

Manastır'a dönerken iki atlı almıştım. Birinin atı nal attı, geri gönderdim. Tek neferle Manastır'a geldim. Dimko çetesi ara sıra bu havalide dolaşırsa da karşılaşmadık.

Robe'nin kütüphanesini herkese anlattım. Ne yazık, kütüphane merakı olan Manastır'da kimse yok. Ne kışlalarda, ne erkanı harbiyede ve ne de şehir belediyesinde kütüphane yok.

Ecnebi kitaplar satan bir Rum kütüphanesi vardır, Türklerden kitap satan bile yok. Ben Fransızca iki mecmuayı bu kütüphane vasıtasıyla getirtiyorum. Yazık ki kütüphane gibi kitap okuma zevki de henüz yok.

28 Eylül, erkânı harp binbaşı Enver Bey ile birlikte avcı taburuyla Morihovo cihetlerine takibe çıktık. İzimizi şaşırtmak ve aynı zamanda bu cihetten de bir arama yapmak üzere öğleyin Plister cihetine çıktık. Manastırdan gece alaturka 5'de ayrıldık. Bölük kumandanları Niyazi, Süleyman, sınıf arkadaşlarım Tayyar ve Tevfik ve mıntıkadan mümtaz kolağası Servet Bey beraberimdeydi. İçlokokyan üzerinden Plister hattı balasına çıktık. Rakımı 2259 en yüksek tepenin... Hattı bala biraz daha alçakça. Manastır'ın rakımı 709'dur. Hayli yorulduk. Dehşetli kırağı yağıyordu. Bıyıklarımızdan buzlar sarkıyor. Yerler, kar yağmış gibi. Böyle vaziyeti ilk görüyorum. Ağaçların dalları ikişer parmak kırağı oldu. Göz gözü görmüyor. Bir aralık ortalık açıldı, Pirlepe gölü latif çehresini gösterdi. Fakat yine ortalık görünmez oldu, yolu kaybettik, epeyce zahmet çektik. Svetipetka'ya indik. Gece kaldık.

29 Eylül Cuma gece yarısı, Svebupetka'dan hareket ettik. Şafak vakti hasanobader, Samanlı Bulgar köylerini sarıp aradık. Aşağı kermeyanlarda istirahata geçtik. Geceledik. Bu köyler ve Ortaoba Türktür. Evvelce Hasanoba'da Türkmüş. 30 süvari çıkarırmış. 60-70 sene evvel bir veba çıkmış, Türkler başka yerlere kaçmışlar. "Sonra Bulgarlar yerleşmiş. Gece hareketimizde burada bir onbaşı şehid oldu. Kaza mı yoksa yanlışlıkla asker mi vurdu, anlaşılamadı. Askerin hareketini müteakip geride kimse kaldı mı diye tahkik ederken vurulmuş.

30 Eylül tuluğ'la Üskuçivir'e geldik. Biraz moladan sonra araziye yayılarak arama ameliyatına başladık. Ben avcı birinci bölükle Konya revayâni Konya deresi boyunca sultan yanı kulelerine çıktım. Ve Tırnova çiftliğe karşı olan dereleri aradım. Geceyi taburla ıstravita'de geçirdik. Konya deresinin isminin verilmesine sebep burada Konya'dan getirilen halk ile meskun olmasındanmış. Fakat bu civarda ayılar çok olduğundan barınamamışlar, ova köylerine inmişler.

Sterovina'da bir gün mola ettik. 2 teşrinievvel dere boyunca Gradşinça üzerinden hattı balaya çıktık. Dere müthiş zikzak. Patika da bunu böyle takip ediyor. Hattı bâlâya tam dokuz saatte çıkabildik. Yüzbaşı Niyazi Bey (kahramanı hürriyet Niyazi Bey) vakit vakit bizi hayli güldürdü. Haritaya "kâğıt" diyor ve "hareketten evvel kağıttan mesafeye baktım. Bir parmağın yarısı. Hâlâ gideriz be canım, bu ne iştir..." deyip duruyor. Niyazi Bey çok şendir. Takipte mısır helvası ve tavuklu fasulye yemeklerini de o yapar ve nefis...

Ulah kulübeleri civarında, orman içinde mola ettik. Gündüz gözüyle Vilotişta sırtlarına doğru yürüdük. Geldiğimiz cihette fakat uzakça ormanda bir iki yerden duman çıktığı görüldü. Bu mıntıkada bir Rum çetesi olduğunu haber almıştık, onu arıyorduk. Duman istikametine birinci bölük geri gönderildi. O esnada üç yerden birden nefer koşarak geldi. "Efendim ilerimizde sekiz-on silahlı adam gördük, komite olacak" dedi.

Rovelverleri çektik, o istikamete avcı halinde koştuk. Fakat anlaşıldı ki bir jandarma ile civar sabit müfrezelerden bir sabit posta... Koşmaktan vazgeçtik. Birinci bölüğü de geri aldırdık. Vitolişta'ya doğru geniş cephe ile ormanları taradık. Geceyi Vitolişta'da geçirdik. Ertesi gün Meriça üzerinden Dvina'ya geldik. İnce kara su her taraftan bu mevsimde geçit veriyor.

Şafaktan evvel Dvina'dan hareketle Makova'ya geldik. Burası bu sene kamilen Rum olmuş. 40 ev kadar. Bir jandarma karakolu var. Geçen sene buralar Bulgar imiş. Köydeki İslam kulelerini Bulgar çeteleri yakmışlar. Bu sene Rumlar hakim. Halk bunların tazyiki ile Rum olduklarını ilan ediyorlar.

Köyün şarkındaki bir Türk kulesinde yattık. Asker köyde yattı. 6 teşrinievvel cuma, gece Makova'dan kalktık. Birkaç koldan İşkoçuvar'a geldik. Bugün Ramazan'ın 1'i idi. Askere oruç tutmamaları emri verilmiş, yine tutanlar vardı.

Ben krapa taşlıklarını aradım. Mısır ehramlarına çıkıp iner gibi... Atımı geçiremedik. Sırtlardan gönderdim. Karasu vadisi sarp ve taşlık... İskoçuvar'dan 6 gün evvel geçmiştik. Şimdi geceleyeceğiz. Çok hoş bir yer... Ahali Rum olmuş. Köyde asker, karakol var. Bir zabit kumandasında 30 nefer. Köylülere birkaç kuruş verdik, bize balık tuttular. Burası 100 evlik temiz ve şirin bir köy.

Kaç günlük arama ve taramadan bir şey elde edemedik. Çetenin bu havalide olduğu muhakkak idi. Geçtiğimiz köylerden hareketimiz hakkında haber aldıkları tabii idi. Bunları faka bastırmak için geldiğimiz istikametten geri gidiyor gibi bir hareket yaparak İşkoçuvar'den ertesi günü Hasanoba mıntıkasına döndük. Burası henüz Bulgardır. Baç'a gönderdiğimiz müfreze de benim emrimdeydi. Hasanoba'da komite var diye gitmişler. Baç'ı aramadan benim yanıma geldiler. Halbuki Baç'da köpekler havlıyordu. Komite varsa oraya çekilmiş olabilir diye mevcut birkaç mekkariye avcı neferlerini bindirdim. Beraberime alarak Baç'a geldim. Köyü sardım. Yaya avcılar da yetişti. Aradık bir şey bulmadık. Rumlara karşı bu iki köyü müdafaa eden beş-altı kişilik bir Bulgar çetesi varmış, bu köylerden ayrılmazmış. Yakında bir Bulgar binbaşısı da buraya ruvelver, cephane ve erzak getirmiş. Şimdi köylü kıyafetinde Manastır'a gitmiş. İnce uzun, sakalsız bir adammış. Bunu buradaki muhbirimizden öğrendim.

Pazar günü Hasanoba'da istirahat ettik. Geri dönüp, geçtiğimiz araziyi bir daha tarayacağız. Kısa bir yürüyüşle Soviçe'ye geldik. Geceledik. Burası da yeni Rum olmuş. 30 evli, bir kiliseli. Bir vadi içine gömülmüş. Burada bir gün mola verdik, çünkü yarın kaymakçalan tepelerine çıkacaktık. Kaç gündür askerimiz de yorulmuştu.

11 teşrinievvel 6 Ramazan gecesi alaturka sekizde yola koyulmuştuk. Kaymakçalan'ın en yüksek tepesine güneş doğarken çıktık. 2511 metre rakımlı. Manastır, Prister ayna gibi karşımızda. İki haftadır dağlarda dolaşıyorduk. Bir müsademe yapmadan dönmemeye Enver Bey ile karar vermiştik. Zabit arkadaşlarla latife ettim, dedim: Manastır'a iyi bakın. Söyleyeceklerinizi o tarafa söyleyin. Belki daha birkaç hafta buralardayız. Ancak bayrama Manastır'dayız. Sebebi, bir müsademe yapmadan bizi Manastır'a almayacaklarmış, emir geldi...

Manzara pek müthişti. İnsan gözünü ayırmaya kıyamıyor. Dağlarda, köylerde iki hafta dolaşmak, Manastır'ı herkese İstanbul'dan şirin gösteriyordu. Selanik cihetinin manzarası da başka bir letafettiydi. Evvela deniz sandık. Hayli aşağılarda bulutlarmış. Ne garip manzara. Selanik ciheti bulutlar altında. Manastır tarafı berrak.

Kaymakçalan'ın en yüksek tepesinde bir çikolata yedim ve yanımdakilere ikram ettim. Bunu evvelce Plister'de yemiştim. En yüksek bir yerde güzel manzaralar ayakaltında iken tatlı bir şey yemek pek hoş oluyor. Takibe çıkarken daima yanıma bunun için güzel çikolata ve şekerleme alırım. Buralarda sular da pek latiftir. Hava, su, manzara ve ağız tadı.

Hattı bâlâ üzerinden ine çıka Sultanyanı külubelerine ancak saat beşte geldik. Halbuki kuş uçuşu üç kilometrelik bir şey. Buraya kadar olan garp maileleri Florina'dan getirtilen

80 neferlik müfreze aradı. Biz avcı taburuyla sultanyanı kulübelerinde mola ettik. Yemek yedik. Buradan bölükler tarama hareketi için ayrıldı. Eşkıya bizi görünce anlamasın diye Niyazi Bey'e 8 Bulgarca bilen nefer verildi. Bunlara kısa avcı kürkleri giydirildi. İlerimizden gönderildi. Az sonra yine buluştuk. Aradan bir saat kadar geçmişti, sağ arkamızdan iki el işaret ateşi yapıldı.

Enver Bey ile beraberdik, hemen o tarafa koştuk. Bir Rum çetesiyle temas yapılmış. Saat 7'ye gelmişti. Çeteyi orman içinde her taraftan sardık. Saat onbuçuk'a kadar müsademe devam etti.

Benim yanımda Tevfik Efendi kalmıştı. (Bu Tevfik Efendi Çerkez Ethem'in kardeşidir. Pek cesur ve değerli bir zabitti. İttihat ve Terakki'ye de fedai olarak almıştık.) Biz cepheden ilerledik. Yamaçlar sarptı. Kayarken pantolonumun arkası parça parça oldu, bir neferin kaputunu giydim, çete bizi pek tesirli ateş altına almıştı. Neticede 11 kişilik bu Rum çetesini kamilen mahvettik. Çok iyi müdaafa ettiler. Bizden 1 şehid, 7 hafif yaralı.

Gece, ormanda Niyazi Bey ile buluştum, karanlıkta Bodiriviçe'ye geldik. Enver Bey ve taburun mütabakisi bizden evvel gelmişler, bizi pek merak etmişler. Vakit vakit boru çaldırmışlar. Bunu ormanda biz de işitiyorduk. Şehid neferin adı da Ramazan imiş ve oruçlu imiş. Ramazan'ın altıncı günü biçare şehid oldu. Yaralıları sardık. Bu gece herkes neşeli idi. Şehide çok acımakla beraber vazifeyi yapmış olmaktan doğan bir sevinçle geceledik.([71])

Ertesi günü şehidi de beraber alarak bir arabayla Makova'ya geldik. Burada karakolumuz da mevcut olduğundan şehidimizi merasimle karakol yanına tepeye gömdük. Gece burada kaldık. Ertesi günü Manastır ova köylerinde belki bir

---

71 Pantolonumun parçalanan kısmına yama olarak bacakları aklıma geldi. Kestim ve güzelce, sağlamca yamadım. Kesik bacakları kapamak için de fanilamın kollarını keserek tozluk yaptım ve mükemmel oldu. Bunu bir mesele gibi arkadaşlara sordum, akıllarına gelmedi. Maharetimi gösterince hayrette kaldılar.

de Bulgar çetesiyle karşılaşırız diye Dedebal, çayırlar mıntıkası köylerini aradık. Buraya giderken Niyazi Bey'e sekizlik sahte çetesiyle hareket etmesini söyledim. Razı olmadı. Dünkü müsademede bizim asker, kendisini çete sanarak hayli ateş etmiş. Niyazi düdük çaldıkça ateş şiddetlenilmiş. Bunu kendine mahsus zerafetle anlattıkça biz güldük.

Çayırlarda komitenin silah mahzeni var diye haber almıştık. Bir şey çıkmadı. Yalnız Sırtıcan'da papazın evinde bir martin bulundu. Diğer papaz mazgallı mükemmel bir ev yaptırdığını gördük. Mazgallara hava deliği diyor, kapattırdık. Geceyi Dedebal'da kulede pek rahat geçirdik. Bugüne kadar geceleri, ahır gibi yerlerde geçirmiştik. Ova köylerini aramak için Cuma'yı da Dedebal'da geçirdik.

Yudimarça'da müsademe akşamı tuhaf bir hatıra kaldı. Benim müsademe esnasında parçalanan pantolonuma yama olarak dizlerimden aşağı kısmını kesip dikmiştim. Bacaklarımı kapamak için de fanilamın kollarını kestim, tozluk yaptım. Vaziyeti mükemmel bir hale koydum. Bunu sual olarak arkadaşlara sordum, pek iyi hal edemedilerdi. Başa böyle kaza gelirse, yamalığın vesairenin nasıl bulunacağı hakkında bir örnek oldu.

Dedebal'da bir Türk'ün güzel ve temiz döşeli kulesinde iki gün hayli istifadeli oldu. 12 teşrinievvel Cuma günü benim süvari alayındaki stajım da bitmiş oluyordu. Ne staj ya... Manastır'a git, talimlere, derslere... Manastırdan çık takiplere, müsademelere... Bununla beraber epey pişiyordum. Her türlü arazide, her yüksekte, günün her saatinde yürüyüşler, aramalar, müsademeler meslek için bir tatbikattı. Şu şartla ki bir tarafta bir kurşunla vurulup kalmazsak...

17 Teşrinievvel Cumartesi, budaklar ve çayırları da aradık. Budaklar da bir iki Bulgar evi var, diğerleri Türk, çayırlar Bulgar. Akşam Manastır'a döndük. Bu takip ve müsademeyle muvaffakiyetlendi ve onyedi gün sürdü. Ahval hakkında arkadaşlarımla ve hususiyle Enver Bey ile hayli görüştük. Birkaç gün sonra Enver Bey Selanik'e gitti ve çok kalmadı, geldi.

22 Teşrinievvel Pazar günü onyedi Ramazan, Karaçova ve Ohri'de askerin yiyecekleri fena imiş, birlikte tahkikata ve teftişe çıktık. Ordunun yağı Selanik'de tahlil olunmuş kaşkaval çıkmış. Artık kıtaların ne yediği meydanda.

Akşam Priliçe'de kaldık, ertesi günü Kırçova'ya geldik. Geceyi burada geçirdik. Efradın yiyecek meselesini tahkik ettik. Ertesi günü Pesoçan üzerinden Ohri'ye geldik. Bu yol pek ıssız ve Bulgar komitelerinin faaliyetinden tehlikeli idi. Ben ilk defa buradan geçiyordum. Yanımızda yalnız iki süvari vardı. Tehlikeyi Enver Bey söyledi, daima seri yürüdük. Pesoçan nahiye merkezinde öğle yemeği yedik ve oradan ihtiyaten arkamızdan müfreze çıkardık.

Ohri'de iki gün kaldık. Üç gün uzunca yürüyüş, atlarımız da ve biz de hayli yorulmuştuk... Ohri'de hayli tahkikat yaptık. İaşe, bilhassa yağlar fenadır. Buranın mevki kumandanı, kaymakam Rıza Bey, bunamış derecede bir zavallı idi. Mülazım Behçet isminde alaylı zabit de burada. Çoluk-çocuk alay edip duruyor. Bunu 1320 senesinde Selanik'te görmüştüm. Abdülhamid'in neferlikten zabit yaptığı adamlardan... Aptal hali herkesi güldürür. Bulgar çocukları bile arkasından alay ederek "Behçet Bey... Behçet Bey" diye bağırdığı için bu adamın ve emsallerinin bu havaliden alınarak Anadolu'da bir redif taburuna nakledilmesini yazdık.

Ohri'de güzel ve dayanıklı cevizden açılıp kapanır koltuklar, sandalyeler yapıyorlar. Çalışma koltuğu olarak bir tane ısmarladım, arkasına da altın maarif madalyamın şeklini oydurdum.[72]

Bayram geliyordu. Bu sene Ramazan'ı, at üzerinde dağlarda geçirdik. 27 Teşrinievvel 22 ramazan Cuma günü Resne'ye hareket ettik. Kısa dağ yolundan değil, daha uzun olan şoseyi takip ettik. Çok hoş yerler... Ohri kasabası göl kenarında olduğundan deniz hasretine karşı güzel tesiri var. Uzakta, manzarası da hoş. Resne gölü de uzaktan güzel manzaralı.

---

72 Bunu kıymetli hatıra olarak saklarım. Daima yazıhanemin bir rüknüdür. Onun üstünde çalışırım.

Akşam Resne'de geceledik. Ertesi günü Manastır'a yola çıktık. Kevat boyundan aşağı inerken Enver Bey ile aramızda garip bir muhavere yüzünden onbeş dakika kadar dargınlık oldu. (Tafsilatını İttihat Terakki eserinde yazdım.)

BAYRAM MERASİMİ

Kırmızı kışlada bayram merasimi yapıldı. Vali, ordu kumandan vekili Ferit Nazif Paşa ve süvari fırkası kumandanı İbrahim Paşalar geldi. İkisi de ihtiyar. Nazif Paşa büsbütün bitmiş. Kılıcını arkadan çavuşu taşıyordu. Vali birkaç kelime mırıldandı, bir şey işitmedik. İbrahim Paşa tercüme etti: Allah'a ısmarladık diyorlar, diye vali bey'i gösterdi, oldu bitti... Nazif Paşa'nın evine mıntıka erkanı harpleriyle tebrike gittik. Başında takke ve entariliydi. Yanındaki kedisine çanakta sütlü ekmek yediriyordu. Ben, stajım biten onbeşinci süvari alayı lazımı gibi konuştum ve bayramlaştım. Sonra da aynı kışladaki üçüncü avcı taburu arkadaşlarıyla görüştüm.

TOPÇU 13. ALAYA STAJA

11 Teşrinisani Cumartesi, Topçu stajıma başladım. Beyaz kışlada topçu 13. , 14. bölüğüne verdiler. Topçuda staj yaparken bir taraftan mıntıka işlerini de görürdüm. Divanı harpte dahi aza idim. Mıntıka müfettişliğinden ayda 150 kuruş zam alırdık. Topçuda dahi büyük makamlar lazımı gibi ellerde değil. Diğer kıtalara nazaran daha varlıklı. Fakat ayrı bir sınıf gibi talimleri devamda... Tatbikat yapılmadığından Ohrizar ovasındaki muhtelif topçu talimlerinden ileri geçmiyor. Zabitan çok iyi. Zapt-u Rapt, her kıtadan ziyade. Takiplere yine devamdayım...

Enver Bey ile beraber 16 Teşrinisani Perşembe günü, Kokraçan ve civar köylerine avcı taburuyla arama ameliyatına çıktık. Ertesi günü bir şey bulamadık Manastır'a döndük.

Enver, Selanik'te meşrutiyetin istihsali hedefi olan bir cemiyete girdiğini anlattı.

TAKİBE ÇIKIYORUM

22 Teşrinisani, avcı taburundan bir müfreze ile Manastır, Florina ve Pirsepe gölü arasındaki mıntıkada bulunan Rum eşkıyasının takibine çıktım. Geceyi yukarı Krıştnay İslam köylerinde geçirdik.

Burada berbat bir mektep var. Kimse de çocuğunu göndermiyormuş. Yattığımız ev sahibi ile hasbihal ettim. Zavallı diyor ki: Efendi bize mektep lazım değil. Çocuklar okursa mısırı kim dikecek?

Dedim, Rum ve Bulgar köylerinin mektepleri dolu ve güzel. Mısırları da güzel.

Başını sallıyor... Akşam silah sesleri duymuştuk. Bir posta gönderdim. Orada sabit bir müfrezemiz vardır. Rum eşkıyası ile müsademe etmişler, iki maktül bir de sağ tutmuşlar. Benim yolum da buradan geçecek, bizim köyden kılavuz aldım. Akşamdan ova köylerinin yollarını sordum. Sonra evlerine gidip hazır olmalarını ve tekrar yanıma gelmelerini tembih ettim.

Daima iki kılavuz alıyorum. Biri yanılıyor veya Hıristiyansa yanlış işler yaptırıyor. Kılavuzlarla muhaberemi dinleyen ev sahibi dedi ki: Bunlar şimdi askerin ova köylerine gideceğini, evlerine söyler. Bu işi onlara söylemeyin.

Dedim: Zararı yok. Gece yarısı Bof yolunu tuttuğumuzu gören ev sahibi "efendi yanlış gidiyorsunuz o yol Bof'a gider. Ova köyleri bu taraftadır" diye seslendi.

Yanıma çağırdım ve dedim: Ben Bof üzerine gidiyorum. Akşam kılavuzlara ova köylerini sordum ki, askerin gideceği yeri herkes yanlış bilsin de, çeteler işitirse yanlış öğrensinler...

Zavallı köylü hayret etti: Ah bu iyi akıl doğrusu... Ben akşamdan bu efendi gideceği yeri neden söylüyor diye hayret etmiştim. Meğerse sen pek akıllı imişsin. Bu güzel akıl vesselam, diye eliyle sakalını tuttu.

Bof, Rum köyüdür. Gece geldik. Ovada hava güzeldi. Bof'un damları kar. Zabit odasında bir kahve içtik. Pirsepe mıntıkasındaki köyleri şafakla saracaktık. Gece Suhagora silsilesini aşmak çok zor oldu. Hattı bâlâ'ya yaklaşınca müthiş bir kar fırtınasına tutulduk. Hele boyunu aşarken askerler yere düşüyordu. Hemen karakola giriniz diye, emir verdim. Üçüncü bölük yazbaşısı Hüseyin Efendi zayıf, yürüyemiyordu. Bir elinden yakaladım, el ele bir zincir yaptık. Patika dar, fırtına müthiş. Kar insanı boğuyor. Fırtına atlarımızı bile düşürüyor. Rükuya varmış vaziyette ve el ele kol kola boyun noktasını zayiatsız aşabildik.

Burada kar İki karışı bulmuştu. Pirsepe sanki o değil. Ovalarda bahar havası. Sabahleyin Kirman köyüne yaklaştık, hava açılmış, güneş çıkmıştı. Bu köy ve yakınındaki yedici köyü Türk ve Bulgar karışık. Kirman'da oduncular hayvanlarıyla geliyorlardı. Bizi görünce hayvanları ve baltaları bırakıp kaçtılar. Süngü taktırıp, köye koşarak askerle girdim. Ahalinin kaçışından köyde çete varsa kaçırmasınlar diye, düşünmüştüm. Halbuki köylü bizi handart (Rum çetesi) zannederek kaçmışlar. Ve köyün alt tarafında, garp mahreci ki mülazım Selanikli Mehmet Ali Efendi'nin müfrezesini çağırmışlar, köyün alt yanında karşılaştık.

Köyler zengin, Bulgar evlerinde soba var. Bu sene komiteler, halka daha fazla himmet hususunda dahi müessir oldukları görülüyor. Köylüler de dumanlı ocakları yerine soba aldırıyorlarmış. Amerika'ya gidenlerden de tek-tük gelenler medeni hayat hususunda örnek oluyorlar. Zavallı Türk köylüsü! Yanı başındaki hadiselerden gafil. Hükümetimiz ise bunlardan daha gafil. İş ordunun üzerinde. Jandarma adi vukuatla, biz de siyasi vukuatla meşgulüz.

GÖL KENARINDA BİR GÜNLÜK MOLA

Aramadan bir şey bulamadık. Müfrezeyle Nikoliç'e geldim. Geceyi geçirdik. Burası Pirsepe nahiyesinin merkezi. Sabit bir müfrezemiz de var.

Göl kıyısındaki bu köyde Türk-Bulgar karışık. Burada kışla yaptıracağız, fakat para yok. Malzemesini, dağlardan asker getirecek, biraz yardımla muvaffak olacağız. Adları bey olan hayli Türk var. Bunları topladım, yardım etmeleri için birkaç söz söyledim. 15 lira verebileceklerini söylediler.

Burada mektep yok. Bu beyler de gece gündüz sarhoşmuş. Nasihat ettim. Tabii ben bulunduğum müddetçe nasihatim devam etti. Göl kenarında bir gün mola verdim. Sabahtan akşama kadar göl kenarında eğlendik. Göle yakın yeri de intihap ettim.

Ertesi günü göl boyunca giden yoldan pek latif bir yolculukla Rresne'ye geldik, geceledik. Burası bu havalinin şirin kasabası. Burada da bir gün mola ettirdim. Gobeş balkanını arayacaktık. Birkaç gün evvel Balkanlardaki kar fırtınası bizi hırpalamıştı. Bunun için askere iyi istirahat verdiriyordum. Burada avcı kolağası Ziver Bey'de misafir kaldım. Ve onu da birliğimize aldım.

28 Teşrinisani salı sabahı yola çıktık. Hava dehşetti, göz gözü görmüyor. Bu vaziyet Balkanlarda felaket muhakkaktı. Bunun için istikameti değiştirdim, Kevar boynunu tutturdum.

KARA SAPLANDIM

Bu yol Manastır şosesidir. Sırtlara birçok kavislerle çıkar. Çıktıkça kar fazlalaşıyordu. Öyle bir hal aldı ki şose tamamıyla kayboldu. Ayak izleri fırtınadan ve kardan hemen kapanıyordu.

Ben at üzerindeydim. Birden kara gömüldük. Şoseden uçurum tarafına çıkmışım. Atın başı dışarda olmak üzere kamilen kara gömüldü. Çöküyorduk. Şose tarafına kendimi süratle yüzükoyun attım. Ve yüzer gibi harekete başladım. Asker de yardım etti, ben çabucak kurtuldum. Atı hayli zorlukla çıkarabildiler. Boyun noktasındaki hale gelinceye kadar çok zahmetler çektik. Birkaç neferin el ve ayakları donmak üzereydi, hemen kar ile ovdurdum. Bu arada asker sirke ve şekerle limonata yapıyordu. Limon yoksunluğundan böyle yapıyorlarmış. Ben de içtim. Koyunun bulunmadığı yerde Abdurrahman Çelebi gibi...

Bu arada askere çay da içirttim. Manastır cihetine iniş daha kolay oldu. Kera köyünün Hıristiyan mahallesine askeri yerleştirdim, geceledik.

Türkler güzel bir mektep yapmışlar. Maarif, muallim göndermiyormuş. Sebebi, yarım saat şarkındaki Ramna köy mektebine göndermiş. Köylüler kendi paralarıyla bir hoca tutmuşlar, çocuklara defter, mendil vesaire hediyeler verdim.

29 Teşrinisani Çarşamba günü, yol boyunca birkaç köyü arayarak Manastır'a geldik. Bugünlük takipte müthiş zahmet çektik. Fakat ne yapalım ki müsademe yapamadım diye, Selanik'e izin koparamadım.

HÜKÜMET DEDİĞİN BÖYLE OLUR

5 Kanunievvel gazetelerinden şunu okudum: Vladivostok'taki Japon tebasına Ruslar fena muamele ettiğinden Petersburg'taki Japon sefiri Rus hariciye nezaretine şunu bildiriyor: Eğer bu muamele bir daha tekrar ederse şehri topa tuttururum.

Bunu okuyan kalbinden "yaşa" diye, bağırıyor ve "hükümet böyle olur" diyordu. Ben de ilave ediyordum: Öyle milletin öyle hükümeti olur. İş, işi milletin eline vermek ve onu diriltmektir.

SELANİK'E İZİN ALDIM

17 Kanunievvelde gidecektim, Debre'de vukuat olmuş, acele avcıdan iki bölükle Hasan Tosun Bey'in gitmesi takarrür etmiş, avdetine karar kılmaklığım emrolundu. 21 kanunuevvel Perşembe günü, Hasan Tosun Bey iki bölükle Debre'ye hareket etti. Yüzbaşı Süleyman ve Tayyar Efendilerin bölükleri gitti.

İLK DEFA BATARYAYA KUMANDAN

Bugün ilk defa mensup olduğum 13. alay seyyar topçu seri ateşli dördüncü bölüğe kumanda ettim. İnsan kendi mesleğiyle uğraşmaktan en çok zevk alıyor. Bizim başımızda halbuki daha birkaç türlü işler var. İhtilalle uğraşan milletlerin teşkilatını ezmek, bizim teşkilatı yapmak, bir de divanı harp kâtipliği...

Burası da pek mühim. Zabitlerin isticvabını, fezlekesini ben yapıyorum. Bu kadar mütanevi iş hayli yoruyorsa da hepsini bir mukaddes vazife bilerek çalışıyor ve başarıyorum.

ÇAYIRLAR MÜSADEMESİ

26 Kanunievvel salı günü Manastır'a yeni gelen, benim staj yaptığım süvari 15. alay yerine, süvari 14. alaydan bir müfreze ile ova köylerinde eşkıya aramak emrini aldım. Gece yola çıktık. Böyle hareket usulümüzdür. Herkes uyurken biz harekete geçeriz ve şafaktan evvel saracağımız köyleri sarar, güneş çıktıktan sonra ararız.

Çayırlar köyüne ben, civarlara da müfrezeler ayırdım. Sınıf arkadaşlarımdan mülazımıevvel Rifat Efendi ve 50 atlı refakatimde olarak çayırları iki kol halinde sardım. Yanımda yirmi atlı vardı. Köye yakın bir duvar gerisinde yere indirdim. Sonra da köyden silah sesleri geldi.

Köyü lazımı gibi sardırdım. Yanımda kalan neferlerle silah sesine koştum. Rifat Efendi köy kenarında verdiğim kısmı saracak veçhile yere ineceğine atlı olarak emrine verdiğim 30 neferle köyün içine girmiş. Bir Bulgar çetesi de köye yeni girmiş. Rifat Efendi bunların üzerine hücuma kalkmış. Çete ateş açmış, bir onbaşı şehid düşmüş. Çete köy meydanına hakim bir eve girmiş. Süvarilerimiz bu vaziyette kaçmış. Bereket çete ateşle takip edememiş.

Süvariler ateşten kurtulunca yere inmişler. Bu vaziyette ben vak'a yerine yetiştim ve çetenin girdiği evi abluka ettirdim. Eşkıyanın elinde mafliher filintası, bizim martin. Biraz müsademeden sonra köy ihtiyar heyeti haber verdi ki müsademeden bir kadınla iki erkek Bulgar yaralanmış.

Dedim; çeteye teslim olmalarını söyleyiniz. Müsademe devam ederse köylü daha ziyade zarar görebilir. Eve de ateş vereceğim. Hem kendileri yanar hem de köylü... Çetenin yanına giden ihtiyar heyeti başı, az sonra geldi. Eşkıya da şiddetle ateşe başladı. "Ölürüz teslim olmayız." demişler.

Bulgar çeteleri daima böyle yaparlar. Ölürler, yanarlar, teslim olmazlar... Rumlar böyle değildir, vaziyeti fena görünce teslim olurlar. Biz de teslim olana bir şey yapmayız. Manastır'a götürür, hükümete teslim ederiz. Mahkeme edilir, mahkum olurlar.

Bu heriflerle uğraşacağız. Evi ateşlemek üzere birkaç köylü toplattım. Müsademe esnasında, köylüleri evlerinden çıkartmayız. Topladığım ihtiyar heyetidir. Bunlar beni aldatmak istediler. Dediler ki: Efendim madem teslim olmuyorlar. Biz de köylüleri toplayıp içeri girelim. Birden üzerlerine hücum edelim, silahlarını ellerinden alalım.

Bu suretle ya çete efradını aralarında saklayacaklar veya üzerimize hücum ederek azlığımızdan istifadeyi düşünüyorlar.

Dedim, kimse evinden çıkmasın. Bunlar da yakında diğer çeteler gibi mahvolacaklardır. Eve ateş vermeye çalıştık, yakamadık. Elimizde martinden başka vasıta yok. Sırıkların ucuna bez bağlayarak yakmak da olmadı. Bu aralık çetenin bulunduğu eve bitişik gibi olan bir evde silah patladı. Bu bana pek yakındı ve oraya birkaç asker koymuştum. Oraya fırladım, feci bir manzarayla karşılaştım. İki neferimiz müthiş yaralanmışlar: Biri göğsünden, diğeri boynundan... Bu neferler arka arkaya. İkisinin de yarası müthiş. Öndekinin yarasının etrafı yanık. Yaraların, büyük çaplı bir silahla yakından açıldığı belli. Buradan tek silah patladı ve şimdi sükunet var. Görülüyor ki iki neferimiz de bir kurşunla vurulmuş.

"Sizi kim vurdu evladım?" diye sordum. Boynundan vurulan henüz ayakta durabiliyor. Cevap verdi: Efendim komit... Bu iki yavrucuk da oldukları yere yıkıldılar. Yanı başımda çete, her tarafa ateş saçıyordu. Fakat bu odaya hiçbir taraftan ateş gelmiyordu. Birden aklıma geldi. Katil veya katiller, bu martin tüfeklerini hala değiştirmeyenlerdir. Emniyet tertibatı olmadığından dolu tüfeği tutmak felakete sebep olabilir. Bunun için silahı doldurmadan taşıtırdık. Öndeki neferin silahını muayene ettim, yeni ateş edilmiş. Felaketin şöyle olduğuna şüphem kalmadı: İki nefer arka arkaya... Öndeki silahını doldurmuş, namlu ucu göğsüne dayalı bir halde, önündeki bazı şeyleri ararken tetiğe ilişmiş, silah patlamış, göğsünü yakarak yara açmış. Arkadaki neferin boynunu da aynı kurşun delmiş.

Allah kahretsin sebep olanları! diye intizarla beraber, hala imha edemediğimiz bu çeteye karşı da fevkalâde kızdım. Elimde ruvelver, bir jandarma ve birkaç neferle beraber çetenin bulunduğu eve hücum ettim. Bizim askere ateş kestirmiştim. Birkaç saat süren müsademenin geceye kalması ve çetenin de kaçması ihtimali ve bu iki neferin feci manzarası bana bu seri kararı verdirmişti.

Çete beş kişiymiş. Müsademede birkaçı gebermiş. Birkaçıyla karşılaştık. Seri silah boşaltmalarıyla vaziyete hakim olduk. Fakat ayrı çete efradından biri bir elinde nagand ruvelveri bir elinde bomba, az kaldı beni vuracaktı. Ben bunu görmemiştim. Birden evin bir girintisinden arkama çıkmış. Yanımda ateş gibi bir jandarmayla nefer vardı. Bunlar, bu haydutun üzerime ateş etmesine meydan vermeden onun işini bitirdiler. Bu kahramanlara hemen onbaşı olduklarını müjdeledim. Sarıldım ve şefkatle, hürmetle alınlarından öptüm.

Evden dışarı çıktığım zaman, mülazım Rıfat Efendi ve askerler ellerime sarıldılar. Bir felaketten çok korktuklarını söylediler. Çetenin silahlarını ve ölülerini meydandaki askere ve köylü heyetine gösterdik. Silahları ve şehidleri alarak Manastır'a döndük.

Diğer köyleri saran müfrezeler de çayırlarda toplanmıştı. Araştırmada iki komiteci de sağ olarak elde edilmişti. Bunlar mahkum oldular.

Bu müsademe şimdiye kadarkilere nazaran en tehlikelisi idi. 5. rütbeden mecidiye ile taltifime ve Selanik Kevkiri iznime müsade olundu. Bunu hayatımla hak etmiştim.

Ertesi günü şehidlerimiz için merasim hazırladık. Bunlar için gerek yer gerekse de vasıtalar her türlü eseflere şayandı. Büyük rütbeli zatlardan da kimse gelmemişti. Merasimde yanık sözler söyledim ve ağır bir takrir de verdim. Hem martinlerin halen asker elinde bulundurulmasının cinayet olduğunu, eşkıyanın kendi memleketimizde bize faik silahla mücehhez bulunmasının ayıplığını ve iki şehidin bu köhne silahlar yüzünden boş yere kan verdiklerini ve şehidlerimize lazımı olan hürmetin yapılmadığını ve bunlar için ayrı ve muntazam bir şehidlik yaptırılmasını acı bir dille yazdım.

Manastır'a geleli daha bir sene dolmadan bu benim beşinci müsademem idi. Bugün Pirsepe cihedinde Dragorjada'da iki Bulgar şakisi vurulmuş. Bizden bir nefer şehid olmuş. Pirlepede'de iki Bulgar şakisi yakalanmış. Bir evde olduklarını muhbir haber vermiş. Biri entarili diğeri İslam kıyafetinde olarak yakalanmış. Yalnız ruvelverleri varmış. Damyangoriyef isminde istikbalin Makedonya prensi olmaya namzet olan komitelerin başı olan adamı hududtan geçerken askerimiz öldürmüş. Çayırlar müsademesi, İtalyanları kızdırdı. Vurulan köylüleri görmek ve müsademe hakkında yerinde malûmat almak üzere İtalyan jandarma zabiti Liod gönderilmiş. Bu adam aleyhimde şikayette bulunmuş. Çayırlarda müsademede altı Bulgar maktül görmüş. Güya bunlardan birini müfreze zabiti, hayvan ile gezdirmiş. Sonra ellerini bağlatıp, diğer elleri bağlı üç köylüyle birlikte kurşuna dizdirmiş. Maktüllerin yalnız ikisi komite imiş.

Bunun üzerine Rusya ve Avusturya konsolosları valiye gidip bu işin doğruluğuna inanamadıklarını, Misyo Liod'un tahkikatındaki hatayı meydana çıkarmak için müddei umumiden bir heyet gönderilmesini teklif etmişler. Böyle bir heyet yapıldı. Mıntıkadan da mümtaz kolağası Servet Bey bu heyete takıldı. Yapılan tahkikatda Liod'nin bayağı hareketi meydana çıktı. Köylüden kimlere hayvan tutturulduysa meydana çıkarılmış, bunlar iki kişi. Biri şüpheli görülerek elleri bağlanmış ise de Manastır'a getirilip hükümete teslim olunmuştur.

Köyden, elleri bağlı olarak ceman şüpheli dört kişi getirilmiş. İkisi çeteden olduğu tahakkuk ettiğinden mahkum olmuş. Diğer ikisi, beraat kazanarak köye dönmüşler. Müsademe esnasında yaralanan ve bir de ölen köylü olmuş. Yaraları eşkıya tüfeği ile olduğu da tespit olunmuş. Yoksa hayvan tutanların elleri bağlanıp da idam olunmamış. Köylüden de tahkikatla zabıt tutmuşlar. Mahkemede de benden tahkik ettiler.

3 Kanunisanide; muhakemeden beni çağırdılar. Ben de müsademenin tarzını anlattım. Bu suretle İtalyan'ın garazkârlığı tekzip olundu. Bu müsademeyi Fransız gazetelerinde dahi okudum. Çok dallanmış.

YİNE TAKİBE

4 kanunisani Perşembe, atlı avcı müfrezesiyle Dalbeyler ve Radomir'i aradım. Bizim çayırlar müsademesinde bir kadınla üç erkek köylü yaralının çete tarafından vurulduğunu Dedebala giden süvari mülazımı Ali Rıza Efendi'ye bir Bulgar bakkalı söylemiş. Sebebi, Bulgar komitelere "aman bizim eve gelmeyin, asker yakar", demişler. Çete de üzerlerine ateş ederek yaralamış.

Çete Dimko'ninki imiş. Dimko birkaç maiyeti ile 9'da çayırlardan çıkıp, karaman tarikiyle Çıkrıkçıya gitmiş. Yanında birkaç kaçırılmış Bulgar kızı da varmış. Manastır'a tebdili kıyafetle gideceklermiş. Çayırlar'a maiyetinden iki çeteci bırakmış. Bunlar yabancıymış. Köy çetecileriyle birlikte köylerden para toplamak vazifesiyle kalmışlarmış, hepsi çayırlarda mahvolmuş.

Dimko'nun peşinden çok koştum. Fakat bugün de karşılaşamadık. Bugün Manastır'da şurada-burada bazı beyannameler bulundu. Bulgar komitecileri tarafından şöyle yazılıyor: "Takipte şiddet gösterenler idama mahkum olacaklardır." Bu bizi tehdit idi.

Biz de icap edenlere şu cevabı anlattık: Bir zabit veya bir nefere karşı vuku bulacak bir suikasta karşı bütün Manastır'ın Bulgarlarını, mahalleleriyle birlikte ateşe veririz.

İşin garibi, Hadi Paşa'nın evinin altında bir Bulgar fırını olmasıydı. Mıntıka kumandan ve erkanı harbiyesi olan bizler bu fırının üzerindeki odalarda çalışırdık. Kaç defalar söyledim. Şefimiz Hasan Tosun Bey bir şey yapamazlar, diyor. Dedim, yaparlarsa? Bir defa yaparlar ve pir yaparlar... Bir aralık redif dairesine geçtikse de yine eski yerimize getirildik.

1 Kanunisani Kevkili'ye hareket ettim. Burada biraderimin yanında dört gün kaldım. Buradan Üsküp'e geçtim. Dört gün de burada kaldım. Soğuk müthiş, her taraf buz. Sıfırın altında yirmibeş dereceye kadar soğuk oluyor. Manastır'da dahi böyleymiş...

20 Kanunisanide köprülüye uğradım. Ertesi günü Selanik'e döndüm. Kardeşimin ve Süvari onbeşinci alayından yüzbaşı Rasim, mülazımıevvel Kâmil ve Emin Efendileri ve Üsküp'te erkânı harp yüzbaşısı sınıf arkadaşım Emin ve mülazımıevvel İsmail ve İskender Beyleri tahlif ile teşkilata intizar etmelerini söyledim.

Kevkili'de iken jandarma tensik ve kontrola memur olan Rus Binbaşısı Furulof beni haber almış, yemeğe davet etmiş, biraderle gittik. Bu havalide Ruslar jandarmaya nezaret ediyor. Yani Rus mıntıka nüfuzu geçiyor.

Furulof, samimi çehreli, güler yüzlü, pek iltifat etti. Refikasına da takdim etti. 10 yaşlarında da bir kızı var. Bana Rusça sordu: Evli misiniz?

"Hayır" cevabını verdim. Gülerek küçük kızıyla alay etti. Bak hem genç erkânı harp hem de bekar. Seni buna vereyim mi, dedi. Gülüştük. Ruslar daha büyük de olsa kızlarıyla böyle şakalar ederlermiş... Her misafiri, kızına böyle takdim ile eğleniyormuş. Bir aralık tercümanı iki küçük Bulgar çocuğu ile geldi. Furulof tercümanı vasıtasıyla bu çocuklarla görüştü. Dün civardaki bir köyde bu çocukların babasını komitacılar öldürmüş. Çocuklara birer altın verdi ve arkalarını okşadı. Katilleri buldurarak cezalandıracağını da söyledi. Ne ihtiyaçları varsa onları da tesviye edeceğini ilave etti. Çocuklar sevinçle ayrıldılar.

Kardeşimin kulağına sordum: Bizim hükümet bu işlerle uğraşmıyor mu? Bu mıntıkanın muamelesi böyle mi geçiyor?

Kardeşim içini çekti: Sorma, sonra anlatırım, dedi...

Furulof bir şey olmamış gibi yemek masasına şaklabanlıkla geldi. Kırk yıllık dostumuz gibi havadan tavadan muhabbete başladı. Siyaseten ve askerlikten katiyyen bahsetmedi. Fakat gözlerinden "yakında görürsünüz" dediğini okudum. Karakola dönüşte, kardeşim hükümetin aczini ve vaziyetin bu havalideki vehametini anlattı. İşin berbatlığı, yüzbaşısı alaylı ve hafiye imiş. Benim niye geldiğimi merak ediyormuş. Hükümetin nüfuzu sıfır imiş. Ruslar her şeye hakimmiş. Burasının Manastırdan berbat olduğunu kardeşim de söyledi. Ben de gördüm...

Vaziyetin vehametine değersiz memurlar, alaylı hafiyeler de eklenirse halimize ağlamamak mümkün değil. Zavallı Türk milleti! Acaba seni kurtarabilecek miyiz?

MANASTIR'DA MUHTELİF UNSURLARIN MAARİF HAYATI...

Rumların, Bulgarların ve Ulahların mektepleri bizimkilere nazaran pek ileriydi. Beden terbiyesi, ses terbiyesi, musiki o mekteplerde büyük yer tutmuştu. Bir örnek elbiseye de ehemniyet veriyorlardı.

Köylerde bile askerce talimler yaptırıyorlardı. Her vazifeden dönüşümde, askerlerimize bu farkı anlatırdım, bir taraftan mektepler, bir taraftan da Amerika'ya gidip gelen büyükler, birkaç yıl sonra müthiş bir fark yapacaklardı. Amerika'ya Türk göndermek imkanı yoksa, mekteplere zabitlerden de muallim göndermek hususunu temin edelim diye, çırpınır dururdum... Ve kendim hiç olmazsa gittiğim köy mekteplerinde vakit bulduğum kadar çocuklarla meşgul olur ve onlara takatim kadar hediyeler de verirdim.

Hükümetimizin maarifi cılız. Zenginlerimiz kayıtsız. Askeri makamlarda dahi büyükler aciz. Kendileri askerlikle bile dahi meşgul değillerdir. Genç zabitleri mekteplerle temastan korkuyorlar.

29 ikinci kanunda Drahor boyundan kışlalara gelen

hamidiye caddesinde 400 kadar kız ve erkek Rum mekteplileri geçerken içim titredi. Bu bayağı bir nümayiş şeklindeydi. Çünkü böyle kalabalık bir halde şehir içinde dolaştıklarını görmemiştim.

Bildiğim Rumlara sordum. Sebebi şuymuş: Birkaç yıl evvel bir Rum zengini Rum mekteplerine 30 bin frank vasiyet ederek ölmüş. Bu zatın öldüğü gün imiş. Namını ihya için geziyorlarmış. Çok müteessir oldum. Tanıdığım birkaç zengine bunu anlattım. Onlardan şu cevabı aldım: Biz böyle bir şey yapsak, bizi uçururlar.

Peki bu adam da belki sağlığında bundan korkmuştur da uçarken bunu vasiyet etmiştir, insanı öldükten sonra da uçurmazlar ya dedim. Fakat böyle bir idarede böyle bir milletseverlik aramanın yavanlığını bir daha görmüş oldum. Herkes gölgesinden korkuyor ve herkes ancak kendisini düşünüyor.

10 Şubat'ta bizim erkânı harp sınıflarında tabya hocalarımızdan Alman Didford Paşa Manastır'a geldi. Askeri ve kışlaları gördü; fakat esaslı bir teftiş yapmadı. Bir muharebe tatbikatı bile yaptırmadı. Beş gün kaldı, gitti.

TAKİBE ÇIKIYORUM

23 Şubat'ta Manastır'dan Resne'ye geldim. Ertesi günü buradan Nakoliç'e, daha ertesi gün de Kirman'a geldim. Florina'dan gelen müfreze ile Pirsepe, Vantrok gölleri arasında birleşerek Niviça sahilindeki mağaraları aradık. Bu yarımadayı Florina müfrezesiyle sardırdım. Yanımdaki müfrezeyle de kayıklarla bu mağaraları aradık. Bir şey bulamadık. Geceyi bu latif manzaralı Niviça köyünde geçirdik.

Ertesi günü müfrezeleri yerlerine gönderdim. Ben avcı taburu müfrezesiyle Resne cenubundaki Podmoçan köyüne geldim. Buralarda da bir şey bulamadık. 28 Şubatta Manastır'a döndüm. Mart yılbaşı, 1323. Enver Bey vazifeyle 2 Mart Selanik'e gitti. 11 Martta ben Resne yarı yolunda, Lera ve Ramna köylerinde bir tahkikata gidip, geldim.

Topçu 13. alayda hizmetim bu gidip gelmelerle bulunuyordu. Tabur kumandanımla topların ve cephane arabalarının temizlik muayenelerini yaptık.

HÂDİ PAŞA GİDİYOR

Acele bir emirle Hadi Paşayı istediler. 17 Mart'ta mevsimin son karının yağdığı bir zamanda yola çıktı. Mıntıkaca Soroviç'e kadar trenle teşyi ettik. Bu gece 100 kişilik bir Rum çetesi Baç'da, kınalı istasyonunun 8 kilometre kadar şarkında, beş ev iki ambar, iki dükkan yakmışlar. Üç erkekle bir kadın da yanmış, köy papazını da öldürmüşler. Birkaç da mecruh varmış. Keretalar sanki Hadi Paşa'ya teşri merasimi yapmışlar.

Herhalde bu çeteyi yakalama işi yine bana düşecek. Enver Bey de henüz Selanik'te...

RUM EŞKIYASININ TAKİBİNE

Havalar yağmurlu idi. 22 Martta karlar ancak köşe bucakta kalmış, yağmur başlamıştı. Benim zindan altındaki kargir evin altı bile göl oldu. İki hafta hava yağmurlu geçti. Drahor deresi taştı. Manastır sokakları su altında kaldı. Bu havalarda takibe çıkamıyoruz. Beyhude asker eziliyor, iyi bir netice de olmuyor.

Talim ve terbiye ile bölüğümde, meşgul oldum. Piyade numune taburunun münferit terbiye teftişinde de bulundum. Güzel yetiştirilmiş, efradın istidadı takdire şayan...

10 Nisan Manastır'ın 4 kilometre kadar cenubundaki Bokova'yı bastık. Bir şey bulamadık. Fakat bu hareketle bu taraflarda çete varsa Morhiva cihetine kaçmış oldu. Ben de avcı taburundan bir müfreze ile 12 Nisan akşamı, mevlit kandili gecesi, Morhiva'ya yollandım. Florina'dan da bir müfreze çıkarttım. Burada mümtaz yüzbaşı Sami Bey vardı. Müfrezeleri onun kumandasında çıkarıyordum.

Sabahleyin Novak'tan Rahova'ya doğru avı müfrezesini yayarak taramaya başladım. Az sonra Rahova boğazında Rum çetesiyle karşılaştık. Onlar yüksekte, taşlıkları tutmuştu.

Her taraftan sarmaya koyulduk. Müsademeye mecbur etmiştik. Florina müfrezesi arkadan yetişse idi mükemmel olacaktı. Fakat bundan eser yoktu.

Çete çok inatçıydı. Uzaklardan kendilerini sarmaya uğraşan benim tarafa, mükemmel ateş ediyorlardı. İki saat kadar uğraştık, dokuzunu tepeledik. Üzerlerindeki kağıtlardan çete reislerinin meşhur serdergelerinden Panayot Kotaki olduğu anlaşıldı. Evrakını yaralarından akan kana silmiş ki, okuyamayalım diye... Çeteden üç kişi kaçmıştı. Bunların mecruh olduğunu ve İskoçivir (ince karasu yanında) de birinin öldüğünü haber aldık.

Müsademe bittikten hayli sonra Sami Bey'in müfrezesi geldi. Yetişemediklerine pek yandılar. Ertesi günü ince karasu boyunca krapa taşlıklarını aradık. Daha ertesi günü ince karasu şarkında İsteravinya'ya geçtik. Baç'ı yakan bu çeteyi mahvetmiştik. Kaçan iki yaralıyla, daha varsa diye buraları da tarattım. Sonra yine Tırnova çiftliği deresine giden sırtları tarayarak Rapeş'e geldik ve geceledik.

16 Nisan'da ova köylerini tarayarak Manastır'a döndük. Bu takipte muvaffakiyetli iş görmüştük. Fakat ova köylerinde Bulgar çetelerinin gezdiği, bunları da tenkil için yeni emir aldım. Bunun asıl sebebi şu: Yunan konsolosu mıntıka erkanı harbiye reisi Hasan Tosun Bey'e Rum çetesinin tenkilinden dolayı sitem ediyor ve Bulgar çetelerinin daha şirretlik yaptığını söylüyor.

Hasan Tosun Bey de "Rum çetelerinin yerlerini haber verseler görmemezliğe gelirdik. Tesadüfen karşılaşıldı. Çete kaçacağı yerde askere ateş etti" diyor. Şimdi bir de Bulgar çetesi tenkil edersek, Rumlara karşı iyi olur diye ova köylerine bir baskın vazifesi aldım.

19 Nisan İvanifça köyünde bir evin yarı kerpiç duvarı garibime gitti. Üstünden birkaç kerpiç çektim, içerisi küçük bir depo... Şunları çıkardık: Üç gra tüfeği, hayli fişengi, iki kilo kadar barut.

Burası Penço adlı bir Bulgarın eviydi. Bu herif Kırşova

ihtilalinde (1319) oraya taarruz eden Bulgarların reisi imiş. Müebbed kalebendliğe mahkum iken affıaliye mazhar olmuş. Kendisini de yakalayıp Manastır'a getirdim. Adliyeye teslim ettik.

Hele şükür.. Hızırilyası Manastır'da geçirdim. Havada pek latifti. Harbiye mektebiyle birlikte istasyona, talimhaneye ve kışlalara bakan latif bahçede kuzu ve helva ziyafetinde bulundum.

Vakalar eksik olmuyor ki... Manastır'ın 8 kilometre kadar garbında Magarova'da bir Ulah karısını kama ile öldürmüşler. Bu 2 Mayıs'ta. Ertesi günü, Manastır'ın şimalinde aynı mesafedeki Karini köyü Bulgar iken Rumluğunu ilan etmiş. Bulgar çetesi gelmiş, niçin Rum oldunuz diye dört kişiyi almışlar.

Kaftancı çiftliğinde ikisini kurşunla öldürmüşler. İkisini de asmışlar. Daha ertesi günü yine Mağarova'da bir kadını yaralamışlar, kızını öldürmüşler.

Rum mektebi bekçisi olan kazanlı bir Müslümanı da öldürmüşler. Biz de bu gece Magorova, Orhova, Bokova köylerini bastık, fakat bir şey bulamadık. Hasan Tosun Bey Pirlepe'de, Enver Bey de hâlâ Selânik'te olduğundan bütün işler benim başıma kaldı.

6-19 Mayıs'ta Dimko çetesi Çıkırıkçı'da -Manastır'ın 5 kilometre kadar şarkında- görüldüğü haber verildiğinden bir gece baskını yaptık fakat yakalayamadık. Ulahlara gitmiş.

Birkaç günler çalışarak volospite (bisiklet) binmeyi öğrendim. Enver Bey Selanik'ten geldiğinden beraber bir takibe daha çıkmak emrini aldık. Bu sıralar o kadar çok meşgul idim ki, bir taraftan cemiyetin gece tahlifleri, bir taraftan da gündüz talimleri, bir taraftan da takipler... Neyse, bu sefer Enver Bey ile beraberdik. Pek samimi olduğumuzdan beraber olduğumuzda pek sıkılmazdık.

12-25 Mayıs'ta (daima gece Manastır'dan çıkarız.) Manastır cenup köylerine yola çıktık. Gece sardığımız köyleri ortalık açılınca aradık. Ben Orhova'yı aradım. Bu köyleri çok iyi tanırdım. Bu sefer sıkı bir araştırma ile köy çetesine ait üç gra tüfeği, iki kama, bir dürbün, bir çete şapkası bulduk. Yanımızda bir ulah, muhbirde asker kıyafetinde beraberimde idi... Rumlar bu adamı öldürmek istemişler, bu da bir hayli zaman Rum çeteleriyle berabermiş, bu ağır muameleye kızarak mıntıkaya teslim oldu. Ve çete yataklarını bildiğinden bize haber verdi. Şimdi de gösteriyor. Yer altında saklanma yerleri, fakat boş...

Köy çetelerinin evlerini söyleyince oralarda sıkı aramalar yaptırdım. Çamaşır yıkayan bir genç kadının beli kalın duruyordu, şüphelenip arattım. Belinden bir kolan fişek çıktı. Bu evde bir de silah bulduk. Diğer bir evde, orada bu ulahı kesmek istemişler, bu evin kadını da genç, güzel, bir gözü kördü. Göğüsü gayri tabii şişkin idi. Aratmak istedim, gürültü kopardı. Kadınları nasıl ararsınız diye bağırdı. Dedim, "telaş etme, kocan yanında duracak ve senin göğsünü boşaltacak. Hiçbirimiz sana bakmayacağız. Koynunda olanlardan haberimiz var ..." Kadın hala bağırıyordu. Şiddet göstereceğimi anlayan kocası, "çıkar, ne varsa ver, artık çare yok" diye Bulgarca karısına söyledi. Kör kadın memelerinin üstünden iki kama ve bir dürbün çıkardı. Yere bıraktı.

Dedim, kadınları nasıl arayacaksın diyordun ya... Bunlar nedir? Kadın gülmeye başladı. Geceyi Kristohor keşişhanesinde geçirdik. Bugünkü bu kadınların halini Enver Beye ve burada bulunmayan zabitlere de anlattım. Karılarına kadar çete ruhu giren bu halkın daha ilerlerde neler yapacağını hasbihal ettik. Biz ne kadar geç kalmışız. Zavallı bizim Türk köyleri her şeyden ve her histen mahrum. Ertesi gün Holoven, Barışan, Kanita köyleri arandı. Beş tüfek bulundu. Gece Gravşince'de yattık. Daha ertesi günü Obsırna, Dragos köylerini aradık. Üç tüfek bulundu. Buradan Svetipetka gittik. Orada bir şey bulamadık. Geceledik, burada bir gece daha kaldık. Aradaki gün de Enver Bey ile birlikte Pıtoşa köyünü aradık. Köylülere dedim, bu Paşadır, İstanbul'dan yeni geldi. Padişah göndermiş. Silahları vermezseniz işiniz çok fena olacaktır, köylüler sahi sandılar, Enver'in karşısında el pençe divan durarak yalvarmaya başladılar... Neyse, üç tüfek de buradan çıkardık.

Ertesi gece Hasanobasına, daha ertesi Bernike, bir gün sonra da kanatlar da geceledik. Ben Potoros'u aradım. Bu 18 Mayıs akşamı gecesi Bulgar çeteleri Çayırlı, Döverşova ve Perliçe cihetlerindeki İslam çiftliklerini yakmışlar. Manastır'dan çıkartılan diğer müfrezelerle de ova köyleri arandı.

19 Mayıs-1 Haziran'da Berance'yi de aradım. Burada on kişilik saklanma yerleri bulduk. İkindi vakti Manastır'a döndük. Sekiz gün süren bu takipte çeteye rastlamadık. 14 gra tüfeği, birçok fişengi, iki ruvelver, iki kama, bir dürbün vesaire bulduk. Bu hareketten gelir gelmez bize Paşa sırpçada 6 kişilik bir Bulgar çetesi bulunduğu haberi geldi. Bu harekette bize kılavuzluk eden Ulah'ı kışla bakkalından aldığı ayranlarla zehirlemişler fakat kurtuldu.

100 süvari ile manla müfrezesi gönderildi fakat yakalayamadılar.

Süvari feriki İsmail Paşa geldi.

20 Mayıs-2 Haziran, Giritli İsmail Paşa mıntıka kumandanının da vekili olmuş. Manastır'a geldi. Mıntıka erkânı harbiyesini de redif kumandanlığına naklettik. Bulgar ferink üstünden hele kurdulduk. İlkbahar güzelliği her milleti faaliyete getirmişti.

23 Mayıs-5 Haziran, Persiye cihetlerinde onbir kişilik bir ulah çetesiyle askerimiz müsademe etmiş. Çete kaptanıyla üç avanesi gebermiş. Askerden bir şehit var. Bu komite Bulgarlarla aynı fikirde hizmet ediyorlar. Artık çetesiz millet kalmadı bakalım ne olacak...

25 Mayıs-7 Haziran, bu gece Paşasörbiçe'de İsmail Ağanın kulesini yakmışlar. İki de köylü öldürmüşler. Ertesi gün Vitoliş'te Moriva karasu şarkında, Manastırdan elli kilometre kadar şarkı şimalide, civarında bir Rum çetesiyle bir Bulgar çetesi müsademe ederken Vitolişte müfrezesi yetişmiş, müfreze kumandanı mülazım Ali Efendi yanındaki yirmi neferle

kalabalık olan Rum çetesine ateş açmış, Bulgarlar kaçmış. İki asker yaralanmış. Çekilmeye mecbur olmuşlar. Rum çetesi Vitolişta'ya kadar takip etmiş.

Florina köylerine tahkikata: az kaldı bir müsademe daha olacaktı. Florina müfrezelerinden şikayet eden köylerden tahkikat için emir aldım.

29 Mayıs-11 Haziran, trenle Florina'ya gittim. Bir gün Florina'da tahkikatla meşgul oldum. Ertesi günü iki Rum köyünde tahkikat yaptım ve Nevokas'ta kaldım. Bugün benim kaldığım bu köyden sekiz kilometre kadar şarkta, Florina'dan yirmi kilometre şarkta, Setina kilisesinde beş neferimiz yedi Rum şakisine rast gelmiş fakat kaçırmışlar. Müsademe olaydı, duyacak ve yanımdaki dört atlıyla ben yetişerek bir iş daha görmüş olabilecektim.

Nevokas ile yakın birkaç köy daha Türk-Rum karışıktır. Türklerden de istifade edebilirdim. Fakat Florina'ya döndükten sonra haber aldım. Ben Nevokas'ta iken Ali Nadir Paşa yanında bir Kaymakam iken teftiş için Manastır'a gelmiş. Birkaç gün kalmış. Pirlepe'ye de gitmiş. Ben göremedim. İstanbul'dan gönderilmiş. Maksadı anlaşılamadı.

1 Haziran-14 Mayıs, Cuma günü Nevka'dan Florina'ya döndüm. Bugün de Manastır'ın 10 kilometre şarkındaki Sırbiça'da bir Rum çetesi 26 ev yakmış, 7 Bulgar öldürmüşler birkaç da yaralı varmış. Çete ile gelen bir rum da ölmüş. Ertesi günü ben Manastır'a döndüm. Florina'nın 20 kilometre kadar cenubundaki Nevasko, bir Rum köyüdür. Gayet güzel ve evleri şehir evi gibidir. Mısır'da ticaretle uğraşanları da var. Büyük zenginlerdir. Köy mektebi mükemmeldir. Ders muallimi çocuklara Sultan Hamid'in marşını okuttu. Bu intibah bende pek büyük bir tesir yaptı. Arkadaşlara bir milletin nasıl çalışması lazım geldiğine dair bir misal olarak anlatıp duruyorum.

UMUMİ MÜFETTİŞ,
HÜSEYİN HİLMİ PAŞA GELİYOR...

3-16 Haziran Pazar günü Hüseyin Hilmi Paşa Selanik'ten trenle Manastır'a geldi. İstasyona karşılamaya çıktık. Yağmur vardı, epeyce ıslandık. Beraberinde silindir şapkalı Avrupalı memurların cakalı yürüyüşleri ve yüksekten bakışları yüreğimize hançer gibi saplanıyordu. Bir kısmı hükümet üniformasını taşıyan bir kısmı da güya bizim jandarma üniformasını taşıyan fakat pelerinlerini sol omuzundan arkaya atan ve uzun kırmızı feslerini bir tarafa yıkan İtalyan jandarması zabitleri de birer zehirli ok gibi insana batıyor.

Komitelerin bu aralık faaliyetleri çoğalmıştı. Bu hadiseler şu ecnebi heyetin Hüseyin Hilmi Paşa'ya karşı hazırladıkları siyasi bir istikbal merasimi idi. Zavallı halk birbirini boğazlıyordu. Herkes kendi nüfuz mıntıkasını genişletmek için çeteler besliyor, mensup olduğu Balkan köyünden zabit nefer, silah, para her şey getirtiyordu. Yahut ki o devletler konsolosları vasıtasıyla bu marifetleri yapıyorlardı. Büyük devletlerin konsolosları da yardım ediyordu. Çünkü onlar Makedonya denilen yurdumuzu nüfuz mıntıkalarına ayırmışlar ve oraları şimdilik jandarma zabitleri ile nüfuz mıntıkaları altına almışlardı.

Türkten gayri unsurlar yakın bir zamanda Türklerin buralardan atılacağına inanıyorlardı. Onlar kendi hudutları içinde fazla yer alabilmek için boğuşuyorlardı. Bizimde uğraştığımız bu yakın kıyamet gününde fert-fert kalmayıp, milli bir varlık göstermekti.

UMUMİ MÜFETTİŞ HÜSEYİN HİLMİ PAŞA NELER YAPTI?

5-18 Haziran, Salı günü Hüseyin Hilmi Paşa, Enver Bey ile beni çağırdı. Vaziyetin nezaketini, Avrupalıların bütün dikkatleri üzerimizde olduğundan müsademelerde haksızlığa meydan verilmemesini, eli silahlı çetelerden başkasına zarar gelmemesini, dikkatli olunmasını tavsiye etti.

Cevap verdim: "Çetelerle müsademe olurken onların veya bizim kurşunların bazen köylüye de zarar vermesi mümkün değildir. Hepimiz neferlere varıncaya kadar bu hususa son derece dikkat ediyoruz. Fakat askerlerimiz hem eziliyor hem de tabii bir neticeden olayı mesul oluyorlar. Artık bu gidiş herkesi bıktırdı. Bu işin sonu ne olacak? Hepimizin merakı bu Paşa hazretleri" dedim.

Enver kolumu dürterek ileri gittiğimi anlatıyordu. Hüseyin Hilmi Paşa'nın rengi kaçtı, "oğlum vaziyeti sizler daha iyi takdir edersiniz. Aman nasihatlerime dikkat ediniz. Çetelerin köylerdeki zulümlerine de mani olmaya çalışınız. Şurada Manastır'ın burnunda Sırpça hadisesini biliyorsunuz. Müfrezeler mahsus gitmemişler diye ecnebiler kıyameti koparıyor. Yarın orada mıntıkadan ve müfettişlikten birer erkânı harpten mürekkep bir heyet tahkikat yapsın. Doğru ise mesulleri cezalandıralım."

Başka görüşecek işimiz kalmamıştı. Mıntıkaya geldik. Bu vazifeye mıntıkadan yine beni tayin ettiler. Müfettişlikten de erkânı harp Binbaşısı İsmail Hakkı (Cafer Tayyar Bey'in kardeşi) tayin olunmuş. Müfettişliğin sivil, büyük Türk memurları da rast geldikçe Hüseyin Hilmi Paşa'nın fikrini müdafaa ediyorlardı. Bunlarla da hayli çekiştim. Diyorlar ki, efendim komiteleri vuruyorsunuz. Ya köylüden ne istiyorsunuz? Komite demek eli silahlı dağa çıkmış adam demektir. Onlara evvela komite teşkilatını öğretmek zaruretinde kaldım.

Dedim: Komitenin en son ucu bu çetelerdir. Esas teşkilat merkezlerdedir. Mesela Manastır'da konsoloshaneler, kiliseler, mektepler hep bunlarla meşguldür. Vilayet merkezi, Manastır içinde gezip tozar. Kaza ve nahiyelerde de bunlara ait merkezler bulunur. Sonra köy teşkilatı gelir. Her köyün gençleri çetenin ferdidir. Bir de daimi çeteler vardır ki eksen efradı hudut dışından gelmedir. Bir yerde müsademe veya icraat varsa, icabı kadar köylü çete bu ufak çeteyi kuvvetlendirir. Köyleri aradığımız zaman bulunan silah ve cephaneler işte bunlarındır. Sonra müsademe çeteye nerede rast gelinirse orada olur. Çeteye, gel köyden uzaklaşalım da vuruşalım denmez. Konuşma yoktur. Ateşlenme vardır. Bu arada onların ve bizim kurşunların gittiği yeri de kimse bilmez. Buna kaza kurşunu denir. Bazen müsademeye girmeyen köylüye de isabet edebilir.

Bu kadar anlattıktan sonra hâlâ köylülerin masum olduğunu iddia edebilecek derecede umumi müfettişliğin sivil Türk memurları vardı. Bunlara ben şunu rica ettim: Ecnebiler bunu iddia eder, eğer siz bunu kabul ederseniz ecnebiler size pek fena bir ad verirler. Bari iddiayı onlara bırakın da red edemiyorsanız susun. Çünkü bilhassa biz askerlere karşı çok fena vaziyete düşüyorsunuz. Sonra da bir hafta rahat yüzü gördüğümüz yok. Sonra da sizlerden bu ecnebi iddiasını işitmek fenamıza gidiyor.

TAHKİKATA

6 Haziran Çarşamba günü İsmail Hakkı Beyle birlikte atlarla yola çıktık. Ceranova, Magarova ve Gobdeş müfrezeleri yanına gidip tahkikat yapacağız. Birincisi hiç gelmemiş, İkincisi geç gelmiş, Karani jandarmaları çekilmiş, vazifelerini kahramanca görmüşler, müfrezeler mesul olamazlar.

Manastır'dan ayrılır ayrılmaz akşam Gobdeş'e geldik. Burası Manastır'ın yirmi kilometre şimali garbında latif ulah köyüdür. Bugün havada pek latif olduğundan hoşça bir gezme oldu. Köyün bulunduğu güzel orman gönül açıyordu. Gobdeş'te bir müfrezemiz vardı. Sınıf arkadaşım mülazımı evvel Selanikli Mehmet Ali, bu müfrezenin kumandanı idi. Haziran'ın birinci günü, Sırpıça'da 26 evi yakan ve 7 Bulgarı öldüren Rum çetesinin bu cinayetine mani olmadığından dolayı bu müfrezemizin kumandanının cezalandırılmasını ecnebi ajanlar, umumi müfettişten istemişlerdi.

Güya müfreze Sırpıça'ya kadar geldiği halde Rum çetesine taarruz etmemiş ve onu takip etmemiş. Sorgularımızı yaptık, vaka gece oluyor. Müfreze bunu haber alınca harekete geçiyor. Sırpıça'ya varıncaya kadar Rum çetesi yapacağını yapmış ve çekilip gitmiştir. Mesafe ve yürüyüş süratini hesap ederek müfrezenin yapacağı başka bir iş olmadığını kabul ettik.

8 Haziran-21 Haziran, Cuma günü Sırpıça ve Tırnova ve Magarova'da dahi tahkikatı tamamladık. Güzel bir havada Manastır'a döndük. Mogozova müfrezesi vaka esnasında başka bir yerde takipte imiş. Kazani'deki 6 jandarmanın kahramanlığı da uydurma. Bugün Ostima'da Florina'nın 20 kilometre kadar garbı cenubisinde, bir Rum çetesiyle bir müfrezemiz müsademe etmiş, üç komite öldürülmüş, askerlerden de iki şehid var. Komitelerden ölenlerin biri Yunan topçu mülayimi evvel üniformalı.

TOPÇU'DAKİ STAJIM BİTTİ

9 Haziran'da topçu 13. alayın 4. bölüğündeki staj müddetim bitti. Üçüncü avcı taburunda bölük kumandanlığı stajımı yapmak için takrir verdim. Bir taraftan takipler, takiplerin çokluğu ve mıntıkanın bu arazi işi benim üzerime yüklenmesi başka erkanı harp de yok değildi. Fakat bu işlere kabiliyetli olmamasına rağmen iltimasla aramızda otururdu. Dolayısıyla topçudan istifade için haddinden fazla çalışmak zaruretinde idim... İşlerim yetmiyor gibi divanı harbi mahsusta da idim. İttihat ve Terakki manastır işleri de bu sıralarda tamamıyla benim üzerimde idi. Vatan ve milletin selameti için hayatımızı tamamıyla vakfetmiştik.

Avcı taburundaki stajım daha kolay olacaktı. Çünkü esasen piyade idim. Sonra takiplerde devamlı avcılarla beraber olduğumdan birliğimi, taburumu istediğim gibi yetiştirebilecektim. Hem de fazla kafa yormadan.

Ecnebi yayınları muntazam takip ederek, muhtelif sınıfların istifadesini mucip şeyleri daima kendilerine bildirmekteyim. Rus-Japon seferi hakkındaki neşriyatı takiple erkanı harp meslektaşlarıma sevkül ceyş meseleleri tertip ediyorum.

BU SEFER DE BULGAR ZULMÜ

10-23 Haziran, bu gece alaturka ikibuçuk'da Bulgar komiteleri Rahotin'de, Tırnova, Magorova'nın iki kilometre kadar garbında bir Rum köyü, 23 ev ile 10 samanlık yakmışlar. Sırpıça'ya baskının intikamını alıyorlar. Nüfusça zayiat yok. Yanan samanlıklar İslam ağa adlı bir Türkündür.

Hüseyin Hilmi Paşa karargahı ile Manastır'da bulunduğu için vakalarda teşvikle sıklaştırılıyor. Bu suretle denecek ki, Makedonya'ya Türkler hâkim olamıyor, ne yapılacaksa yapılsın. Bu meyanda Hüseyin Hilmi Paşa daha iyi biliyor ve pek üzülüyor. Ne yapalım elden geleni yapıyoruz. Bütün ümitleri İttihat ve Terakki Cemiyetinin meşrutiyeti ilan ederek bir milli varlık göstermesinde buluyoruz. Bunun için de hayatımızı esirgemiyoruz. Ataların gafletinin cezasını evlatları ödüyor, daima da böyle olacak...

Kardeşim Hulusi Bey, Manastır harbiye mektebine geldi. 22-26 Haziran'da ağabeyim mülazımı evvel Hulusi Bey Manastır mektebine naklen, Kevkili'den geldi. Hemen tahlif heyetine aldık, işlerimiz daha kolaylaştı. Çünkü ben takipte iken aynı evde aynı emniyetli işi idare daha kolaylaştı.

14-27 Haziran'da Lehova, Istıranya, Florina'nın yirmi kilometre cenubunda, Rum çetesiyle müfreze müsademe etmiş. 10 komite öldürülmüş. Askerden iki şehid, beş yaralı var. Bu tarz müsademelerden müteessir oluyoruz. Ertesi günü kaçan çeteden biri daha öldürülmüş, askerimizden de bir yaralı var.

ŞEMSİ PAŞA GELİYOR, BEN FLORİNA'YA...

15-28 Haziran Cuma günü Şemsi Paşa'nın geleceğini öğrenince ihtiyati bir tedbir olmak üzere Florina'ya gitmekliğimi münasip gördük. Hükümet ve mektebin açılma merasimi güzel bir vesile idi. Manastır teşkilatının bütün esası bende olduğundan bunu İsmail Hakkı ve Enver Beyler de muvafık gördüler. Bugün Belkamli'de ikisi yaralı olmak üzere beş Rum komitecisi yakalanmış, iki gün evvelki müsademede kaçanlardan...

17-30 Haziran Pazar günü Manastır Ulah kız mektebinin mükafat tevzi merasimine davet olundum. Ulahlarla aramız çok iyi idi. Benden başka bizlerden kimse yoktu. Kızların el işi sergisi pek güzeldi. Müsamereleride her takdire layık. Beden terbiyesi, piyesler, üç sesle şarkılar, velhasıl mühim bir varlıklı. Bizim mekteplerin kat kat üstündeydi. Rum mektepleri de böyle yüksek kabiliyetteydi. Bulgarların ki bunlardan pek geri idi. Bu ulah mektebi de bende büyük intibalar bıraktı. Bizim kendi tebamızdan ne kadar gerilerde kaldığımıza çok yandım. İnsan bunları yakından gördükçe daha müteessir oluyor. Biz müthiş uyuyoruz. Yalnız orduda, o da ufak rütbelerde bir ateş vardı. Bunun da üstünde kodamanlar kalın bir kül tabakası gibi örtülmüş idiler.

YİNE BULGAR ZULMÜ...

Pirlepeliçe yakınlarında Bulgarlar bir İslamın iki evi ile bir kulesini yakmışlar. Bugünlerde Bulgarlar Türklere de saldırıyor. Dimko, adı çıkmış bir çete kaptanıdır. Askerimize teslim oldu.

RUMLARLA MÜSADEME

19 Haziran-2 Temmuz, Vitolişte'nin zinhova cihetinde Rumlarla müsademe olmuş, bizden bir şehid, Rumlardan bir ölü var.

TAKİBE...

Artık avcı taburunun talimlerine bakıyorum. Umumi taburla uğraşmaklığım için arkadaşlar bölük teslim almamaklığımı rica ettiler. Tabur kumandanı gibi çalışıyorum. Fakat haydi takibe...

19 Haziran-3 Temmuz akşamı bir haber geldi: Manastırın hemen şarkındaki Dölecek değirmenlerinde 12 kişilik bir Rum çetesi var. Koş Kazım, emrini aldık. Çabucak burayı sardık, ertesi sabah aradık. Gece az daha bir vaka çıkacaktı. Türk değirmenci bize Rum komitesi var zannıyla iki el ateş etti. Arkasından da kılavuzlarımızdan Ali Ağa ile bir nefer benim bulunduğum pusuya geldiler. Bir acemi nefer bunlara ateş etti, bereket ki bir kaza olmadı. Bir müddet sonra bu zavallı Manastırlı Ali Ağa'yı Bulgarlar aldatarak bir eve götürmüşler, başına bir çivi saplayıp öldürmüşler. Sonra da Drahor'un alt başına asmışlardır.

TOPÇU VE PİYADE BİRARADA TATBİKAT

Selanik'ten topçu müfettişi ve bazı erkânı harbiye erkanı gelmişti. Nasılsa, bir tatbikat gördük. Fakat aşağı yukarı Ohizar talimhane ovasında. Sırtlara kadar zahmet etmediler. Şu Manastır nasıl müdafa olunur diye bir mesele yapılsaydı bari...

Orduda bizleri yetiştirecek birlik yok. Biz de ancak eşkıya takibine, süvari ve piyade müfrezesi alabiliyoruz ve gider gelirken aynı zamanda tatbikat da yaptırıyoruz. Allah sonumuzu hayra bağlasın.

YİNE TAKİBE: BU SEFER UZUN VE ÇETİN BİR İŞ

Bulgaristan'dan yeni çete kumandanları gelmiş. Umum Bulgar çeteleri Pirlepe, Tıkveş, Köprülü arasında bir toplanma yapacaklarmış. Selanik, Üsküp, Manastır müşterek bir hareket yapacak.

27 Haziran-10 Temmuz, Çarşamba akşamı Enver Bey ile beraber avcı taburunu da alarak gece Pirlepe yolunu tuttuk.

3-16 Temmuz, Salı günü muhtelif yerlerden gelen müfrezelerle Tıkveş-Pirlepe arasını taramaya sıra gelmişti. Enver ile beraber kol başında idik. Gece yarısı Pirlepe şosesi üzerinde mola vermiştik. Enver de gece molalarını on dakikadan fazla verdirmezdi. Uyuyup kalıyorlar diyordu. Ben ise böyle uzun uzadıya dolaşmalarda hususiyle uykusuz zamanlarda askerin yürürken bile uyuduğunu gördüğümden gece yarısı uzun bir mola vererek emniyet tertibatı için de biraz uyku kestirilmesi taraftarı idim. Enver Bey bu fikrime itiraz etti ve on dakika biter bitmez yürüyüşe kaldırdı.

Rakle hizasına gelince şimale saparak yoldan çıktık. Enver Bey Rakle'yi ben de Nikodim'i arayacaktık. Ortalık açılmaya başladı. Bir de ne görelim, elimizde iki manga kadar kol başında yanımızdaki asker var. Bir de alaylı zabit. Kol kısmı küllisi uyumuş kalmış. Bizi takip eden yok!

Eyvah... Korktuğum başımıza geldi, şimdi ne yapacağız? dedim. Siz Rakle ben de Nikodim'e hakim sırtları birer müfreze ile tutalım. Şose boyunca iki atlı koşturalım, avcı taburunu yakalayıp getirsin. Muvafık dedi ve işe başladı. Enver Bey'in bulunduğu yer Rakle'ye girip çıkanları görüyordu. Nikodim köyünün şimaline geçtim. Ortalık tamamıyla açılmıştı. Rakle'nin şimalindeki sırtlardan piyade atışları başladı.

BULGARLARLA MÜHİM BİR MÜSADEME YAPTIK...

Dürbünle baktım, Rakle'nin hemen şimalindeki ve benden nihayet iki bin metre uzaktaki tepede kalabalık bir çete var. Görülenler elli-altmış kişi var. Ateş cephesi cenüp Rakle'ye doğru. Gözle ve dürbünle Enver'i aradım. Bıraktığım yerde yok, henüz avcı taburu da görünmüyor. Müsademeye kim başladı... Şarkımızda Pirlepe müfrezesi vardı. Bunun olması pek muhtemel. Şu halde Enver Bey de silah sesine koşmuş olması muhtemel. Nikodin'de hiçbir ses yok. Şimla sırtlarında dahi kimse görünmüyor. Hemen yandaki manga ile çetenin açık olan şimal cihetini kapamak üzere bayır aşağı Karışhan'a giden dere boyunca indim. Derede birkaç değirmen vardı. Buradan çeteye uzaklığımız 500 metreden fazla değildi. Fakat sarp olduğundan görünmüyorlardı. Bunun için çeteye karşı bir avcı hattı açarak bayır yukarı yaklaşmaya başladım. Alaylı zabit Abdullah efendi beraberimdeydi. Arazi bodur ağaçlıktı. Birkaç yüz metre çıktık arazi tamamıyla çıplak oldu ve birden eşkıyanın tuttuğu taşlık tepe ile karşılaştık. Aramızda 150 metre kalmıştı. Sağ cenahtan Enver Bey'in mangası ile irtibat hasıl oldu.

Artık çetenin arkasını tamamıyla kesmiştim, bizi gören çetede boru sesleri başladı ve tepemizden baktıkları yerlerden ataşe başladılar. Gayet güzel ateş ediyorlardı. Boru sesleri de bunların yeni gelmiş muntazam bir Bulgar askeri olduğunu gösteriyordu. Cephem pek zayıftı. Bereket çete bizim kuvvetimizi anlayamazdı. Çünkü arkamız birden dikleşiyor dağcıklar başlıyordu. Müsademe başlayalı bir saate yakındı. Herhalde civar müfrezelerin de yetişmiş olduğuna şüphe yoktu. Fakat kısmı külli Rakle cihetindeydi. Nikodim ciheti pek zayıftı. Eğer çete benim tarafa doğru bir taarruz yaparsa işimiz fenalaşacaktı. Bunun için bütün kuvvetimle ateş açtırmadım. Ara sıra ateş ettiriyordum. Tabii onlar bunu görünce bizim mahsus ateş açmadığımızı sanıyor, kuvvetimizi anlayamıyorlardı.

Benim bu tehlikeli vaziyetim bir aralık daha müthiş bir şekle girdi. Nikodim'in şimalindeki sırtlardan kırk-elli kişilik bir çetenin avcı halinde bize doğru indiğini gördüm. Azami mesafe bin metre kadardı.(Bir kilometre)

Şimdi ne yapmalı? Görünen çete iki grup halinde yüz kişiye varıyordu. Görünmeyen ve etraftan silah sesine koşan diğerleri de var mıydı? Aldığımız malumat, muntazam Bulgar askerleri ve zabitleri vardı. Bugünlerde bu civarlardaki bütün çete reisleri toplanarak müzakere yapacaklardı.

İyi çatıştık fakat iyi bir vaziyette değildik. Gece molasında kolun bizi takip etmemesi neticesinde elimde bir manga asker vardı. Eğer bu gelenler yakaladığımız çeteyi kurtarırsa bize muvaffakiyetsizlik olacaktı. Hususiyle iki çete arasında ben bir manga ve bir zabitle mahvolacaktım. Şu kararı verdim: Cephede dört nefer bırakmak ve yine ara sıra tek-tük ateşe devam etmek, zabitle ve diğer dört nefere yavaşça karşımızdakilere hissettirmeden geri sürünerek uzaklaşmak ve bayır aşağı koşarak dere içindeki değirmenleri tutarak Nikodim sırtlarından inmekte olan çeteyi buradan ateşle karşılamak...

Bu vaziyeti Enver Bey'e yazıyla haber verecek vaktim de yoktu. Geride bıraktığım onbaşıya gelen çeteyi ve kararımı söyledim. Uzakta bulunan Enver Bey'e, kendisi görünmüyordu, yerlerimizi birbirimize göstermek için birer ufak bayrağı kendimiz taşıyorduk. Ben hayli bayrak salladımsa da onunkini göremedim. Yalnız bir dere aşırı avcı neferlerinden (eşkıyanın garp cihetini saran) onun mangası olduğunu ve kısmı küllinin Rakle cihetinde olduğunu sanıyordum. Bildirmesini tebliğ ettim fakat kendi bu cepheyi terk ederek değil, bir neferini o cenahtaki neferine göndererek ve arkamıza inen çeteyi ve benim değirmenleri tutmak için koştuğumu anlatacak.

Muharebede en büyük tehlike göründü mü kaçmaktansa düşmana saldırmalı. Bugünkü hareketim bana bu hakikati gösterdi. Elimdeki sekiz neferle sağa veya sola çekilerek bu iki çetenin arasından kaçabilirdim fakat ihtimal ki iki ateş arasında vazifemi yapmak için ölüm bana değil ben ölüme koştum. Öyle ki, biz iki zabit dört nefer bayır aşağı yıldırım gibi değirmenlere indik. Gelen çetenin buraya mesafesi bizden iki misli olduğu gibi onlar bizim kadar çabuk da koşmuyorlardı. Çabuk adımla bayır aşağı iniyorlardı.

Değirmenlerin içinde Bulgar değirmenciler vardı. Hemen bunları dışarı çıkarttım ve korkmayın sizinle işimiz yok. Dere kenarında sessiz oturun. Nikodim tarafından bizim avcı taburu geliyor. Yanlışlıkla vurulursunuz dedim. Dua ettiler, yere çömeldiler. Birbirine yakın iki değirmeni işgal ettirdim. Aramızda 600 metre kadar mesafe kalan bu yeni çete bizi görmüyordu. Gerek indiğimiz sırtlar ve gerekse değirmenlerin bulunduğu yer ağaçlıktı. Onların indiği sırt tamamıyla çıplaktı. Sıkıya gelirsek yani hücuma uğrarsak değirmenlere girmek üzere bunların yanında mevzi alarak 500 metre nişangahla bu açıktan inen çeteye şiddetli bir ateş açtırdım. Çete neye uğradığını anlamadı, bazısı yere yattı, bir kısmı geri kaçmaya başladı. Hedefi iyi bulmuştuk. Vurulanlar yuvarlanmaya başladı. Hemen birkaç dakikalık ateş bu 50 kişilik çeteyi geldikleri tepeye kaçırmaya başladı. Ateşle bin metreye kadar takip ettirdim. Yaralı ve ölülerini sürükleyip çekiyorlardı.

Bu manzara Rakle sırtlarındaki çete ve Enver Bey tarafından tamamıyla bir manevra gibi görünüyordu. Görünmeyen biz altı kişi idik. Bu muvaffakiyetimizden dolayı sevincimize ölçü yoktu. Fakat dört neferle Rakle sırtlarında çeteyi durdurmanın da, bunlar bu sefer arkamızdan inerlerse, iş yine berbattı... Bunun için kaçırdığımız çete Nikodim şimalindeki tepeye tamamıyla çekildikten sonra değirmenin iki neferle icabında sonuna kadar müdafası için lazımını yaptıktan sonra neferlere yemin ettirdim, cephanelerini tamamlattım. İki Bulgar değirmenciyi de diğer değirmen içine bağlattım, kapısını da kapattım. Abdullah Efendi ve iki neferle geldiğimiz bayırı tırmanmaya başladım. Genç zabitlerimizin de neferlerimiz kadar yürümek ve koşmak kudretinde olması lazım olduğunu bugün tamamıyla takdir ettim. Yaya ve atlı yürüyüşe ve koşmaya idmanım çok olduğuna sevindim. Yoksa bir tarafta yıkılıp kalırdım. Bayırı hemen koşarak çıktık. Bıraktığım neferlerin yanına geldim. Artık bu zayıf cephe elimde idi.

Şimdi Enver bey ile yakın temas lazımdı. Abdullah efendiyi manga ile bıraktım. Ben bir neferle sağ-sağ kayarak Enver beyin sol cenahı ile yüksek sesle konuşacak bir mesafeye geldim. Fakat burası pek çıplaktı. Bereket kırılmış bir mezar taşına benzeyen bir kaya parçasına, dehşetli bir ateş altında kaldım. Bu taşın arkasına kendimi attım. Yanımdaki nefer geride kalmıştı. Bu taş bugün benim hayatımı kurtardı. Belki de benim mezar taşım olurdu. Buna pek yakın bulunuyordum. Geride sırtın kenarındaki daha müsait nefere bayrağı fırlattım ve geriden sağımıza doğru sallamasını söyledim. Az sonra Enver'in bayrağının da sallandığını gördüm. Enver Bey bana doğru çetenin gözünden saklı olarak vadi kenarına kadar geldi. Vadi tamamıyla açıktı. Eşkıya burasını görüyor ve kimseyi geçirmiyordu. Benim değirmenlere koşarken göndermek emrini verdiğim nefer de geçememiş, bir kağıda vaziyeti yazdım, bir taşla mendilime bağlayarak Enver bey'e "kısaca rapor yazdım atıyorum" dedim. Enver Bey bana teşekkür ediyor ve çeteyi tamamıyla sardığımdan dolayı pek güzel sözlerle takdir ediyordu, yanına geleceğim dedi. Yerinin pek tehlikeli olduğunu daha gerideki bayrağın yanına geçmesini söyledim. Benim ileri geri hareketim mümkün değildi, elimde yalnız rovelver olmasından ve ihtimal dürbünle benim zabit olduğumu anlamışlardı. Etrafıma mütemadi ateş ediyorlardı. Enver Bey'e de ateş ettiler, bereket hemen kendini yere attı. Yoksa gözümün önünde facia olacaktı. Ses ettim, gelmeyin buradan konuşabiliriz... Aramızda ancak otuz metre var-yoktu... Aman sen o cepheden ayrılma. Bütün kuvvetimiz Rakle cephesinde. Müsademeye Pirlepe müfrezesi ansızın tutuşmuş. Fakat çeteye senin yaklaştığından daha uzakta. Çete iyi ateş ediyor. Boru sesleri de asker olduğunu gösterdiğinden Pirlepe'den iki cebel topu istedim. Bunu vaktiyle neden düşünemedin. Pirlepe'ye haber gidip de topçu gelinceye kadar kati neticeyi alırız... Çıplak bir arazide müsademede fazla zayiattan korkuyorum. Bunun için hücum emrini veremiyorum. Nikodim cihetinden gelenler neden kaçtılar. O tarafta bizden kim var? Acaba Köprülü müfrezesi yaklaştı da onun için mi geri döndüler? Dere içinde bunlara ateş eden kimdi?

Raporu atıyorum, tafsilatını okursun... Onları benim müfrezemin yarısıyla kaçırdım. Tekrar gelmemeleri içinde aşağıdaki değirmenlerde tertibat aldım.

Ne söylüyorsun Kâzım... Eğer bu çeteyi de o taraftan kaçırmazsan bugün yaptığın işler çok büyük olacak. Şimdiden tebrik ederim. Raporu geride bayrak gösteren nefere fırlattım ve geride ayağa kalkarak Enver Bey'e atmasını söyledim. Mendilim Enver Bey'in tamamıyla önüne düştü. Enver raporumu okudu tekrar bana çok samimi iltifatlarda bulundu. Ve sordu: Şimdi bunlara karşı ne düşünüyorsun? Dedim: Bunların artık kaçması mümkün değildir. Çünkü tamamıyla sarılmıştır. Nikason müfrezesiyle soldan irtibat yaptım. Şimdi ben bu cephede şiddetli ateşe geçeyim. Herhalde kaç saattir çete hayli zayiat vermiştir. Bizim kuvvetimizi görmüyor. Yardıma gelen çetenin yardıma gelememesi bu tarafta büyük bir kuvvet olduğunu zannederek benim cepheye kuvvetinin büyük kısmını yığacaktır. O zaman Nikodim cephesinden hücuma kalkıverirsiniz. Topları da beklemeyelim... Nikodim tepesindeki çete Nikodin üzerinden sizin tarafa yüklenebilir. Yahut başka taraftan da diğer bir çete görülebilir.

Çok iyi... Şu halde emniyetle ben yerime gideyim. Emirleri göndereyim. Bana da bayrak sallayarak işaret veriniz. Ben o zamana kadar ben tek-tük ateşle kuvvetimi saklayayım. Enver bey ile samimi selâmlaştık. Çekildi.

Müsademe güneş doğar doğmaz başlamıştı. Kızgın güneş beynimizi yakıyordu, hemen beş saattir uğraşıyorduk. Enver Bey'in bana bayrak sallaması da hemen bir saat sonra olabilmişti. Cephemde sıkı bir ateşe başlattım, durmamacasına ateş ettiriyordum. Dediğim oldu. Cephemizdeki ateş dehşetlendi. Taşın kâh sağından kâh solundan dürbünle çetenin her vaziyetini pek açık görüyordum. Bir aralık benim üzerime beş-altı tüfek birden çevrildi. Başımı kaldırmak mümkün olamıyordu. Ne tuhaf oldum. Gözümün önüne İstanbul geldi. Boğaziçi vapurlarının köprüden ayrılışları, Yıldız sarayı... derken Abdülhamid... Hak, tuu diye tükürerek bu dalgadan ayıldım. İnsanın ölürken böyle hayaller gördüğünü işitmiş ve okumuştum. Ben bugün gördüm ki ölümle dirim arasında kalan adam da görüyor. Yani ölüme yaklaştıktan sonra ister ölüme gitsin, ister ölümden geri gelsin aynı şey gibi...

Bizim ateş 15 dakika kadar sürmüştü. Tepeden bombalar patlamaya başlamıştı. Anladım ki Rakle cihetinden askerimiz hücuma kalktı. Bizim cephede ateş birden kesildi. Başımızın üstünden uzanan tüfekler tek tük kalmıştı. Ben de hücum emrini verdim ve elimde rovelver fırladım. Tam cephemizden mevziye yaklaştığımız zaman otuz-kırk metre mesafeden bir silah patladı. Burada Enver Bey'in sol cenahı ile birleşmiştik. Yanıma gelen o taraftan bir avcı neferi "Allah, Allah" diye bağırırken ağzından bir kurşunla şehid düştü. Boynunda bir zabit çantası vardı. Anladım, mülazım İsmail Efendi'nin neferi... Hemen çantayı çıkardım boynuma taktım. İçerisinde taburun iaşe parası olduğunu biliyordum.

Birkaç metre sonra kayalıklar arasından Enver Bey ile yan yana geldik. Yirmi metre kadar önümüzdeki çete mevziinde son bombalar patladı. Derin bir sükunet ve "Allah, Allah" ve "padişahım çok yaşa" naraları belirmeye başladı.

Muvaffak olmuştuk. Artık koşmayı bırakmıştık. Önümüzdeki birkaç metreyi Enver'le el ele çıktık. "Geçmiş olsun, gözüne ne oldu?" diye sordu. Ben farkında değilim. Sağ gözüme kan inmiş. Gören telaş ediyordu. Bir ayna buldum gözüm kanlı idi.

Tepede tam elli bir Bulgar cesedi saydık. Üç de zabit üniformalı, asker elbiseleri arasında yatıyor. Reisleri Bulgar zabiti Çekof adlı biri olduğunu anladık. Enver samimiyetle alnımdan öptü ve kolağalığını tebrik ederim, bence bugünkü yaptığına bu azdır bile dedi. Hücumda Pirlepe müfrezesinden fedekarlık eden bir zabiti de orada takdir etti, bütün müfreze burada toplandık. Tikveşten redifler de gelmişler. Padişahım çok yaşa... bu çıplak bacaklı, yalın ayaklı redifler bağırmış...

Zavallı Millet... Bu hal orada toplanan ve hemen ekserisi ittihat ve terakkiye gelmiş olan zabit arkadaşlarımızın hayretini mucip olmuştu. Enver ile bu hususta kısa hasbihal ettik. Neferlerimiz neden yalın ayaktır? Bunu bile düşünemeden yıllarca belletilmiş bir şeyi avaz avaz bağırıyor. Sadece "Allah Allah" naralarıyla hücum edeceğine "padişahım çok yaşa" diye bağıran bu halkın hali ve maneviyatı bizi düşündürmüştü. Bereket versin bildikleri Padişahım çok yaşa idi. Kral öldü, yaşasın kral!

Her yerde aynı düstur değil mi dedik... İşimize baktık. Çete ölülerini saydık. Zabitlerini ayırdık. Üç de borazan varmış. Zabitlerin üzerlerinde askeri kitaplar da vardı. Bütün kağıt ve benzeri şeyleri aldık, silah ve cephaneleri toplattık. Bizden de beş şehid, bu kadar. Bu büyük muvaffakiyetten hepimiz çok sevindik. Piyadenin piyadeye taarruzu idi. çete yüksek tepeyi tutmakla muvaffak olacaklarını ve bu suretle etraftaki kuvvetleri de gelecek, zafer onlarda kalacaktı. Hesapları ters çıkmıştı. Her tarafı sarılan bu çete merkezi ateşlerimiz sonucunda yarıdan fazlası eridi. Ve imdatsız kalınca kararsız da kaldılar. Eğer bu çete en geç Nikodim sırtlarındaki arkadaşlarının geri kaçtıklarını gördükleri zaman o istikamette yani benim bulunduğum tarafa bir hücum yapsalardı ve ufak bir kısmını taşlık tepede bulundurarak bizim kuvvetlerimizi tutsalardı hem benim işim bitmiş olacaktı, hem de onlar diğer büyük kuvvetleriyle birleşerek daha büyük iş görmüş olacaklardı. Hesaplı cüretin kazandığı bu muvaffakiyeti orada umum müfrezeler karşısında Enver bey benden hadiseleri sorarak ve arazide yer yer görerek izah etti. İki Bulgar çetesinin, ki mevcutları 100'den fazlaydı, bir Türk mangasının aralarına girmekle nasıl muvaffakiyetsizliğe uğradığı çok istifadeli bir tablo mevzuu idi. Bütün zabitleri takdir ederek ellerini sıktık ve askerleri de güzel sözlerle memnun ederek fedakarlık gösterenlerin künyelerini akşama kadar hazırlamaları için bölük kumandanlarına emir tebliğ olundu.

KAÇAN ÇETEYE KARŞI HAREKET

Gece Enver ile beraber mahvoluyorduk. Dürbünlerle Nikodin sırtlarını araştırdık. Bir şey görünmüyordu. Pirlepe'den gelecek müfreze de ne görünüyor ne de ova istikametinde silah sesleri işitiliyordu. Dün bütün gece yürümüştük bugün de öğleye kadar ateş altında çok yorulmuştuk. Bir şey yapmak imkansızdı.

Karışhanı, Rakle, Nikodim köylerine taksim olunarak istirahate geçmek muvafık göründü. Avcı taburuyla birlikte Enver Bey ve ben Nikodim köyüne geldik. İki katlı bir evin üst katındaki iki odanın birinde Enver ile ben, yanımızdaki odada da avcı taburu zabitlerinden birkaçı vardı. Zevk ve neşe ile akşam yemeklerini yemiştik. Toplanacak künyeleri tespit için bir köy lambası yaktık. İs savuran bu lambayı önümüze koyduk. Enver sağda ben solunda o künyeleri okuyordu, ben de Manastır mıntıka kumandanlığına telgraf müsvettesi yazıyordum. Biz iki erkanı harp zabiti müthiş bir gaflet içinde işe dalmıştık. Bulgarlardan aldığımız bombalardan birkaçını Enver Bey duvarla kendi arasına koymuştu. Bir gece baskınına uğrarsak yanımızdaki pencereden fırlatırız demişti. Mahvettiğimiz çetenin intikam almak için bu gece köylünün de yardımıyla bize bir hücum etmesi pek muhtemeldi. Gerçi köy sokaklarını ve kenar evlerini tutmuştuk. Fakat süratli bir hücum hususiyle köylüden yardım görürse köye girmeye ve bizim oturduğumuz eve kadar gelmeye muvaffak olabilirlerdi...

Ben buna Enver Bey kadar inanmıyordum. Gözleri önünde arkadaşlarının mahvolmasına razı olan bu kaçak çete köye gündüz bir iş göremediği halde gece bilmediği ve görmediği bir kuvvete hücuma cüret edebileceğini aklım almıyordu. Bununla beraber etse de bizim eve kadar gelebileceğini hiç kabul etmiyordum. Gelse de pencereden bizim bomba müdafaası lüzumsuzdu. Bunu elimizdeki avcı neferleri ve nihayet zabitleri yapmalıydı. Biz icap ederse revolverimizle iş görürdük. Benim mütaamı Enver Bey kestirme bir sözle ve fiiliyatta bir tarafa atmıştı. Bombaları yanına, pencereyle arasına koydu ve bu gece itiyatlı olalım, bombaların bulunması bir zarar vermez fakat bulunmaması bir felaket olabilir. Gece kim kime, emir ve kumanda kalmaz... Sonra müdafaasız bizi uçururlar. Fazla çekişecek değildik, üstelik bir de latife etti: Ben mükemmel bomba atarım... Neyse, istersen eline alma dedi. İşte yanında bombalar hem de fitilli. Önünde köy kandili. Bana künyeler okuyordu. Sonra okuduğu isimleri benim yazdığım müsvette ile karşılaştırdıktan sonra dürdü büktü lambanın fitilinden ateşledi, sağ tarafa atıverdi. Ben birden farkına varamadım. Az sonra bombalar aklıma geldi yerimden fırladım ve "Enver Bey, bombaları ateşledin, ne yapıyorsun!" diye haykırdım... Ve yanan kağıtları yakalayıp uzağa fırlattım. Bombaların fitilleri ateş almış yanıyordu. Enver de yerinden fırladı ve bağırdı: Eyvah! Kendi kendimizi uçuruyoruz...

Ölümle aramızda iki-üç santimetre kalmıştı, ben şu güzel kaideyi bu gece de mükemmelen tatbik etmiştim: Ölüm size hücum ediyorsa ondan kaçmamalı, onun üzerine atılmalıdır. Belki onu kaçırmak mümkündür. Ölüm kendinden korkup kaçana daha kolay yetişir.

Şu halde ölümden kaçılmaz fakat ölüm kaçırılabilir. Bombanın ateş alan fitillerini ellerimizle söndürmek bizi kurtarabilirdi, kaçmak ölümü üzerimize atmış olmaktı. Oda kapısından çıkmadan bombalar patlayabilirdi. Kapıdan çıksak bile tehlikeden tamamıyla kurtulmuş olmayacaktık. Çer-çöpten duvarlar bir mani değildi. Bitişik odadaki zabit arkadaşlarımız da mahvolacaktı. Bundan başka gece yarısı köyün ortasından bomba sesleri feci vaziyetler doğurabilirdi. Yakın ve süratli gelen bir felaket karşısında insan sükunetini bozmazsa muhakemeler de aynı süratle insanın dimağından süzülüp geçiyor. Bombaların fitillerini biz iki ölüm yolcusu ellerimizle söndürmeye koyulduk ve muvaffak da olduk. Bağrışmalarımız, tepinmelerimiz bitişik odadaki zabitlerin telaşını uyandırarak yanımıza koşmalarına sebep olmuştu.

Bu lüzumsuz ölümden kurtulduğumuzdan birbirimizi tebrik ettik. Enver Bey tövbeler ediyordu, bir daha bombalarla yan yana yatmaya tövbeler olsun diyordu... Bu kurtuluş bize bugünkü zaferden daha neşeli gelmişti. Ellerimizin biraz yanık acısını olduğu gibi duyamıyorduk.

Neyse... Taltif inhası telgrafını da bitirdik. Enver benim kolağalığımı da ilave etti: Az daha yüzbaşı olarak öteki dünyaya gönderiyordum. Ben de latifeyle cevap verdim: Sen binbaşı, ben yüzbaşı... İhtimal orada da sözümü iki rütbe farkıyla dinlerdin. Bundan sonra farkımız azalıyor, beni daha iyi dinlersin. Enver Bey ile pek samimi hislerle bağlıydık. Meşrutiyet için kanımızı dökmeye ahitleşmiş olduğumuzdan bu gizli çalışma bizi kan kardeşi etmişti. Fakat bugünkü müsademe ve hususiyle bu ölüm oyunu bizi daha ziyade samimi perçinledi.

KAÇAN ÇETEYİ DE YAKALADIK

4-17 Temmuz, Çarşamba günü erkenden Nikodin köyü şimal sırtlarına doğru yürüyüşe başladık. Burada dünkü çetenin mecruhları olduğu muhakkak idi. Köy samanlıklarında dün yaralananlarla onları himaye eden 16 kişi buraya yaklaşan askerimize ateş ettiğinden kısa bir müsademeyle hepsi ölü olarak yakalandı.

Buradan Kramış köye doğru aramaya başladık. Fakat vakit öğleleri geçmişti, düzlüğe indiğimiz zaman Enver Bey ile ben karşımızdaki yüksek tepelerden ateş aldık. Biz düz çayırlıkta ve açıkta idik ve mermiler yakınlarımıza vuruyordu. Ufak tefek toprak, kaya parçalarından istifade ile yaklaşmak istedik, az sonra bu tehlikeli bir şekil aldı. İlerimiz pek açık Ve çetenin ateşi altında idi. Hiçbir taraftan da başka silah sesleri gelmediğinden bu çetenin sarılmadığı anlaşılıyordu. Zaten burada avcı taburundan başka askerimiz yoktu. Enver bey "çeteye karşı ilerleyemiyoruz, ne düşünüyorsun?" diye bana fikrimi sordu. Dedim, siz burada bunları bir kısım kuvvet ile işgal edin ben bunların sağ cenahını dereden ilerleyerek çevireyim. "Pekala" diyerek yanımızdaki kuvvetin bir kısmıyla bana bu vazifeyi verdi.

Yüksek dikenliklerden istifade ile görünmemeye çalışarak sağa doğru açılmaya başladım. Ara sıra meydana çıkıyorduk. Çete üzerimize isabetli ateşe başladı. Birden sağ ayağımın diz kapağımın altındaki kemikten vuruldum sandım. Öyle müthiş bir şey saplandı ki en yakın bir görünmez yere kendimi attım. Sağ ayağımı uzatarak baktım, uzun, sert bir diken saplanmış. Canımı fena yakmıştı. Birden çektim attım. Vurulmadığıma hamdettim. Hızlı yürüyüşe devam ettim. İyice koştuk, yorulduk. Çetenin sol cenahı hizasına gelmiştik. Fakat biz yine çukurda, onlar tepemizde idi. Çeteyi saramamıştık. Akşam olmuştu. Ateş açmaktan başka çare bulamadım. Mesafe 250 kadardı. Ateş açtırdım. Çeteyi makas ateşine almış bulunuyorduk. Bulgarların ateşi gittikçe azaldı. Karanlık çökünce Enver Bey kendine iltihakımı bildirdi. Geceyi açıkta geçirdik.

6-18 Temmuz perşembe sabahı erkenden sırtlara yürüdük. Çetenin perişan bir halde kan izleri bırakarak geceleyin savuştuğu anlaşıldı. Çok kan izleri bulunması ve öteberi bırakmaları fena hırpalandıklarını gösteriyordu. Köprülüden gelecek müfrezenin buralara gelememesi bu döküntüyü elimizden kaçırdı.

Akşama Pirlepe'ye döndük ve Cuma günü de burada istirahat ettik. En meşhur Bulgar çete reisleri ve bir arada olduğu halde 94 Bulgar komitesinin öldürüldüğünü tespit ettik. Asker ve halk da pek memnundu. Mıntıka kumandan ve erkanı harbiye reisi bizi tebrik ediyordu.

SIRA SIRP ÇETELERİNE GELMİŞTİ

Pirlepe'nin 10 kilometre kadar şimalindeki peryat karakolundan itibaren sırp çetelerinin talimhanesi gibi olan Homuran (Peryat'ın oniki kilometre kadar şimalinde, köprülüye Pirlepe'den yakın) civarlarını tarayacaktık.

7-20 Temmuz Cumartesi günü birlikte periyat karakoluna geldik. Buradan Enver bir kol, ben de bir kol alarak şimale doğru taramaya başladık. Köprülü müfrezesine de bu mıntıkanın şimalini aramak emri verilmişti. Ben periyat karakolundan jandarma çavuşu Süleyman'ı kılavuz aldım. Şimal sırtlarını tarayarak öteki yamaçlara inmeye başladık. Homuran kilisesinde mola ettik. Enver Bey'in bulunduğu sırtlara doğru yürüdük. Çeşme civarında mola ederken Enver bey müfrezesiyle bize mülaki oldu. Hep beraber Homuran köyüne indik, geceledik. Gece yarısı yine buradan iki kol ile hareketle tarama işine başladık ve dört gün bütün köyleri ve balkanları taradıktan sonat 11-24 Temmuz çarşamba Prut yakınında bektaşi tekkesine geldik. Ertesi Perşembe günü de burada dinlendik. Bektaşi tekkesi nedir, burada öğrendim. Tekke bütün askere ekmek ve yemek çıkardı. Zorla para verdik, almıyorlardı. Müsademeden pek memnun idiler. Burayı ve bu insanları daha evvelce de görmüş, tanışmıştık. Enver Bey daha eskilerden de tanışıyormuş. Bize de izzet ve ikram ettiler. Bektaşilerin neşe ve hazırcevaplıkları burada da ıssız köşelerde dahi aynı. Bektaşi babasından tekkelerinin bize de gösterilmesini istedik. Taraftar olmadı. Tekkeye girip çıkarken kapıyı bile aralık edip içeriyi göstermekten sakınıyorlardı. Dedim, böyle hareketiniz aleyhinize envai iftiralar uyandırıyor. Tekkede bazı ahlaksızlıklar oluyor diye sözler söyleniyor. Siz her şeyinizi açık göstermeli ve anlatmalısınız. Ve bu suretle nefret değil, hürmet kazanmalısınız.

Bu sözlerim Bektaşi babalarına tesir etti. Ve tekkelerini bize gösterdiler. Enver ve birkaç zabitle girdik. Meydan dedikleri mescid gibi bir yerle, buradan girilir basık tavanlı bir oda. Halvet imiş. Burada duvarlarda Ali, Hasan, Hüseyin adlarına bazı methiyeler var. Meydanda bir de adam boyunda bir mermer direk var. Babalar bize bazı ayinlerinden de bahsettiler. Zikirleri ya vedut imiş... Babaların ne kadar doğru söylediklerini bilmiyorum. Fakat bu direğin yanında güya baba çıplak dururmuş, kadın erkek ona secde edermiş diye de zabitlerimiz kulağımıza fısıldadı. Adamları fazla sıkıştırmadık...

VELİKA SUYU PEK BERRAK, BURADA YIKANDIM...

Biraz yüzme biliyordum, sırt üstü uzun zaman dururum. Boş matralardan icabında yüzme kabağı gibi istifade olunup olunmayacağını burada tecrübe ettim. Birkaçı sağa birkaçı sola bağlanarak insanı kaldırıyor. Enver Bey'i de zorladım, yüzme bilmediğim gibi, derin olmayan yerinde yıkanmak da bana zevk vermez diye girmedi. Su billur gibiydi. Yatağı sert kumluk, tehlikeli derinliği yok. İki yazdır, İstanbul deniz suyu hamamlarından uzaktım. Geçen yıl Selanik'te deniz hamamına girmiştim. Bugün de deniz hamamı niyetine doya doya bu güzel sudan istifade ettim.

HADİ PAŞA VAZİFESİNE GERİ GELDİ

Ohri'ye tahkikata gönderildim. Manastır'a gizli Arnavut zabitleri tahrif olunuyormuş. Ohri'ye kadar da Arnavutlarla Bulgarların anlaştığı haberi geldi.[73]

Bu seyahate 31 günde çıktım ve Resne'ye gelmiş bulunan taburla Piresne ve Ohri arasındaki köylerde arama yaptım. Akşam Ohri'ye geldim. Lazım olan tahkikatı ikmal etmiştim. 3 Ağustos Cumartesi günü Pesme'ye döndüm.

---

73 Tafsilatını İttihat ve Terakki isimli eserimde yazdım.

PERSİYE GÖLÜ CİVARINDAKİ KÖYLERE BASKIN

Ertesi sabah erkenden Persiye nahiye merkezi olan Takuliçe geldim. Buraya müfreze kumandanı olarak sınıf arkadaşım Mümtaz yüzbaşı Muhtar Bey gelmişti. Ona misafir oldum. Sabahleyin Kerman istikametinde sırtlardan beş-altı el silah sesi işitilmiş. Muhtar Bey doktoru da alarak bir müfreze ile o istikamete gitmiş.

O istikamete dört nal gittim ve Muhtara yetiştim. Silah sesi gelen tepeye, sonra da Kerman'a gittik. Netice gülünç çıktı. Neferler bir ayıya rast gelmiş, beş-altı el ateş etmişler. Hemen Persiye merkezine döndük. Yemek yedik ve Resne cenüp köylerini aramak üzere müfreze ile yola çıktık.

Maloviçte'de Mülazım Atıf Bey müfrezesi ve Resne'den de müfrezeler istemiştim. Akşam üstü Todmocan'a geldik. Açıkta güzel yıldızlar altında yattık. Yanımda iki zabit vardı. Biri mıntakadan getirdiğim Hamdi, diğeri Maloviçte müfrezesi kumandanı Atıf.([74])

Köylere uğradıkça İslam çetesinden bahsediyordum. Türklerden fazla Bulgarlar korkuyordu. Anlaşılıyordu ki bu gidişin sonu Türklerin de çete çıkarmasına sebep olacağını ve o zaman köylülerin işi fenalaşacağını, bulgar köyleri takdir ediyor.

---

74 Atıf'ı bugün cemiyete aidim. Tafsilatı İttihat ve Terakki isimli eserimde

PİRSEPE GOLÜ ETRAFINDA CEVALAN

Gölün cenubu garbı sahilinde iki Gorice köyü vardır. Gorice dağı eteğindeki bu köyler Heybeli adanın çam limanını hatırlatır. Buraya giden şose de göl kıyısını dolaşır. Mıntıkadan bildirilen haber de Gorice Bâlâ manevralarında altmış iki kişilik bir Rum çetesi olduğundan oraların tahavisi emrolundu. Aradık, taradık, bir şey yok. Kocabaşı namına komiteler için elli iki köye un geldiği de haber verildi ise de karşı yardım adada Noviçe, geçenlerde aramıştık, köyü halkının olduğu anlaşıldı. Gece İstinye hanı civarında yattık. Suyun hafif dalgaları ve İstinye adı İstanbul boğaziçi için aramızda samimiyete zemin oldu. Bu takip boşa çıktı fakat Pirsepe gölünün etrafını gece ve gündüz dolaşmak pek zevkli oldu. Cemiyet için de karlı oluyordu.

24 Temmuz-6 Ağustos, salı günü çarzo yoluyla Pirsepe'ye geldik. Nahiye merkezinin resmi adı Nikoliç ise de herkes Pirsiye diyor. Türklere mektep yapmaları için teşvikte bulundum, bazı manastır köylerinde teşviklerimle mektep yaptıran köyler olmuştu. Bilhassa Resme ile Manastır arasında Lera ve Ramna köyleri ikişer kadı güzel mektep yaptılar. Bu köylere geçerken uğrar ve çocuklarına ve hocalarına hediyeler götürdüm.

PERİSTER DAĞINI TARAMA

Yazın bu ılık günlerinde Perister dağında belki bir av yakalarım diye buraya bir hareket tertibinde idim ve Pirsepe'den hemen bu gece hareket geçtim. Fakat gece alaturka beş buçuğa kadar beyhude civarda dolaştık. Müfrezede emrettiğim yere gelmemiş, mecburen hareketi ertesi güne bıraktık.

25 Temmuz-7 Ağustos, Çarşamba gündüz saat 1'de Kranya'dan çıktık. Perister'in 2259 rakımlı sarp tepesinin yanında mola ettik. Burada Ulah çobanları vardı. Nefis etmek ve süt satın aldık. Manastır'ın ve ovanın manzarası pek latif. Takipte en yüksek yerlerde bir çikolata yemek zevkimdi. Burada da onu yaptım. Arkadaşların çoğu burada hemen bir cigara tellendirir. Vakit geçtiği için Manastır'a ancak gece alaturka birbuçukta gelebildik.

TEMMUZ BANA PEK HAREKETLİ BİR AY GELDİ

26 Temmuz-8 Ağustos, Perşembe günü istirahat ve temizlik yaptık. Benim çakofu çalmışlar. Canım sıkıldı. Bu köpeği Nikodim müsedemesinde Bulgar çetesinden hatıra almıştım. Adını da çete resininki koymuştum. Onun da sevgilisi olduğuna şüphe yok. Henüz yavru, sevimli bir çoban köpeği idi. Çok aradım hatta İsmalyov istikametine gittiğini gördüklerini haber alınca buraya da adam gönderdim, yok! Öğleden sonra mıntıkaya gittim.

Ohri'de Osmanlı uhuvvet çetesi hadisesini tahkik için ertesi gün tekrar Ohri'ye seyahate çıktım. Beş gün sonra Manastır'a çıktım.[75]

---

75 Tafsilat İttihat ve Terakki eserimdedir.

9 Ağustos Ohri'ye hareket, Osmanlı uhuvvet çetesi tahkikatına... Ertesi günü Estroga üzerinden Veleste'ye gittim. Akşam bir Arnavut Beyi'nin evinde misafir kaldım. Daha ortalık kararmadan pencerelerin kanatlarını kapattı. Bizde adet böyledir, düşmanlarımıza karşı bu lazımdır dedi. İki katlı ufak fakat temiz bir ev. Çok izzet ve ikramda bulundular. Sabahleyin Vehcan'a gittim. Burası Bulgar köyü. Üç katlı birkaç güzel evler de var.

Hele içerisinde bomba bulunan kalaycı Bulgarın evi resimlerde İsviçre köylerinde görülenlere benziyor. Burada da Aziz Bey kahire hakkındaki şikayetleri tahkik ettim. Bu evde bir sandık bomba bulunduğundan dolayı sahibi tevkif olunmuş. Herifin iddiası benim evimde bomba yoktu. Bunu Aziz bey koydurdu ve buldum diye beni yakalattırdı diyor. Bu köyde Aziz Bey meşhur bir bulgar çete reisini birkaç avanesi ile müsademe ederek bir hafta önce mahvetmiş ve çeteyi besleyen gizli teşkilatı da evlerinde araştırmalarla ele geçirmişti. Köylülerin parolası, "nezmam" yani "bilmem"dir.

Araştırma yapan asker bu herifin elebaşı olduğunu işittiklerini ve bomba sandığı bulunduğunu söylüyor. Zaten komite teşkilatına girmemiş kimseyi bulmak mümkün olmadığını hükümet de biliyor. Fakat kontrol heyetleri güya bilmiyorlar ve hatta inanmıyorlar da bunun için usulen bir de mıntıkaca tahkikat lazım. Veleste'ye döndüm. Buradaki tahkikatı bitirerek öğleyin Istroga'ya geldim, burası çok latif bir yerdir. Karadrin suyu kasabanın arasından geçer. Kasabanın büyük parçası suyun şarkındadır. Üzerinde sağlam bir köprü de vardır. Köprünün iki tarafında dükkanlar var. Nehrin genişliği elli metre kadar var. Suyu berrak. Balıkların görünmesi pek hoştur, burada dalyanlar da var. Çok ve leziz balık tutuyorlar. Dalyanlar kasabanın şimalindedir. Molada yemeği burada yedim, taze balık yedim. Manastırda bile Bulgarlar Istroga'yı pek methederler: Istroga gibi başkası yoktur derler, "kak austruga nema drouga" derler, yani Istroga'nın eşi yoktur demektir. Burası Ohri kazasının nahiye merkezidir, altıbin kadar nüfusu var,

İslam ve Bulgar. İşlek cadde üzerinde olduğundan sanat ve ticaret adamları iyice kazanmaktadırlar. Akşam Ohri'ye geldim, bu güzel gölü ve pek nefis balıklarını çok seviyorum. Her gelişimde doyasıya nefis balıklarından yerim. Burada bir gün kaldıktan sonra 1-14 Ağustosta Resne'den geçerek akşam Manastır'a geldim. Sabahleyin erkenden çıkmıştım. Ohri ve Pirsepe göllerini ikisini bir arada seyreden Petrine karakolunda kahvaltı yaptım. Her iki göle doyasıya baktım. Şimale ve cenuba uzanan ormanlarıyla bu varlığın Anadolunun göbeğinde olmadığına kalbim sızladı.[76]

19 Ağustos-1 Eylül, Cülüs günü Resne kışlasının açılma merasimine ben gittim. Bina bir taburluk, iki kat kargir bina. Resne'ye hakim sırt üzerinde. Aynı günde Manastıra döndüm. Harbiye ve idadi imtihanlarında muhtelif derslerden mümeyyizliğime devam ettim. Arada yine baskınlara da gittim.

4-17 Eylül, Poturos'da Bulgar çetesiyle müsademe olmuş, altı komite gebermiş, askerden zayiat yok.

12-19 Eylül, Oblakova sırtlarındaki köylere baskına gittik. Bir şey bulamadık. Gece Senogova sırtlarından geçerken üşüdük.

9-22 Eylül'de Selanik'te Müşirlikten gelen şifreli bir emirde Enver Bey'in veya benim Kareferiye kumandanlığına tayinim bildirildi. İkimiz için de ayrılmak mahzurlu olduğu hakkında mıntıka kumandanı Hadi Paşa'ya cevap imzalattık.

20 Eylül-3 Teşrinievvel, Bulgar çeteleri Florina ile Noska arasındaki telgraf tellerini kesmişler. Nekovani köyünü yakmışlar. Pazarcıları götüren jandarmaları pusuya düşürmüşler, birini yaralamışlar.

21 Eylül-4 Teşrinievvel, İstanbul gazetelerinde benim İstanbul mektebi tabya muavinliğine tayin olunduğum yazıldığını gördük. Fakat emrimin orduya gelişi 215 Teşrinisani, yani hemen birbuçuk ay sonra galiba... İnceden inceye tetkikte bulunmuş olacaklar. Bakalım gazetelerde yeni memuriyeti gördükten sonra ne yapıyor... Kimlerle temasta diye... Halbuki

---
76 Hadisenin tafsilatı İttihat ve Terakki isimli eserimdedir.

bütün mafevklerim benim hakkımdaki kanaatları vazifesini büyük bir maharetle yapar, başka bir şey değildir. Tabii bu bir buçuk zarfında da başka kanaata varmayacaklardır.

Emrim gelinceye kadar yine mıntıkadaki vazifelerime devam ettim. 27 Eylül-10 Teşrinievvel Florina'ya tahkikata gönderildim. Geceyi yukarı Kotor'da geçirdim, ertesi günü Florina'ya geldim. Geceyi burada geçirdim. Daha ertesi günü Nert'te tahkikatta bulundum. Akşam Manastır'a döndüm ve raporumu mıntıkaya verdim. Üç şeyi tahkik emrini almıştım: Bir, Florina'da rediflerin isyanının sebebi nedir? İki, yaralı olarak bulunan jandarma orada ne geziyormuş ve kimler vurmuş? Üç, yukarı Kotor'daki yirmi muhafız müfreze, Tekvan'a yapılan taarruza neden yardıma gitmemiş?

Şu tahkikatı yerlerinde yaptım: Bir, redifleri kolağası Hasan efendi teşvik etmiş. Ufak bir teşvik isyan halini aldırmış. Şerif ve Ramazan çavuşlar önayak olmuşlar.

İki, jandarma çavuşu Manastır'a mahkemeye gelmiş, işi bitince jandarma alay kumandanından köyüne izin almış. Köyü olan Bozgırat'a gitmek üzere Florina'ya gelmiş ve kimseye haber vermeden yola çıkmış. Gece yatmış, ertesi günü iki Rum köylü ile yola çıkmış. Hava sisli imiş. Bir Bulgar çetesi bu Rumları pusuda bekliyormuş. Üzerlerine ateş açmışlar, biri kaçmış. Biri ve jandarma çavuşu yaralanmış.

Üç, Kotor'u müfrezesi silah seslerini işitmemiş.

2-15 Teşrinievvel, şehadet için mahkemeye çağrıldım.

5-18 Teşrinievvel'de bir heyeti tahkikiye ile Kırçova havalisinde tahkikata yola çıktık. Mıntıkadan ben adliyeden ve hükümetten jandarma binbaşısı Rafet Bey, birer aza var. Bir de İtalyan zabiti vaka mahalline gelecekmiş. Yine askerden şikayet.. Bir köyü yağma etmişler ve ırza geçmişler... Mıntıkadan diğer o havaliye bazı işler de verdiler. Alaturka saat beşte Manastır'dan atlarla yola çıktık. Geceyi Pelirciye'de geçirdik. Birkaç nefer hükümet sofasında açıkta yatmışlardı. Sabahleyin bunları gördüm, hatırlarını sordum, zavallılar çok üşümüşler. İçlerinden biri, "efendim akciğerlerim dondu" diye halini anlattı. Müfreze zabitine ve müdüre çıkıştım. Bu dert her tarafta böyle... Zavallıların elbiseleri de perişan. Kaç kere orduya ve mıntıkaya bunlar hakkında şikayette bulunmuştum. Niye böyle perişan sevkiyat ve bir daha Manastır'a dönüşte şikayet edeyim. Fakat ne olacak!..

6-19 Teşrinievvel'de erkenden Kırçova'ya geldik ve hemen tahkikat yeri olan Belice'ye, Kırçova'nın 16 kilometre kadar cenübunda, hareket ettik. Çünkü İtalyan zabiti bizi bugün orada bekleyecek.

BİR İTALYAN ZABİTİNİN MAĞLUP OLMASI...

Bir Bulgar köyü olan Belice'de İtalyan jandarma yüzbaşısı Pastri, yanında bir Bulgar tercümanı ile buluştuk. Birbirimizle tanışarak el sıkıştıktan sonra biraz istirahat ettik. Köylünün şikayetleri, geçen ki müsademede iki de köylü vurulmuş, ölmüş. Asker köyü yağma etmiş ve birçok kadınların ve kızların ırzına geçmiş.

Bizim üniformamızı garip bir şekilde taşıyan bu İtalyan uzun kırmızı fesi, bir tarafa eğrilmiş Romalılarınki gibi pek geniş pelerini bir taraf omuzuna atılmış... Tercümanına gizli bir şeyler söyleyerek köylülerin yanına gönderdi. Köylü toplanıyordu. Bu adamda köylüyü teşvik ediyordu. Askerler her şeyimizi çaldı deyin, dediğini öğrendim.

Pastri bu esnada heyetimize, askerlerimizin çapulculuk yapması hakkında ileri-geri sözler söylüyor ve köylüye "zavallı" diyerek acıyordu. Fransızca konuşuyorduk. Dedim: Yüzbaşım, siz kendi memleketinizde böyle bir şikayet olursa kararınızı tahkikattan önce vererek askere zalim, köylüye zavallı mı dersiniz?

Pastri şaşaladı ve böyle yapmayız, fakat göreceksiniz ki askerleriniz köylünün birçok şeylerini almıştır.

Dedim, bunu size kim söyledi? Daha hiçbir köylüye bir şey sormadan Yalnız tercümanınız köylüye, "askerler her şeyimizi çaldı deyin" diye fit verip duruyor. Görülüyor ki siz

Manastır'dan verilmiş bir kararla işe başlıyorsunuz. Neyse benim de aldığım emir şudur: Neler alınmış ise derhal bedelini ödemektir. Bunu tercümanınız da köylüye anlatsın, bir defterini tutalım ve ödeyelim. Ayrıca müfrezenin cezası da verilir, bu teklifim hoşuna gitti. Tercümanı çağırdık. Pastri de ben de bu bedeli derhal ödeyeceğimizi söyleyerek köylüye söylemesini istedik. Köy ihtiyar heyetine ayrıca ben de bu hususu anlattım. İşe başladık. Bir defter açtık, köylüyü bir bir karşımıza çağırdık. Ayrı ayrı da kendilerine Bulgarca bu kararı anlattım. Seviniyorlar, "çok yıllara" diye dua ediyorlardı. Neticenin henüz nereye varacağını anlamayan bizim heyet de hayretle kulağıma "ne yapıyorsun?" diye fısıldıyorlardı.

Çok nefis bir şey olacak, cevabını vererek köylüyü birer birer güler yüzle dile getirtiyordum. Öyle bir hal oldu ki bir evden kocası, karısı ayrı ayrı geldikleri yetişmiyor gibi çocuklarını da göndermeye ve küçük ise elinden tutup getirerek onun da çok şeylerinin çalındığını kayıt ettirdiler, kadınlar daha hesapsız şeyler söylüyordu. Neler çalınmamış... Mesela bir kadının 70 kilo ekmeği, 40 kilo peyniri, 50 kilo yoğurdu... Bir kadının 800 kilo mısırı. Diğer birinin bu kadar üzümü...

Kayıt muamelesi bitince kalem kalem yekûn yaptırarak, önce koca başılara (ihtiyar heyeti) müfrezenin kaç hayvan vardı, biz müfrezeden tahkikat yaptık siz de doğrusunu söyleyin. Sizin hakkınız verilecek fakat onların da günahını almayalım dedim. Yalnız müfreze kumandanının bindiği attan başka hayvan olmadığını da bu suretle tespit ettikten sonra çalındığı veya zorla alındığı iddia olunan şeyleri kalem kalem okuyarak yekun topladım. Ayrıca bunları okkaya da çevirerek birkaç vagonla ancak taşınabilecek umumi yekunu söyleyince herkes şaşırdı. Müfrezenin bütün neferleri sırtlarında çuvallarla bu yekunun kırkta birini bile taşıyamazdı. Esasen kırk elli hanelik bir köyün her şeyini toplasak bile bu kadarın altında yer tutmazdı. Halbuki köylünün ambarları dolu, üstleri başları yerinde, sandıkları, sepetleri de duruyor. İtalyan zabitin benzi atmış, köylüye bakakalmıştı.

Dedim, ilk kararınızla bu neticeye ne dersiniz mösyö?.. Şaşakaldım ben bu işe dedi. Bunun içinden çıkmak için ben şöyle düşünüyorum: Köylüye biz de siz de söyleyelim ki, söylediklerinizin yekûnu birkaç vagon tutuyor. Askerler sırtlarında çuvallarla mı bunları taşıdılar. .. Böyle bile olsa bu mümkün değil. Şu halde para alamayacaksınız. Bunun için her kimden ne alındıysa doğrusunu söylesin. Bunu kabul ettiler ve köylüye anlattık. Tercüman da İtalyan zabitinin çırpınarak anlattığı bu fikri köylüye anlattı.

Köylü para alacağız diye birbirine çıkışmaya başladı. Senden bir şey almadılar... Senden yalnız bir çift çorap aldılar... demeye başladılar.

Irzına geçilenleri sorduk. Kadınlar "yalan... yalan..." diye kaçtılar. Nihayet yetmişlik bir ihtiyar kadın geldi, "evet" paşa dedi. Bunları İtalyana tercüme ederek şimdi fikrinizi anlayalım dedim, bunlar ne mel'un heriflermiş dedi. İhtiyar kadın herkesin gülüştüğünü görünce "ne bilelim ki bana öyle söyle diye zorladılar" dedi.

Vurulan iki köylünün çete efradından olduğunu da tespit ettik. Komiteden vurulan birinin üzerinde bulunan mektupta birkaç gün evvel şehid olan jandarmamızdan bahsederken diyor ki, (Daskalı tuttular, biz de Pavlo ve Hacı ile bilmüzakere devriyeye hücum ettik) bu vesika köylüden haksız yere vurulduğu iddia olunun bu Pavlo ile Hacı'nın aynı çete ile birlikte hareket ettikleri ve cinayet yaptıkları anlaşıldığı gibi vuruldukları zaman ellerinde silah bulunduğunu da tespit ettik, bundan başka bu iki adamın maktül çete efradı ile bir arada ve kilisenin mihrabı önünde gömülmeleri, bunların da onlardan ayrı olmadığını köylünün de kabul etmiş olduğunu göstermez mi, dedim.

Ne köylü ne de sinyor Pastri söyleyecek bir şey bulamadı. Şu halde askerlerimizin masum olduğunu ve komitelerin bir taraftan silahla bir taraftan da iftiralarla bizimle uğraştığını tespit etmiş olduk. Eğer köylü akla yatkın olan birkaç çift çorap veya bu gibi şeyler yazdırsaydı, derhal tesfiye edecektik.

Biz heyetimizle bu köyün müfrezemize iftira ettiğini tespit ediyoruz, siz de vicdanınızın hükmünü verin dedim.

Doğrudur, belki üç-beş şey alınmıştır, bu iftira karşısında onu da ayırt etmeye imkan yoktur. Köylü iftira ediyor dedi. Gece olmuştu, köyde bir arada raporlarımızı hazırladık, yemek yedik ve aynı evde yan yana yattık. Hiçbirimizin yatak örtüsü yoktu. Ben takiplerde pek alışkın olduğumuz bir hasır ve kaputumu üstüme alarak güzel bir uyku çektim. Bilhassa sinyor Pastri iyi uyuyamadı. Ertesi sabah samimi ayrıldık. Heyetimiz bu neticeden pek sevindi.

7-20 Teşrinievvel, Kırçova'ya döndük, gece kaldık. Ertesi günü Debrei balaya karşı sanki hudud kuleleri gibi hattı balalar üzerindeki kaleleri teftişe gittik. Arnavutların kırçova mıntıkasına akınlar yaparak buldukları sürüleri vesaireyi Debre cihetine kaçırmalarına karşı Kırçova-Debre arasındaki hattı balaya muhtelif mesafelerle üç kule yapılmış. Asker bekliyor. Birinde jandarma var. Akşam orada geceledik. Burası Kırçova'nın 10 kilometre kadar şimalinde İslam köyü. Kırçova kasabası ve şimal köylerinde Türkler çokluktur.

Kuleleri teftişte jandarma binbaşı Müfit Bey ve sinyor Pastri de beraberdi. İki taş iyi yapılmamış. Fırınları yok ekmeği izodur'dan alıyorlar. Gidip gelmek dört saat sürüyormuş. Bayır aşağı buçuk saatte gidiyorlar, ikibuçuk saatte geliyorlar. Üç günde bir gidiyorlarmış. İzodur, bölük merkezi olduğundan erzak da 15 günde bir alınırmış. Şimdi Ramazan diye haftada bir alıyorlarmış. Bölüğün iki mekkarisi bulunduğundan karakol efradı mekkari bulamayınca sırtlarında taşıyorlarmış. Baraka iki mangal yakıldığı halde ısınmıyormuş. Mevcutları 17 nefer, 1 jandarma, kumandanları onbaşı. Yağmurda kule akıyormuş. Tavanı yok. Yukarıda aralıklar görülüyor, ne cam var ne çerçeve... Kulenin ise iki kapı ve dört penceresi var. Pencerelerin tahta sürmeli kapakları var. Kapıların kenarlarında birçok aralıklar var. Kulede ocak yok. Zemini tahta kaplı. Efradın yıkanacağı yer de yok. Hülasa fena ve eksik yapılmış.

Böyle kalırsa birkaç senelik de ömrü kalmış. Bunu yapmak

için 205 amele işletilmiş. Biri oniki, diğerleri onbir kuruş almışlar. Arap kule, adi bir zeminlik, yağmur geçiyor, soğuk oluyor. Birkaç mangal yakıyorlar. Burada yirmi neferle, dört jandarma var. Jandarmaların iki katlı ayrı karakol ve binaları var. Mutfağı da mevcut. Patri'ye nizamiye efradını da almaya kafi olan bu güzel binada dört jandarmanın oturmasının haksızlığını söyledim. Aksi halde bu berbat yerdeki efradın kaldırılmasını teklif edeceğim dedim. Birlikte oturmalarına razı oldu. Kuleyi boşalttırdım, neferler dua ettiler. Jandarma karakolları her yerde aynı planla mükemmelen yapıldığı halde, efradın bu perişan halini pek acı yazdım.

Jandarma kuleleri şöyle: Yukarıda büyük bir oda, oniki neferlik bir ufak tevkif yeri, alt katta altışar neferlik iki oda. Hepsinde ocak var. Mutfak bile iki nefer alır.

9-22 Teşrinievvel, sabahleyin Zayas'tan Kırçova'ya geldik. Biraz moladan sonra bektaşi tekkesine atla yola çıktım. Burada iki gece kaldım. Gündüzleri vakti buldukça velife suyunun berrak ve latif kenarında oturmak pek hoşuma gider. Ne zaman gelsem bu güzel yerleri pek severim. Yarın bu güzel suda yıkanırım da. Tekkede askerden her akşam on nefer Rusiyak'a devriyeye gidiyormuş. Burası birbuçuk saat kadar tekkenin cenubu garbında Bulgar köyü. Orada yatacak yer olmadığından sabaha kadar açıkta üşüyorlarmış. Kırçova kaymakamlığı da köylüye emir vermiş, askere ne su ne de ateş verilmeyecek diye... Köylü biz odun bulamıyoruz askere nasıl verelim diye hükümete şikayet etmişlermiş... Zavallı askerlerin çektiklerine insanın yüreği sızlıyor.

Her millet güzel kışlalarında askerlerini bir harp için besler, hazırlar. Biz ise süründürüyoruz. Merkezde üç redif neferinin beğliği bile yok. Ben de emir verdim sabaha kadar gidip beklemesinler ara sıra devriye gider gelir. Raporuma da acı not aldım. Buradaki şikayetin biri de Bulgar papazının müfreze zabiti mülazım Kamil Efendi'den... Güya bu zabit Prut ve civar iki köyden para alırmış. Namusa dokunurmuş, dövermiş. Köylüden sordum, şikayet eden yok! Netice anlaşıldı ki

Prut papazının yazdığı çeteye ait bir mektubu Bekir Efendi yakalayarak papazı hükümete tevkif ettirmesi hakkında böyle bir yalan uydurmaya sebep olmuş. Her taraf bizi istemeyen ırkla dolu. Avrupalı milletlerden içimize giren jandarma zabitlerinden her türlü sahabet ve kolaylık da görülüyor. Zavallı Türk askeri... Babalarının irtikab ettiği gafletlerin acısını pek yaman çekiyorsun. Buna bir de beceriksiz hükümet memurları ve kumandanların aciz ve gafletini ekleyince elemin derecesi anlaşılır. Asayişte asker mesul, sonra da bakılmıyor... İftiralar altında, kurşun altında, sefil bir hayat...

Bu acı sözleri resmi raporlarıma da yazıp duruyorum. Fakat buraları gözüyle görenlerin rütbesi binbaşıdan yukarı geçmiyor ki... Bir sürü aceze kumandan var. Erkanı harbiye dairelerini kaplamış... Dairelerinde, konaklarında her türlü rahat ve saadetle geçinip gidiyorlar... Felaketimizin en büyük sebebi bu acizler alayıdır. Bilmem ne zaman ve nasıl bunlardan orduyu ve milleti kurtarabileceğiz...

11-24 Teşrinievvel, Perşembe günü Pirlepe'ye atla yola çıktım. Cuma'yı da burada geçirdim. Bazı takikat yaptım. Manastır harbiyesinden bazı talebeleri askerliğe yakışmayacak vaziyetlerde görerek darıldım. Mektep müdürlüğüne dönüşte bildirdim. 13-26 Teşrinievvel, Cumartesi günü, ki Ramazanın da 19'u idi, topla beraber Manastır'a geldim. 9 gün süren seyahatim kısmen heyetle kısmen yalnız geçti. Asker hakkındaki isnatları her zamanki gibi raporla mıntıkaya bildirdim. İcap eden müfrezeler ve yerinde ihtarlarda bulunduğum gibi mıntıkadan da yazdırdım. Bir hafta Manastır'da istirahat ve mıntıka cemiyet işleriyle meşgul oldum. 18-31 Teşrinievvel'de trenle Florina'ya gidip geldim. İstasyona yakın. Florina'dan 4 kilometre kadar şarktaki Arminhor köyünde bir papaz askerden şikayet etmiş. Bu köy İslam-Bulgar karışık, ufak bir yer... Merettep şikayet olduğu anlaşıldı. Sözlerini değiştirmiş. Şikayetinden başka şeyler anlatıyor. Sonra da ben askerin ceza görmesini istemiyorum diyor. Halbuki üç kişinin askerler tarafından dövüldüğünü şikayet etmişti.

Kazım Karabekir'in
Yayınevimizden Basılan Kitapları

İSTİKLAL HARBİMİZ
"Yasaklanan Kitap"
5 Cilt Kutulu - 2320 Sayfa

Kazım Karabekir Paşa'nın 1930 yıllarında yazdığı ve yayınlanmasını ailesine vasiyet ettiği, yakın tarihimizin bir bölümünü belgeleriyle en doğru olarak anlatan İstiklal Harbimiz eseri, ancak 1960 yılında yayınlanabilmiştir.

Ancak aynı yıl eser yayınlanmasından hemen sonra mahkeme kararıyla toplatılmıştır.

5 sene süren mahkeme sonrası, beraat ettiğinden yayınına devam edilmiştir.

İstiklal Harbimizin başlangıcını ve bilhassa doğu hareketlerini bilmek isteyen tarih severlerimizin gösterdiği büyük ilgiden dolayı oldukça hacimli olan eser zaman içerisinde tek cilt ve 2 cilt olarak yayınlanmıştır.

Truva yayınları olarak bu eseri 5 cilt olarak, yeniden düzenleyip yayınlıyoruz.

Kitapta orijinalliğine sadık kalmak kaydıyla, belgelerde herhangi bir düzenleme yapmadan metinlerde artık kullanılmayan birçok kelimeler, günümüz türkçesiyle değiştirilip okuyucunun daha rahat okuması sağlanmıştır.

Yayınladığımız eser; Karabekir Paşa'nın damadı Prof. Faruk Özerengin'in Truva Yayınevi sahibi Sami Çelik'e vermiş olduğu yetkiyle basılmış olup, rahmetli Özerengin'in yayınevine teslim ettiği şekilde aslına sadık kalınarak baskısı gerçekleştirilmiştir.

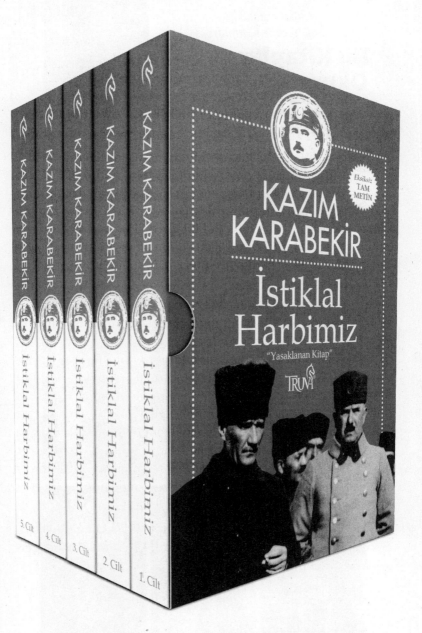

Kazım Karabekir Paşa'nın Tarihe Işık Tutan Kitapları...

Bu Kitaplar Okunmadan Yakın Tarih Doğru Bilinemez!..